OS SEGREDOS da MAÇONARIA

Revelando a Tradição Suprimida

Robert Lomas

OS SEGREDOS da MAÇONARIA

Revelando a Tradição Suprimida

Tradução:
Claudio Emilio Orcioulo

MADRAS®

Publicado originalmente em inglês, no Reino Unido, sob o título *The Secrets of Freemasonry*, por Constable & Robinson Ltd. em 2006.
© 2006, Robert Lomas.
Direitos de edição e tradução para o Brasil.
Tradução autorizada do inglês.
© 2018, Madras Editora Ltda.

Editor:
Wagner Veneziani Costa

Produção e Capa:
Equipe Técnica Madras

Tradução:
Claudio Emilio Orcioulo

Revisão da Tradução:
Jefferson Rosado

Revisão:
Jerônimo Feitosa
Silvia Massimini Felix
Maria Cristina Scomparini

Dados Internacionais de Catalogação na Publicação (CIP)
(Câmara Brasileira do Livro, SP, Brasil)

Lomas, Robert
  Os segredos da maçonaria / Robert Lomas ;
tradução Claudio Emilio Orcioulo. -- São Paulo : Madras, 2018.
  Título original: The secrets of freemasonry.
  ISBN 978-85-370-0941-3

  Bibliografia.
  1. Maçonaria 2. Maçonaria - Rituais
  3. Maçonaria - Simbolismo I. Título.

  14-11914   CDD-366.12

Índices para catálogo sistemático:
  1. Maçonaria : Simbolismo : Rituais :
     Sociedades secretas 366.12

É proibida a reprodução total ou parcial desta obra, de qualquer forma ou por qualquer meio eletrônico, mecânico, inclusive por meio de processos xerográficos, incluindo ainda o uso da internet, sem a permissão expressa da Madras Editora, na pessoa de seu editor (Lei nº 9.610, de 19/2/1998).

Todos os direitos desta edição, em língua portuguesa, reservados pela

MADRAS EDITORA LTDA.
Rua Paulo Gonçalves, 88 – Santana
CEP: 02403-020 – São Paulo/SP
Caixa Postal 12183 – CEP: 02013-970
Tel.: (11) 2281-5555 – Fax: (11) 2959-3090
www.madras.com.br

Dedicatória

Ao Irmão Michael Astell, que me introduziu na Maçonaria.

Agradecimentos

Em primeiro lugar, gostaria de agradecer a Colin Wilson por me apresentar ao Duncan Proudfoot em Constable & Robinson. Colin sabia que eu possuía uma grande quantidade de material de pesquisa sobre os escritores, Duncan também estava interessado nisso – sendo assim, nasceu *Os Segredos da Maçonaria*. Então, gostaria de agradecer a Duncan por seu apoio editorial e encorajamento; ele formou o conceito e me incentivou a tentar a sorte e trazer as ideias de Preston, Gould, Ward, Waite e Wilmshurst por uma nova audiência. Gostaria também de agradecer a John Wheelwright por suas excelentes habilidades editoriais, alegres comentários e sentido irônico do humor. Ao meu agente, Bill Hamilton, e sua equipe da A. M. Heath, por ordenarem as informações necessárias e, por fim, a John Acaster por me lembrar que uma importante influência seria a atitude da Grande Loja Unida da Inglaterra para os livres-pensadores, como tem sido ao longo dos séculos.

Índice

Introdução 13
As Origens da Maçonaria 13

PARTE UM
"A História das Origens da Maçonaria", por William Preston

1. **Os Primórdios da Maçonaria** 21
   William Preston 21
   Os druidas 22
   O período romano 23
2. **Primórdios da Maçonaria Inglesa** 27
   Maçonaria Saxã 27
3. **De William, o Conquistador, até Mary, a Sangrenta** 34
   Maçonaria sob os Cavaleiros Templários 34
   Maçonaria sob três Edward 35
4. **Elizabeth e os Stuart** 43
   A Grande Loja de York 43
   James VI e I 44
   Charles I 46
   Charles II 49
   O grande incêndio 50
   James II 56
5. **Formação de uma Grande Loja** 57
   William e Mary 57
   A Grande Loja de Londres 58
6. **Grandes Lojas Rivais** 64
   A Grande Loja de York 64
   Consolidando o poder da Grande Loja em Londres 65

Conclusões da PARTE UM 81

PARTE DOIS
Robert Freke Gould em "O Papel da Escócia nos Primórdios da Maçonaria"

7. **Os Primeiros Estatutos Escoceses da Maçonaria** 84
   Robert Freke Gould 84
   Pesquisa escocesa de Gould 85
   Estatutos de Schaw Nº 1, de 1598 86
   Estatutos de Schaw Nº 2, de 1599 89
8. **Os St. Clair de Roslin** 93
   As Cartas Constitutivas dos St. Clair 93
   Primeira Carta de St. Clair 93
   Segunda Carta de St. Clair 94
   O Primeiro Grão-Mestre maçom da Escócia 98
9. **As Antigas Lojas da Escócia** 102
   Datando os registros 102
   A Loja-Mãe Kilwinning Lodge, Ayrshire, Nº 0 103
   A Lodge of Edinburgh, Nº 1 111
   A Canongate Kilwinning Lodge, Nº 2 123
   A Scoon and Perth Lodge, Nº 3 124
   A Lodge of Glasgow St. John, Nº 3 *bis* 127
   A Canongate and Leith, Leith and Canongate Lodge, Nº 5 .. 129
   A Lodge of Old Kilwinning St. John, Inverness, Nº 6 129
   A Hamilton Kilwinning Lodge, Nº 7 130
   A Lodge of Journeymen, Edinburgh, Nº 8 130
   A Lodge of Dunblane, Nº 9 133
   A Peebles Kilwinning Lodge, Nº 24 135
   A Lodge of Aberdeen, Nº 34 137
10. **A Lenda de Kilwinning** 156
    Os Cavaleiros Templários maçônicos 156
    Conclusões da PARTE DOIS 158

PART TRÊS
J. S. M. Ward em "A Maçonaria e os Cavaleiros Templários"

11. **Os Altos Graus da Maçonaria** 161
    John Sebastian Marlowe Ward 161
    O que são os Altos Graus? 162
    Grupo I – Graus da Maçonaria Simbólica 164

	Grupo II – Os Graus maçônicos da cruz 165
	Graus adicionais 165
	Os Graus crípticos 166
	Os Graus aliados 166
	Rosa-Cruz 167
	Ordem Real da Escócia 167
	Os Cavaleiros Templários maçônicos 168
12.	**Os Cavaleiros Templários** 171
	Inícios 171
	Em que os Templários acreditavam? 178
13.	**Teorias de Transmissão Templária** 186
	Uma escolha de caminhos 186
14.	**Os Cavaleiros Templários Ingleses e Escoceses** 196
	Ligações templárias à Maçonaria 196
15.	**A Teoria de Transmissão Templária Auvergne – Mull** 201
	O Grão-Mestre de Auvergne 201
	Simbolismo templário 202
	Vestígios de cerimônias templárias e rituais maçônicos templários? *203*
16.	**Outros Graus Maçônicos de Cavalaria** 210
	Lendas da cruz 210
	A cruz, a *vesica piscis* e a astrologia maçônica 213
	A cruz *Tau* 216
	A cruz Latina 218
	As cruzes da Maçonaria Simbólica 219
17.	**A *Vesica Piscis*** 221
	O símbolo da mulher 221
	A *vesica piscis* na Maçonaria Simbólica 222
	Conclusões da PARTE TRÊS 224

PARTE QUATRO
A. E. Waite em "Maçonaria, a Tradição Secreta e os Cavaleiros Templários"

18.	**Os Guardiões Secretos** 227
	Arthur Edward Waite 227
	Os Guardiões do Templo de Sion 229
	Introdução do Cavaleiro Ramsay 229
19.	**A Influência do Cavaleiro Ramsay** 238
	O discurso de Ramsay 238

Pensamentos de Waite sobre o discurso de Ramsay 245
20. **A Estrita Observância** 246
     Os Superiores Desconhecidos 246
     O *Levitikon* 249
     Os Rituais dos Altos Graus 251
21. **Mistérios de Datas e Origens** 252
     O Capítulo de Clermont.. 252
     Conselho de Imperadores do Oriente e Ocidente.................... 254
     A Ordem Maçônica do Templo 256
22. **O Legado de Jacques de Molay** 262
     A carta de Larmenius 262
23. **A Ordem Real da Escócia** 269
     Uma Ordem de verso burlesco 269
     O fundamento da Cavalaria 272
     Conclusões da PARTE QUATRO... 274

PARTE CINCO
W. L. Wilmshurst em "As Origens da Maçonaria"

24. **O Significado das Origens Maçônicas** 277
     Walter Leslie Wilmshurst... 277
     A origem da Maçonaria 278
     Conclusões da PARTE CINCO 290
     Conclusões 291

Apêndice
As Cartas de St. Clair no Original em Escocês...................... 296
Primeira carta de St. Clair 296
Segunda carta de St. Clair 297

Bibliografia 300

Índice Remissivo... 301

Introdução

As Origens da Maçonaria

Exibições Proibidas

Em 1871, *o Daily Telegraph* lançou um informativo sobre as origens da Maçonaria. Este dizia:

> Que as origens da Maçonaria datam de antes do dilúvio; que é uma mera criação de ontem; que é apenas uma desculpa para o convívio social; que é uma organização ateísta destruidora de almas; que é uma associação de caridade, fazendo o bem sob uma tola pretensão de segredo; que é uma máquina de política de extraordinária potência, que não tem segredos, que seus discípulos possuem o maior conhecimento já legado à humanidade, que celebram seus misteriosos ritos sob os auspícios e as invocações a Mefistófeles; que seus procedimentos são perfeitamente inocentes, para não dizer extremamente estúpidos, para que eles cometam todos os crimes de que não se pode acusar a mais ninguém, e que existem apenas com o único propósito de promover a fraternidade universal e a benevolência. Essas são algumas das alegações feitas pelos tagarelas fora do círculo dos Irmãos Livres e Aceitos.

Em 1995, felizmente utilizei essa mesma citação para abrir minha própria primeira aventura na compreensão das origens da Maçonaria, em um livro chamado *A Chave de Hiram*. Podemos dizer:

> Um grande número de homens bem informados lutou antes de nós para tentar encontrar as origens da Maçonaria, e nenhuma das

óbvias possibilidades foi ignorada por eles, ou mesmo pelas fileiras dos romancistas e charlatões que se juntaram nessa caçada. Para alguns, a linha é simples: a Maçonaria é tão antiga quanto sua história registrada em público (século XVII), e tudo que for reivindicado antecedendo esses registros é um lunático absurdo.

Essa atitude ultrapragmática é limpa e simples, mas é a mais fácil de todas as hipóteses de ser rejeitada por muitas razões, não sendo menos importante o fato de que existem inúmeras provas para mostrar que a Ordem se materializou lentamente ao longo de mais de 300 anos antes do estabelecimento da Grande Loja Unida da Inglaterra.

O fato é que a organização que hoje chamamos de Maçonaria era uma sociedade secreta antes de meados do século XVII, e, por definição, as sociedades secretas não publicam histórias oficiais. Desde a criação da Grande Loja Unida da Inglaterra em 1717 em diante, a Ordem era aberta sobre sua existência, e apenas seus métodos de reconhecimento foram guardados da vista pública. Não vamos perder tempo em provar que a Maçonaria não foi uma chegada espontânea, porque é uma teoria que já foi amplamente desacreditada.

Quando comecei a estudar as origens da Maçonaria, achei difícil descobrir informações reais; havia muitas opiniões, mas apenas alguns livros contemporâneos para estudar. A maior parte dos modernos livretos da Grande Loja Unida da Inglaterra considera que a Maçonaria começou em Londres em 1717. Aparentemente, ela surgiu completamente formada, na mente de um pequeno grupo de "Cavalheiros" de Londres, que foram inspirados pelas ideias de construtores que trabalharam para criar todo um sistema de ritual e mitologia, que depois se espalhou por todo o mundo. A ideia maçônica pegou rapidamente e se estabeleceu firmemente na imaginação de uma grande parte da humanidade. As diferenças de raça e língua não evitaram sua propagação. Os livros que consultei em meus primeiros dias de estudo da Maçonaria, todos, tiveram como garantido o sucesso da ideia maçônica. Eles não parecem incomodados pelo pensamento de que a nobreza da Europa tinha sido sugada para dentro, atuando como pequenas peças que envolveram seus membros a assumirem o papel de construtores por encomenda.

Fiquei fascinado. Então me propus a tentar descobrir o segredo da apelação difundida da Maçonaria, que durou mais de 300 anos.

O ritual da Maçonaria afirma que esta possui pelo menos 3 mil anos de idade. Logo descobri que não só os adversários da Ordem descartam essa possibilidade, mas a Grande Loja Unida da Inglaterra (GLUI) não aceitou também. Na verdade, a GLUI saiu de seu caminho para desencorajar qualquer ideia de que poderia haver uma história da Maçonaria que fosse antecedente à sua própria formação, em 1717.

Durante o final dos anos 1980 e início dos anos 1990, os oficiais permanentes da Grande Loja Unida da Inglaterra eram totalmente hostis a qualquer tentativa de investigar suas origens. Eles permitiram que suas chamadas "Lojas de pesquisa" debatessem interminavelmente a evidência histórica limitada do que se bebeu e para quem foram os brindes na reunião da Loja, mas ninguém questiona seu ponto de vista oficial, como eu fiz, pois rapidamente me foi dito que eu não iria obter qualquer promoção dentro do sistema. Normalmente, eles eram muito eficazes em parar os ambiciosos especialistas em fazer as perguntas "erradas". Mas, embora eu fosse então um participante ativo maçônico, não tinha ambições maçônicas e era altamente cético em relação às explicações vendidas nos boletins de Lojas de "pesquisa" como a altamente opinativa *Quatuor Coronati*. Logo descobri que essa Loja, que se autointitula a Loja *première* de investigação maçônica "autêntica", tem um longo histórico de apoio à linha do partido da GLUI sobre as origens da Maçonaria em Londres – o que eu já sabia ser uma posição insustentável.

O problema de onde veio a Maçonaria era obviamente complexo, e eu considerei uma variedade de possibilidades.

Seria apenas uma organização que ofereceu oportunidades de convívio social para indivíduos que optaram por se separar em uma distintiva fraternidade?

Isso não parece um motivo crível para se justificar uma organização que estava tão firmemente arraigada e tinha desenhado em suas fileiras todos os tipos de pessoas de alto desempenho.

Seria uma sociedade beneficente, criada simplesmente para mais filantropia?

Certamente que sim, mas logo percebi que a Maçonaria não é uma sociedade amigável de alta qualidade, e suas atividades de caridade não são o motivo de sua existência.

Seria uma escola de moralidade criada com o objetivo de promover a paz e a boa vontade?

Talvez. Mas quem precisa se juntar a uma sociedade secreta, ou ter obrigações de sigilo para aprender ética rudimentar?

Seria um dispositivo para promover os interesses comuns de seus membros? Seria uma cobertura para a intriga política, ou uma tela para propagar ideias antirreligiosas, ou um esquema para a dominação mundial?

Uma pergunta imediatamente provocou a outra. Mas minha visão formada da Maçonaria Inglesa, atualmente, é que ela não tem tais ambições e parece desanimá-los ativamente, e a notória proibição da Maçonaria pela Igreja Católica Romana acaba por ser nada mais que uma ação instintiva dos líderes da Igreja que visavam a apoiar as ambições políticas de pretendentes jacobitas à Coroa britânica, no século XVIII.

Eu logo concluí que existe apenas uma explicação razoável para a propagação do sistema maçônico, e isso tem de ser seu conteúdo e o poder de seus ritos cerimoniais. Então, decidi ser parte do segredo dessa vitalidade e do desenvolvimento da Maçonaria. Mas também constatei que a grande maioria dos maçons reconhece apenas vagamente a importância desse patrimônio.

Existe, porém, algo velado, latente e profundo nos ritos da Maçonaria, que fala a todos que tomam parte neles. À medida que trabalhamos os rituais, sentimos que estamos na presença de um mistério que vai à raiz de nosso ser. Mas onde é que tudo isso começou? Quando comecei a estudar essas questões, os nomes de um pequeno número de escritores me foram mencionados reservadamente.

"Preston escreveu um livro sobre a Maçonaria no século XVIII", disseram-me. Mas ninguém o tinha lido, e ele estava fora de circulação.

"A *História da Maçonaria* de Gould tem tudo o que você precisa saber sobre de onde viemos", alguém confidenciou. "Há uma cópia na Biblioteca da Loja." Porém, quando verifiquei, achei que não era o trabalho original de Gould, mas sim uma versão posterior revisada por Dudley Wright. "Você deve ler J. S. M. Ward." Ele "teve algumas boas ideias", outro Irmão me disse. Mas eu me esforcei para localizar quaisquer edições das obras de Ward na imprensa na época. "*Tradição Secreta da Maçonaria,* de Waite, tem todas as respostas", um Irmão estudioso me informou. "Mas", acrescentou, "ele é uma leitura muito difícil". Quando consegui me apossar da primeira edição desse trabalho, descobri quão isso era verdadeiro!

Em seguida, um colega de trabalho me apresentou aos escritos de W. L. Wilmshurst. Encontrei suas obras intrigantes, mas obscuras. Ao ler de forma mais ampla, percebi que, desde seus primórdios, a Maçonaria tem sido misteriosa sobre como tudo começou e do que se trata. Mas a visão rigorosamente aplicada pela Grande Loja Unida da Inglaterra, quando comecei meus estudos, não era compartilhada pelos grandes escritores maçônicos do passado – nem mesmo por Robert Freke Gould, membro fundador da *Quatuor Coronati*.

A imagem que eu tenho desses primeiros escritores era muito mais criativa e interessante do que a da linha de partido da GLUI. Mas as histórias que contavam eram nitidamente anteriores à fundação da Grande Loja de Londres, nas quais a GLUI baseou sua pretensão de ser a "*première*" Grande Loja do mundo.

Minha razão para escrever este livro é rever as ideias dos cinco gigantes do movimento maçônico e recontar, com minhas próprias palavras, de onde a Maçonaria se originou. Eles não concordam entre si, e frequentemente eu não concordo com eles. Mas suas histórias foram todas elas escritas na boa-fé, em uma tentativa de se entender a origem da Maçonaria.

Eles escreveram na linguagem de sua época, o que pode ser um duro trabalho para alguns modernos leitores; eu, portanto, tomei suas ideias e as parafraseei em palavras e estruturas mais simples, para tentar trazer os seus escritos para uma nova geração, mantendo-me fiel aos originais. Espero que esse esforço vá encorajar muitas pessoas a considerar de novo ambas as perguntas que eles fizeram e as respostas que eles deram.

Começo com William Preston.

PARTE UM
"A História das Origens da Maçonaria",
por
William Preston

Capítulo 1

Os Primórdios da Maçonaria

William Preston

William Preston foi escocês. Nasceu em Edimburgo, em 1742, e seu pai, que era um forte partidário jacobita, morreu quando ele tinha 8 anos de idade. William foi enviado para o Conselho do Colégio Real e então treinado como tipógrafo. Havia um grupo ativo de tipógrafos treinados em Edimburgo, a maioria dos quais era maçom, prosperando em Londres naquela época. Seus principais membros eram Andrew Millar e William Strachan. Com a idade de 18, Preston mudou-se para Londres a fim de trabalhar para Strachan. Poucos anos depois, em 1763, esse grupo de escoceses solicitou à Grande Loja de Edimburgo uma Carta Constitutiva para formar uma Loja em Londres. A Grande Loja, sentindo que não seria apropriado para eles formarem uma Loja em Londres, encaminhou-os para a Grande Loja dos Antigos. Estes eram um grupo formado principalmente por escoceses e irlandeses que haviam se desligado da Grande Loja de Londres (a qual eles chamavam de Modernos). A Grande Loja dos Antigos emitiu uma autorização para se formar a Loja Nº 111, e Preston foi iniciado nessa Loja por seus Irmãos escoceses na época de seu 21º aniversário. Logo depois ele formou uma nova Loja, chamada de *Caledonian Lodge*, com uma autorização dos Modernos, e por algum tempo ele mantinha um pé em cada campo.

Preston se interessou em registro e formalização de palestras instrucionais, as quais eram uma parte fundamental da Maçonaria naquela época. No devido tempo, ele publicou toda uma série de palestras, rituais e outros materiais maçônicos, incluindo sua visão das origens da Maçonaria. Preston foi Mestre de um grande número de Lojas durante sua vida, incluindo uma das Lojas fundadoras da Grande Loja de Londres, agora conhecida como a *Lodge of Antiquity*.

Em dado momento, ele desafiou as tentativas da Grande Loja de Londres de controlar a *Lodge of Antiquity* e participou de uma longa discussão com a Grande Loja de Londres, o que deixou um pouco manchada sua reputação com os simpatizantes da Grande Loja Unida da Inglaterra. Típico de sua atitude é um comentário de um Mestre Passado da Loja *Quatuor Coronati*, que disse de Preston: "É uma questão de pesar que ele fosse, em diversas ocasiões, culpado de uma má apresentação". Talvez ele o fosse, se você observar pela bem restrita ótica da Grande Loja Unida da Inglaterra, que se tornou a sucessora dos Modernos da Grande Loja de Londres.

Entretanto, Preston conhecia profundamente a Maçonaria Escocesa, de conexões familiares em Edimburgo, para criar livremente, a partir de escritos maçônicos escoceses, suas famosas *Ilustrações da Maçonaria*, que foram impressas durante várias edições. Preston era um Cavaleiro de Heredom, um Grau maçônico concedido pela Ordem Real da Escócia. Ele produziu uma vasta quantidade de trabalho no registro e publicação de palestras de instrução da Maçonaria Simbólica, e suas *Ilustrações* propiciam uma interessante visão sobre onde ele achava que a Maçonaria se originava.

O que se segue é parafraseado de sua edição de 1795.

Os druidas

O início da história da Bretanha é misturado com fábula, mas Preston acreditava que havia provas da existência da ciência da Maçonaria nas Ilhas Britânicas, antes da invasão pelos romanos. Os princípios da Maçonaria eram praticados pela Ordem conhecida como os druidas, que usavam muitas práticas e rituais que são atualmente conhecidos pelos maçons. Não existem registros escritos desse longínquo período, mas os druidas realizavam suas reuniões em florestas e bosques, mantendo seus princípios e opiniões em estrito segredo. Por causa desse sigilo, muito de seu detalhado conhecimento morreu com eles, mas o que outros autores contemporâneos dizem a respeito de seus modos de trabalho sobrevive.

Eles eram os sacerdotes dos bretões, gauleses e de outras nações celtas, e estavam divididos em três classes. Os da primeira classe, poetas e músicos, eram chamados de bardos. Os membros da segunda classe eram conhecidos como videntes, e eram sacerdotes e fisiologistas. Os adeptos da terceira classe, conhecidos simplesmente como druidas, estudavam filosofia moral como também a fisiologia.

Muitas das doutrinas dos druidas foram extraídas dos ensinamentos de Pitágoras. Eles dedicavam suas vidas para estudar, especular, e realizavam suas sessões particulares com discussões sobre a origem da matéria, que leis regiam seu comportamento, e as propriedades das diferentes substâncias. Eles desenvolveram teorias sobre o tamanho e natureza do Universo e empreendiam um estudo geral dos mistérios ocultos da natureza e da ciência. Suas descobertas eram ensinadas para seus candidatos na forma de versos, para facilitar sua memorização. Mas, antes que novos participantes fossem autorizados a aprender os versos do ritual, eles tinham de fazer um juramento de jamais anotá-los.

Embora os druidas escondessem seus mistérios sob um véu de segredo, eles criaram muitos ramos de conhecimento útil. Sua Ordem era amplamente respeitada e admirada, e seus membros eram líderes em suas comunidades. Eles eram encarregados da educação dos jovens e de seus centros de ensino, e emitiam valiosas instruções. Eles atuavam como juízes em matérias religiosas e de lei civil, e eram tutores de filosofia, astrologia, política, ritual e cerimonial. Seus bardos comemoravam os fatos heroicos de grandes homens em canções concebidas para inspirar a próxima geração.

Os druidas tinham uma lenda similar à história grega da morte de Dionísio. Preston relata um templo druídico em Iona, o qual tinha uma laje estrutural, datando do tempo dos druidas, que mostrava duas figuras cumprimentando uma à outra utilizando-se da garra de leão maçônica. Os druidas usavam de vários sinais em seus rituais de iniciação e eles veneravam o triângulo, a suástica e um símbolo mostrando três divergentes raios de luz. Ele não estava certo de que existia uma conexão direta ente os antigos druidas e a Maçonaria, mas se diz que o experiente maçom verá semelhanças nas práticas dos druidas com a forma de como nossa fraternidade trabalha atualmente.

O período romano

Júlio César e vários generais romanos que o sucederam no governo da Bretanha eram patronos e protetores da Maçonaria Simbólica. Os romanos encorajavam as artes e ciências na Bretanha. Conforme a Bretanha se tornava mais civilizada, assim a Maçonaria subiu em sua estima. A fraternidade maçônica era empregada no levantamento de muros, fortes, pontes, cidades, templos, palácios, cortes de justiça e outras obras imponentes. Por causa do segredo da Maçonaria Simbólica, nada foi escrito sobre como as Lojas eram governadas, ou que rituais eram realizados, mas eles realizavam Lojas e convenções regularmente. Essas reuniões eram abertas somente aos Companheiros iniciados, os quais eram legalmente impedidos de mencionar os trabalhos internos da Maçonaria. Embora houvesse uma influência romana positiva sobre a Maçonaria, as guerras entre os romanos e os nativos britânicos retardaram o progresso da Maçonaria nessas ilhas.

O *collegium* romano proporciona uma ligação a partir de fontes britânicas anteriores para a prática subsequente da Maçonaria. A maioria das profissões romanas era controlada por guildas ou *collegia*. Elas eram poderosas o suficiente a ponto de vários imperadores romanos emitirem decretos para tentar suprimi-las. Mas esses decretos nunca foram aplicados efetivamente contra os maçons, porque eles "poderiam provar sua grande antiguidade e que eram religiosos em seu caráter".

Muitos *collegia*, embora eles mantivessem o conhecimento de seus segredos maçônicos, se tornaram grupos de caridade, religiosos ou grupos funerários. Eles realizavam serviços funerários para os membros que viessem a falecer, marcavam as tumbas dos membros com os emblemas de suas profissões e ajudavam suas viúvas e filhos. Preston descreve um túmulo de um construtor romano, mostrando o esquadro, o compasso e o nível usados como "emblemas para marcar o túmulo de um Irmão".

Os *collegia* romanos de arquitetos, por causa do prestígio do trabalho realizado, possuíam privilégios e isenções. Sua organização era similar à de uma moderna Loja Maçônica, e eles possuíam Constituições e Regulamentos para dirigirem suas ações nas matérias religiosas e seculares.

A lei romana aceitava o regulamento moderno que "Três fazem um *collegia*/Loja". Cada reunião era presidida por um Mestre (*Magister*) e dois Vigilantes (*Decuriones*). Eles também tinham um Secretário, um Tesoureiro, um Capelão (*Sacerdos*), e admitiam membros leigos, conhecidos como patronos ou especulativos.

Suas Lojas possuíam três Graus – Aprendizes, Companheiros e Mestres – e eles tinham rituais de iniciação que envolviam a morte e renascimento, tal como o moderno Terceiro Grau. Eles usavam todos os emblemas maçônicos: o esquadro, o compasso, o cubo, o prumo, o círculo e o nível. E também usavam uma urna revolvida com um emblema da morte.

Uma sala de reunião pertencente ao *collegia* maçônico local foi encontrada quando Pompeia foi escavada em 1878. Ela possuía duas colunas em sua entrada, e seu interior era decorado com triângulos entrelaçados, "que são o emblema constante dos maçons". Existia um pedestal na sala principal que continha uma tábua de delinear na forma de uma mesa de mosaicos embutidos. Em seu centro estava uma caveira com esquadro, linha de prumo e outros utensílios maçônicos.

Quando o Cristianismo se tornou a religião oficial de Roma, os membros do *collegia* de maçons foram atraídos, mas eles mantiveram suas ligações com as antigas tradições dos construtores. Com o estabelecimento da destruição do Cristianismo pelo imperador Diocleciano, ele tratou o Colégio de Arquitetos com leniência até o momento de recusa de alguns deles em fazer uma estátua de Esculápio; mas, quando assim foi desafiado, ele torturou até a morte quatro Mestres Maçons e um Aprendiz. Agora conhecidos como os "Quatro Mártires Coroados", os quatro Mestres, *Claudius, Nicostratus, Symphorian e Castorius*, são sempre mostrados segurando seus instrumentos do ofício de maçom. (Essa lenda veio a fornecer posteriormente o nome para a Loja *Quatuor Coronati*.)

Eles e o Aprendiz *Simplicius* se tornaram os Santos Patronos dos maçons por toda a Europa. Existe um poema sobre eles no mais antigo registro escrito da Maçonaria Simbólica, o *Regius MS* (Manuscrito *Regius*), o qual está guardado na Biblioteca Britânica.

Um imperador romano-britânico chamado Carausius reviveu os princípios da Maçonaria. Ele desejava pessoalmente fazer com que seu governo fosse mais aceitável para os britânicos, então decidiu enaltecer as boas obras dos maçons, e isso significa que ele ganhou o amor e estima do que Preston chama de "a parte mais esclarecida de seus súditos".

Ele apoiou a aprendizagem, a melhoria das artes civis e empregou os melhores operários e artífices de todo o país. As antigas Constituições Maçônicas dizem que ele contratou um nobre chamado *Albanus* para fornecer uma muralha à *Verulamium*, sua cidade natal. *Albanus* não apenas construiu uma muralha, ele também construiu um esplêndido palácio para o imperador. Seus trabalhos foram tão bons que Carausius o fez administrador de sua casa, e governador-chefe de seu reino.

Os maçons acabaram se tornando os favoritos de Carausius, e ele estava tão impressionado pelos seus ensinamentos, que tornou Albanus seu Grão-Mestre. Albanus realizava suas Lojas e Convenções regulares para a Fraternidade, e os Rituais de Maçonaria se desenvolveram.

Carausius estava tão satisfeito com os maçons que lhes concedeu uma Carta Constitutiva que os autorizava a realizar uma Assembleia Geral, estabelecer seu próprio governo e corrigir erros entre si. Albanus acabou por ser um bom amigo para a Maçonaria Simbólica, e assistiu à Iniciação de muitos candidatos nos mistérios da Ordem durante o tempo em que presidiu como Grão-Mestre. Sob essa benigna orientação maçônica, a Grã-Bretanha desfrutou de paz e tranquilidade.

Preston conclui que isso prova que Albanus foi um famoso arquiteto e um grande incentivador de capazes trabalhadores, acrescentando que a Maçonaria prosperou sob esse eminente patrono.

Verulamium era o nome romano para a cidade de *St. Alban* em Hertfordshire, e o Grão-Mestre Albanus era originário de uma das principais famílias da cidade. Quando jovem, havia viajado para Roma, onde serviu ao imperador Diocleciano por sete anos. Após deixar Roma, ele viajou para a cidade agora conhecida como *Chester*, onde foi batizado pelo bispo cristão *Amphibalus*.

O venerável Bede diz como Albanus morreu em 303 d.C. O governador romano disse que Albanus estava escondendo um cristão em sua casa, e enviou um grupo de soldados para prendê-lo. (O cristão era o amigo de Albanus, Amphibalus, o padre que o batizou.) Quando os soldados chegaram, Albanus estava vestido com o hábito de monge de seu convidado e se ofereceu aos oficiais.

Ele foi levado perante um magistrado, onde falou em apoio de seu amigo e irmão em Cristo. Isso não agradou ao juiz que, seguindo o Edito de Diocleciano, ordenou que Albanus fosse decapitado por professar a fé cristã. Feito um santo pela Igreja Cristã, tornou-se conhecido na Inglaterra como St. Alban, o Mártir, e finalmente sua cidade natal foi rebatizada em sua homenagem.

Quando o Império Romano foi destruído por invasores bárbaros, o sistema de *collegia* foi destruído, exceto por um colegiado, que se refugiou na *Comacina*, uma ilha fortificada no meio do Lago de Como.

Quando os romanos deixaram a Grã-Bretanha, a Maçonaria foi totalmente negligenciada, por causa da perturbação causada pelas incursões dos pictos e escoceses. Estes causaram tantos problemas que os britânicos do sul, os saxões, foram chamados para ajudar a repelir os invasores. Como os saxões ganharam maior poder, os bretões nativos e seu conhecimento de Maçonaria foram afundados no esquecimento. Pouco tempo depois, os brutos, ignorantes e pagãos saxões governaram o sul da Bretanha. Eles desprezavam tudo, exceto a guerra, e destruíram o que restava da antiga aprendizagem maçônica. Os pictos e escoceses continuaram a invadir a Inglaterra com um rigor desenfreado, e foi apenas quando alguns piedosos professores de Gales e da Irlanda converteram alguns desses selvagens ao Cristianismo que os ataques diminuíram.

Só então as Lojas Maçônicas começaram a se reunir novamente.

Capítulo 2

Primórdios da Maçonaria Inglesa

Maçonaria Saxã

A Maçonaria continua seu declínio até o ano 557 d.C, quando o bispo Austin (aqui Preston provavelmente se refere ao homem mais conhecido atualmente como Santo Agostinho, que veio para o sul da Inglaterra em 597 d.C) traz para a Inglaterra 40 monges especializados na ciência da Maçonaria. Austin fora enviado pelo papa Gregório I para batizar Ethelbert, rei de Kent, e se tornou o primeiro arcebispo da Cantuária, e juntamente com seus associados propagaram os princípios do Cristianismo entre os britânicos, de forma que, em pouco mais de 60 anos, todos os reis do sul da Grã-Bretanha haviam sido convertidos. A Maçonaria floresceu sob o patrocínio de Austin, e Preston diz que ele, com seu patrocínio a maçons estrangeiros, popularizou o estilo da construção gótica introduzido naquela época. Austin encorajou a arquitetura e chefiou a fraternidade que iniciou a construção, em 600 d.C, da Antiga Catedral de Cantuária, a *Catedral de Rochester*, em 602, St. Paul's, Londres, em 604, St. Peter's, Westminster, em 605, e muitas outras. Adicionalmente, ele também supervisionou a construção de vários palácios e castelos, assim como as fortificações fronteiriças com novos reinos cristãos. Em função de seu encorajamento ao trabalho de construção, o número de maçons aumentou consideravelmente.

Em 680, o abade Bennet de Wirral formou uma Loja com um número de Irmãos especialistas originários da França. Preston diz que logo em seguida Kenred, rei de Mércia, nomeou Bennet como o Inspetor de Loja, e Superintendente Geral dos maçons. Em seguida, ele acrescenta, no ano 856, a Maçonaria recebeu um impulso a partir do patrocínio de *São Swithin*, que foi contratado pelo Ethelwulf, rei saxão, para reparar algumas casas de devotos (embora Swithin não fosse um construtor/maçom, mas sim bispo de Winchester entre 852-862). Ele continuou a prosperar até que no ano 872 houve a adesão do rei Alfred, de quem Preston diz, era um zeloso protetor da Maçonaria. Sob seu patrocínio, o progresso de aprendizagem manteve seu ritmo.

David Hume, em sua *História da Inglaterra* (1778), diz dele:

Ele usualmente dividia seu tempo em três partes iguais: uma era empregada para o sono, e a reflexão de seu corpo com dieta e exercício; e outra no despacho dos negócios; uma terceira, com estudo e devoção. E que ele podia medir o tempo com maior exatidão, utilizando-se de queima de velas de mesmo comprimento, as quais eram fixadas em lanternas; o que era um adequado procedimento para essa época rude, quando (arte de se fazer relógios de sol) os mecanismos de relógios eram totalmente desconhecidos. E por uma distribuição de tal regularidade de seu tempo, mesmo que em muitas vezes ele houvesse trabalhado sob grandes enfermidades corporais, esse herói marcial, que havia pessoalmente combatido em 56 batalhas por terra e mar, foi capaz, durante uma vida de nenhuma extraordinária duração, de adquirir mais conhecimento, e até mesmo para compor mais livros, do que a maioria dos homens estudiosos, porém abençoados com maior lazer e aplicação, tenham [feito] em períodos mais felizes...

Alfred convidou estrangeiros laborosos de todos os quadrantes para repovoar seu país, o qual havia sido desolado e devastado pelos dinamarqueses. Ele encorajou inventores e renovadores da engenhosa arte.

A sétima parte de sua receita era destinada à manutenção dos trabalhadores que ele havia empregado na reconstrução de suas cidades em ruínas, castelos, palácios e mosteiros. Ele fundou a Universidade de Oxford. Alfred morreu em 900, e seu filho, o rei Edward, o Velho, assumiu o trono. Preston nos diz que durante seu reinado os maçons continuaram a se reunir em Lojas, desfrutando do patrocínio de Ethred e Ethelward, cunhado e irmão do rei. O príncipe Ethelward era um grande estudioso e arquiteto qualificado que fundou a Universidade de Cambridge. Vinte e quatro anos depois, o rei Edward morreu e foi sucedido por seu filho, Athelstane; o príncipe Edward, irmão do novo rei, tornou-se o novo patrono dos maçons. Athelstane vendeu aos maçons uma Carta Patente que lhes dava o direito de se reunir todos os anos em York, sendo governados por um Grão-Mestre Real.

A primeira Grande Loja da Inglaterra foi formada em York, em 926, tendo o príncipe Edwin presidido a reunião. Foram estudados muitos antigos escritos maçônicos em grego, latim e outras línguas, e seus conteúdos foram incorporados às constituições das Lojas Maçônicas inglesas. Preston chega a citar a partir de uma cópia de um documento que havia sido parte da coleção de Elias Ashmole, mas que, segundo ele, o documento foi destruído no final da Guerra Civil.

Muitos dos antigos registros da irmandade na Inglaterra foram destruídos ou perdidos, nas guerras entre os saxões e os dinamarqueses; o ainda rei Athelstane (neto do rei Alfred, o Grande, um poderoso arquiteto), o primeiro rei ungido da Inglaterra, traduziu a Bíblia Sagrada para a língua Saxã (930 d.C), e que, com a construção de muitas grandes obras, trouxe à terra o descanso e a paz, e encorajou muitos maçons da França, que foram nomeados como seus supervisores, os quais trouxeram as Obrigações e Regulamentos das Lojas, que eram preservadas desde os tempos romanos; o que também contribuiu para com o rei em melhorar as Constituições das Lojas inglesas, de acordo com o modelo estrangeiro, e também para aumentar os salários dos maçons.

Esse irmão do referido rei, o príncipe Edwin, tendo sido educado em Maçonaria, e tomando sobre si as Obrigações de um Mestre Maçom, pelo amor que tinha ao referido ofício, e aos princípios de honra sobre a qual ele estava fundamentado, comprou para os maçons um Alvará de Funcionamento (*Free Charter*) do rei Athelstane, com a liberdade de correção entre si (como era antigamente expressa), ou uma liberdade e poder de governar a si mesmos, para alterar o que pudesse acontecer de errado, e para manter uma Comunicação Anual em Assembleia Geral.

Consequentemente, o príncipe Edwin convocou todos os maçons no reino para se reunirem em uma Congregação em York, a qual foi composta em Loja Geral, da qual ele era o Grão-Mestre; e, tendo trazido com ele todos os escritos e registros existentes, alguns em grego, outros em latim, alguns em francês e em outras línguas, a partir do conteúdo dos mesmos foi realizada a montagem e o enquadramento da Constituição e as Obrigações de uma Loja inglesa. Também foi feita uma lei para preservar e observar o mesmo em todos os tempos futuros, e ordenou um bom salário para os maçons Construtores. A partir dessa época foi restabelecida a Livre Maçonaria na Inglaterra.

Atualmente, existe uma Grande Loja de maçons na cidade de York, que alega sua existência a partir desse período. Em virtude da Carta de Edwin, diz-se que na época todos os maçons do reino foram convocados a uma assembleia geral na cidade, onde eles estabeleceram uma Loja Geral ou Grande Loja para seu futuro governo.

Sob o patrocínio e jurisdição dessa Grande Loja, alega-se que a Fraternidade aumentou consideravelmente, e os reis, príncipes e outras pessoas eminentes que haviam sido iniciadas na Maçonaria juraram a devida fidelidade à Grande Assembleia. Mas como os acontecimentos daqueles tempos eram diferentes e flutuantes na época, a Assembleia foi mais ou menos respeitável, na proporção em que a Maçonaria obtinha seu encorajamento, sua influência era mais ou menos extensa.

A denominação de antigos maçons de York é bem conhecida na Irlanda e na Escócia, e a tradição universal é que essa denominação teve sua origem em *Auldby,* perto de York. Essa afirmação nos traz algumas marcas confirmatórias, pois Auldby era a sede de Edwin.

Existem todas as razões para se acreditar que York foi considerada como a sede original do governo maçônico nesse país, e como não houve uma reivindicação de outro lugar, como toda uma inteira Fraternidade universalmente reconhecida tem, em vários momentos, uma fidelidade à autoridade lá estabelecida: mas, se a presente associação naquela cidade tem direito a essa lealdade, é um tema de investigação que não é minha função investigar. Essa Assembleia deve ter sido realizada por informações.

Portanto é certo que, se a Assembleia Geral ou Grande Loja foi lá realizada (da qual existe pouca dúvida, se podemos confiar em nossos registros e constituições, como é dito ter ali existido no tempo da rainha Elizabeth), não existe nenhuma evidência de sua remoção regular para qualquer outro lugar no reino e, baseados nesse fato, os Irmãos de York podem, provavelmente com justiça, reivindicar esse privilégio de atuarem neste papel. Uma série de reuniões respeitáveis da Fraternidade em diferentes partes da Inglaterra parece ter sido convocada em diversas ocasiões, mas não podemos encontrar um registro, até um período muito posterior, de uma Assembleia Geral (assim chamada) a ser realizada em qualquer outro local em vez de York.

Para entender essa questão de forma mais clara, pode ser necessário alertar para a instituição original dessa Assembleia, chamada *Geral* ou *Grande Loja.* Ela não era restrita, como é entendida na forma atual, para os Mestres e Vigilantes de Lojas particulares, sendo encabeçada pelo Grão-Mestre e seus Vigilantes, consistindo na participação de muitos da Fraternidade em geral, que, estando dentro de um raio de conveniente distância, poderiam participar, uma ou duas vezes em um ano, sob os auspícios de um Chefe Geral, eleito e instalado em uma dessas reuniões, e que, portanto, receberia as homenagens como sendo o único governador de todo o corpo. Não havia a existência da ideia de se limitar os privilégios da Maçonaria por uma Carta Constitutiva, dados a certos membros, reunidos em certos dias e em determinados lugares. Havia apenas uma família entre os maçons, sendo que todo maçom era um ramo dessa família. É bem verdade que os privilégios dos diferentes Graus da Ordem sempre foram centrados em certos membros da Fraternidade e que, de acordo com seu avanço na Arte, foram autorizados pelas Antigas Obrigações de se reunir, manter e dirigir Lojas, à sua discrição, em lugares como o mais adequado à sua conveniência, e quando assim reunidos, para receber alunos e dar instruções em Maçonaria; mas todo prêmio fornecido por esses membros, separadamente e em conjunto, em última análise, era prerrogativa da Assembleia Geral, para que toda a Fraternidade pudesse testemunhar, e para cujas concessões todos eram obrigados a prestar sua submissão.

À medida que as Constituições das Lojas inglesas são derivadas dessa Assembleia Geral, em York, todos os maçons são obrigados a respeitar e preservá-la para todos os tempos futuros, e como não existe prova satisfatória de que a Assembleia fora regularmente removida pela resolução de seus membros, mas o contrário, a Fraternidade continuou a se reunir naquela cidade sob essa denominação; pode continuar a haver uma dúvida, se, enquanto essas Constituições existissem como uma norma de conduta maçônica, essa Assembleia não pode com justiça afirmar que a lealdade a que sua autoridade original os autoriza, e se qualquer outra convenção de maçons, por maior que seja sua consequência, pode, de acordo com essas Constituições, retirar sua fidelidade à Assembleia, ou reservar uma autoridade, pois não somente a antiguidade, mas também a aprovação concorrente de maçons nos compromissos mais solenes para as épocas deram a ela uma repetitiva sanção.

É lamentável que a ideia de superioridade, e um desejo de se adquirir um absoluto domínio, deva ocasionar uma disputa entre maçons. Fossem os princípios da Ordem mais bem compreendidos e mais geralmente praticados, o objetivo da instituição seria mais plenamente atendido. Cada maçom consideraria seu Irmão como seu Companheiro, e aquele que, por suas ações generosas e virtuosas, melhor pudesse promover a felicidade da sociedade, sempre seria o mais provável a receber homenagem e respeito.

Por muitos anos Athelstane realizou sua corte em York. Ele era conhecido como um rei ameno e um bom Irmão maçônico. Seu Irmão Edwin estava qualificado em todos os aspectos para presidir um tão celebrado corpo de homens, como os maçons. Ele empregou maçons para reparar e construir muitas igrejas e outros edifícios soberbos, na cidade de York, em *Beverley*, e em outros lugares.

O Grão-Mestre príncipe Edwin morreu dois anos antes do rei, e Preston relata a existência de um rumor infundado de que Athelstane o tenha assassinado. Ele passa a descrever as circunstâncias da morte de Edwin:

> O tema da morte de Edwin é o ponto mais obscuro na história desse rei, e, para dizer a verdade, nenhum de nossos melhores historiadores tem escrito claramente ou com a devida atenção a respeito dela. A história mais comumente aceita é esta: o rei, suspeitando de que seu irmão mais novo, Edwin, tivesse concebido um plano para privá-lo de sua coroa, fez com que ele, apesar de seus protestos de inocência, fosse colocado com seu escudeiro e pajem a bordo de um navio com vazamento.
>
> O jovem príncipe, incapaz de suportar a severidade do clima e a falta de alimento, se afogou desesperadamente. Algum tempo depois, o copeiro do rei, que tinha sido o principal causador desse ato de crueldade, quando estava servindo o rei à mesa, "viajando com um pé, mas recuperando-se com o outro", disse a ele agradavelmente: "Veja, como irmãos se ajudam reciprocamente"; o que fortemente atingiu o rei com a lembrança do que ele mesmo tinha feito sumindo com Edwin, que poderia tê-lo ajudado em suas guerras; ao fazer com que o assunto fosse mais bem examinado, teve como resultado a inocência de seu irmão, o que o fez condenar seu copeiro a uma morte cruel. Ele suportou sete anos de grande penitência, e construiu dois mosteiros de Middleton e Michelness, para expiar esse fato sangrento.

Preston continua a dizer que Simeon de Durham e o *Saxon Chronicle* relatam que Edwin fora afogado por ordem de seu irmão, no ano 933, mas que outras fontes colocam a história no primeiro ou segundo ano do reinado de Athelstane e contam a história do navio podre e do ato do rei na punição de seu copeiro. Preston argumenta que, se Edwin morreu afogado no segundo ano do reinado de Athelstane, ele não poderia estar vivo no décimo ano. E ele diz que devemos ter a primeira data como a mais provável, porque havia uma conspiração contra o rei nessa época (o plano era destroná-lo e arrancar seus olhos). No entanto, Athelstane não colocou os conspiradores à morte, por isso Preston acha pouco provável que ele tenha ordenado o eficaz afogamento de seu irmão por uma suspeita vazia.

Athelstane foi reconhecido por unanimidade como rei – seu irmão era então muito jovem para governar e, portanto, não tinha a idade suficiente para conspirar.

Preston argumenta que, se tomarmos a segunda data (933), toda a história será destruída, pois o rei não poderia fazer sete anos de penitência, já que ele não viveu tanto tempo (ele morreu em 939). Quanto ao conto do copeiro "e seu tropeço na mesa do rei", a mesma história é contada de Earl Godwin, que assassinou o irmão de Edward, o Confessor. Preston afirma que nada é mais claro a partir da história de que Athelstane era extremamente gentil com seus irmãos e irmãs, por cujo amor ele viveu unicamente e, portanto, seu irmão não teria uma tentação de conspirar contra ele.

Quando Edwin morreu, o rei Athelstane assumiu pessoalmente a direção das Lojas e apoiou a arte da Maçonaria para o restante de sua vida. Quando Athelstane morreu, os maçons se dispersaram, e as Lojas permaneceram em um estado instável até a adesão, em 960, de Edgar, que trouxe a Fraternidade unida sob a coordenação de St. Dunstan; eles foram empregados para construir algumas estruturas religiosas, mas não foram muito encorajados. Quando Edgar morreu, a Maçonaria entrou em decadência por 50 anos, mas, em função do interesse do rei Edward, o Confessor, a Maçonaria foi revivida em 1041. Edward nomeou como Superintendente dos maçons *Leofric*, conde de *Coventry*, que era um arquiteto talentoso. Sob sua orientação, a abadia de Westminster e a abadia de Coventry foram reconstruídas.

Capítulo 3

De William, o Conquistador, até Mary, a Sangrenta

Maçonaria sob os Cavaleiros Templários

William (ou Guilherme), o Conquistador, que tomou a coroa da Inglaterra em 1066, nomeou dois patronos para supervisionar a Maçonaria Simbólica. Preston diz-nos que estes eram Gundulf, bispo de Rochester, e Roger de Montgomery, conde de Shrewsbury – cada um dos quais tinha a especialização em ambas as arquiteturas, a civil e a militar. Esses nobres patronos da Fraternidade iniciaram a construção da Torre de Londres. O trabalho foi concluído durante o reinado de William Rufus, que então empregava os maçons para construir o Palácio e o Salão de Westminster e para reconstruir a ponte de Londres.

Quando o rei Henrique I subiu ao trono, em 1100, ele concedeu uma Carta das Liberdades aos maçons e os encorajou a se reunirem nas Lojas para uma assembleia. Stephen, que sucedeu Henry em 1135, empregou a Fraternidade para construir uma capela em Westminster, que agora é a Capela da Casa dos Comuns, e nomeou Gilbert de Clare, o marquês de Pembroke, para supervisionar as Lojas. Depois que o rei Henrique II subiu ao trono em 1154, nomeou André de Montbard como Grão-Mestre da Ordem dos Templários, para atuar como Superintendente dos maçons e, sob sucessão de Superintendentes Templários, os maçons foram empregados para construir um templo para a Ordem em Fleet Street. Esse templo foi concluído no grão-mestrado do Grão-Mestre Gérard de Ridefort, que também foi o Superintendente dos maçons em 1185. A igreja redonda (*Round Church*) foi projetada para relembrar a Igreja Circular do Santo Sepulcro, em Jerusalém, a qual foi consagrada pelo Patriarca de Jerusalém.

A Maçonaria continuou sob o patrocínio dos Cavaleiros Templários até 1199, quando o rei John sucedeu ao seu irmão Richard I. Preston nos diz que John removeu Gilbert Erail, que era então o Templário Grande Superintendente dos maçons, e substituiu-o por Peter de Colechurch, a quem ele designou como Grão-Mestre da Maçonaria. Colechurch começou a reconstruir a ponte de Londres com pedra, a qual foi terminada em 1209. Peter de Rupibus sucedeu Colechurch como Grão-Mestre, com Geoffrey Fitz-Peter, inspetor chefe de trabalho do rei, atuando como seu vice, e sob esses dois artistas a Maçonaria floresceu durante o restante do reinado do rei John. [Preston não faz qualquer menção a Henrique III (1216-1272).]

Maçonaria sob três Edward

Edward I subiu ao trono da Inglaterra em 1272. Para assumir o comando dos maçons foram por ele nomeados Walter Giffard, arcebispo de York, Gilbert de Clare, conde de Gloucester, e Ralph, lorde do Monte Hermer. Esses três supervisionaram a conclusão da abadia de Westminster, que havia sido iniciada em 1220.

Edward II (1307-1327) nomeou Walter Stapleton, bispo de Exeter, para ser Grão-Mestre. Sob sua orientação, a Fraternidade construiu as faculdades Exeter e Oriel, em Oxford, e Clare Hall, em Cambridge. A Maçonaria floresceu na Inglaterra sob Edward III, que foi patrono da ciência e um grande incentivador da aprendizagem. Preston nos diz que o rei apadrinhou as Lojas e designou cinco adjuntos para executarem o expediente diário da Fraternidade:

- John de Spoulee, reconstrutor da capela de St. George, Windsor, onde a Ordem da Jarreteira foi instituída em 1350;
- William Wykeham, mais tarde bispo de Winchester, que em 1357 reconstruiu o Castelo de Windsor supervisionando 400 maçons;
- Robert Barnham, que, com 250 maçons, terminou em 1375 o St. George's Hall, em Londres;
- Henry Yevele (chamado de maçom do rei nos antigos registros), que construiu o Charterhouse, em Londres; King's Hall, em Cambridge; e Queensborough Castle, e reconstruiu a capela de St. Stephen, Westminster;
- Simon Langham, abade de Westminster, que reconstruiu o corpo da catedral em sua forma atual.

Edward III também revisou e melhorou as Constituições e as Antigas Obrigações da Ordem acrescentando vários regulamentos às leis originais. Durante seu reinado, as Lojas eram numerosas, e as comunicações regulares da Fraternidade eram realizadas sob a proteção dos magistrados civis.

Preston cita um antigo registro da Sociedade, que segundo ele então estava em sua posse:

> No reinado glorioso do rei Edward III, quando as Lojas eram mais frequentes, o Mui Eminente Venerável Mestre e Companheiros, com o consentimento dos senhores do reino (quase todos os grandes homens eram então maçons), ordenaram que no futuro, ao se fazer a admissão de um Irmão, a Constituição e as Antigas Obrigações deveriam ser lidas pelo Mestre ou pelos Vigilantes. Isso em função de que, como deviam ser admitidos Mestres Maçons ou Mestres de Obra, eles deveriam ser examinados quanto à sua capacidade e destreza em servir a seus respectivos senhores, tanto assim para o menor como para o maior, para a honra e adoração da referida arte, e para o lucro de seus senhores; porque são seus senhores que os empregam e pagam seu serviço e viagens.

Os seguintes pormenores, Preston diz também que estavam contidos em um manuscrito muito antigo, e uma cópia dele estava supostamente na posse do falecido George Payne, Esq., Grão-Mestre em 1718:

> Que quando o Mestre e Vigilantes se reúnem em uma Loja, se houver a necessidade, o xerife do condado, ou o prefeito da cidade, ou o vereador da cidade em que a congregação esteja sendo realizada devem ser feitos Companheiros e se associarem ao Mestre para ajudá-lo contra os rebeldes e até portadores de direitos do reino. Que os Aprendizes, em sua Iniciação, não sejam acusados de ser ladrões ou mantenedores de ladrões; que eles deveriam viajar honestamente para seu sustento e amar seus semelhantes como a si mesmos, e serem fiéis ao rei da Inglaterra, para o reino, e para a Loja. Que em tais congregações deva ser consultado se algum Mestre ou Companheiro tenha quebrado qualquer um dos artigos acordados; e, se o infrator, devidamente citado a comparecer mostrar rebeldia, e não comparecer em seguida, a Loja deverá determinar contra ele, que ele deva renegar (ou renunciar a) sua condição de maçom, e não mais usar esse ofício; o que se presume para fazer, o xerife do condado deverá aprisioná-lo, e

receber todos os seus bens para as mãos do rei, até que sua graça seja concedida a ele e publicada. Por essa causa, sobretudo se essas congregações tiverem ordenado, que assim como o menor, tal como o maior devam ser bons e verdadeiramente terem servido nesta referida arte, ao longo de todo o reino da Inglaterra. Amém, assim seja.

Em 1377, Richard II sucedeu seu avô Edward III, e ele fez William Wykeham continuar como Grão-Mestre. O Grão-Mestre Wykeham reconstruiu a Westminster Hall e empregou a Fraternidade para construir New College, Oxford, e Winchester College. Depois que Richard tinha sido morto e sucedido por Henrique IV, Thomas Fitz Allen, conde de Surrey, substituiu Wykeham como Grão-Mestre.

Henry fundou as abadias de Battle e Fotheringhay e construiu a Guildhall de Londres (Edifício das Guildas). Em 1413, Henry V sucedeu à coroa, e ele colocou Henry Chichele, arcebispo da Cantuária, como responsável da Fraternidade; sob sua orientação, as Lojas se reuniam frequentemente.

Quando Henry VI subiu ao trono, em 1422, ele ainda era menor de idade, e durante seu reinado foi feita uma tentativa pelo Parlamento de suprimir as Lojas e as reuniões regulares dos maçons. Preston explica as circunstâncias: o duque de Bedford, que foi regente, passou a maior parte de seu tempo na França, e por isso seu irmão Humphrey, duque de Gloucester, governou a Inglaterra e levou o título de protetor e guardião do reino. Humphrey tinha recebido maior educação do que era habitual em sua idade; ele fundou uma das primeiras bibliotecas públicas na Inglaterra, tendo sido um grande patrono dos homens instruídos. Preston acrescenta que os registros da Maçonaria dizem que ele foi feito maçom.

Mas o jovem rei Henrique foi educado por Henry Beaufort, bispo de Winchester e tio de Humphrey de Gloucester, que tinha ambições políticas. Foi uma batalha entre o bispo e o protetor, que resultou na hostilidade do Parlamento para com a Maçonaria.

O bispo resolveu destruir o duque Humphrey, quando sentiu que a popularidade do duque o tornava perigoso. O duque sempre foi um bom amigo para o público, e tinha impedido que o poder absoluto fosse investido na pessoa do jovem rei, cuja educação e atitude mental Beaufort controlava e tentava subverter a seus próprios propósitos. A fim de enfraquecer seu sobrinho, o bispo, sabendo que Gloucester era apoiado pelos maçons, solicitou ao Parlamento que a Sociedade de Maçons fosse abolida, alegando que eles realizavam reuniões secretas.

Em abril de 1425, o Parlamento se reuniu em Westminster; todos os servos e seguidores dos colegas chegaram armados até os dentes com paus e bastões (isso veio a ser chamado de Batalha do Parlamento). Entre as leis que foram aprovadas, houve um ato que abolia a Sociedade de maçons, impedindo suas assembleias e congregações:

> Os maçons não devem ser confederados em Capítulos ou Congregações, considerando que, pelas congregações anuais e confederações feitas pelos maçons em suas Assembleias Gerais, o bom curso e efeito dos estatutos dos trabalhadores é abertamente violado e quebrado, na subversão da lei, com um grande dano de todos os comuns; nosso Senhor soberano rei, disposto, nesse caso, a fornecer uma solução, pelo conselho e consentimento citado, e, a pedido especial dos comuns, ordenou e estabeleceu que esses capítulos e congregações não serão doravante realizados, e, se qualquer reunião for feita, aqueles que comparecerem a esses capítulos e congregações a serem reunidos e realizados, mesmo sendo condenados, deverão ser julgados como criminosos: e os outros maçons que vêm a esses capítulos ou congregações serão punidos pelo aprisionamento de seus corpos, fazendo-se encontrar e resgatar por vontade do rei.

Esse ato nunca entrou em vigor, e a Fraternidade não foi dissuadida de continuar a se reunir sob o Grão-Mestrado do arcebispo Chichele. Como Preston explica:

> O Registro Latino de William Molart, antes de Canterbury, em manuscrito, pap. 88, intitulado *Liveratio generalis domini Gulielmi Prioris Ecclesiae Christi Cantuariensis, erga Fastum Natalis Domini 1429*, nos informa que, no ano 1429, durante a menoridade de Henrique VI, uma respeitável Loja foi realizada na Cantuária sob o patrocínio de Henry Chichele, o arcebispo, na qual estavam presentes Thomas Stapylton, o Mestre; John Morris, Vigilante da Loja de maçons e Diretor da Loja de maçons; com 15 Companheiros, e três Aprendizes maçons inseridos, os quais são particularmente nomeados.

Apesar do edital, muitas Lojas foram formadas em diferentes partes do reino, e a Fraternidade prosperou. A autoridade soberana investida no duque de Gloucester, como Protetor do reino, fez com que a execução das leis, e tudo o que se relaciona à magistratura civil, fosse nele centralizado.

Isso foi uma sorte para os maçons nessa conjuntura crítica. O duque, sabendo que os maçons eram inocentes das acusações que o bispo Beaufort tinha colocado contra eles, levou-os sob sua proteção, e voltou-se a acusação de rebelião, sedição e traição para longe deles, para o bispo e seus seguidores. O duque afirmou que eles foram os primeiros violadores da paz pública, e os promotores mais rigorosos de uma discórdia civil.

Preston nos diz que Beaufort, percebendo que sua conduta não pôde ser justificada pelas leis do país, se propôs a influenciar o jovem rei. Beaufort persuadiu o rei a conceder cartas de perdão para todos os crimes cometidos por ele, ao contrário do estatuto de bispos adjuntos e outros atos de *praemunire*. Então, cinco anos mais tarde, ele obteve outro perdão, sob o grande Selo, para todos os crimes que ele tenha cometido desde a criação do mundo até 26 de julho de 1437. Não obstante as precauções do bispo, no entanto, em 1442 o duque de Gloucester elaborou novos artigos de *impeachment* contra ele, apresentando-os ao rei e pedindo-lhe para julgar Beaufort por seus crimes. O rei submeteu a questão ao seu Conselho, que era composto principalmente de eclesiásticos. Eles favoreceram o bispo e foi feito um andamento processual tão lento que o duque, cansado dos atrasos e subterfúgios fraudulentos, deixou que a acusação caísse em desuso. O bispo então acusou a duquesa de Gloucester de bruxaria. Alegou-se que foi encontrada a figura de cera do rei em sua posse, e que ela e dois associados, *sir* Roger Bolingbroke, um padre, e Margery Jordan of Eye derreteram a figura de forma mágica diante de um fogo lento, com o intuito de fazer com que a força e o vigor de Henry definhassem da mesma maneira. Essa acusação, que havia sido calculada para afetar a mente fraca e crédula do rei, ganhou alguma credibilidade naquela época crédula, e a duquesa e seus cúmplices foram julgados e considerados culpados. A duquesa foi condenada a fazer penitência pública em Londres por três dias, e sofrer prisão perpétua; os outros foram executados.

O duque, provocado por tais insultos à sua duquesa, bravamente resistiu a esses vergonhosos processos, mas a matéria terminou em sua própria destruição. O bispo e seu partido traçaram um plano para assassiná-lo. Um parlamento foi convocado para reunir-se em St. Edmondsbury [agora Bury St. Edmunds] em 1447, onde se esperava que ele estivesse inteiramente à sua mercê; e, tendo aparecido no segundo dia da sessão, o duque foi acusado de traição, e jogado na prisão. No dia seguinte, ele foi encontrado cruelmente assassinado. Pretendia-se que sua morte fosse considerada natural. Mas, apesar de seu corpo (o qual foi exposto à opinião pública) não apresentar nenhum sinal de lesão externa, havia pouca dúvida de que fora um sacrifício de vingança de seus inimigos.

Após essa terrível catástrofe, cinco de seus servos foram julgados por tentar ajudá-lo em suas traições e condenados a ser enforcados e esquartejados. Eles seriam de acordo enforcados, cortados vivos, despidos e marcados com uma faca para ser esquartejados, mas o marquês de Suffolk deu um perdão, e salvou suas vidas. Preston descreve isso como "o tipo mais bárbaro da misericórdia que se possa imaginar!". [Preston parece perder o ponto que, talvez, o marquês fosse um defensor de Beaufort.] Preston nos assegura que a morte do duque de Gloucester foi unanimemente lamentada em todo o reino. Ele tinha o apelido de "Bom", merecido há muito tempo. Ele era amante de seu país, amigo dos bons homens, protetor dos maçons, patrono dos sábios e incentivador de todas as artes úteis.

Seu perseguidor, o bispo hipócrita, mal sobreviveu a ele por dois meses. Depois de uma longa vida que passou na falsidade e na política, ele caiu no esquecimento, e terminou seus dias na miséria. Após a morte de Beaufort, os maçons realizaram suas Lojas sem perigo de interrupção.

Henry VI estabeleceu vários assentos de erudição, os quais foram enriquecidos com doações, e distinguidos por imunidades peculiares. Assim, ele incentivou seus súditos a superarem a ignorância e a barbárie, e reformar suas maneiras turbulentas e licenciosas. Em 1442, ele foi iniciado na Maçonaria e, a partir desse momento, não poupou esforços para obter um conhecimento completo da Arte. Ele pesquisou as Antigas Obrigações, revisou as Constituições e, com o consentimento de seu Conselho, homenageou os maçons com sua sanção. Preston cita um registro da época de Edward IV:

> A companhia de maçons, sendo de outro modo chamada de maçons livres, de antiga posição e boa reputação, por meio de diversas reuniões afáveis e gentis e, com o uso de uma fraternidade amorosa, fez frequente essa mútua assembleia no Tempo de Henry VI, no 12º ano de seu reinado mais gracioso, 1434 d.C.

> Que os encargos e leis dos maçons foram vistos e revistos pelo nosso rei soberano após Henry VI e pelos senhores de seu conselho mais honrado, que lhes permitiram, e declarou: Que seja direito bom e razoável para serem realizados, como eles foram elaborados e recolhidos a partir dos registros de tempos antigos.

A partir disso, parece que os maçons eram tidos em alta estima. Preston diz-nos que, encorajados pelo exemplo do soberano e desenhados por uma ambição para se destacarem, muitos senhores e senhores da corte foram iniciados na Maçonaria, e frequentaram a Arte com aplicação e assiduidade.

Enquanto tudo isso estava acontecendo na Inglaterra, os maçons na Escócia foram incentivados e protegidos pelo rei James I, que se tornou o patrono do aprendizado e um incentivador zeloso da Maçonaria. Os registros escoceses dizem que ele honrou as Lojas com sua presença real e estabeleceu-se uma receita anual de quatro libras escocesas a serem pagas a cada Mestre Maçom na Escócia. Ele deu aos maçons um Grão-Mestre aprovado pela Coroa, ou nobremente nascido ou um eminente clérigo, que tinha seus Adjuntos em cidades e municípios, e cada novo Irmão iria pagar uma taxa de admissão para ele. (Essa é a primeira menção de uma taxa de iniciação sendo paga para apoiar um Grão-Mestre e seus Oficiais.) Esse cargo habilitou o Grão-Mestre para dirigir a Fraternidade, de modo que não haveria necessidade de se recorrer à lei e aos tribunais. Na Escócia, tanto maçom e Senhor, o construtor e fundador de qualquer estrutura proposta, quando estivessem em desacordo, poderiam apelar para o rei, a fim de evitar processos judiciais. Em sua ausência, eles recorreriam ao seu Vigilante.

Na Inglaterra, Henry tinha presidido pessoalmente as Lojas e nomeado como Grão-Mestre William Waynefleet, bispo de Winchester, que construiu às expensas próprias: Magdalen College, em Oxford, e várias casas religiosas. Eton College, perto de Windsor, e King's College, em Cambridge, foram fundados em seu reinado, e acabados sob a direção de Waynefleet, e Henry também fundou o Christ College e o Queen's College (homenagem à sua rainha, Margarida de Anjou), em Cambridge. Em suma, durante a vida desse príncipe, as artes floresceram, e muitos estadistas sagazes, oradores consumados e admirados escritores foram apoiados pela generosidade real. Portanto, a Maçonaria floresceu até que a paz interna da Inglaterra fosse interrompida pelas guerras civis entre as casas reais de York e Lancaster: a Guerra das Rosas (1455-1485).

Durante esse período, a Maçonaria foi negligenciada, até que foi revivida em 1471 sob o Grão-Mestrado de Richard Beauchamp, bispo de Sarum, nomeado por Edward IV, para quem foi dado o título de Chanceler da Ordem da Jarreteira, por seus esforços em reparar o castelo e a capela de Windsor.

Sob Edward V e Richard III, ela novamente entrou em declínio até a ascensão de Henry VII em 1485, quando ela subiu na estima mais uma vez. Nesse momento, a Maçonaria entrou sob o patrocínio do Mestre e Companheiros da Ordem dos Cavaleiros de São João de Malta. Eles realizaram uma Grande Loja em 1500 e escolheram o rei Henry como seu Protetor. Agora sob o favor real, a Fraternidade reviveu suas Assembleias, e a Maçonaria prosperou.

Em 24 de junho de 1502, uma Loja de Mestres foi formada, na qual o rei presidiu pessoalmente como Grão-Mestre. Nessa reunião, o rei Henry nomeou como seus Vigilantes John Islip, abade de Westminster, e *sir* Reginald Bray, um Cavaleiro da Ordem da Jarreteira. Em seguida, os Grandes Oficiais procederam em *Ampla Forma* para a extremidade leste da abadia de Westminster, onde o rei lançou a pedra fundamental da capela que leva seu nome. A capela de Henry VII é sustentada por 14 contrafortes (arcobotantes) góticos, projetando-se sob diferentes ângulos, sendo todos lindamente ornamentados. Ela é iluminada por duas fileiras de janelas, lançando uma luz que tanto agrada aos olhos quanto oferece uma espécie de penumbra solene. Os contrafortes se prolongam até o teto e, para fortalecê-los, são coroados com arcos góticos. A entrada é feita a partir do extremo leste da abadia, por um lance de degraus de mármore preto, sob um Arco Real, levando ao corpo da capela. Seus portões são de bronze. As bancas de cada lado são de carvalho, assim como os assentos, e seu pavimento é de mármore preto e branco. A cerimônia da pedra angular desse edifício foi comemorada em 1507. Mais tarde, já no reinado de Henry VII, foram construídos sob a direção de *sir* Reginald Bray o Palácio de Richmond, Brasenose College, em Oxford, e os Colleges de Jesus e St. John's, em Cambridge, foram acabados.

Preston nos diz que, quando Henry VIII sucedeu seu pai em 1509, ele nomeou o cardeal Wolsey para ser o Grão-Mestre. Wolsey construiu Hampton Court, Whitehall e Christ Church College, em Oxford. Em 1530, Thomas Cromwell, conde de Essex, sucedeu como Grão-Mestre e empregou a Fraternidade para construir o Palácio de St. James, o Christ's Hospital e o Castelo de Greenwich. Em 1534, o rei e o Parlamento se livraram da fidelidade ao papa de Roma, e o rei foi declarado o Chefe Supremo da Igreja Inglesa. Em sequência à ruptura com Roma, não menos que 926 casas religiosas foram suprimidas, muitas delas posteriormente convertidas em mansões para a nobreza e a aristocracia. Cromwell foi decapitado em 1540, e John Touchet, lorde Audley, sucedeu o cargo de Grão-Mestre e supervisionou a Fraternidade na construção de Magdalene College, em Cambridge. Edward VI era menor de idade quando subiu ao trono em 1547, e seu guardião e regente, Edward Seymour, duque de Somerset, assumiu a gestão dos maçons e construiu Somerset House, em Strand. Seymour foi decapitado em 1552. John Poynet, o bispo de Winchester, então se tornou o patrono da Fraternidade, e presidiu as Lojas até a morte do rei em 1553. Durante o reinado de nove dias de *lady* Jane Grey e do governo de cinco anos de Mary I, os maçons permaneceram sem um patrono.

Capítulo 4

Elizabeth e os Stuart

A Grande Loja de York

Quando a rainha Elizabeth I subiu ao trono, *sir* Thomas Sackville tornou-se Grão-Mestre. Durante esse período, as Lojas eram realizadas em diferentes partes da Inglaterra, mas onde a Fraternidade se apresentava numerosa e respeitável, era a Grande Loja reunida em York.

Elizabeth, ouvindo que os maçons possuíam segredos que eles não podiam revelar, e estando com ciúmes de todas as assembleias secretas, enviou uma força armada a York para quebrar sua Grande Loja Anual. No entanto, seu plano foi felizmente frustrado pela interferência de *sir* Thomas Sack. Ele iniciou na Maçonaria os principais oficiais que ela havia enviado para interromper a reunião. Eles se juntaram na comunicação com os maçons e fizeram em seu retorno um relatório tão favorável para a rainha que ela revogou as ordens, e nunca mais tentaram perturbar as reuniões da Fraternidade. *Sir* Thomas Sackville permaneceu como Grão-Mestre até 1567, quando renunciou em favor de Francis Russell, conde de Bedford, e *sir* Thomas Gresham, um eminente comerciante. O primeiro assumiu o cuidado dos Irmãos, na parte norte do reino, e este último ficou no comando do sul, onde a Sociedade tinha consideravelmente aumentado, como resultado do relatório favorável que havia sido feito para a rainha.

Na cidade de Londres, *sir* Thomas Gresham ergueu, à sua própria custa, um edifício para o serviço de comércio. Ele comprou algumas casas entre as ruas Cornhill e Threadneedle e as demoliu para fornecer o local, e, em 7 de junho de 1566, a primeira pedra do novo edifício foi colocada. O trabalho foi concluído em novembro de 1567. O edifício era retangular e possuía o emblema de *sir* Thomas, de um gafanhoto em cima de um pedestal em cada canto do telhado. Esse teto era apoiado por pilares de mármore – dez nos lados norte e sul, sete no leste e oeste – formando um pórtico. Sob o pórtico havia 119 Lojas (cada uma de sete pés e meio de comprimento e cinco pés de largura), 25 em um lado, a leste e oeste, 34 no norte e 35 no sul, recebendo *sir* Thomas por cada uma 41 libras e dez schillings por um ano de aluguel. Quando foi construído esse edifício, foi chamado de Bolsa (Bourse). Mas em 23 de janeiro de 1570, a rainha, com a participação de um grande número de seus nobres, veio de seu palácio de Somerset House, no Strand, para jantar com *sir* Thomas em sua casa em Bishopsgate. Depois do jantar, Sua Majestade retornou através de Cornhill, entrou na Bolsa pelo lado sul e visualizou todas as partes do edifício. Ela ficou particularmente impressionada com a galeria que se estendia em volta de toda a estrutura e era mobiliada com lojas cheias de todos os tipos dos melhores produtos na cidade. Ela fez com que o edifício fosse proclamado, em sua presença, por um arauto e trompete, o *Royal Exchange* (Bolsa Real).

Nessa ocasião, *sir* Thomas apareceu publicamente no papel de Grão-Mestre da Maçonaria. (O edifício original do *Royal Exchange* permaneceu até o incêndio de Londres, em 1666, quando ele pereceu em meio ao caos geral, porém mais tarde foi restaurado à sua presente grandiosidade.) Apesar da nomeação de *sir* Thomas como Grão-Mestre do Sul, no entanto, a Assembleia Geral continuou a se reunir na cidade de York. Todos os registros foram mantidos em York, e foram feitos apelos para essa Assembleia em ocasiões importantes.

Elizabeth estava agora convencida de que a Fraternidade Maçônica era composta de arquitetos talentosos e amantes das Artes, e que as regras da Ordem proibiam a interferência nos assuntos do Estado. Ela se tornou perfeitamente reconciliada com suas Assembleias, e a Maçonaria fez grandes progressos durante seu reinado. As Lojas se reuniram em todo o reino, particularmente em Londres e seus arredores, onde o número de Irmãos aumentou consideravelmente.

Sob os auspícios de *sir* Thomas Gresham foram realizadas várias grandes obras e a Fraternidade recebeu todo o apoio. Charles Howard, mais tarde conde de Nottingham, sucedeu *sir* Thomas como Grão-Mestre e presidiu as Lojas no sul até 1588, quando George Hastings, conde de Huntingdon, o substituiu.

James VI e I

Quando Elizabeth morreu, as Coroas de Inglaterra e Escócia foram reunidas sob seu sucessor, James VI, da Escócia, que foi proclamado rei da Inglaterra, Escócia e Irlanda em 25 de março de 1603, tomando o título de rei James I da Inglaterra. Ele já tinha sido feito maçom havia dois anos em Scone e tinha sido um notável patrono da Arte, na Escócia. A Maçonaria agora prosperou ao longo dos reinos combinados, e muitas Lojas foram diretamente convocadas sob seu patrocínio real. Muitos senhores foram inspirados pelos ensinos da Maçonaria para reavivar a velha Maçonaria romana. Eles viajavam muito e voltavam cheios de entusiasmo com fragmentos de colunas antigas, desenhos curiosos e livros de arquitetura. Proeminente entre esses entusiastas foi Inigo Jones, um londrino que tinha sido Aprendiz de marceneiro e tinha uma inclinação natural para os projetos. Ele era conhecido por sua habilidade em pinturas de paisagens e foi patrocinado por William Herbert, mais tarde conde de Pembroke. Jones fez um passeio na Itália, às expensas de Herbert, e estudou com os melhores discípulos do famoso Andrea Palladio. Quando ele voltou à Inglaterra, tornou-se absorto no estudo da arquitetura, e passou a ser conhecido como o Vitruvius da Grã-Bretanha e um rival local de Palladio.

O rei James nomeou esse artista celebrado como seu Inspetor Geral e mais tarde o nomeou Grão-Mestre da Inglaterra, e delegou-o para presidir as Lojas. Sob Inigo Jones a Fraternidade prosperou e vários homens eruditos foram iniciados, e a Maçonaria cresceu em sua reputação. Engenhosos artistas foram inspirados para ir à Inglaterra e, quando o fizeram, eles se reuniram com grande encorajamento. As Lojas foram estabelecidas como locais de instrução nas ciências e nas artes educadas. Foram observadas as comunicações regulares da Fraternidade, e as festividades anuais foram celebradas regularmente. O Grão-Mestre Inigo Jones foi um arquiteto realizado e muitas magníficas estruturas foram concluídas sob sua direção. Ele foi instruído pelo rei James para planejar um novo palácio em Whitehall, que seria uma digna residência para os reis da Inglaterra. No entanto, o Parlamento não disponibilizou fundos suficientes, por isso não mais do que a presente Banqueting House (Casa de Banquetes) foi concluída. Em 1607, a pedra fundamental da Banqueting House foi lançada em completa cerimônia maçônica pelo rei James, que contou com o Grande Mestre Jones e seus Vigilantes, William Herbert, conde de Pembroke, e Nicholas Stone, esq. Muitos Irmãos estavam maçonicamente paramentados, com outras personalidades convidadas para a ocasião que também estavam presentes. O assentamento da pedra foi realizado com grande pompa e esplendor, e, posteriormente, o rei colocou uma bolsa de moedas de ouro em cima da pedra, de forma que os maçons puderam ter um banquete para comemorar o evento. Quando ela foi concluída, em 1622, desde os tempos do imperador romano Augustus, a Banqueting House era o melhor espaço individual de seu tamanho. Ela foi concebida como um lugar para receber embaixadores e para outras ocasiões de Estado. Eram três andares, regulares e imponentes. Externamente, o menor nível consistiu em uma parede rusticada com uma pequena janela quadrada. Do rodapé subia uma parede pontuada com colunas e pilastras jônicas, e, entre suas colunas, tínhamos bem proporcionados janelas com segmentar alternada e frontões triangulares. Sobre esta foi colocada uma entabladura da qual subia outra camada de colunas e pilares coríntios, com um alinhamento de cima a baixo. Dos capitéis haviam pendurado festões, com máscaras e outros ornamentos suspensos no meio. Esse nível, também, foi coroado com um entablamento para apoiar uma balaustrada. O efeito de relevo criado por pilastras e colunas envolvidas, rusticadas e entabladas, criou uma diversidade de luz e uma feliz sombra do lado externo do prédio.

Inigo Jones permaneceu como Grão-Mestre até 1618, quando se aposentou e foi sucedido pelo conde de Pembroke, com quem muitos homens eminentes, ricos e instruídos foram iniciados, e os mistérios da Ordem eram tidos em alta estima.

Charles I

O rei James morreu em 1625, e seu filho Charles I o sucedeu, mas o conde de Pembroke continuou como Grão-Mestre até 1630, quando renunciou em favor de Henry Danvers, conde de Danby. Danby foi sucedido em 1633 por Thomas Howard, conde de Arundel e mais tarde duque de Norfolk. Em 1635, Francis Russell, conde de Bedford, assumiu o governo da sociedade, mas o Grão-Mestre Passado, Inigo Jones, que havia continuado a amparar as Lojas durante a administração de Russell, foi reeleito no ano seguinte e continuou como Grão-Mestre até sua morte em 1646.

As Lojas, nessa época, continuaram a se reunir regularmente, tal como o diário do antiquário Elias Ashmole mostra:

> Eu fui feito maçom em 16 de outubro de 1646, em Warrington, Lancashire, com o coronel Henry Mainwaring, de Kerthingham, em Cheshire, pelo sr. Richard Penket, o Vigilante, e os Companheiros (todos eles são especificados).

Em outro registro no diário, ele diz:

> Em 10 de março de 1682, cerca de 17 horas, recebi uma convocação para comparecer a uma Loja, a ser realizada no dia seguinte no Masons Hall, em Londres – 11 de março. Assim

eu fui, e ao meio-dia foram admitidos para a comunhão de maçons *sir* William Wilson KNT, o capitão Richard Porthwick, o sr. William Woodman, o sr. William Gray, o sr. Samuel Taylour e o sr. William Wise. Eu era o membro sênior entre eles, tendo passado 35 anos desde que eu havia sido iniciado. Além de mim, contávamos com a presença dos candidatos; mais o sr. Thomas Wise que era o Mestre da Companhia de Maçons no presente ano, o sr. Thomas Shorthose, e mais sete antigos maçons. Todos jantaram na Taverna Half-moon, em Cheapside, em um nobre jantar preparado às expensas dos novos iniciados.

Preston diz que em um registro antigo da Sociedade temos a descrição de um brasão muito parecido com o da Companhia de Maçons Livres de Londres, e acredita-se que essa empresa seja uma filial de nossa antiga fraternidade. Antigamente era uma qualificação necessária para ser livre nessa sociedade, que um homem fosse iniciado pela primeira vez em alguma Loja de Maçons Livres e Aceitos. Na Escócia, essa prática ainda é realizada entre os maçons operativos.

Preston transcreve essa consideração da Maçonaria a partir de uma fonte não mencionada:

> Ele (sr. Ashmole) foi eleito um Irmão da Companhia de Maçons, o que era um favor estimado para o mais singular de seus membros, a que os próprios reis não desdenhavam ingressar nessa Sociedade. Destes derivam os maçons adotados, maçons aceitos, ou maçons livres; que se reconhecem uns aos outros em todo o mundo, por certos sinais e por palavras-chave conhecidas somente por eles. Eles têm várias Lojas em diferentes países para ser recebidos, e, quando algum deles cair em decadência, a irmandade estará pronta para o socorrer. A forma de sua adoção ou admissão é muito formal e solene, e com a administração de um juramento de sigilo que tem tido melhor destino do que todos os demais juramentos, e jamais foi mais religiosamente observado, nem o mundo teve ainda a capacidade, por uma inadvertência, surpresa ou de insensatez de qualquer de seus membros, em mergulhar nesse mistério, ou fazer o mínimo para descobrir.

Em alguns dos manuscritos do sr. Ashmole há muitas valiosas coleções relacionadas com a história dos maçons.

> Quanto à antiga Sociedade de maçons, a respeito da qual você está desejoso de saber, com certeza, o que pode ser conhecido, eu só posso dizer que, se nosso digno Irmão E. Ashmole, esq. tinha executado sua concepção inicial, nossa Fraternidade

tinha de agradecer tanto a ele como aos Irmãos da mais nobre Ordem da Jarreteira. Eu não teria de estar surpreso com essa expressão ou pensar que todos os demais estão assumindo. Os Soberanos daquela Ordem não desdenharam nossa Irmandade, e houve momentos em que os imperadores também foram maçons livres. O que eu poderia reunir da coleção do sr. Ashmole foi que o relatório de nossa Sociedade, que teve a ascensão a partir de uma bula papal concedida no reinado de Henry VI, para alguns arquitetos italianos, para viajarem por toda a Europa para erigir capelas, era malfundamentado. Essa bula existia, e esses arquitetos eram maçons. Mas essa bula, na opinião do culto sr. Ashmole, era somente confirmativa de que nossa Fraternidade não fez por qualquer meio, ou até mesmo estabelecê-los neste reino. Mas, quanto ao tempo e forma desse estabelecimento, é algo que incide diretamente a partir das mesmas coleções. St. Alban, o protomártir, estabeleceu a Maçonaria aqui, e ela desde seu tempo prosperou, mais ou menos, de acordo como o mundo foi até os dias do rei Athelstane, que concedeu aos maçons um Alvará de Funcionamento por causa de seu irmão Edwin. Sob nossos príncipes normandos, eles frequentemente receberam marcas de favores reais extraordinárias. Não há nenhuma dúvida a ser feita que a habilidade de maçons, que sempre foi transcendentalmente grande, mesmo nos tempos mais bárbaros, sua maravilhosa amabilidade e união ao outro, sejam quais forem as condições, e sua fidelidade inviolável em manter religiosamente seus segredos, deve ter sido exposta em tempos ignorantes, problemáticos e supersticiosos, a uma vasta variedade de aventuras, de acordo com o diferente estado de partidos e outras alterações de governo. A propósito, poderíamos observar que os maçons sempre foram leais, o que os exporia a grandes severidades, quando o poder usando de uma justiça aparente, e aqueles que cometiam traição, punindo os verdadeiros homens como traidores. Assim, no terceiro ano de Henry VI, foi passado um ato para abolir a Sociedade de Maçons, e de impedir, sob penas cruéis, a realização de Capítulos, Lojas ou outras Assembleias regulares, mas esse ato foi posteriormente [virtualmente] revogado, e até mesmo antes disso o rei Henry e vários senhores de sua corte se tornaram Companheiros da Maçonaria.

Charles II

Após a Restauração, a Maçonaria começou a reviver sob o patrocínio de Charles II, que tinha sido recebido na Ordem durante seu exílio. Durante seu reinado, algumas Lojas foram constituídas por licença de vários nobres Grão-Mestres, e muitos senhores e estudiosos famosos solicitavam naquela época ser admitidos à Fraternidade. Em 27 de dezembro de 1663 foi realizada uma Assembleia Geral, na qual Henry Jermyn, conde de St. Albans, foi eleito Grão-Mestre, e ele nomeou como seus Vigilantes *sir* John Denham, Christopher Wren e John Webb.

Preston cita o que ele chama de vários úteis regulamentos que foram feitos nessa assembleia, para o melhor governo das Lojas e para permitir que maior harmonia prevalecesse entre toda a Fraternidade.

1. Nenhuma pessoa, seja de qualquer Grau, pode ser feita ou aceita como maçom a não ser em uma Loja regular, da qual um seja um Mestre ou um Vigilante no limite ou divisão onde a Loja está localizada, e também de ser um Artesão no ofício de livre Maçonaria.
2. Nenhuma pessoa deve ser aceita maçom livre, senão como sendo de corpo capaz, parentesco honesto, boa reputação e observador das leis do país.
3. Nenhuma pessoa deverá ser aceita como maçom livre, ou ser admitida em qualquer Loja ou Assembleia, até que forneça uma certidão do lugar e época de sua Iniciação. Após essa apresentação, o Mestre da Loja deverá matriculá-la em um rolo de pergaminho a ser elaborado para a ocasião e informar aos Irmãos em cada Assembleia Geral todas as aceitações que tenham sido feitas.
4. Toda pessoa que agora é um maçom livre deve fornecer ao Mestre um conhecimento do momento de sua aceitação, para que no final o mesmo possa estar matriculado com a prioridade de lugar merecida pelo Irmão, e também para que toda a Companhia e Companheiros conheçam melhor uns aos outros.
5. A Fraternidade de Maçons deverá ser, no futuro, regulada e governada por um Grão-Mestre, e com o número de Vigilantes que a Sociedade ache apto nomear em cada Assembleia Geral anual.
6. Nenhuma pessoa deverá ser aceita, a menos que tenha 21 anos de idade, ou mais.

Muitos dos registros da Fraternidade desse reinado e do anterior foram perdidos durante o governo de Oliver Cromwell, pois foram precipitadamente queimados por alguns Irmãos escrupulosos, que tinham medo de que fossem feitas descobertas que pudessem prejudicar os interesses da Maçonaria.

Em junho de 1666, Thomas Savage, conde Rivers, sucedeu o conde de St. Albans como Grão-Mestre. Agora, *sir* Christopher Wren foi nomeado Grão-Mestre Adjunto e começou a promover a prosperidade das poucas Lojas que se reuniam naquele momento, particularmente a antiga Loja de St. Paul's, que ele havia apadrinhado por mais de 18 anos. Os registros dessa Loja, agora conhecida como a *Lodge of Antiquity*, dizem que o Irmão Wren participou regularmente das reuniões e que durante seu Mestrado presenteou a Loja com três castiçais de mogno – um valioso presente ainda preservado e altamente valorizado como uma lembrança da estima de seu doador.

Christopher Wren nasceu em 1632 e foi o filho único do Decano de Windsor. Ele mostrou uma aptidão precoce para as artes e ciências. Com 13 anos de idade, inventou um novo instrumento astronômico, o qual denominou de *Pan-organum*, e escreveu um tratado sobre a origem dos rios. Ele inventou um novo motor pneumático e uma máquina de calcular para fazer as marcações adequadas sobre relógios solares. Em 1646, com 14 anos de idade, Wren entrou no Wadham College, em Oxford, onde aprendeu e se tornou amigo de dr. John Wilkins e dr. Seth Ward, ambos os senhores de grande erudição, e mostrou-se algo como um polímata. Wren assistiu o dr. Scarborough nas preparações anatômicas e experimentos sobre os músculos do corpo humano. Logo depois, ele escreveu sobre geometria e os mecanismos de anatomia. Ele também escreveu discursando sobre o problema de se medir a longitude, sobre as variações da agulha da bússola, sobre como encontrar a velocidade de um navio, sobre como melhorar a concepção de navios e recuperar seus destroços. Além disso, também escreveu acerca das convenientes formas de se usar a artilharia a bordo do navio, como se construir em águas profundas, como construir um mol no mar e como melhorar a navegação fluvial, conectando os rios. Em suma, ele escreveu muitas obras de gênio – tantas que parecem ser os esforços unidos de um século inteiro, e não a produção de um só homem.

O grande incêndio

Preston conta como um evento singular e terrível acontecido em 1666 provocou o máximo de esforços e habilidades maçônicas. A cidade de Londres, que no ano anterior havia sido atingida pela peste, a qual matou mais de 100 mil de seus habitantes, quase não havia se recuperado, quando um grande incêndio reduziu a maioria dos edifícios dentro dos muros da cidade a cinzas. Tudo começou em 2 de setembro, na casa de um padeiro em Pudding Lane. A padaria era um edifício de madeira com revestimento externo de piche, tal como o resto das casas nessa pista estreita, e a casa estava cheia de lenha e gravetos para os fornos, o que incrementou a disseminação das chamas. O fogo se alastrou com muita fúria, espalhando-se em quatro direções ao mesmo tempo. Posteriormente, Jonas Moore e Ralph Gatrix foram obrigados a examinar as ruínas, e relataram que o fogo devastou 373 acres dentro dos muros e queimou 13 mil casas e 89 igrejas paroquiais, deixando apenas 11 igrejas paroquiais de pé. Royal Exchange de Gresham, a Alfândega, a Guildhall, Blackwell Hall (o centro do comércio de tecido), a catedral de St. Paul, a prisão de Bridewell, as salas de 52 empresas de *libré* da cidade e três dos portões da cidade foram todos demolidos. O custo dos danos foi estimado em mais de 1 milhão de libras esterlinas. Depois de tal calamidade, foi decidido que se adotassem normas e regulamentos para construção, que protegessem na possibilidade de ter outra catástrofe semelhante no futuro. Todos os novos edifícios seriam construídos de pedra e tijolo, em vez de madeira. Charles II e o Grão-Mestre Earl Rivers instruíram imediatamente o Grão-Mestre Adjunto Wren a elaborar um plano para uma nova cidade, que, Wren decidiu, teria ruas largas e regulares. Eles o nomearam Inspetor Geral e também fizeram dele o principal arquiteto e responsável pela reconstrução da cidade. Ele foi encarregado de reconstruir a catedral de St. Paul e todas as igrejas paroquiais que haviam sido destruídas. O Irmão Wren logo percebeu que essa tarefa era grande demais para um homem somente, e por isso pediu a Robert Hooke, professor de geometria no Gresham College, que o ajudasse. Hooke definiu sobre a medição, ajustou e expôs os fundamentos das ruas particulares ao mesmo tempo. Para serem práticos, foram apresentados ao rei e à Câmara dos Comuns o modelo e plano para a nova cidade, os quais foram colocados e todo o esquema mostrado. No entanto, a maioria dos cidadãos insistiu na reconstrução de suas casas nas antigas fundações, e muitos não estavam dispostos a dar mais de suas propriedades para administradores públicos, a menos que eles recebessem maior compensação. A maioria estava desconfiada do plano. Wren argumentou que a remoção de todos os cemitérios, jardins, etc., para a periferia da cidade, criaria mais espaço para melhorar as ruas e resultaria em melhores igrejas, salões e outros edifícios públicos.

Mas ele não conseguiu convencer os proprietários dos terrenos queimados; os cidadãos queriam reconstruir sua cidade velha, apesar de todas as suas desvantagens. Eles não entendiam os princípios do modelo da nova cidade do Irmão Wren e não consideravam essa inovação bem-vinda. Assim, a oportunidade de se fazer uma nova cidade mais magnífica e cômoda para a saúde e o comércio de qualquer outra na Europa foi perdida, e Wren teve de abreviar seus planos. Ao mesmo tempo, ele usou todo o seu trabalho, habilidade e criatividade para modelar a cidade da melhor maneira possível, dentro das limitações.

Em 23 de outubro de 1667, o rei Charles II realizou a cerimônia maçônica de nivelar a pedra fundamental do novo Royal Exchange. O edifício, dito na época ser o melhor na Europa, foi inaugurado em 28 de setembro de 1669 pelo senhor prefeito e vereadores. Ele tomou a forma de um quadrado vazio, e, em todo o interior, acima das arcadas e entre as janelas estavam estátuas dos soberanos da Inglaterra. No centro da praça havia uma estátua magistral em tamanho natural, que retratava o rei vestindo um hábito de monge, feita em mármore branco pelo sr. Gibbons, então Grande Vigilante da sociedade. Enquanto isso, a Alfândega do Porto de Londres foi construída em 1668, no lado sul da Thames Street, e decorada com colunas de pedra das ordens toscana e jônica (no mesmo ano, o Grão-Mestre Adjunto Wren e seu Vigilante, sr. Webb, completaram o teatro Sheldonian, em Oxford, que foi pago por Gilbert Sheldon, então arcebispo da Cantuária). Em 1671, para comemorar a queima e reconstrução da cidade de Londres, o Irmão Wren começou a trabalhar em um grande monumento em forma de uma grande coluna dórica de 202 pés de altura. Ela foi terminada em 1677. Em torno da base, foram esculpidas estas palavras:

> Este pilar foi criado para a relembrança perpétua da queima mais terrível desta cidade protestante, desenvolvida pela traição e malícia da facção papista, no início de setembro, no ano do Senhor de 1666, iniciada e exercida sua horrível trama para extirpar a religião protestante, uma velha liberdade inglesa, para introduzir o papado e a escravidão.

O Irmão Wren deu uma atenção especial para a reconstrução da catedral de St. Paul, mesmo enquanto ele trabalhava vigorosamente para reconstruir a cidade. Ele desenhou vários modelos para isso e após uma ampla consulta elaborou um projeto final no melhor estilo da arquitetura grega e romana. Wren fez um grande modelo da mesma em madeira, mas, quando ele a apresentou para os bispos, eles decidiram que ela não estava suficientemente grande, no estilo catedral, e ele foi ordenado a alterá-la. Em seguida, produziu o presente esquema, que se reunia com a aprovação do rei (o modelo original, que foi baseado apenas na ordem coríntia, como em São Pedro, em Roma, foi mantido na catedral, como uma curiosidade).

A primeira pedra dessa magnífica catedral foi colocada pelo rei Charles II em 1673. Ele conduziu a cerimônia solene em forma maçônica, apoiado pelo Grão-Mestre Rivers, o Irmão Wren, seu adjunto, e os arquitetos e os maçons. A cerimônia contou com a presença da nobreza e aristocracia, o senhor prefeito e vereadores, além dos bispos e clero. Durante todo o trabalho de construção, o Grão-Mestre Adjunto Wren atuou como Mestre e Inspetor, e foi habilmente auxiliado por seus Vigilantes, Irmão Edward Strong e Irmão Thomas Strong, seu filho.

Wren teve grande cuidado para assegurar que a nova catedral fosse alinhada exatamente em um eixo Oriente e Ocidente, e isso fez com que fosse definida em um ângulo oblíquo da Ludgate Street. O grande portão frontal – que foi definido em consonância com a rua, em vez da Igreja a que pertence – faz com que a estátua da rainha Anne, que está exatamente no meio da frente do Ocidente, pareça haver sido jogada para um lado quando da aproximação direta da porta da igreja, sugerindo que todo o edifício esteja errado. No entanto, é a rua que está desalinhada, não a grande catedral.

Quando ele estava marcando as dimensões do edifício, Wren fixou a localização do centro do grande domo, e ordenou a um trabalhador para trazer-lhe uma pedra plana do lixo, para deixar como uma marca para os maçons. O homem trouxe um pedaço de uma lápide, com um resto de uma inscrição, somente uma única palavra, em grandes maiúsculas, RESURGAM. Foi dito que isso deixou uma boa impressão na mente do Irmão Wren, a qual nunca mais foi apagada.

A catedral foi planejada sob a forma de uma longa cruz, com o grande domo subindo no centro de todo o edifício. Na grande cúpula, com 108 pés de diâmetro, Wren parece ter imitado o Panteão de Roma. Suas janelas brilham a luz através da grande colunata que circunda o domo. A antiga igreja de St. Paul tinha uma torre elevada, por isso o Irmão Wren foi obrigado a dar à sua construção uma altura suficiente que não sofresse comparações, e, para alcançar esse objetivo, ele fez a parte externa do domo muito superior à parte interna. Ele conseguiu isso ao levantar um tijolo cônico sobre a cúpula interna, a qual suporta a lanterna de pedra no ápice. O tecido nobre da nova catedral St. Paul foi elevado o suficiente para ser visto a partir do mar pelo leste e de Windsor, a oeste. Ela foi concluída em 35 anos, por um único arquiteto, o grande Irmão *sir* Christopher Wren. Ela teve um maçom principal, o Vigilante de Wren, Irmão Edward Strong, e foi concluída sob um bispo de Londres, o dr. Henry Compton. São Pedro, em Roma, pelo contrário, levou 155 anos para ser construída e nela trabalharam 12 arquitetos sucessivos.

A Fraternidade Maçônica estava agora completamente empregada, e juntos eles construíram as seguintes igrejas paroquiais, que tinham sido consumidas pelo grande incêndio:

All Hallows, Bread Street, terminada em 1694; e o campanário concluído em 1697;
All Hallows the Great, Thames Street, 1683;
All Hallows, Lombard Street, 1694;
St Alban, Wood Street, 1685;
St Anne and Agnes, St Anne's Lane, Aldersgate Street, 1680;
St Andrew's Wardrobe, Puddledock Hill, 1692;
St Andrew's, Holborn, 1687;
St Anthony's, Watling Street, 1682;
St Augustine's, Watling Street, 1683; e o campanário concluído em 1695;
St Bartholomew's, Royal Exchange, 1679;
St Benedict, Gracechurch Street, 1685;
St Benedict's, Threadneedle Street, 1673;
St Bennet's, Paul's Wharf, Thames Street, 1683;
St Bride's, Fleet Street, 1680; e mais adornada em 1699;
Christ-church, Newgate Street, 1687;
St Christopher's, Threadneedle Street (desde que retirada para dar espaço ao Banco), reparada em 1696;
St Clement Danes, in the Strand, derrubada em 1680, e reconstruída pelo Ir∴ Christopher Wren em 1682;
St Clement's, Eastcheap, St Clement's Lane, 1686;
St Dennis Back, Lime Street, 1674;
St Dunstan's in the East, Tower Street, reparada em 1698;
St Edmond's the King, Lombard Street, reconstruída em 1674;
St George, Botolph Lane, 1674;
St James, Garlick Hill, 1683;
St James, Westminster, 1675;
St Lawrence Jewry, Cateaton Street, 1677;
St Magnus, London Bridge, 1676; o campanário em 1705;
St Margaret, Lothbury, 1690;

St Margaret Pattens, Little Tower Street, 1687;
St Martin's, Ludgate, 1684;
St Mary Abchurch, Abchurch Lane, 1686;
St Mary's-at-Hill, St Mary's Hill, 1672;
St Mary's Aldermary, Bow Lane, 1672;
St Mary Magdalen, Old Fish Street, 1685;
St Mary Somerset, Queenhithe, Thames Street, 1683;
St Mary-le-Bow, Cheapside, 1683;
St Mary Woolnoth's, Lombard Street, reparada em 1677;
St Mary, Aldermanbury, reconstruída em 1677;
St Matthew, Friday Street, 1685;
St Michael, Basinghall Street, 1679;
St Michael Royal, College Hill, 1694;
St Michael, Queenhithe, Trinity Lane, 1677;
St Michael, Wood Street, 1675;
St Michael, Crooked Lane, 1688;
St Michael, Cornhill, 1672;
St Mildred, Bread Street, 1683;
St Mildred, Poultry, 1676;
St Nicholas, Cole Abbey, Old Fish Street, 1677;
St Olive's, Old Jewry, 1673;
St Peter's, Cornhill, 1681;
St Sepulchre's, Snow Hill, 1670;
St Stephen's, Coleman Street, 1676;
St Stephen's, Walbrook, atrás da Mansion House, 1676;
St Swithin's, Cannon Street, 1673;
St Vedast, Foster Lane, 1697.

Enquanto essas igrejas e outros edifícios públicos estavam sendo desenvolvidos, sob a direção do Irmão Wren, o rei Charles ordenou a *sir* William Bruce, o Grão-Mestre da Escócia, que reconstruísse o palácio de *Holyrood House* em Edimburgo, e isso foi executado em conformidade com o melhor estilo augustino. Durante o desenvolvimento dessas grandes obras, os expedientes internos da Sociedade não foram negligenciados. As Lojas se reuniam em diferentes locais, e muitas novas foram constituídas, para as quais os melhores arquitetos recorreram. Em 1674, o conde Rivers renunciou ao cargo de Grão-Mestre, e foi sucedido por George Villiers, duque de Buckingham. Ele deixou o cuidado dos Irmãos aos seus Vigilantes e *sir* Christopher Wren, que ainda continuou a atuar como Grão-Mestre Adjunto. Em 1679, o duque renunciou em favor de Henry Bennett, conde de Arlington. Esse nobre estava profundamente envolvido nos assuntos do Estado para atender aos deveres da Maçonaria, mas as Lojas continuaram a se encontrar sob sua sanção, e muitos senhores respeitáveis ingressaram na Fraternidade. Com a morte do rei, em 1685, seu irmão subiu ao trono como James II.

James II

Durante seu reinado, a Fraternidade foi muito negligenciada. Infelizmente, o conde de Arlington morreu no ano em que James II subiu ao trono, então as Lojas se reuniram em comunicação e elegeram como Grão-Mestre *sir* Christopher Wren. O Grão-Mestre Wren nomeou Gabriel Cibber e Edward Strong como seus Grandes Vigilantes. Ambos os senhores eram membros da antiga *St. Paul's Lodge*, onde o Irmão Christopher Wren fora Venerável Mestre. Eles deram uma cota principal nos trabalhos que ocorreram após o incêndio de Londres. O Irmão Strong, em particular, agiu como o Vigilante do Irmão Wren durante a construção da catedral de St. Paul. Sob a negligência de James II, a Maçonaria declinou por muitos anos, embora algumas Lojas continuassem a se encontrar ocasionalmente, em lugares diferentes.

Capítulo 5

Formação de uma Grande Loja

William e Mary

Ao redor de 1688, a Sociedade estava tão reduzida que no sul da Inglaterra não havia mais do que sete Lojas regulares se reunindo em Londres e seus subúrbios. Destas, apenas duas eram dignas de nota: a antiga *St. Paul's Lodge*, onde *sir* Christopher Wren presidiu durante a construção daquela estrutura, e uma Loja em St. Thomas, Southwark, a qual *sir* Robert Clayton, então prefeito de Londres, presidiu na reconstrução daquele hospital.

O rei William havia sido iniciado privadamente na Maçonaria em 1695. Ele aprovou a escolha de *sir* Christopher Wren como Grão-Mestre, e honrou as Lojas com sua Sanção Real. Diz-se que Sua Majestade frequentemente presidia uma Loja em Hampton Court, durante a construção da nova parte desse palácio. O Palácio de Kensington também foi construído durante seu reinado. *Sir* Christopher dirigiu os trabalhos e também supervisionou a construção do Hospital Chelsea, e o Palácio de Greenwich. O Palácio de Greenwich já havia sido transformado em um hospital para marinheiros, e foi finalizado após o projeto do Grão-Mestre Inigo Jones. Em uma Assembleia Geral e festa dos maçons, realizada em 1697, muitos Irmãos nobres e eminentes estavam presentes, entre eles Charles, duque de Richmond e Lenox, na época Mestre de uma Loja em Chichester. O nome do duque foi proposto e ele foi eleito como o Grão-Mestre para aquele ano, e então nomeou *sir* Christopher Wren como seu Grão-Mestre Adjunto, Edward Strong seu Primeiro Grande Vigilante e Thomas Strong seu Segundo Grande Vigilante. O duque de Richmond e Lenox permaneceu no cargo somente por um ano, e então a Sociedade elegeu mais uma vez o Irmão Christopher Wren como Grão-Mestre. Ele continuou à frente da Fraternidade até o falecimento do rei em 1702.

Durante o reinado seguinte, a Maçonaria realizou pouco progresso. A idade e as enfermidades de *sir* Christopher desviaram sua atenção dos deveres de seu cargo, as Lojas diminuíram e os festivais anuais foram negligenciados. A antiga *St. Paul's Lodge* e algumas outras continuaram a se reunir regularmente, mas elas possuíam poucos membros. Para aumentar seu número durante esse tempo difícil, foi feita uma proposta de que os privilégios da Maçonaria não devessem mais ser restritos a maçons operativos, mas também estendidos aos homens de várias profissões, desde que fossem regularmente aprovados e iniciados na Ordem. Em consequência dessa resolução, a Sociedade mais uma vez subiu em conhecimento e estima.

A Grande Loja de Londres

Na ascensão de George I, os maçons em Londres e seus arredores, efetivamente privados de *sir* Christopher Wren, e com a descontinuação de suas reuniões anuais, decidiram eleger um novo Grão-Mestre e reviver as comunicações e os festivais anuais da Sociedade. As Lojas Goose and Gridiron em St. Paul's Churchyard, a Crown em Parker's Lane perto de Drury Lane, a Apple Tree Tavern em Charles Street Covent Garden e a Rummer and Grapes Tavern em Channel Row, sendo as únicas quatro Lojas que se reuniam no sul da Inglaterra naquela época, encontraram-se e decidiram eleger um novo Grão-Mestre e reviver as comunicações e festivais anuais da Sociedade. Os Irmãos dessas Lojas, acrescidos de mais alguns poucos antigos Irmãos, reuniram-se na Apple Tree Tavern em fevereiro de 1717 e votaram no mais antigo Mestre Maçom presente, para que fosse colocado na Cadeira. Eles então constituíram a si próprios como uma Grande Loja *pro tempore*. Nessa reunião, resolveram reviver as comunicações trimestrais da Fraternidade, e para que fosse realizada a próxima Assembleia Anual e festa, no dia 24 de junho, na Goose and Gridiron na St. Paul's Churchyard, com a finalidade de se eleger um Grão-Mestre entre si, até que voltassem a ter a honra de ter um Irmão nobre os dirigindo.

No terceiro ano do reinado do rei George I, 1717, uma reunião e festa foram realizadas na Goose and Gridiron para celebrar o dia de São João Batista. O mais antigo Mestre Maçom, que também havia sido Mestre de uma Loja, tomou o assento da cadeira. Uma lista de candidatos para o cargo de Grão-Mestre foi então produzida, e então os Irmãos elegeram o sr. Anthony Sayer como Grão-Mestre dos maçons para o corrente ano. Ele foi investido pelo Mestre mais antigo e instalado pelo Mestre da Loja mais antiga. O Grão-Mestre nomeou seus Vigilantes e comandou os Irmãos das quatro Lojas para se reunirem com ele e seus Vigilantes em comunicação trimestral. Ele os instruiu a recomendar a toda a Fraternidade um comparecimento pontual na próxima Assembleia Anual e festa. Naquela época, era uma prática comum que, quando um número suficiente de maçons se reunia dentro de um determinado distrito, eles tinham o poder de iniciar os maçons, dar a quitação de todos os deveres da Maçonaria, sem a necessidade de qualquer autorização ou de Constituição. Esse privilégio era inerente a cada membro maçom, e é um privilégio que continua sendo usufruído por duas antigas Lojas que ainda estão vigentes.

No entanto, a reunião propôs:

> Que o privilégio de se reunir como maçom, que até o momento tinha sido ilimitado, deveria transitar para certas Lojas ou Assembleias reunidas de maçons em certos lugares, e que cada Loja a ser futuramente convocada, exceto as quatro antigas existentes nesse momento em vigor, deveria ser legalmente autorizada a atuar por uma Carta Constitutiva do Grão-Mestre, e que, por enquanto, havia sido concedida a certas pessoas por petição, com o consentimento e aprovação da Grande Loja em comunicação, e que, sem essa carta, a Loja não deveria ser considerada futuramente regular ou constitucional.

Em consequência desse regulamento, as novas Lojas foram convocadas em diferentes partes de Londres, e os Mestres e Vigilantes dessas Lojas foram ordenados a participar das reuniões da Grande Loja, fazer um relatório periódico de seus procedimentos e transmitir ao Grão-Mestre, de tempos em tempos, uma cópia de qualquer estatuto que poderiam formar para o seu próprio governo.

Como complemento aos Irmãos das quatro Lojas antigas, das quais a nova Grande Loja foi formada, foi deliberado:

> Que cada privilégio que eles coletivamente haviam usufruído em virtude de seus direitos imemoriais, eles ainda devem continuar a ter; e que nenhuma lei, norma ou regulamento a ser futuramente feitos ou passados na Grande Loja devem privá-los de tal privilégio, ou usurpar qualquer *Landmark* que era naquele tempo estabelecido como o padrão de governo maçônico.

Quando essa resolução foi confirmada, os antigos maçons de Londres, investidos de todos os seus privilégios inerentes como membros das quatro Lojas antigas, acreditaram que essas Lojas nunca iriam sofrer de uma violação das Antigas Obrigações e *Landmarks*.

As quatro antigas Lojas concordaram então em estender seu patrocínio a cada nova Loja que estivesse de acordo com os novos regulamentos da Sociedade e que fossem doravante constituídas. E também prometeram que, desde que as novas Lojas atuassem em conformidade com as Antigas Constituições da Ordem, admitir seus Mestres e Vigilantes para compartilhar com eles todos os privilégios da Grande Loja, com exceção somente de precedência de hierarquia. Esses assuntos de hierarquia e privilégio sendo ajustados de forma amigável, todos os Irmãos das quatro Lojas antigas consideraram seu comparecimento nas futuras comunicações da Sociedade desnecessário, e confiaram sua representação a seus Mestres e Vigilantes. Eles estavam certos de que nenhuma medida de importância jamais seria aprovada sem sua anuência. Mas os oficiais das antigas Lojas logo perceberam que, com as novas Lojas sendo igualmente representadas ao lado deles nas comunicações, com o decorrer do tempo seus votos seriam muito superiores aos dos antigos. Isso em breve daria às novas Lojas o poder de maioria e permitiria a eles a subversão dos privilégios dos maçons originais da Inglaterra, que foram centradas nas quatro Lojas antigas. Com o acordo de seus membros, as antigas Lojas formaram um código de leis para o futuro governo da Sociedade, e acrescentaram a esse código uma cláusula condicional, que o Grão-Mestre, por enquanto, seus sucessores e o Mestre de cada Loja, para serem futuramente constituídos, seriam obrigados a preservar. É que tem sido habitual desde então para o Mestre da mais antiga Loja atender cada Grande Instalação, tendo precedência sobre todos os presentes, exceto ao Grão-Mestre. Ele entregaria o livro das Constituições originais para o novo instalado Grão-Mestre, em sua obediência promissora para as Antigas Obrigações e Regulamentos Gerais.

A cláusula condicional que as antigas Lojas impuseram funciona assim:

> Cada Grande Loja anual tem poder e autoridade inerentes para fazer novos regulamentos, ou alterar estes, para o benefício real desta Antiga Fraternidade, fornecendo sempre QUE OS VELHOS *LANDMARKS* SEJAM CUIDADOSAMENTE PRESERVADOS: e que tais alterações e novos regulamentos sejam propostos e acordados na terceira comunicação trimestral anterior à grande festa anual, e que eles serão oferecidos também para uma atenta leitura de todos os Irmãos antes do jantar, por escrito, até o mais jovem Aprendiz; a aprovação, e consentimento, da maioria de

todos os Irmãos presentes é absolutamente necessária para fazer da mesma vinculativa e obrigatória.

Essa cláusula notável, com 38 regulamentos, foi impressa na primeira edição do *Livro das Constituições*. Ela foi aprovada e confirmada por 150 Irmãos, em uma Assembleia Anual e festa realizada no Stationers' Hall, no dia de São João Batista de 1721; e na presença deles e subscrito pelo Mestre e Vigilantes das quatro antigas Lojas por um lado, e sobre a outra parte por Philip, duque de Wharton (então Grão-Mestre), Theophilus Desaguliers dr. Med. (Grão-Mestre Adjunto), Joshua Timson e William Hawkins (Grandes Vigilantes) e os Mestres e Vigilantes de 16 Lojas que tinham sido constituídas entre 1717 e 1721.

Dessa forma, as Constituições Originais foram estabelecidas como base de todas as futuras jurisdições maçônicas, no sul da Inglaterra, e os antigos *Landmarks* foram criados como uma verificação segura para a inovação contra os ataques de futuros invasores. As quatro antigas Lojas continuaram a agir por sua autoridade original e estavam longe de entregar qualquer de seus direitos, que lhes haviam sido ratificados e confirmados por toda a Fraternidade em reunião da Grande Loja. Se as Lojas pensaram que tais regulamentos eram contrários, ou subversivos, das Constituições originais pelas quais eles eram governados, a partir daquele momento nenhuma regulamentação da Sociedade poderia ser aplicada a essas Lojas. Enquanto seus procedimentos estivessem em conformidade com essas Constituições, nenhuma fonte conhecida na Maçonaria poderia legalmente privá-los de qualquer direito de que já haviam usufruído. A necessidade de se fixar as Constituições Originais como sendo o padrão pelo qual todas as leis futuras na Sociedade deveriam ser reguladas foi tão claramente entendida por toda a Fraternidade naquela época que foi estabelecida como uma regra infalível, em cada instalação, pública e privada. Foi usada na cerimônia para instalar o Grão-Mestre, e também aos Mestres e Vigilantes de cada Loja: antes que eles pudessem ser instalados, tinham de prometer apoiar essas Constituições, em que cada maçom é obrigado pelos laços mais fortes desde sua Iniciação. Sem essa fixação de um padrão para o governo da Sociedade, a Maçonaria poderia ser exposta a variações perpétuas, o que efetivamente destruiria todos os efeitos positivos que até então resultaram de sua universalidade e contínuo progresso.

Preston nos diz que essas informações foram cuidadosamente extraídas de autênticos antigos registros e manuscritos, e são confirmadas pelos antigos livros da *Lodge of Antiquity*, bem como na primeira e segunda edições do *Livro das Constituições*.

Ele acrescenta que o seguinte relato das quatro Lojas citadas poderá ser útil para muitos leitores:

1. A antiga *St. Paul's Lodge*, agora chamada de *Lodge of Antiquity* Nº 1, que anteriormente se reunia no Goose and Gridiron em St. Paul's Churchyard, ainda existe (em 1795), e se reúne regularmente no Free-masons Tavern na Great Queen Street, de Lincoln Inn Fields, na quarta quarta-feira de cada mês. Essa Loja está em um estado muito florescente, e possui alguns valiosos registros e outras antigas relíquias.
2. A *Old Lodge* Nº 2, que anteriormente realizava suas reuniões no Crown em Parker's Lane em Drury Lane, foi extinta há mais de 50 anos, pelo falecimento de seus membros.
3. A *Old Lodge* Nº 3, que anteriormente se reunia em Tree Tavern Apple, em Charles Street, Covent Garden, foi dissolvida há muitos anos. Pela lista de Lojas inseridas no *Livro das Constituições* impresso em 1738, parece que em fevereiro de 1722-1723 essa Loja, por conta de algumas diferenças entre seus membros, foi transferida para Queen's Head em Knave's Acre, e que os membros que conheceu vieram sob uma nova Constituição – embora, diz o *Livro das Constituições*, eles não quisessem, foram classificados como Nº 10 na lista. Assim, eles, sem considerações, renunciaram ao seu antigo posto sob uma Constituição Imemorial.
4. A *Lodge* Nº 4, que se reunia anteriormente no Rummer and Grapes Tavern no Chanel Row, Westminster, foi dali removida para o Horn Tavern, em New Palace Yard, onde continuou a se reunir regularmente até dentro desse período, quando, encontrando-se em um estado de declínio, os membros concordaram em incorporar uma nova e próspera Loja sob a Constituição da Grande Loja, a denominada *Somerset House Lodge*, que imediatamente assumiu sua classificação.

As antigas Lojas anteriormente citadas, enquanto elas existirem como Lojas, não poderão entregar seus direitos. Os antigos maçons da metrópole concederam esses direitos a eles em confiança, e qualquer membro individual das quatro antigas Lojas pode opor-se à rendição, caso em que eles nunca poderão ser abandonados. As quatro Lojas antigas preservaram seu poder original de iniciar, passar e elevar maçons, sendo denominados de Lojas de Mestre; outras Lojas, por muitos anos depois, não tinham tal poder, pois fora o costume de passar e elevar maçons nessas Lojas apenas na Grande Loja.

Sob o governo do Grão-Mestre Sayer, a Sociedade fez pouco progresso. Vários Irmãos se filiaram às antigas Lojas e apenas duas novas

Lojas foram constituídas. O sr. Sayer foi sucedido como Grão-Mestre em 1718 por George Payne, que foi particularmente assíduo em assegurar a estrita observância das comunicações. Ele coletou muitos manuscritos valiosos sobre o tema da Maçonaria e incentivou os Irmãos a trazerem para a Grande Loja quaisquer antigos escritos ou registros relativos à Fraternidade, para mostrar os usos e costumes dos tempos antigos. Em consequência dessa intimação geral, várias cópias antigas das constituições góticas foram arranjadas, digeridas e produzidas.

Em 24 de junho de 1719, foi realizada outra Assembleia e festa no Goose and Gridiron, onde o dr. Desaguliers foi eleito por unanimidade o Grão-Mestre. Nessa festa, as velhas, regulares e peculiares saudações dos maçons foram reintroduzidas, e a partir desse momento podemos datar a ascensão da Maçonaria no sul da Inglaterra. Durante o governo desse Grão-Mestre, houve um considerável aumento de Lojas, bem como visitas de muitos antigos maçons que há muito tempo haviam adormecido, e vários nobres foram iniciados. Na Assembleia e festa realizadas no Goose and Gridiron, em 24 de junho de 1720, George Payne foi reeleito Grão-Mestre, e sob sua administração as Lojas floresceram. Ele decidiu publicar as Constituições Maçônicas. Alguns Irmãos escrupulosos ficaram alarmados com isso, e muitas das Lojas privadas apressadamente queimaram os manuscritos valiosos relativos às suas Lojas, os regulamentos, taxas, segredos e usos (particularmente um escrito por Nicholas Stone, o Vigilante de Inigo Jones), sendo uma perda irreparável para a Fraternidade.

Em uma comunicação trimestral, realizada naquele ano no Goose and Gridiron, no festival de São João, o Evangelista, foi acordado que, no futuro, o novo Grão-Mestre seria apresentado e proposto à Grande Loja algum momento antes da festa; e, se aprovado, e presente, ele deveria ser então saudado como Grão-Mestre eleito. (Um antigo registro da *Lodge of Antiquity* mostra que o novo Grão-Mestre foi sempre proposto e apresentado para aprovação na Loja antes de ser eleito na Grande Loja.) Também foi acordado que todos os Grão-Mestres, quando fossem instalados, teriam o poder de nomear seu Adjunto e Vigilantes. Em uma Grande Loja realizada em Lady Day 1721, o Irmão Payne propôs John, duque de Montagu, como seu sucessor, e Montagu, estando presente, recebeu os cumprimentos da Loja.

Os Irmãos estavam muito felizes com a perspectiva de mais uma vez estarem sendo patrocinados pela nobreza. Eles concordaram, por unanimidade, que a próxima reunião e festa fossem realizadas no Stationers' Hall, e que um adequado número de Mestres de Banquetes deveria ser indicado para proporcionar o entretenimento.

Capítulo 6

Grandes Lojas Rivais

A Grande Loja de York

Enquanto a Maçonaria estava espalhando sua influência com sucesso sobre a parte sul do reino, ela não estava sendo negligenciada no norte. A Assembleia Geral, ou Grande Loja, em York, continuou a reunir-se regularmente. Em 1705, sob a direção do então Grão-Mestre *sir* George Tempest, várias lojas se reuniram, e muitos Irmãos dignos foram iniciados em York. *Sir* George foi sucedido pelo eminente e honorável Robert Benson, lorde prefeito de York, e uma série de reuniões da Fraternidade foi realizada naquela cidade. A grande festa realizada durante o Grão-Mestrado de Benson diz-se ter sido muito brilhante. *Sir* William Robinson sucedeu Benson, e a Fraternidade no norte teve um aumento considerável sob seus auspícios. Ele foi sucedido por *sir* Walter Hawkesworth, que governou a Sociedade com grande crédito; e, quando seu mandato terminou, *sir* George Tempest foi eleito pela segunda vez Grão-Mestre. Desde sua eleição, em 1714, até 1725, a Grande Loja continuou a se reunir regularmente em York sob a direção de Charles Fairfax. Durante esse período, *sir* Walter Hawkesworth, Edward Bell, Charles Bathurst, Edward Thomson MP, John Johnson MD e John Marsden, todos se revezaram e preencheram regularmente o cargo de Grão-Mestre, no norte da Inglaterra.

Esse relato, que é autenticado pelos livros da Grande Loja de York, mostra-nos que a revitalização da Maçonaria no sul da Inglaterra não interferia com os trabalhos da Fraternidade, no norte. Por muitos anos, houve uma perfeita harmonia entre as duas Grandes Lojas, e as Lojas prosperaram em ambas as partes do reino sob suas distintas jurisdições. A única distinção que a Grande Loja no norte mantinha após o renascimento da Maçonaria no sul estava em seu título: A Grande Loja de toda a Inglaterra. A Grande Loja, no sul, passou pelo nome de A Grande Loja da Inglaterra. A Grande Loja de Londres, sendo encorajada pela nobreza, adquiriu continuidade e reputação. Enquanto isso, a Grande Loja de York, restrita a menos (embora não menos respeitáveis) membros, parecia diminuir gradualmente.

No entanto, a autoridade da Grande Loja em York ainda era incontestada. De fato, cada maçom no reino tinha por ela a maior veneração, e se considerava vinculado pelas Obrigações, que originalmente surgiram a partir daquela Assembleia. Ser classificado como descendentes dos maçons originais de York era a glória, e vangloriar os Irmãos em quase todos os países onde a Maçonaria foi criada, pois foi na cidade de York que a Maçonaria Inglesa foi fundada por um Alvará Real de Funcionamento. Infelizmente, a história dos Irmãos no norte se tornou desconhecida para os do sul e, apesar de, não obstante o tom de eminência e esplendor alcançado pela Grande Loja, em Londres, nem as lojas da Escócia nem as da Irlanda cortejavam sua correspondência. Isso foi provavelmente porque eles tinham introduzido algumas modernas inovações entre as Lojas no sul.

Mas havia outra razão para a frieza entre a Grande Loja de York e a Grande Loja de Londres. Uns poucos Irmãos em York se separaram de sua antiga Loja e solicitaram a Londres uma Carta Constitutiva. Sem uma devida investigação no mérito do caso, o pedido foi honrado. Em vez de serem recomendados para que sua Grande Loja-Mãe os favorecesse e os restaurasse, esses Irmãos foram encorajados em sua revolta e, sob a bandeira da Grande Loja de Londres, foram autorizados a abrir uma nova Loja na própria cidade de York. Essa extensão ilegal de poder ofendeu com justiça a Grande Loja de York e causou o rompimento.

Consolidando o poder da Grande Loja em Londres

O relato de Preston de como a Grande Loja de Londres consolidou sua posição social, antes da formação da Grande Loja Unida da Inglaterra (GLUI), não é de grande intrínseco interesse. Mas seu foco nas artimanhas da pequena nobreza lança luz sobre quão importante era para a posição social tornar-se um maçom inglês explica como tantos ricaços foram incentivados a participar das Lojas ligadas à Grande Loja de Londres. A reputação da Sociedade havia sido estabelecida agora e muitos nobres e senhores queriam ser iniciado nas Lojas, cujo número aumentou consideravelmente durante o governo do Grão-Mestre Payne. Os rituais de Maçonaria eram um agradável relaxamento do estresse dos negócios, e na Loja, quer seja influenciado pela política ou partido, uma união feliz foi realizada entre os personagens mais respeitáveis no reino. Em 24 de junho de 1721, o Grão-Mestre Payne e seus Vigilantes, com seus Grandes Oficiais Passados, e os Mestres e Vigilantes de 12 Lojas, se reuniram com o Grão-Mestre eleito na Queens Arms Tavern no Churchyard de St. Paul's, local este para onde a antiga *St. Paul's Lodge* havia se mudado (agora conhecida como *Lodge of Antiquity*). A Grande Loja foi aberta em ampla forma, e, após a confirmação da ata da última Grande Loja, a pedidos do duque de Montagu, vários Cavalheiros foram iniciados na Maçonaria, entre eles Philip, lorde Stanhope, depois conde de Chesterfield. Membros da Grande Loja, em seguida, marcharam em procissão de Queens Arms para o Stationers Hall em Ludgate Street, orgulhosamente vestindo seus paramentos maçônicos. Na chegada, eles foram alegremente recebidos por 150 Irmãos, também devidamente paramentados. O Grão-Mestre que estava se aposentando fez a primeira procissão em volta do salão, tomou uma afetuosa autorização de licença de seus Irmãos e voltou ao seu lugar no corpo da Loja.

Tal como ele falou, ele proclamou o duque de Montagu como seu sucessor para o ano corrente. O Grão-Mestre Payne havia compilado um conjunto de Regulamentos Gerais em 1721, originados de antigos registros e costumes imemoriais da Fraternidade. Estes foram lidos e aprovados em seu geral. Posteriormente, o dr. Desaguliers proferiu um elegante discurso sobre o tema da Maçonaria.

Logo após sua eleição, o novo Grão-Mestre ordenou ao dr. Desaguliers e James Anderson que efetuassem uma revisão nas Constituições Góticas, Antigas Obrigações e Regulamentos Gerais. Isso eles fizeram e, na reunião da Grande Loja realizada em 27 de dezembro de 1721, no Queen's Arms, St. Paul's Churchyard, eles as apresentaram para sua aprovação. Um comitê de 14 cultos Irmãos foi indicado para examinar o manuscrito e fazer seu relatório. Nessa reunião, várias palestras foram proferidas por alguns antigos Irmãos, para o entretenimento e repasse de muita informação proveitosa. O comitê relatou posteriormente na reunião da Grande Loja em 25 de março de 1722, na Fountain Tavern no Strand. Eles anunciaram que leram atentamente o manuscrito que continha a História, Obrigações e Regulamentos da Maçonaria e, após algumas emendas, eles o aprovaram. A Grande Loja ordenou que o conjunto inteiro fosse preparado para ser impresso o mais rápido possível. Cerca de dois anos depois, apareceram impressos sob o título *O Livro das Constituições dos Franco-Maçons: Contendo a História, Obrigações, Regulamentos, &c. da Mais Antiga e Respeitável Venerável Fraternidade. Para o Uso das Lojas* (Londres, 1723).

Em 1723, o duque de Wharton, entusiasmado em se tornar Grão--Mestre, persuadiu o duque de Montagu a renunciar em seu favor. A renúncia de Montagu era destinada a reconciliar os Irmãos a Wharton, que tinha incorrido em seu descontentamento por ter convocado uma Assembleia irregular de maçons na Stationers' Hall, no Festival de São João Batista, a fim de tentar ser eleito como Grão-Mestre. Montagu, totalmente sensível à incorreção de Wharton, obrigou-o a reconhecer publicamente seu erro e ele prometeu que, no futuro, observaria estritamente e obedeceria às resoluções da Sociedade. Depois disso os Irmãos o aprovaram como Grão-Mestre eleito para o ano subsequente. Wharton foi regularmente investido e instalado pelo Grão-Mestre em 17 de janeiro de 1723, quando foi congratulado por cerca de 25 Lojas.

A Maçonaria no sul da Inglaterra fez um progresso considerável sob o patrocínio entusiasta de Wharton. Durante sua presidência, ele criou o cargo de Grande Secretário, para o qual foi nomeado o Irmão William Cowper, que executou os deveres de secretário por vários anos. Em 1723, o duque de Wharton foi sucedido pelo duque de Buccleugh, que, embora proclamando entusiasmo pela Maçonaria, não compareceu ao festival anual e foi instalado por procuração no Merchant Taylors' Hall, com a presença de 400 maçons. No ano seguinte foi trocado pelo duque de Richmond, que configurou o Primeiro Comitê de Caridade. Esse esquema levantou um fundo geral para os maçons que estivessem em situação difícil; lorde Paisley, dr. Desaguliers, coronel Houghton e alguns outros Irmãos apoiaram a proposição do duque, e a Grande Loja nomeou um comitê para considerar os meios mais eficazes de levá-la à frente. A cessão da caridade foi primeiramente investida para sete Irmãos, mas esse número foi considerado muito pouco, e mais nove foram acrescentados.

Foi posteriormente resolvido que 12 Mestres de Lojas contribuintes revezariam com os Grandes Oficiais e deveriam constituir o Comitê; e foi determinado que todos os Grandes Oficiais passados e presentes, com os Mestres de todas as Lojas regulares que contribuíram para a caridade no prazo de 12 meses, seriam membros do Comitê.

O Comitê se reuniria quatro vezes por ano, em resposta à convocação do Grão-Mestre ou de seu Adjunto, para considerar as petições dos Irmãos que haviam feito solicitação à Caridade. Se o peticionário fosse considerado merecedor, a ele seria imediatamente concedida a quantia de cinco libras, ou, se as circunstâncias de seu caso fossem de uma natureza peculiar, sua petição seria remetida para a próxima Comunicação, em que poderia ser concedida a ele qualquer soma que o comitê tivesse especificado, embora não mais do que 20 guinéus a qualquer momento. Por esses meios, o Irmão aflito encontrou pronto alívio a partir dessa caridade geral, a qual foi apoiada apenas por contribuições voluntárias de diferentes Lojas fora de seus fundos privados, e sem sobrecarregar qualquer membro da Sociedade. Preston notou que as somas gastas anualmente pelo Comitê de Caridade para aliviar os Irmãos angustiados por vários anos ascenderam a muitos milhares de libras, mas ainda permaneceu uma soma considerável em reserva. Todas as reclamações eram consideradas na Comissão de Caridade, que as relatava para a próxima Grande Loja.

Lorde Paisley, mais tarde conde de Abercorn, que havia sido ativo na promoção desse novo empreendimento, foi eleito Grão-Mestre no final de 1725 [este foi o ano em que uma Grande Loja foi formada na Irlanda, o que Preston não menciona] e instalado por procuração. O dr. Desaguliers foi nomeado seu Adjunto, e exercia suas funções conscienciosamente, visitando as Lojas e promovendo diligentemente a Maçonaria. Quando Paisley retornou à cidade, o conde de Inchiquin foi proposto para substituí-lo, e foi eleito em fevereiro de 1726. Sob ele agora, a Sociedade floresceu na cidade e no campo, e a Arte foi propagada com considerável sucesso. Esse período foi marcante para os Irmãos do País de Gales, sendo forçados a se unir sob o estandarte da Grande Loja de Londres. E isso apesar do fato de que no País de Gales existem veneráveis vestígios da antiga Maçonaria, e muitas ruínas de imponentes castelos, demonstrando que a Fraternidade em antigos tempos se reunia com estímulo naquela parte da ilha.

Para consolidar essa anexação, foi instituída uma posição de Grão--Mestre Provincial, e, em 10 de maio de 1727, o Grão-Mestre da Grande Loja de Londres nomeou Hugh Warburton como Grão-Mestre Provincial de Gales do Norte [reduzindo assim o antigo reino de Gwynedd a um distrito de Londres]; e, em 24 de junho de 1727, *sir* Edward Mansell também da mesma forma foi forçado a ir para Gales do Sul [transformando os reinos dos príncipes de Powys em outro distrito de Londres].

A Grande Loja de Londres definiu um Grão-Mestre Provincial como o imediato representante do Grão-Mestre, na área sobre a qual ele se limita a presidir. Ele foi investido com o poder e honra de um Grão--Mestre Adjunto em sua província e pôde constituir Lojas nesse lugar, isso se houvesse consenso dos Mestres e Vigilantes das três Lojas já anteriormente constituídas dentro de seu distrito, o qual já foi obtido, e a Grande Loja de Londres não a desaprovasse. Ele utiliza os paramentos de um Grande Oficial, e é classificado em todas as Assembleias públicas imediatamente após os Grão-Mestres Adjuntos Passados. Ele deve comparecer pessoalmente, ou representado por um adjunto, às reuniões trimestrais dos Mestres e Vigilantes das Lojas em seu distrito e, uma vez por ano, enviar relatório à Grande Loja de Londres com o processo dessas reuniões, juntamente com um relatório sobre o estado das Lojas sob sua jurisdição.

As Lojas na Inglaterra agora começaram a aumentar, e as delegações foram concedidas a vários Irmãos, para exercerem o cargo de Grão-Mestre Provincial em diferentes partes da Inglaterra, bem como em alguns lugares no exterior, onde as Lojas foram constituídas por maçons ingleses. Durante o Grão-Mestrado do conde Inchiquin, foi emitida uma Carta Constitutiva para a abertura de uma nova Loja em Gibraltar. Além disso, durante sua presidência, a igreja da Royal Parish Church of St. Martin-in-the-Fields foi terminada. A pedra fundamental para esse edifício foi colocada, em nome do rei, em 29 de março de 1721, pelo Irmão Gibb, o arquiteto, na presença do Irmão lorde Almoner, o Inspetor Geral e uma grande companhia dos Irmãos. O rei George I morreu em 1727, sendo sucedido por seu filho George II. Uma reunião da Grande Loja foi realizada na Devil Tavern, Temple Bar, 15 dias depois da morte do velho rei. O Grão-Mestre Inchiquin estava presente com seus oficiais, e os Mestres e Vigilantes de 40 Lojas. Essa reunião decidiu estender o direito de voto na Grande Loja para os Grandes Vigilantes Passados; previamente o exercício de voto era restrito aos Grão-Mestres Passados.

Inchiquin estava viajando na Irlanda quando seu mandato expirou. Ele escreveu para William Cowper, o Grão-Mestre Adjunto, instruindo-o a convocar uma Grande Loja e nomear lorde Coleraine como o próximo Grão-Mestre. A Grande Loja foi convocada, e em 19 de dezembro de 1727, Coleraine foi proposto como Grão-Mestre, sendo eleito e aprovado por unanimidade. Em 27 de dezembro, ele foi investido em uma grande festa realizada no Mercers' Hall. Coleraine participou em duas das quatro comunicações realizadas durante seu Grão-Mestrado. Ele constituiu várias novas Lojas e concedeu o direito de reunião em uma Loja na Rua de São Bernardo, em Madri. Na última Grande Loja sob os auspícios de Coleraine, o dr. Desaguliers propôs que fosse revivida a antiga posição de Mestres de Banquetes. Ele argumentou que isso era necessário para ajudar os Grandes Vigilantes na preparação da festa. Foi acordado que a nomeação dos Grandes Mestres de Banquete seria anual e que seu número seria restrito a 12. Lorde Kingston sucedeu a Coleraine em 27 de dezembro de 1728. Kingston era frequentador regular das

Comunicações e presenteou a Grande Loja com um pedestal, uma rica almofada com botões e franjas de ouro, um saco de veludo e uma nova joia de ouro para o uso da Secretaria. Sob sua administração, a Sociedade prosperou no país e no exterior. Muitas Lojas foram constituídas, e o direito de abrir uma nova Loja em Bengala foi concedido ao Irmão George Pomfret, que introduziu a Maçonaria para a povoação inglesa na Índia, onde ele tinha feito um rápido progresso.

Dentro do período de alguns anos, mais de 50 Lojas foram constituídas, 11 em Bengala. As remessas anuais para a caridade e de fundos públicos da Sociedade feitas pela Companhia das Índias Orientais (*East India Company*) e de outras fábricas pertencentes a ela eram compostas por uma boa soma. Kingston estava ausente da Grande Loja realizada na Devils Tavern em 27 de dezembro de 1729, de modo que o Grão-Mestre Adjunto, Nathaniel Blackerby, assumiu a cadeira. Kingston escreveu instruindo Blackerby a propor o nome do duque de Norfolk como Grão-Mestre para o ano seguinte. Essa proposta foi aceita por unanimidade, e Norfolk foi instalado no Merchant Taylors' Hall em 29 de janeiro de 1730.

Ele passou a maior parte do período de seu Grão-Mestrado viajando pela Itália e assistiu apenas a uma reunião, mas seu Grão-Mestre Adjunto Blackerby, com longa experiência, no qual toda a gestão estava concentrada, continuou os expedientes da Sociedade. Durante o Grão-Mestrado de Norfolk, uma Grande Loja Provincial foi estabelecida em New Jersey, na América, e uma patente também foi emitida para Bengala. Durante esse período, Blackerby recebeu solicitações diárias para estabelecer novas Lojas, e muitos personagens respeitáveis procuraram ser inscritos.

Norfolk foi sucedido por lorde Lovell, posteriormente o conde de Leicester, que foi instalado no Hall Mercers em 29 de março de 1731. Infelizmente, ele estava durante a festa tão indisposto pelo álcool que teve de se retirar de sua própria Instalação; lorde Coleraine atuou como seu procurador para completar os brindes.No próximo 14 de maio, uma Grande Loja foi realizada no Rose Tavern, em Marylebone. Foi votado que, no futuro, todos os Grão-Mestres passados e seus Adjuntos seriam admitidos como membros dos Comitês trimestrais da Caridade, e que cada comitê teria o poder de votar a doação de cinco libras para o alívio de qualquer maçom necessitado, mas nenhuma quantia maior, sem o consentimento da Grande Loja em Comunicação.

Durante a presidência de Lovell, seu *status* parecia atrair muitos de menor nobreza. Os duques de Norfolk e Richmond, o conde de

Inchiquin e os lordes Coleraine e Montagu tornaram-se muito mais regulares em sua presença e, embora as subscrições das Lojas fossem pequenas, a Sociedade estava lutando para financiar seu trabalho de caridade. Para incentivar a nobreza a aceitar os deveres e as responsabilidades financeiras de um Mestre de Banquetes, o Grão-Mestre Adjunto Blackerby ordenou que, no futuro, cada Mestre de Banquetes deveria ter o privilégio de nomear seu sucessor em cada grande festa anual. Lovell fez uso de suas conexões familiares para incentivar Francis, duque de Lorraine, a se tornar maçom. A Francis, que mais tarde se tornou imperador da Alemanha, foi concedido o direito de realizar uma Loja em The Hague, onde ele foi capaz de receber os dois primeiros Graus da Maçonaria das mãos de Phillip Stanhope, conde de Chesterfield, que era o embaixador inglês, mas ele veio para a Inglaterra para ser elevado ao Terceiro Grau. A cerimônia foi realizada em uma Loja ocasional convocada especialmente para esse fim. Lovell autorizou que ela fosse realizada no Houghton Hall, em Norfolk, na casa do primeiro-ministro, *sir* Robert Walpole (que era conhecido por sua habilidade em usar o patrocínio real para fins políticos). Thomas Pelham, duque de Newcastle, também foi feito Mestre Maçom na mesma cerimônia. (Isso faz pensarmos se Walpole não estava usando a Maçonaria como uma ferramenta para auxiliar seu destino político, tanto em casa como no estrangeiro!) Sob tal dilúvio de patrocínio político e aristocrático, a Maçonaria floresceu. Por volta dessa época, Lojas foram criadas na Rússia e Espanha.

O próximo Grão-Mestre foi o lorde Visconde Montagu. Ele foi instalado no Hall Merchant Taylors', em 19 de abril de 1732. Preston escolhe os duques de Montagu e Richmond, o conde de Strathmore, lordes Coleraine, Teynham e Carpenter, *sir* Francis Drake e *sir* William Keith como dignos de menção entre os 400 Irmãos que se reuniram para o espetáculo. Nessa reunião foi proposta a realização de uma festa *country* e concordaram que os Irmãos deveriam jantar em Hampstead em 24 de junho. Para tornar o evento mais atraente, foram enviados convites a toda a nobreza maçônica disponível. No dia, o Grão-Mestre e seus Oficiais, os duques de Norfolk e Richmond, conde de Strathmore, lordes Carpenter e Teynham, e uma centena de outros Irmãos não importantes o suficiente para mencionarmos o nome, reuniram-se em Spikes em Hampstead, onde um elegante jantar foi fornecido.

Após o jantar, Montagu entregou a Teynham o Grão-Mestrado e nunca mais se preocupou em participar de uma reunião da Sociedade. Montagu era afeiçoado pela constituição de Lojas no exterior, a concessão de deputações para a constituição de Lojas em Valenciennes, no

Flandres Francês e no Hotel de Buffy, em Paris. A Sociedade estava particularmente em débito com o Grão-Mestre Adjunto Thomas Barton, que foi muito atencioso com os deveres de seu cargo e supervisionou cuidadosamente o governo da Maçonaria durante esse período.

O conde de Strathmore sucedeu lorde Montagu como Grão-Mestre. Ele não fez a viagem para o sul de suas propriedades escocesas para ser instalado e assim tomou posse por procuração em uma assembleia no Hall Mercers em 7 de junho de 1733. Em 13 de dezembro foi realizada uma Grande Loja no Devils Tavern, e para esta Strathmore conseguiu chegar. Ele tomou como seus Vigilantes o conde de Crawford e *sir* Robert Mansell. Uma série de Grandes Oficiais Passados e os Mestres e Vigilantes de 53 lojas foram à reunião, e eles passaram vários regulamentos sobre o Comitê de Caridade – principalmente preocupados com a manutenção das despesas sob um controle da Grande Loja de Londres. Decidiu-se que quaisquer queixas que tenham sido previamente examinadas pelo Comitê seriam encaminhadas para a próxima comunicação da Grande Loja de Londres.

A Sociedade nesse período recolhia doações consideráveis para encorajar a fixação de uma nova colônia recém-estabelecida na Geórgia, na América. Strathmore frequentava regularmente as reuniões da Grande Loja e deu permissão para que maçons alemães abrissem uma nova Loja em Hamburgo, sob o patrocínio da Grande Loja da Inglaterra. Ele também autorizou várias outras Lojas sob a bandeira inglesa na Holanda.

O próximo Grande Mestre foi o conde de Crawford, instalado no Hall Mercers em 30 de março de 1734, mas ele mostrou pouco interesse pela Sociedade, deixando de manter as Comunicações regulares. Depois de um hiato de 11 meses, no entanto, uma Grande Loja foi convocada, da qual Crawford conseguiu participar e em que ele se desculpou por sua longa ausência. Para tentar compensar o tempo perdido, ele comandou duas Comunicações, a ser realizadas em pouco mais de seis semanas; os duques de Richmond e Buccleugh, o conde de Balcarres e lorde Weymouth compareceram a elas. Durante suas reuniões da Grande Loja convocadas às pressas, Crawford introduziu muitos novos regulamentos. Em particular, ele decidiu que, se alguma Loja deixasse de se reunir por 12 meses do calendário, ela seria eliminada da lista e, se reintegrada, perderia sua antiga classificação. Ele também concedeu mais privilégios para os Mestres de Banquetes, em uma tentativa de incentivar mais aristocratas para servirem esse cargo; em particular, ficou acordado que, no futuro, todos os Grandes Oficiais, com a exceção do Grão-Mestre, seriam eleitos pelos Mestres de Banquetes. Ele também passou algumas resoluções sobre convenções ilegais de maçons para ter certeza de que ninguém poderia ser iniciado na Maçonaria tão facilmente, "excluindo aqueles que pagam com pequenas e indignas considerações".

Crawford também invadiu a jurisdição da Grande Loja de York, constituindo duas Lojas dentro de seu distrito. Ele também concedeu deputações dentro da jurisdição deles, sem seu consentimento, uma para Lancashire, uma segunda para Durham, e uma terceira para Northumberland. A Grande Loja de York se ressentiu muito desse comportamento, e a partir daquele momento os maçons de York perceberam que seus interesses eram distintos daqueles maçons sob a Grande Loja de Londres, e toda a relação de amizade foi cessada.

Durante o mandato de Crawford, o Irmão James Anderson preparou uma nova edição do *Livro das Constituições*, consideravelmente ampliada e melhorada (apareceu em janeiro de 1738). Nela, ele incluiu o seguinte comentário, depois de uma lista de Grão-Mestres Provinciais nomeados para diferentes lugares no exterior:

> Todas essas Lojas estrangeiras estão sob o patrocínio de nosso Grão-Mestre da Inglaterra, mas a Antiga Loja na cidade de York, e as Lojas da Escócia, Irlanda, França e Itália, com respeito à sua independência, estão debaixo das ordens de seus próprios Grão-Mestres, embora eles tenham as mesmas Constituições, Taxas, Regulamentos, etc., a mesma essência de seus Irmãos na Inglaterra, e são igualmente zelosos para o estilo de Augusto, e os segredos da antiga e honrosa Fraternidade.

Preston conta como lorde Weymouth sucedeu Crawford, e foi instalado no Hall Mercers em 17 de abril de 1735. Os duques de Richmond e Atholl, os condes de Crawford, Winchelsea, Balcarres, Wemyss e Loudon, marquês de Beaumont; lordes Cathcart e Vere Bertie; *sir* Cecil Wray e *sir* Edward Mansell, todos vieram para assistir.

Weymouth constituiu várias Lojas, incluindo as Lojas de Mestres de Banquetes. Ele concedeu a permissão ao duque de Richmond para configurar uma Loja na sede do Aubigny, na França, e estendeu o patrocínio da Maçonaria consideravelmente em países estrangeiros. Emitiu Cartas Constitutivas para abrir uma nova Loja em Lisboa e outra em Savannah, na Geórgia, e emitiu Patentes Provinciais para a América do Sul e África Ocidental. Weymouth nunca conseguiu encontrar tempo para assistir a qualquer uma das Comunicações realizadas durante sua presidência, mas ninguém sentiu falta dele, já que, felizmente, ele tinha um bom Grão-Mestre Adjunto na pessoa do Irmão John Ward. O Irmão Ward "aplicou-se com a maior intensidade para todos os assuntos que causassem o interesse e bem-estar da Sociedade".

Enquanto Weymouth foi Grão-Mestre, os 12 Mestres de Banquetes – encabeçados por *sir* Robert Lawley, como o Mestre da Loja – apareceram pela primeira vez em uma Grande Loja, com seus novos emblemas, realizada no Devils Tavern, em 11 de dezembro de 1735. Como era normal para todas as outras Lojas, eles não estavam autorizados a votar como indivíduos, mas Weymouth concordou que a Loja dos Mestres de Banquetes deveria, no futuro, ser representada na Grande Loja por 12 membros, cada um com um voto. Muitas Lojas se opuseram a isso, considerando como usurpação de um privilégio de cada Loja anteriormente constituída. Quando a moção apareceu para o debate, houve tal perturbação que o Grão-Mestre Adjunto Ward teve de encerrar a reunião antes que as opiniões dos Irmãos, sobre o assunto, pudessem ser recolhidas. Mas, mesmo em sua ausência, Weymouth conseguiu o que queria. Cada um dos 12 Mestres de Banquetes foi autorizado a votar como um indivíduo em cada Comunicação. Esse assunto ressoou até 1770, quando, em uma Grande Loja em 7 de fevereiro, realizada na taverna *Crown and Anchor na Strand*, a seguinte resolução foi aprovada:

> Como o direito dos membros em geral da Loja de Mestres para participar do Comitê de Caridade parece duvidoso, nenhuma menção de tal direito sendo feita nas leis da sociedade, a Grande Loja é de opinião que eles não têm o direito geral para participar; mas é aqui resolvido que será permitido para a Loja de Mestres de Banquetes o privilégio de enviar a cada futuro Comitê da Caridade um número de Irmãos, iguais a quaisquer quatro Lojas; e que, como o Mestre de cada Loja privada só tem o direito de assistir, fazer uma devida distinção entre as Lojas de Mestres de Banquetes e as outras Lojas, que o Mestre e três outros membros dessa Loja sejam autorizados a assistir a todas as sucessivas reuniões do Comitê em nome de sua Loja.

Os Oficiais da Grande Loja em Londres declararam que essa resolução não tinha a intenção de privar qualquer Loja que tenha sido previamente constituída de sua posição regular e precedência. Não obstante, essa disposição expressa que o privilégio foi concedido à Loja de Mestres de Banquetes de tomar precedência sobre as outras Lojas. Muitos Irmãos pensaram que essa medida não era compatível com as Constituições e não poderia ser sancionada pelas regras da sociedade. Eles argumentaram que esse privilégio tinha sido obtido de forma irregular, e várias Lojas entraram com protestos contra ele.

O conde de Loudon sucedeu Weymouth, e foi instalado como Grão-Mestre em Fishmongers Hall em 15 de abril de 1736. O duque de Richmond, os condes de Albemarle e Crawford, os lordes Harcourt Erskine e Southwell, o sr. Anstis (rei de Armas da Jarreteira) e o sr. Brady (rei de Armas de Lyon) estavam em sua lista de convidados. Loudon constituiu várias Lojas e concedeu três deputações provinciais durante sua presidência: uma para a Nova Inglaterra, outra para a Carolina do Sul e uma terceira para o Castelo de Cape Coast, na África.

O próximo Grão-Mestre foi o conde de Darnley, que foi instalado no Hall Fishmongers em 28 de abril de 1737. O duque de Richmond, os condes de Crawford e Wemyss e lorde Gray vieram à sua instalação, assim como muitos outros não identificados, mas respeitáveis Irmãos. Darnley convenceu Frederick, o príncipe de Gales, a se tornar maçom, e ele permitiu que fosse convocada uma Loja ocasional no Palácio de Kew, ao longo da qual o dr. Desaguliers presidiu como Mestre, com lorde Baltimore e o coronel Lumley como seus Vigilantes. Com vários outros Irmãos, eles iniciaram o príncipe de Gales. Darnley continuou a autorizar essa Loja ocasional em Kew até que o príncipe tivesse sido avançado para o segundo Grau e, finalmente, elevado ao Sublime Grau de um Mestre Maçom.

Darnley nunca deixou de comparecer à Grande Loja. Mais de 60 Lojas foram representadas em cada comunicação durante seu governo, e ele emitiu mais Patentes Provinciais do que qualquer um de seus antecessores. Deputações foram concedidas para Montserrat, Genebra, o Círculo de Alta Saxônia, a costa da África, Nova York, e as ilhas da América. Nesse momento, a autoridade concedida por Patente a um Grão-Mestre Provincial era limitada há um ano desde sua primeira aparição pública nessa função dentro de sua província; e se, ao término desse período, não ocorresse uma nova eleição pelas Lojas sob sua jurisdição, sujeita à aprovação do Grão-Mestre, a Patente perderia sua validade. Assim, encontramos, no curso de alguns anos, diferentes nomeações para a mesma posição; mas o cargo é agora permanente, e depende apenas de uma única nomeação do Grão-Mestre.

O marquês de Carnarvon, que posteriormente se tornou o duque de Chandos, foi investido por Darnley como Grão-Mestre em uma Assembleia e festa em Fishmongers Hall em 27 de abril de 1738, com a presença do duque de Richmond, dos condes de Inchiquin, Loudon e Kintore, dos lordes Coleraine e Gray, com vários outros Irmãos de classificação muito baixa para serem mencionados. Carnarvon doou uma joia de ouro para a Grande Loja para o uso da Secretaria: duas penas cruzadas em um nó, o nó e as pontas das penas sendo curiosamente esmaltados. Ele concedeu duas deputações para o cargo de Grão-Mestre Provincial: uma para as ilhas do Caribe e outra para o Yorkshire West Riding. (A última nomeação foi mais uma invasão na jurisdição da Grande Loja de York, e ampliou ainda mais a ruptura entre os Irmãos no norte e no sul da Inglaterra. Durante o Grão-Mestrado de Carnarvon, foram cessadas todas as correspondências entre as Grandes Lojas.) Nada mais notável é registrado durante essa administração, exceto uma proposta para o estabelecimento de um plano para se apropriar de uma parte da caridade e retirarem os filhos de Aprendizes Maçons, o que, após um longo debate na Grande Loja, foi rejeitado.

Frederico, o Grande – então conhecido como o príncipe real, embora mais tarde tenha se tornado o rei da Prússia –, ingressou na Maçonaria em 15 de agosto de 1738. Ele foi iniciado em uma Loja em Brunswick, que fora constituída pela Grande Loja da Escócia.

Assim, altamente aprovada por ele sua Iniciação, em sua ascensão ao trono, ele ordenou que fosse formada em Berlim uma Grande Loja e obteve uma Patente de Edimburgo. Então, a Maçonaria Escocesa foi regularmente estabelecida na Prússia, e sob essa sanção ela prosperou por lá desde então.

O apego de Frederico à Sociedade logo o induziu a estabelecer vários novos regulamentos para a vantagem da Fraternidade; e entre outros ele ordenou:

1. Que nenhuma pessoa poderia ser feita maçom, a menos que possuísse um irrepreensível caráter e uma respeitável profissão e maneira de viver.
2. Que cada membro deveria pagar 25 rix-dólares para o primeiro Grau (ou £ 4 3s. 0d.); 50 rix-dólares em sua passagem para o segundo Grau (ou £ £ 8 6s. 0d.) e 100 rix-dólares (ou £ £ 16 12s. 0d.) ao ser elevado como um Mestre Maçom.
3. Que ele deveria permanecer no mínimo por três meses em cada Grau; e que toda a soma recebida deveria ser dividida pelo Grande Tesoureiro em três partes: uma para custear as despesas da Loja, outra para ser aplicada para o alívio de Irmãos necessitados e a terceira para ser repartida para os pobres em geral.

Nesse período, uma série de Irmãos insatisfeitos se separou das Lojas regulares, e eles realizavam reuniões em lugares diferentes, com o objetivo de iniciar pessoas na Maçonaria, contrariamente às leis da Grande Loja em Londres. Esses Irmãos dissidentes aproveitaram a ruptura do relacionamento amigável entre as Grandes Lojas de Londres e de York. Quando eles eram censurados por sua conduta, imediatamente assumiam, sem autorização, a condição de maçons de York. Aproveitando-se de um murmúrio geral, espalharam por conta de inovações que foram introduzidas, e que pareciam autorizar uma omissão e uma variação nas antigas cerimônias, eles surgiram novamente ressuscitando sua observação. Suas ações ofenderam muitos maçons antigos, mas, por meio de uma mediação do Irmão John Ward, os Irmãos foram aparentemente reconciliados. No entanto, isso se mostrou ser apenas uma suspensão temporária das hostilidades, para eles eclodirem novamente, e logo deu origem a comoções, que interromperam materialmente a paz da Sociedade.

Lorde Raymond sucedeu a Carnarvon em maio de 1739, mas, apesar de uma aparente prosperidade da Sociedade, as irregularidades continuaram. Vários dignos Irmãos, que se opunham às usurpações no sistema estabelecido da Instituição, estavam altamente revoltados com os trabalhos das Lojas regulares. Reclamações eram feitas em todas as comissões, e as Comunicações da Grande Loja foram totalmente tomadas por discussões sobre diferenças e animosidades. Tornou-se necessário passar votos de censura e se promulgarem leis que desencorajassem associações irregulares. Isso trouxe o questionamento do poder da Grande Loja. Em oposição às Leis que haviam sido estabelecidas por aquela Assembleia, as Lojas eram formadas sem nenhuma Carta Constitutiva, e pessoas com pequenas e indignas considerações eram iniciadas na Maçonaria.

Para se distinguir as pessoas iniciadas por esses Irmãos iludidos dos feitos maçons regularmente, a Grande Loja em Londres aprovou medidas imprudentes, que mesmo a urgência do caso não poderia justificar. Isso deu origem a um novo subterfúgio. Os irmãos dissidentes das Lojas regulares imediatamente anunciaram sua independência e começaram a se autodenominar maçons antigos. Eles insistiram que só eles haviam preservado os princípios antigos e práticas da Maçonaria, e as novas Lojas Regulares, sendo compostas por maçons modernos, adotaram novos planos, e não estavam agindo sob os antigos princípios. Ao contrário das regras da Grande Loja, em Londres, eles formaram uma nova Grande Loja com base no sistema antigo, e sob essa bandeira constituíram várias novas Lojas. Eles justificaram essas ações sob a sanção da Antiga Constituição de York. Muitos Cavalheiros de reputação se juntaram a eles, e o número de suas Lojas aumentava diariamente. Alegando sua autoridade a partir da Constituição da Grande Loja de York, eles formaram comitês, realizaram Comunicações e nomearam festas anuais. Ao adotar a denominação da bandeira de York, eles ganharam o apoio dos maçons escoceses e irlandeses, que se juntaram a eles, condenando as medidas das Lojas constituídas pela Grande Loja de Londres, bem como introduzindo novidades na Sociedade e subvertendo o plano original da Instituição. Eles logo adquiriram uma organização, e nobres de ambos os reinos se honraram com seu patrocínio. Muitos nomes respeitáveis e Lojas foram adicionados à sua lista. Preston observou que isso era muito a ser desejado, que uma união geral entre todos os maçons do reino poderia ser feita, "e estamos felizes em saber que tal medida poderá em breve ser realizada, por um Irmão Real atualmente no exterior".

Durante a presidência de Raymond, poucos acréscimos foram feitos para a lista de Lojas, e a nobreza parou de frequentar a reunião da Grande Loja. Raymond concedeu apenas uma delegação para um Grão--Mestre Provincial, que foi a de Saboia e Piemonte.

O conde de Kintore se tornou o próximo Grão-Mestre em abril de 1740 e tentou desencorajar a Grande Loja alternativa. Ele nomeou vários novos Grão-Mestres Provinciais: um para a Rússia, um para Hamburgo, um para o Círculo da Baixa Saxônia e um para a Ilha de Barbados. Mais de forma contenciosa, ele autorizou a troca do Grão-Mestre Provincial William Horton de West Riding de York, que havia falecido. Isso não ajudou em nada a melhorar as relações com os maçons de York.

O conde de Morton foi eleito em 19 de março de 1741 e instalado em Haberdashers Hall em meio a uma boa afluência da nobreza, embaixadores estrangeiros e outros. Ele é lembrado principalmente por presentear com um Bordão do Cargo, o Tesoureiro. Era de artesanato puro, azul e ponteado com ouro. A Grande Loja resolveu que o Tesoureiro deveria ser eleito anualmente e, com o Secretário e o Porta-Espada, ser autorizado a se classificar no futuro como membro da Grande Loja. Um grande Selo em coralina, com as armas da Maçonaria engastadas em ouro, foi também presenteado para a Sociedade pelo Irmão William Vaughan, que era o Primeiro Grande Vigilante. O Irmão Vaughan foi devidamente recompensado com o Grão-Mestrado de North Wales.

Em abril de 1742, lorde Ward sucedeu Morton. Ward estava bem familiarizado com a natureza de governo da Sociedade, tendo servido todos os cargos, desde a Secretaria de uma Loja privada até o de Grão-Mestre. Ele não perdeu tempo em tentar conciliar a animosidade que prevaleceu. Ele recomendou vigilância e cuidado de seus Oficiais em seus diferentes departamentos e, por sua própria conduta, deu um exemplo de como a dignidade da Sociedade deveria estar apoiada. Ele consolidou muitas Lojas que estavam em um estado de declínio com outras em melhores circunstâncias. Alguns que haviam sido negligentes no atendimento das Comunicações foram admoestados e restaurados aos favores; quaisquer que não cumprissem estariam apagados da lista.

Alguma medida de unanimidade e harmonia entre as Lojas foi aparentemente restaurada sob sua administração. Os maçons de Antígua construíram um grande prédio naquela ilha para suas reuniões e solicitaram à Grande Loja ter a liberdade de serem chamados de A Grande Loja de São João de Antígua, o que foi concedido a eles em abril de 1744. Durante esse período de dois anos, à frente da Fraternidade, Ward constituiu muitas Lojas, e nomeou vários Grão-Mestres Provinciais: um para Lancaster, um para a América do Norte e três para a ilha da Jamaica.

Seu sucessor foi o conde de Strathmore, que em nenhuma vez havia atendido à Grande Loja, abandonando seus cuidados de gestão para os Grandes Oficiais. Ele, entretanto, nomeou o Grão-Mestre Provincial da Ilha de Bermuda. Lorde Cranstoun foi feito Grão-Mestre em abril de 1745, e presidiu por dois anos. Ele constituiu várias novas Lojas, e um Grão-Mestre Provincial, para o Cabo Breton e Louisburg. Mas ele também proibiu as procissões públicas tradicionais dos maçons em dias de festa.

Lorde Byron sucedeu Cranstoun, e serviu por cinco anos desde sua instalação na Drapers' Hall, em 30 de abril de 1747. Ele revisou as leis do Comitê de Caridade, imprimiu-as e distribuiu entre as Lojas. Seu Grão-Mestre Adjunto, Fotherly Baker, e o Secretário Revis, quando Byron não estava em Londres, eram frequentemente chamados para administrar a Sociedade. Byron emitiu Patentes Provinciais para a Dinamarca e Noruega, Pennsylvania, Minorca e Nova York.

Em março de 1752, lorde Carysfort se tornou Grão-Mestre e demonstrou mais interesse na Fraternidade do que Byron, sempre pronto para visitar pessoalmente as Lojas, e promovia a harmonia entre os membros. O dr. Manningham, seu Adjunto, era também consciencioso na constante visitação das Lojas e promovendo a união entre os Irmãos. Esse apego do Grão-Mestre para com a Sociedade era tão óbvio que os Irmãos, em gratidão a seus serviços, o reelegeram em 3 de abril de 1753. Durante sua presidência, Patentes Provinciais foram emitidas para Gibraltar, ilhas de Bahamas, Nova York, Guernsey, Jersey, Alderney, Sark e Man, como também para Cornwall, Worcestershire, Gloucestershire, Shropshire, Monmouth e Hereford. O marquês de Carnarvon (filho do anterior Grão-Mestre Carnarvon) sucedeu Carysfort em março de 1754 e iniciou sua administração ordenando que o *Livro das Constituições* fosse reimpresso, sob a inspeção de um comitê de Grandes Oficiais. Logo após sua instalação, a Grande Loja recebeu uma reclamação contra a Grande Loja dos Maçons Antigos, dizendo que aqueles Irmãos estavam se reunindo sem autorização. A reclamação dizia que esses Irmãos se consideravam a eles mesmos como independentes da Sociedade e não aceitavam as Leis da Grande Loja ou o controle do Grão-Mestre. O dr. Manningham, o Grão-Mestre Adjunto, queria ativamente desencorajar suas reuniões, que ele descreveu como sendo contrárias às leis da Sociedade e de subversivas na fidelidade devida ao Grão-Mestre.

A Grande Loja resolveu que a reunião de todos os Irmãos sob a denominação de maçons, a não ser como Irmãos da Antiga e Honrosa Sociedade de Maçons Livres e Aceitos estabelecida sobre o sistema universal, era incompatível com a honra e o interesse da Maçonaria Simbólica, e um alto insulto ao Grão-Mestre e todo o corpo de maçons. Em consequência dessa resolução, 14 irmãos – membros de uma Loja realizada na Ben Jonson Head, em Pelham Street, Spitalfields, que aderiu à Grande Loja dos maçons antigos – foram expulsos da Grande Loja, em Londres, e sua Loja foi apagada da lista.

Nenhum Grão-Mestre anterior concedeu tantas deputações provinciais como Carnarvon. Em menos de dois anos, patentes foram emitidas para South Carolina, South Wales, Antígua e toda a América do Norte, onde nenhum ex-provincial foi nomeado, por Barbados e todos os outros locais de ilhas de Sua Majestade ao barlavento de Guadalupe, para St. Eustatius, Cuba, St. Martin, e as ilhas do Caribe holandês na América, para a Sicília e as ilhas adjacentes, para todos os domínios de Sua Majestade na Alemanha (com um poder de escolher seus sucessores), e para o Condado Palatino de Chester, e da Cidade e Condado de Chester. Quase todas essas nomeações eram doações honoríficas em favor de indivíduos e poucos deles ofereceram qualquer vantagem para a sociedade.

Carnarvon continuou a presidir a fraternidade até 18 de maio de 1757, quando lorde Aberdour o sucedeu. George II morreu em seu palácio, em Kensington, em 5 de outubro de 1760, no 77º ano de sua idade e do 34º do seu reinado. Preston diz que seu reinado foi a era de ouro da Maçonaria na Inglaterra: uma época em que as ciências foram cultivadas e melhoradas, a Arte Real foi diligentemente propagada, e a verdadeira arquitetura claramente compreendida. A Fraternidade foi honrada e estimada, as Lojas patrocinadas por caracteres exaltados, e a caridade, a humanidade e a benevolência foram as características distintivas dos maçons.

Conclusões da PARTE UM

Preston faz um esboço da história maçônica com uma visão diferente da Fraternidade, daquela atualmente oferecida pela Grande Loja Unida da Inglaterra. Ele pinta um retrato de uma batalha em curso para o controle de uma velha e bem estabelecida Fraternidade. Ele diz que a Maçonaria começou com os rituais dos antigos druidas da Grã-Bretanha, e que ela tem sido sustentada por milhares de anos pelos governantes do reino. Embora ele cite as influências estrangeiras, tem certeza de que a Maçonaria começou na Grã-Bretanha. É possível que ele tenha sido influenciado por essa ideia pelo crescimento popular da Antiga Ordem dos Druidas, que havia sido formada no Kings Arms Tavern, em Poland Street, em Londres, em 1781, e se tornado moda. As táticas dos três competidores claramente vieram a partir de descrições de Preston. Ele vê a Grande Loja de York como a verdadeira guardiã das tradições originais da Maçonaria, e a Grande Loja de Londres como uma organização que designou desinteressados, ausentes e até bêbados Grão-Mestres em uma tentativa pobre de espírito para ganhar respeitabilidade da nobreza. Essa estratégia resultou em uma divisão, com um grupo que Preston chama de os Antigos, os quais montaram uma Grande Loja rival, em Londres. A autoridade histórica que Preston indica está ligada à Grande Loja de York, que é sistematicamente prejudicada pela Grande Loja de Londres e sua política de favorecer a todos os caprichos da nobreza dominante – contanto que eles condescendam para levar o título de Grão-Mestre.

Ele toca brevemente em alguns pontos, mas não os desenvolve. Menciona o papel da Escócia na antiga Maçonaria, mas não o expande além de apontar que James VI e I e Charles II eram ambos iniciados na Maçonaria. Ele menciona um longo período quando a Maçonaria foi governada pelos Cavaleiros Templários, mas novamente não expande qualquer significado a respeito disso. O terceiro ponto interessante que ele traz é a importância da Grande Loja de York e sua pretensão de ter feito um trabalho melhor de preservar as antigas tradições da Maçonaria do que a Grande Loja de Londres conseguiu fazer.

A visão de Preston das origens da Maçonaria e do comportamento da Grande Loja de Londres, durante o século XVIII, tem sido atacada por membros da *Quatuor Coronati Lodge*, com um Mestre Passado dizendo em uma introdução para uma biografia de Preston:

> Infelizmente, os resultados da pesquisa histórica de Preston não foram baseados com a exatidão que esperávamos encontrar. Em particular, sua completa aceitação de manuscritos mostrados terem sido embustes e sua promulgação da teoria da dissidência da Grande Loja dos Antigos, uma vez que se demonstrou como totalmente falsa [por outro Mestre Passado da *Quatuor Coronati*], são exemplos.

Mas Preston era uma figura demasiadamente grande para ser totalmente ignorado pela Grande Loja Unida da Inglaterra, e, mais direto ao ponto, ele deixou uma herança em seu testamento para estabelecer um fundo para pagar, a cada ano, a "algum maçom bem informado para proferir anualmente uma palestra sobre o Primeiro, Segundo ou Terceiro Graus da Maçonaria, de acordo com o sistema praticado na *Lodge of Antiquy* durante seu Mestrado". Sua ideia era a de preservar o espírito de investigação livre nas antigas origens da Maçonaria e seu ritual, que suas obras comemoram. Após a morte de Preston, essa doação ficou sob o controle do duque de Sussex, que nomeou um maçom de sua própria escolha e, naturalmente, ele escolheu um conferencista prestoniano que não levantasse questões difíceis. O leitorado estava dormente por muitos anos, mas em 1924 o leitorado prestoniano foi revivido sob o controle do comitê da Grande Loja Unida da Inglaterra (GLUI) para um "adequado" maçom, para proferir a cada ano uma palestra de um tópico adequado, e de repetir isso no mínimo três vezes ao ano.

As palestras prestonianas continuam a ser proferidas até hoje. Mas a crônica regular da palestra que agora é proferida em nome de Preston é estreita e cuidadosamente verificada de perto pela Grande Loja Unida da Inglaterra, antes de ela ser proferida. E, cínico que sou, eu suspeito que muito do material de Preston que acabo de expor nunca seria permitido em uma palestra prestoniana moderna.

Por tudo isso, porém, outros primeiros escritores maçônicos devem ter feito uma análise mais atenta de alguns dos pontos levantados por Preston. Agora vou olhar para os resultados das investigações de Robert Freke Gould sobre o papel da Escócia e sua linha de reis Stuart nas tradições da Maçonaria.

PARTE DOIS

Robert Freke Gould

em

"O Papel da Escócia nos Primórdios da Maçonaria"

Capítulo 7

Os Primeiros Estatutos Escoceses da Maçonaria

Robert Freke Gould

Robert Gould nasceu em 1836, na Inglaterra. Ainda jovem, foi comissionado como tenente no 31º Regimento do Exército Britânico. Ele foi iniciado em uma Loja Militar – *Royal Navy Lodge* Nº 429, em Ramsgate – como um oficial com 18 anos de idade. Aos 21, enquanto servia em Gibraltar, ingressou na *Friendship Lodge*. E, no tempo em que estava servindo na China, ele se tornou Mestre da *Northern Lodge* Nº 570, quando tinha 27 anos.

Gould se reformou do serviço militar em 1868 e, com 32 anos, tornou-se advogado. Foi feito Primeiro Grande Diácono da Grande Loja Unida da Inglaterra em 1880, e em 1884 foi convidado para se tornar membro da *Quatuor Coronati Lodge* Nº 2076, juntamente com *sir* Charles Warren, *sir* Walter Bezant, George W. Speth, W. Harry Rylands, William James Hughan, o reverendo Adolphus F. A. Woodford, John P. Rylands e o major Sisson C. Pratt. A *Quatuor Coronati* foi a primeira Loja de Pesquisa a ser autorizada dentro da Grande Loja Unida da Inglaterra. A Loja *Quatuor Coronati* é conhecida por seus longos registros de hostilidade para qualquer sugestão de que a Maçonaria possa não ter começado em Londres em 1717. (Esse ponto de vista das origens da Maçonaria foi formulado pelo duque de Sussex, quando ele forçou a formação da Grande Loja Unida da Inglaterra para os maçons relutantes da Inglaterra e País de Gales em 1813.) A *Quatuor Coronati* produz e comercializa sua própria revista da Loja, *Ars Quatuor Coronatorum* (*AQC*).

A Loja reivindica o objetivo de desenvolver um novo estilo de pesquisa sobre a Maçonaria. Isso consiste principalmente em desvalorizar o trabalho de autores anteriores que não se encaixam na visão do mundo oficial da Grande Loja Unida da Inglaterra – tal como, por exemplo, nos comentários em aspas sobre o trabalho histórico de Preston citado na página 20. Proclamou-se a "autêntica escola" do pensamento maçônico e que ninguém que os questionasse fosse ouvido.

Dessa forma, eles conseguiram rejeitar quase todas as pesquisas anteriores como "não confiáveis". Robert Gould havia publicado uma obra em três volumes, *A História da Maçonaria*, em 1883, antes de ser convidado a se tornar um dos membros fundadores (e mais tarde Mestre) da *Quatuor Coronati*, e é a partir dessa pesquisa que foi publicada antes que ele fosse absorvido pela *Quatuor Coronati* que eu tomei as ideias para a segunda parte deste livro. Tive de reescrever suas palavras em uma linguagem mais simples, mas não mudei nenhum de seus fatos. Se você deseja lê-lo no original, em seguida, certifique-se de procurar por uma primeira edição. A edição de cinco volumes de 1931 da *Gould's History of Freemasonry*, que "foi revisada, editada e atualizada" pelo membro da *Quatuor Coronati* Dudley Wright, é bem diferente, como é a versão de 1951 editada por Herbert Poole (que, incidentalmente, era também um membro da *Quatuor Coronati*). O professor Andrew Prescott, do *website* do Centro de Pesquisa de Maçonaria na Universidade de Sheffield, acha a história publicada no livro

> muito confusa. A primeira edição (...) foi reimpressa pelo menos nove vezes. Em 1931, uma versão revisada, editada e atualizada por Dudley Wright foi publicada pela Editora Caxton Company. A terceira edição foi produzida em 1951, editada pelo reverendo Herbert Poole, produzida pelo mesmo editor. Em geral, a primeira edição se mostra mais perto da pesquisa original de Gould, que está firmemente fundamentada em fontes primárias.

Pesquisa escocesa de Gould

Gould começa por dizer que os historiadores maçônicos em grande parte dependiam de suas imaginações para oferecer provas da antiguidade da Maçonaria. Isso levou muitos leitores a suporem que a Maçonaria Simbólica é uma adaptação moderna de extintas organizações e que remonta à segunda década do século XVIII. Mas, diz ele, é fato que as atas das Lojas escocesas do século XVI e as provas da vida maçônica britânica, que datam cerca de 200 anos mais para trás, foram deixadas despercebidas em antigos baús de Lojas escocesas.

Há tanta evidência acumulada sobre a história, o progresso e o caráter da Maçonaria, que Gould pensa que ignorar isso é vergonhoso. Ele considera, que pode se dizer com segurança que as Grandes Lojas da Grã-Bretanha são os descendentes diretos, por continuidade e absorção, de uma antiga tradição da Maçonaria.

As Lojas mais antigas da Escócia possuem registros de membros e reuniões, bem como pormenores sobre suas leis e costumes, que vão para trás mais de 300 anos. Muitas dessas Lojas estavam entre os fundadores da Grande Loja da Escócia, em 1736. No entanto, alguns em primeira instância optam por não se juntar, mas se unirão mais tarde. Outros preferiram o isolamento à união; na verdade, uma já existia como Loja independente até o momento em que Gould escreveu sua história. O esboço de Gould das principais características desses antigos documentos mostra como eles ligam as Lojas da Maçonaria Moderna com seus antepassados especulativos.

Os Estatutos de Schaw de 1598 é um importante documento maçônico. Eles foram enviados para todas as Lojas na Escócia, tendo recebido a sanção unânime dos Mestres reunidos em Edimburgo. William Schaw, o Secretário de Obras (por nomeação real) e Vigilante Geral, assinou contrato com eles e executou sua observância na Maçonaria da Escócia. No ano seguinte, Schaw assinou outro conjunto de Estatutos esclarecendo a relação entre as antigas Lojas de Edimburgo e de Kilwinning. As cláusulas dessa escritura são extraordinárias, considerando-se o período de sua publicação. Elas oferecem uma melhor visão sobre os usos e costumes da Maçonaria Simbólica do que quaisquer outros documentos que chegaram até nós desde os tempos mais remotos.

O antigo código maçônico é de 28 de dezembro de 1598 e está escrito de forma legível no primeiro volume dos registros da *Lodge of Edinburgh*. É composto por 22 itens não numerados, e os Mestres Maçons são obrigados fielmente a mantê-los todos. O Vigilante Geral assinou os estatutos, de modo que uma cópia autêntica poderia ser feita e enviada a todas as Lojas na Escócia. Infelizmente, os nomes e os números dessas Lojas não são registrados, mas seu âmbito não se restringiu à *Lodge of Edinburgh*, que serviu apenas como um meio centralizador para a sua distribuição em toda a Escócia.

Estatutos de Schaw Nº 1, de 1598

Ao considerar essas regras em detalhes, Gould numerou consecutivamente os itens:

1. Todas as boas leis relativas aos privilégios do ofício, que foram feitas por seus antecessores de "Boa Memória", para ser observadas e mantidas; e especialmente para ser verdadeiros uns aos outros, e caridosamente viver juntos, como convém a Irmãos jurados e Companheiros da Maçonaria.
2. Ser obediente a seus Vigilantes, Diáconos e Mestres em todas as coisas concernentes à Maçonaria.
3. Ser honesto, fiel e diligente em sua profissão, e correto com os Mestres ou proprietários do trabalho com o qual se compromete, qualquer que seja o modo de pagamento.
4. Que ninguém empreenda trabalho, seja ele grande ou pequeno, a menos que seja capaz de completá-lo de forma satisfatória, sob pena de 40 libras [Escócia], ou a quarta parte do valor da obra, de acordo com a decisão do Vigilante Geral, ou os Oficiais nomeados no item 2d, para o distrito judicial onde o trabalho está sendo feito.
5. Que nenhum Mestre deve suplantar outro sob pena de 40 libras.
6. Que nenhum Mestre tome um trabalho incompleto, a menos que os Mestres anteriores estejam devidamente satisfeitos, sob a mesma pena.
7. Que um Vigilante seja eleito anualmente por cada Loja, como particularmente é devido, para ter comando da mesma, e que, pelos votos dos Mestres das referidas Lojas, e com o consentimento do Vigilante Geral, se presente. Se este último estiver ausente, em seguida os resultados de tais eleições devem ser a ele comunicados, para que possa enviar suas instruções para os Vigilantes eleitos.
8. Que nenhum Mestre deve ter mais de três Aprendizes durante sua vida, a não ser com o consentimento especial dos Oficiais previamente mencionados e do distrito judicial em que o Aprendiz adicional habitara.
9. Os Aprendizes não podem estar vinculados por menos de sete anos, e nenhum Aprendiz será feito Irmão e Companheiro-em--Ofício, a menos que tenha servido um adicional de sete anos, salvo por uma licença especial dos Oficiais regulares reunidos para

esse fim, e só se for julgado suficiente o que terá sido por mérito, qualificação e habilidade dele. A pena era de 40 libras, como sempre, acrescidas de "penalidades a ser estabelecidas contra sua pessoa, de acordo com a ordem da Loja que ele permanece".

10. Os Mestres não devem vender seus Aprendizes para outros Mestres, nem dispensar sua vez por meio de venda para esses Aprendizes, sob pena de 40 libras.
11. Nenhum Mestre pode receber um Aprendiz sem informar o Vigilante de sua Loja, e que seu nome e data da recepção sejam devidamente registrados.
12. Nenhum Aprendiz pode ter entrado, mas sim pela mesma ordem.
13. Nenhum Mestre ou Companheiro será recebido ou admitido, exceto na presença de seis Mestres e dois Aprendizes, sendo o Vigilante da Loja um dos seis, e a respectiva data deverá ser corretamente registrada, e seu nome e marca inseridos no mesmo livro, junto com o nome dos seis Mestres, Aprendizes e do Mentor. Desde sempre, de que ninguém seja admitido sem "o devido teste e um julgamento de suas habilidades e merecimento em sua vocação para a profissão".
14. Nenhum Mestre deve exercer qualquer trabalho maçônico sob obrigação ou comando de qualquer outro Artesão.
15. Nenhum Mestre ou Companheiro pode receber um Aprendiz que não tenha servido regularmente em seu aprendizado, para trabalhar em sua sociedade ou empresa, ou enviar qualquer um de seus servos para trabalhar com eles, sob pena de multa de 20 libras para cada ofensa.
16. Nenhum Aprendiz deve realizar trabalhos para além do valor de dez libras do proprietário da mesma, sob a referida penalidade, e, após sua conclusão, se mais trabalhos forem desejados para serem feitos, uma licença deverá ser obtida a partir do Mestrado ou Vigilante no próprio bairro.
17. Caso haja o surgimento de uma contenda entre os Mestres, funcionários ou Aprendizes, com o objetivo de que as dificuldades sejam amigavelmente sanadas, os Vigilantes e Diáconos devem ser informados no prazo de 24 horas da ocorrência, sob pena de dez libras em caso de omissão. Caso alguma das partes ali em questão se recusar a aceitar a adjudicação feita, serão responsabilizados por serem privados dos privilégios de sua Loja, e não

serão autorizados a trabalhar durante o período de sua obstinação.
18. Os Mestres e outros devem ter cuidado em tomar todas as indispensáveis precauções quanto à montagem de andaimes adequados, e, caso ocorram acidentes por meio de sua negligência, não devem atuar como Mestres com acusação de qualquer trabalho, mas para sempre posteriormente serem sujeitos a outros.
19. Mestres não devem receber Aprendizes quando acontecer de estes ficarem afastados de seu serviço legal, sob pena de 40 libras.
20. Todos os membros da Maçonaria devem assistir às reuniões quando legalmente convocados, sob a penalidade de dez libras.
21. Todos os Mestres presentes em qualquer "assembleia ou reunião" estão sob seu grande juramento, na medida em que, tendo o conhecimento, para que não escondam ou ocultem qualquer malfeito a si ou para os proprietários do trabalho, sob a mesma pena.
22. Todas as referidas penalidades devem ser recolhidas daqueles que tenham quebrado qualquer dos estatutos anteriores, pelos Vigilantes, Diáconos e Mestres, e serão distribuídos "para usos piedosos, de acordo com a boa consciência" e por seus aconselhamentos.

Esses Estatutos de Schaw foram assinados "William Schaw, Gerente de Obras Públicas, Vigilante da Maçonaria", em 28 de dezembro de 1598.

Estatutos de Schaw Nº 2, de 1599

A segunda versão dos Estatutos de Schaw foi assinada em 28 de dezembro de 1599. Eles foram extraídos do código do ano anterior e especialmente preparados para a antiga Loja de Kilwinning, em Ayrshire. Existem vários pontos mencionados nesse documento que se referem especificamente à Loja Kilwinning e sua autoridade. Gould numerou os 13 itens consecutivamente, como havia feito com os antigos regulamentos:

1. O Vigilante que atua dentro dos limites de Kilwinning, e em outros locais sujeitos à Loja, será eleito anualmente no dia 20 de dezembro, "e o que ganhar internamente na igreja" da "principal e segunda Loja da Escócia", no caso o Vigilante Geral deverá ser informado em conformidade.

2. O "Lorde Vigilante Geral", considerando que seria conveniente que todas as Lojas escocesas gozassem prospectivamente suas antigas liberdades como outrora, confirma o direito da Loja de Kilwinning, "segunda Loja da Escócia", em ter seu Vigilante presente na eleição de Vigilantes dentro dos limites da "Ala inferior de Clydesdale (Cliddisdaill), Glasgow, Air e limites da Carrik", e também de convocar esses Vigilantes para se reunirem em qualquer lugar dentro do Distrito (abraçando a oeste da Escócia, incluindo Glasgow), quando e onde eles estiverem e submeterem-se às decisões do Vigilante e Diácono de Kilwinning.

3. O Vigilante Geral, por razões de oportunidade, confirma o posto de Edimburgo como "a primeira e principal Loja, na Escócia"; que a de Kilwinning sendo a segunda, "como antes era notoriamente manifesta em nossa antiga escrita"; e a Loja de Stirling é a terceira, de acordo com seus privilégios antigos.

4. Os Vigilantes de todas as Lojas devem responder aos Presbíteros dentro de seu Distrito Judicial, para os maçons sujeitos a suas Lojas, a terceira parte das penalidades pagas pelos desobedientes a serem dedicadas ao "bom uso das Lojas", onde as ofensas forem cometidas.

5. Um julgamento anual de todas as infrações deve ser feito, sob a gestão do Vigilante e os mais antigos Mestres da Loja, estendendo-se até seis pessoas, de modo que a devida Ordem seja observada.

6. O Lorde Vigilante Geral ordena que o Vigilante de Kilwinning, "como o segundo na Escócia", deve selecionar seis dos mais perfeitos e dignos maçons, com o objetivo de testar a qualificação de todos os Companheiros dentro de seu distrito, "de sua arte, artesanato, ciência e memória antiga", com a intenção de que os referidos Vigilantes deverão ser devidamente responsáveis por tais pessoas que estão subordinadas a eles.

7. O Vigilante e Diácono de Kilwinning, como a segunda Loja, têm poderes para excluir e expulsar da sociedade todos os que persistem em desobedecer aos estatutos antigos, e "todas as pessoas que sejam desobedientes à Igreja, Maçonaria, ao Conselho", e outros regulamentos "a serem feitos posteriormente".

8. O Vigilante Geral requer ao Vigilante e Diácono (com seus Mentores) para selecionarem um notário hábil, para ser funcionário comum ou Escrivão, por quem todas as escrituras devem ser executadas.

9. Os atos até então feitos pelos maçons de Kilwinning devem ser mantidos o mais fielmente no futuro, e nenhum Aprendiz ou Artesão será admitido ou iniciado, "dentro da igreja de Kilwinning, como sua paróquia e segunda Loja"; todos os banquetes decorrentes de tais iniciações a serem realizadas "dentro desta Loja de Kilwinning".
10. Todos os Companheiros de Artesãos devem pagar em sua entrada e antes de sua admissão à Loja a soma de dez libras, com 10 s. no valor de luvas, que incluirão as expensas do banquete; e que ninguém será admitido sem "teste suficiente" e "prova de memória e da arte da Maçonaria", sob a supervisão do Vigilante, Diácono e Intendentes da Loja, como eles serão responsáveis perante o Vigilante.
11. Os Aprendizes não serão admitidos, a menos que paguem seis libras para o banquete comum, ou custeiem as despesas de uma refeição para todos os membros e Aprendizes da Loja.
12. Os Vigilantes e Diáconos da segunda Loja da Escócia (Kilwinning) devem anualmente fazer o juramento, "fidelidade e trolha" de todos os Mestres e Companheiros da Maçonaria comprometidos com sua obrigação; que não devem manter companhia, nem trabalhar com Aprendizes que não tenham realizado seu tempo de aprendizado, nem nenhum de seus servos ou Aprendizes sob as penas previstas nos antigos atos.
13. O Vigilante Geral ordena que a Loja de Kilwinning, sendo a segunda Loja na Escócia, deve anualmente testar todos os Artesãos e Aprendizes, de acordo com suas vocações, e, se eles tiverem esquecido até mesmo um ponto da "arte da memória e ciência" do mesmo, eles devem perder 20 *schillings*, se Companheiros, e 11 *schillings*, se forem Aprendizes, por sua negligência. As penalidades devem ser pagas na caixa para o bem comum, em conformidade com as práticas das Lojas do reino.

Esses regulamentos são seguidos por afirmação do "Vigilante Geral da Escócia" (William Schaw), que ele havia a eles subscrito com a mão, em sinal de que eles deveriam ser observados, como também os atos e estatutos feitos anteriormente pelos Oficiais da referida Loja, de modo a preservar a devida regularidade, conformidade com a equidade, a justiça e antiga ordem. A mesma escritura atribui a competência aos Oficiais para fazer agir de acordo com o "cargo e lei".

O documento termina com um certificado importante de William Schaw, o que prova que foi destinado exclusivamente para os maçons sob a jurisdição da *Kilwinning Lodge*; para isso são destinatários o Vigilante, Diácono e Mestres dessa Loja, e atesta a maneira honesta e cuidadosa em que Archibald Barclay, Comissário da Loja, havia desempenhado os deveres que lhe foram confiados.

O Irmão Barclay levou uma comissão da *Kilwinning Lodge* para o Vigilante Geral e os Mestres da *Lodge of Edinburgh*; porém, "pela razão de o rei estar fora da cidade" e sem Mestres, mas com os da Loja nomeados por terem sido convocados na época, a delegação não foi bem-sucedida na obtenção de tudo o que os membros perguntaram. Os principais pedidos da Loja foram a obtenção de poderes adicionais para preservar a Ordem, que a Maçonaria requer para a conservação de seus direitos e, especialmente, para assegurar-se do rei James VI um reconhecimento dos privilégios da Loja, incluindo o poder de imposição de penalidades sobre as "pessoas desobedientes e perturbadoras de toda a Ordem na Guilda". Estes, Schaw prometeu obter. Os Estatutos foram finalmente assinados em Holyrood Palace, após dois longos dias de discussão.

Os Estatutos de 1599 são principalmente uma reprodução dos regulamentos que se aplicam a uma Loja particular, mas eles também contêm um julgamento impositivo sobre a precedência relativa das três Lojas principais da Escócia.

Gould diz que é importante observar que muitas das leis das Constituições da Moderna Maçonaria foram delineadas a partir dessas antigas regras.

Capítulo 8

Os St. Clair de Roslin

As Cartas Constitutivas dos St. Clair

Gould diz que, apesar de elas não serem as mais antigas referências da Maçonaria, as Cartas Constitutivas de St. Clair são importantes. Ele acredita que não pode haver dúvida de sua autenticidade, tal como as assinaturas correspondem aos autógrafos originais em outros manuscritos do período.

A Biblioteca dos Advogados em Edimburgo mantém um pequeno fólio, conhecido como o Manuscrito Hay, o qual também contém cópias de ambas as Cartas de St. Clair. Elas estão bem copiadas para pergaminhos de papel, uma tendo 15 por 11 polegadas, e a outra 26 polegadas de comprimento e a mesma largura de seu companheiro. Algumas palavras apagaram-se, mas podem ser facilmente preenchidas. O documento maior perdeu seu canto sudeste. É perfeitamente possível que a seção em falta contivesse outras assinaturas. Gould coloca a data provável da primeira Carta como ao redor de 1601-1602, uma vez que foi assinada por William Schaw, Supervisor de Obras do rei e Vigilante da Maçonaria que morreu em 1602. Os nomes dos Diáconos dos maçons de Edimburgo se encaixam neste período.

Tenho dado resumos em inglês dos *charters* abaixo; os originais escritos na língua escocesa, que Gould cita na íntegra, estão reproduzidos no Apêndice 1.

Primeira Carta de St. Clair

Seja conhecida de todos os homens por esta carta que nós, Diáconos, Mestres e Homens Livres dos maçons do reino da Escócia, com o consentimento expresso de William Schaw, Supervisor de Obras para nosso Soberano Senhor, confirmamos que de geração a geração tem se observado entre nós que os lordes de Roslin sempre foram Patronos e Protetores de nós e nossos privilégios. Nós reconhecemos que nossos antecessores também lhes obedeceram e os reconheceram como Patronos e Protetores de nós, mas recentemente, por conta de preguiça e negligência, os lordes de Roslin têm sido privados de seus direitos e nossa boa Maçonaria foi privada de qualquer Patrono, Protetor e Supervisor. Isso tem criado muita corrupção e imperfeição, tanto entre nós mesmos e em nossa Maçonaria, e como resultado muitas pessoas têm formado uma má opinião de nós e da Maçonaria. Muitas grandes empresas têm falhado em função de um mau comportamento que não tem sido corrigido. Isso aconteceu pela exploração deliberada de faltas e pela ausência de maçons honestos para praticar corretamente sua profissão. Quando existem controvérsias entre nossos Irmãos, a falta de qualquer Patrono e Protetor é um grande problema. Nós temos de apelar por julgamento aos processos normais de lei para resolver nossas queixas e para nos manter em boa ordem. Nós falamos para todos os Irmãos e Artesãos do reino quando, para o avanço e bom governo de nossa Maçonaria, consentimos que William Sinclair de Roslin e seus herdeiros devem ser autorizados a comprar das mãos de nosso Senhor Soberano a liberdade de governar sobre nós e nossos sucessores de todos os tempos e agir como Patronos e Juízes sobre todos os praticantes de nossa Maçonaria dentro deste reino. Reconhecemos o dito William Sinclair e seus herdeiros como nossos Patronos e Juízes sob nosso Senhor Soberano, sem restrições ao seu poder de julgamento sobre nós e chamá-lo para nomear e autorizar os Juízes para governar nossa Maçonaria ao abrigo dos poderes que lhe agrada nosso Soberano Senhor para conceder a ele e seus herdeiros.

William Schaw, Gerente de Obras Públicas do rei

Segunda Carta de St. Clair

A segunda carta foi publicada em 1628.

Seja conhecida de todos os homens por esta carta que nós, Diáconos, Mestres e Homens Livres dos maçons e ferreiros dentro do reino da Escócia, temos de gerações em gerações reconhecido os lordes de Roslin como Patronos e Protetores de nós e de nossos privilégios. Da mesma forma nossos predecessores lhes obedeceram e os reconheceram como Patronos e Protetores como eles mantiveram as cartas de autoridade e outros documentos que lhes foram outorgados pela maioria dos nobres progenitores de nobre memória, os quais também eram senhores de Roslin. Esses escritos foram destruídos por um incêndio dentro do Castelo de Roslin. A destruição pelo fogo dessas cartas é bem conhecida por nós e por nossos predecessores Diáconos, Mestres e Homens Livres dos maçons. Por causa da negligência e preguiça, a proteção de nossos privilégios é suscetível de ser perdida e os lordes de Roslin serem privados de seus justos direitos, e nossa Maçonaria ser privada de qualquer Patrono Protetor. A falta de um supervisor irá resultar em imperfeição e corrupções, e fará com que muitas pessoas formem uma má opinião de nós e de nossa Maçonaria. Muitas e grandes empresas não serão realizadas se esse mau comportamento não for corrigido. Para manter a boa ordem no meio de nós no futuro, e para o avanço da nossa Maçonaria dentro do reino de Sua Alteza da Escócia, nós, em nome de todos os Irmãos e Artesãos, e o de promover as políticas de nossos antecessores feitas com o consentimento expresso de William Schaw, gerente de obras públicas para Sua Alteza, e com uma só voz concordamos que William Sinclair de Roslin, pai de *sir* William Sinclair, agora de Roslin, para si e seus herdeiros devem comprar e obter nas mãos de Sua Majestade o privilégio, a liberdade e a jurisdição sobre nós e nossos predecessores Diáconos, Mestres e Homens Livres da referida vocação, como patronos e juízes sobre o uso de toda a profissão, dentro do mesmo reino. Reconhecemo-lo e seus herdeiros como Patronos e Juízes de nossa Maçonaria, sob nosso Soberano Senhor, sem limites à sua capacidade de julgar, no âmbito do acordo subscrito pelo referido gerente de obras públicas e nossos antecessores. Neste exercício desse gabinete de jurisdição, sobre nós e nossa vocação, o dito William Sinclair de Roslin continuou até que ele foi para a Irlanda, onde atualmente permanece. Mas, desde sua partida deste reino, surgiram muitas corrupções e imperfeições, tanto entre nós mesmos e em nossa vocação, por falta de um Patrono e Supervisor de nossa Maçonaria, é provável cair em decadência. E agora, para a segurança de nossa profissão e tendo a experiência completa da boa habilidade e julgamento, que o dito *sir* William Sinclair de Roslin tem mostrado à nossa Maçonaria, e para reparar a ruína e a corrupção múltiplas e danos causados por trabalhadores não qualificados, estamos todos de uma só voz na ratificação da carta anterior de autoridade e liberdades concedidas por nossos Irmãos, e do próprio Gerente de Obras Públicas de sua Alteza, na época, o dito William Sinclair de Roslin, pai do dito *sir* William Sinclair, pelo qual ele e seus herdeiros são reconhecidos como nossos Patronos e Juízes sob nosso Senhor Soberano sobre nós e todos os profissionais dignos de nosso ofício dentro deste reino de Sua Alteza da Escócia, sem qualquer limite em suas decisões em qualquer momento a seguir. E mais, todos nós em uma só voz confirmamos que o dito *sir* William Sinclair, agora de Roslin, e seus herdeiros são nossos únicos Patronos, Protetores e Supervisores sob nosso Soberano Senhor. Isso se aplica a nós e aos nossos sucessores Diáconos, Mestres e Homens Livres de nossas vocações de maçons e ferreiros, dentro do digno Reino da Escócia, e nós reconhecemos que os senhores de Roslin têm mantido esse cargo durante muitos séculos, com plenos poderes concedidos a eles para nomear Vigilantes e Adjuntos e convocar reuniões nos locais de sua escolha com a finalidade de manter a boa ordem na Maçonaria. Dizemos isso para que eles possam ser conhecidos por todos os maçons, que estes podem ser chamados a prestar contas por faltas e estarem sujeitos a penalidades se não cumprirem as responsabilidades da Maçonaria. Os senhores de Roslin têm o direito de fazer o uso adequado de Adjuntos, Secretários, Assistentes e outros tais como Oficiais que sejam necessários para garantir que todos os transgressores sejam apresentados à Ordem. E os mesmos [lordes] têm o poder de fazer cumprir todos os privilégios, liberdades e imunidades da referida Maçonaria e exercer esse poder como seus antecessores fizeram e livremente, em silêncio e em paz contra qualquer revogação, obstáculo ou impedimento algum.

Gould ressalta que, com base nesses documentos, a distinção de um hereditário Grão-Mestrado da Maçonaria foi reivindicada para os St. Clair de Roslin. *Sir* David Brewster, que editou as edições posteriores da *História da Maçonaria* de Laurie, diz:

Merece ser observado que em ambas as escrituras a nomeação de William Sinclair, conde de Orcadas e Caithness, para o cargo de Grão-Mestre por James II, da Escócia, é dita como um fato bem conhecido e universalmente admitido.

No entanto, Gould diz que as leituras das duas escrituras não necessariamente provam isso, já que ele não conseguia encontrar uma direta corroboração nelas. Mas as escrituras mostram que o consentimento dos maçons dentro do reino da Escócia é reconhecido e admitem que William St. Clair conquistou a posição de Patrono e Juiz do Soberano Senhor da Escócia para si e seus herdeiros. Também os sucessores desses maçons estão empenhados em apoiar essa nomeação. A primeira escritura registra uma declaração de que os lordes de Roslin já haviam exercido tal privilégio por muitos anos, e a segunda escritura, executada cerca de 30 anos mais tarde, foi também confirmada pelos ferreiros, bem como os maçons e os esquadrejadores também foram parte no acordo. Os esquadrejadores, incluindo tanoeiros, carpinteiros e telhadores, que estavam representados na carta patente pelos seus diáconos de Ayr.

A escritura feita posteriormente contém uma declaração de que houve um incêndio destrutivo no Castelo de Roslin, em que alguns extraordinários escritos de valor para a Maçonaria pereceram. Gould comenta que muitas vezes, quando há uma ausência de evidências confirmatórias, é comum referir-se a um incêndio ou outra visitação da Providência para evitar críticas. Gould diz que não encontrou quaisquer escrituras que conferem uma hereditariedade do Grão-Mestrado da Maçonaria sobre o conde de Orcadas, no século XV.

As Lojas que eram partes da Carta Nº 1 se reuniam em Edimburgo, St. Andrews, Haddington, Atcheson-Haven e Dunfermline, respectivamente. A segunda carta patente traz os nomes das Lojas de Edimburgo, Glasgow, Dundee, Stirling, Dunfermline e St. Andrews, e também dos maçons e outros artesanatos em Ayr. Eles se uniram para obter um Patrono para seu ofício. Mas outros distritos na Escócia que continham Lojas naquele período, como Kilwinning e Aberdeen, não foram incluídos. Parece provável que o cargo de Patrono foi procurado com o objetivo de resolver disputas locais que poderiam ocorrer entre os maçons no exercício da sua profissão. Ele não usurpa os direitos de Gerente de Obras Públicas do rei, que apoiaram a petição das Lojas.

Se esse fosse o caso, então poderia se esperar que poderes semelhantes seriam obtidos em outros condados – e é exatamente isso o que Gould achou. Em 25 de setembro de 1590, James VI concedeu a Patrick Coipland de Udaucht o cargo de "Vigilante e Justiça sobre a cingida e a profissão da Maçonaria" dentro dos condados de Aberdeen, Banff e Kincardine, com a máxima liberdade de ação dentro do citado distrito. A nomeação de Coipland foi feita em resposta a um voto em seu favor, por uma "maior parte dos Mestres Maçons dentro dos distritos judiciais, e porque seu predecessor tinha boas antigas posses do referido cargo de Vigilante sobre todos os distritos".

Essa nomeação é uma prova incontestável que os reis da Escócia nomearam os detentores de um cargo da Ordem. Mas, Gould pergunta, o que isso diz sobre a teoria do Grão-Mestrado hereditário? Se o conde de Orcadas e seus herdeiros tinham poderes para atuar como Grandes Mestres da Fraternidade do reinado, e pela autoridade, de James II, como é que em diferentes distritos são atribuídos Vigilantes para atuarem como juízes da Arte Maçônica?

Em uma escritura de 1590, os Mestres Maçons, dentro dos três municípios nomeados, procuravam o apoio e confirmação de James VI de eleger um Vigilante para governá-los. Isso sugere que eles não aceitavam que havia um cargo existente de Grão-Mestre da Maçonaria. As leis promulgadas em 28 de dezembro de 1598 por William Schaw, Gerente de Obras Públicas do rei James VI, estavam em vigor em todas as outras partes da Escócia. Nós nem sequer sabemos que esse Vigilante e Juiz de 1590 era um maçom, portanto Gould somente vai admitir que ele só pode ter sido aceito como um Irmão, e feito livre da antiga Maçonaria, de elogio para sua posição responsável e para garantir a sua cooperação e favor.

O primeiro Grão-Mestre Maçom da Escócia

Gould então retorna à matéria da pretensão de St. Clairs de Roslin para o hereditário Grão-Mestrado da Maçonaria. Na Grande Eleição de Mestre maçom da Escócia, em 1736, cem Lojas estavam integralmente participando, das quais nada menos que 33 estavam representadas na eleição. Se houve uma influência que encorajava a eleição de um corpo de governo da Maçonaria para a Escócia, é que, dentro do curto espaço de 13 anos, seis nobres proeminentes, todos conectados com a Escócia, haviam preenchido a cadeira da Grande Loja da Inglaterra. Parecia provável que a um desses, o conde de Crawford, foi oferecida a nomeação do primeiro Grão-Mestre da Escócia pela Grande Loja da Inglaterra, mas tinha declinado a honra. Embora as preliminares da Grande Eleição dissessem ter sido organizadas pelas quatro Lojas em Edimburgo e nos arredores, havia seis Lojas no distrito metropolitano naquele momento. As outras foram ignoradas no mesmo processo. Por que elas não foram incluídas? Provavelmente porque haviam se formado em corpos separados, sem a autoridade ou aprovação do rei ou de seu Vigilante Geral, o que era um compreendido princípio da Maçonaria. Apesar da recusa da *Lodge of Edinburgh* a conceder-lhes o reconhecimento, eles ainda permaneceram como unidades independentes e separadas. A iniciativa principal para se formar uma Grande Loja Escocesa foi feita pela *Canongate Kilwinning Lodge*. Em 29 de setembro de 1735, as suas atas falavam que o dever de propostas de enquadramento a ser colocado antes das várias Lojas, a fim de programar a escolha de um Grão-Mestre para a Escócia, foi passada para uma comissão. Não existe reunião registrada das quatro Lojas (posteriormente) associadas, em que esse assunto foi considerado até 15 de outubro de 1736. Então delegados das Lojas Mary's Chapel, Canongate Kilwinning, Kilwinning Scots Arms e Leith Kilwinning se reuniram e concordaram em enviar uma circular a todas as Lojas escocesas convidando sua presença, pessoalmente ou por procuração, para o propósito de eleger um Grão-Mestre. Foi decidido que a eleição deveria ocorrer na Mary's Chapel na terça-feira, 30 de novembro de 1736, às 14h30. No horário estipulado se reuniram representantes de 33 de cem ou mais Lojas que haviam sido convidadas.

Estavam presentes o Mestre e os Vigilantes das seguintes Lojas:

Mary's Chapel, Falkirk, Selkirk, Cupar of Fife, Biggar, Hamilton, Kilwinning, Aberdeen, Inverness, Linlithgow, Sanquhar, Dunse, Canongate Kilwinning, Maryburgh, Lesmahagow, Dunfermline, Peebles, Kirkcaldy, Killwinning Scots Arms, Canongate and Leith, Saint Brides at Douglas, Dundee, Glasgow St Mungo's, journeymen Masons of Edinburgh, Kilwinning Leith, Dalkeith, Lanark, Edinburgh, Greenock, Monross, Kilwinning Glasgow, Aitcheson's Haven, Strathaven e Kirkintilloch.

Para evitar ciúme sobre precedente, cada Loja foi colocada nas colunas na ordem na qual elas entraram no salão. Sem alterações foi oferecida para a forma de procedimento, ou a proposta das Constituições, a qual havia sido submetida às Lojas e, o rol tendo sido finalmente ajustado, a seguinte renúncia do cargo de Grão-Mestre Hereditário foi apresentada a proposta pelo lorde de Roslin e lida na reunião:

> Eu, William St. Clair de Rosslin, Esq., levando-se em minha consideração que os maçons na Escócia fizeram, por várias escrituras, constituíram e nomearam William e *sir* William St. Clair de Rosslin, meus ancestrais e herdeiros, para serem seus Patronos, Protetores, Juízes ou Mestres; e que minha exploração ou reivindicando qualquer jurisdição, direito ou privilégio talvez possa ser prejudicial à Maçonaria, da qual eu sou um membro, e eu, sendo desejoso de fazer avançar a promoção do bem e utilidade da profissão da Maçonaria, ao máximo de meu poder

faço agora aqui, para mim e meus herdeiros, renúncia, saída, reinvidicação, doo e descarto qualquer direito, reinvidicação ou pretensão que Eu, ou meus herdeiros, tive, tenho, ou de alguma maneira possa ter, pretendo, ou reivindicação para ser Patrono, Protetor, Juiz ou Mestre dos maçons da Escócia, em virtude de qualquer escritura ou escrituras feitas e concedidas pelos ditos maçons, ou de qualquer concessão ou Carta feita por qualquer rei da Escócia, para e em favor do dito William e *sir* William St. Clair de Rosslin, ou qualquer outro de meus predecessores, ou qualquer outra forma de maneira que está sempre, para agora e sempre: E eu uno e obrigam-me e meus herdeiros a garantir essa presente renúncia e me liberto em todas as mãos; e Eu consinto para o registro desse Estatuto nos Livros do Conselho e Sessão, ou qualquer outros livros do Juiz competente, aí permanecerem para preservação; e aos mesmos Eu constituo meus procuradores, &c. Em testemunha de que tenho subscrito esses presentes (escrito por David Maul, Escrivão para o Sinete), em Edimburgo, no 24º dia de novembro de mil setecentos e trinta e seis anos, ante essas testemunhas, George Fraser, Auditor Adjunto de Imposto na Escócia, Mestre da *Canongate Lodge*; e William Montgomerie, Comerciante em Leith, Mestre da *Leith Lodge*.

Sic Subscribitur
WM. ST CLAIR
Geo. Fraser, Canongate Kilwinning, testemunha
Wm. Montgomerie, Leith Kilwinning, testemunha

Gould diz que os Irmãos ficaram tão fascinados com a magnanimidade, desinteresse e zelo exibido na renúncia de William St. Clair que a Escritura foi unanimemente aceita e sua abdicação de um cargo obsoleto na Maçonaria limpou o terreno para St. Clair preencher o posto de primeiro Grão-Mestre da Grande Loja da Escócia de maçons especulativos.

William St. Clair foi iniciado, sem escrutínio, de acordo com o costume na *Canongate Kilwinning Loge* (Nº 2) em 18 de maio de 1736. Isso foi exatamente oito meses após a escolha de um Grão-Mestre ter sido primeiramente discutida naquela Loja. Ele foi avançado para o Grau de Companheiro em 2 de junho seguinte, pagando na caixa como usual, e elevado como Mestre Maçom em 22 de novembro do mesmo ano. Dezenove dias antes, em 3 de novembro, seus membros Companheiros tinham decidido designar St. Clair como o Chefe da Grande Loja que eles estavam tentando criar.

Parte dessa história diz respeito ao Irmão John Douglas, um cirurgião e membro da *Lodge of Kirkcaldy*. Em 4 de agosto de 1736, ele foi afiliado à *Canongate Kilwinning Lodge* e nomeado Secretário para a época, com o poder de nomear seu próprio Adjunto, com o objetivo de fazer um esquema para trazer um Grão-Mestre para a Escócia. Dois dias depois, St. Clair foi feito Mestre Maçom, Douglas assinou o documento que facilitou a eleição de um Grão-Mestre, e três membros principais de sua Loja-Mãe, Kirkcaldy, atestaram isso.

É a opinião de Gould que o dr. Douglas foi introduzido como parte de um plano preconcebido pelo qual a eleição de um Grão-Mestre contribuiria para o engrandecimento da Loja que o estava recebendo. Avanços posteriores de Douglas e frequentes reeleições para a cadeira de substituto do Grão-Mestre sugerem que ele possuía altas qualificações maçônicas. E o papel que ele desempenhou na ressuscitação das Cartas de St. Clair e o efeito dramático que sua identificação teve com o caso, de um bem-sucedido aspirante para o Grão-Mestrado, deu-se que a formação da Grande Loja da Escócia tinha sido uma espécie de brilho legal, que era o que desejavam na instituição da Grande Loja da Inglaterra. Seja qual for o motivo dos criadores do esquema, Gould pensa que a criação de uma Grande Loja sobre as ruínas de uma Instituição que tinha deixado de ter um benefício prático, mas que tinha sido intimamente aliada às Guildas da Maçonaria, emprestou à nova organização um ar de antiguidade como um representante linear dos antigos tribunais da Maçonaria Operativa.

Os outros Grandes Oficiais eleitos em 30 de novembro de 1736 foram: capitão John Young, Grão-Mestre Adjunto; *sir* William Baillie, Primeiro Grande Vigilante; *sir* Alexander Hope, Segundo Grande Vigilante; dr. John Moncrief, Grande Tesoureiro; John Macdougall, Grande Secretário; e Robert Alison, Grande Escrivão.

A primeira Comunicação Trimestral foi realizada em 12 de janeiro de 1737, quando as Atas e Procedimentos das Quatro Lojas Associadas e as Atas da Grande Eleição foram lidas e aprovadas por unanimidade.

Capítulo 9

As Antigas Lojas da Escócia

Datando os registros

Gould pensou que seria uma boa ideia examinar os registros de todas as mais antigas Lojas Escocesas e, na medida do possível, tratou com a história de cada uma separadamente. No entanto, havia uma questão delicada de precedência, sobre a qual essas Antigas Lojas eram um pouco sensíveis.

Gould diz que alguns escritores afirmam que os anos em que as várias abadias escocesas foram construídas constituem a melhor forma de decidir quando as Lojas se originaram. Eles assumem que cada uma delas precisava de uma Loja de maçons como seus construtores. Os maçons ingleses dizem que a Fraternidade maçônica foi organizada em York, no tempo de Athelstane em 926 AD, mas os maçons escoceses se contentam em traçar sua descendência dos construtores das abadias de Holyrood, Kelso, Melrose e Kilwinning, a catedral de Glasgow e outras fundações de igrejas dos séculos XII e XIII. Gould não encontrou qualquer evidência a respeito de quando e onde a primeira Loja maçônica escocesa foi instituída.

Holyrood e Kelso são mencionadas entre as primeiras das abadias escocesas; Kilwinning é dita ser mais velha do que qualquer edifício eclesiástico da Inglaterra, e Melrose é sempre favorecida. Existe pouco acordo a ser encontrado em tais circunstâncias, e Gould avança sem uma opinião própria quanto à primogenitura dessas antigas Lojas. Várias delas lamentam a perda de seus mais antigos manuscritos, enquanto outras não têm qualquer registro que seja. Tendo-se em conta essas dificuldades, o que sugere a grande idade de muitas das Lojas, ele pensou que o mais seguro seria seguir a decisão da Grande Loja da Escócia, com sua precedência relativa, deixando sua antiguidade como uma questão em aberto. A discussão de Gould sobre as Lojas seguiu a sequência para suas posições sobre o Rol, depois do qual aquelas discussões deixaram de existir. Ele também observou que a Loja de Melrose se manteve afastada da Grande Loja da Escócia.

A Loja-Mãe Kilwinning Lodge, Ayrshire, Nº 0

A história da formação da Loja e a construção da abadia de Kilwinning (1140) estão enfraquecidas pelo fato de que a abadia não foi nem a primeira nem a segunda estrutura gótica erguida na Escócia. A história oral da Loja diz que ela foi presidida pela primeira vez no ano 1286 por James, lorde Steward da Escócia, alguns anos mais tarde pelo rei Robert, o herói de Bannockburn, em seguida pelo terceiro filho de Robert II (conde de Buchan). Gould acredita que essas são histórias bastante improváveis, que foram propagadas para garantir à Loja a posição cobiçada de ser a primeira no Rol da Grande Loja, ou mesmo para dar suporte à sua existência separada como uma Grande Loja rival. Mas Gould diz que, seja qual for a preeminência dos partidários da Mãe Kilwinning, reivindicada durante o início do século XVIII para a antiga Loja, e por mais difícil que poderia, então, ter sido conciliar as conflitantes reivindicações, os Estatutos de Schaw, de 1599, dão prioridade para a *Lodge of Edinburgh*, com Kilwinning tendo de ficar em segundo lugar. Mas Gould acha surpreendente que os registros, tanto das Lojas de Edimburgo como a de Kilwinning, não mencionem esses regulamentos, e a Maçonaria Escocesa não parece ter tido qualquer ideia de sua existência até o final do século XVIII. Eles não eram conhecidos em 1736 e durante as lutas e grandes esforços pela prioridade e supremacia pela Grande Loja e a Mãe de Kilwinning, pois sua produção como prova teria resolvido a disputa de uma só vez. Por que eles não foram usados?

Em 1861, o conde de Eglinton e Winton apresentou à Grande Loja uma cópia de *Memórias de Montgomeries, condes de Eglinton*. Assim, com auxílio da devoção do lorde Eglinton para pesquisas e estudos arqueológicos, a Maçonaria Escocesa deve a descoberta dessa valiosa lista de leis e decisões maçônicas (a segunda versão dos Estatutos de Schaw). Gould diz que não existem dúvidas quanto à autenticidade do manuscrito, e sua preservação na casa da família do conde de Eglinton era com toda a probabilidade resultado da antiga ligação de sua família com o Tribunal Maçônico de Kilwinning. Gould relata que, na edição de 1869 de sua história da *Kilwinning Lodge*, D. Murray Lyon menciona a nomeação do barão de Roslin como Grão-Mestre por James II. Ele também menciona as teorias que ligam a *Kilwinning Lodge* com os Graus maçônicos de Cavaleiros Templários e da Ordem Real da Escócia.

Gould, no entanto, acredita que, antes do desenvolvimento da Grande Loja de Maçonaria no início do século XVIII, a Loja não era nem mais nem menos do que uma sociedade de arquitetos e artesãos incorporados para a regulamentação dos negócios da construção civil, e no alívio de irmãos indigentes. Ele diz que seu caráter puramente operativo se mesclou de um modo tão imperceptível para a condição de puramente especulativo, que a data exata de tal mudança não pode ser decidida com alguma certeza. Gould sente que pode haver algo na sugestão de que Kilwinning era originalmente o principal centro da Maçonaria Escocesa, e a remoção do Tribunal Maçônico para Edimburgo foi em razão de causas que podem ser explicadas. Mas, ele pergunta, se Kilwinning já foi a sede da Maçonaria, por que a Loja calmamente aceitou uma posição secundária em 1599 e permitiu que sua autoridade fosse restrita à Escócia Ocidental? Em 1643, ela se autodenominou "A Antiga Loja da Escócia", mas Gould pensa que isso só mostra a vaidade de seus membros. Os Estatutos Schaw efetivamente dispõem de tais pretensões, e, embora admita Kilwinning para o trio de Lojas principais, ele a coloca imediatamente atrás de sua rival metropolitana.

O mais antigo livro de atas preservado pela Loja de Kilwinning é um pequeno quarto, encadernado em pergaminho, que contém as contas de suas operações de 1642 a 1758. (Isso não é um registro contínuo, mas os lapsos não são evidências de que a Loja tenha suspendido suas atividades, pois as folhas isoladas referentes a alguns dos anos que faltam ainda existem.) Ele observa que os membros devem deplorar as propensões aquisitivas ou de uma descuidada conduta de seus custodiantes, pelas quais um volume mais antigo foi perdido, e manuscritos de grande valor maçônico dispersos. É pouco provável agora que estes nunca serão restaurados aos seus legítimos proprietários. Como o baú de registros da Loja foi devastado pelo fogo e outras vicissitudes, isso não é motivo para se admirar ao saber das deficiências de seus manuscritos. É uma questão para felicitações, dadas as circunstâncias, que muitos restos de seus documentos antigos, e que a primeira ata ainda preservada é datada tão cedo, como em 20 de dezembro de 1642. O objetivo dessa reunião era o de receber a submissão dos membros da Loja e as leis da mesma. Mais de 40 assinaturas seguem a ata, com as marcas dos Irmãos, dos quais alguns não tinham nenhuma marca (talvez porque eles ainda fossem Aprendizes). Três dos membros podem ser reconhecidos como Diáconos e dois homens livres da Incorporação de Esquadristas de Ayr, que representam outras profissões além dos maçons. Um ano depois, "a corte da Loja" foi realizada na câmara superior da casa de Hew Smithe. "Johne Barclay, maçom-cidadão de Irwine", atuou como Diácono, e os outros Irmãos eram conhecidos como Mestres de trabalho. Barclay foi escolhido Vigilante, e Hew Crauford como Diácono. Muitos dos regulamentos de 1598 foram recitados e descritos como Antigos Estatutos, e os Oficiais foram nomeados como responsáveis dos distritos de Carrick, Kyle, Cunningham e Renfrew. Eles foram devidamente juramentados em seus cargos e James Ross, um tabelião, foi nomeado Escrivão e também fez seu juramento. As taxas trimestrais foram acordadas para os Mestres e Aprendizes, com os últimos tendo de pagar o dobro se eles não estivessem prontos para a liquidação de suas cotas. Os Mentores foram instruídos a empreender um grande esforço para coletar essas assinaturas.

Em 20 de dezembro de 1643, a Loja aprovou uma lei em que o Diácono e o Vigilante deveriam pagar para a caixa, em sua primeira eleição para um cargo, a soma de três libras cada. Esse é um exemplo antigo de taxas de honra a ser pagas ao alojamento, tal como são cobradas em Lojas modernas e outras organizações maçônicas. A *Lodge of Edinburgh* não requeria nenhum desses pagamentos, embora outras Lojas tenham seguido o exemplo de Kilwinning.

Gould não achou fácil descobrir muita coisa que seria nova ou original, às práticas das Lojas de hoje, pois ele disse que, de um modo geral, as atas antigas oferecem provas abundantes de que nossos costumes maçônicos modernos são sobreviventes dos costumes de outrora consagrados pelo tempo. Em 19 de dezembro de 1646, a Loja foi montada na mesma sala de cima, outros principais oficiais foram registrados. Três maçons foram recebidos e aceitos como Irmãos Companheiros de várias profissões, tendo jurado para o "Estandarte Vivo da Loja que deve estar próximo", e cinco Aprendizes foram recebidos. Hew Mure, em Kilmarnock, foi multado em dez libras por trabalhar com Aprendizes que não haviam servido seu tempo de aprendizado. Cerca de dez anos mais tarde (20 de janeiro de 1656), outro membro foi obrigado a prometer, em seu juramento, a não trabalhar com quaisquer profanos no futuro, sob pena de ser multado de acordo com as regras antigas. Aqueles que tinham sido desobedientes em outros aspectos (eles não foram nomeados) foram obrigados a estar presentes em uma reunião em Mauchline no mês seguinte, ou seriam multados se não comparecessem. Gould diz que essa reunião parece ter sido uma espécie de Grande Loja Provincial, como 12 delegados representavam as Lojas de Ayr, Maybole,

Kilmaurs, Irvine, Kilmarnock, Mauchline e Renfrew. As taxas cobradas por Kilwinning nessa época eram 20 *schillings* para Aprendizes e 40 *schillings* para Companheiros, com quatro *schillings* adicionais sobre a seleção de uma marca. As multas por não comparecimento foram cobradas com precisão militar, e ausentes eram identificados nominalmente em ata, juntamente com aqueles que estavam presentes.

Em 1659 (20 de dezembro), a Loja nomeou representantes nos quatro distritos locais para reunir anualmente em Ayr na quarta-feira antes da Candelária para consultar ou falar com os transgressores nos livros do Tribunal Maçônico da Loja de Kilwinning, a fim de que um relatório pudesse ser feito para a Loja em 29 de dezembro de cada ano.

Gould pensa que essas reuniões foram encomendadas por causa do descontentamento dos esquadristas (carpinteiros, telhadeiros e vidros) de Ayr, que reivindicaram os privilégios concedidos aos artesanatos da Escócia pela carta da rainha Mary, em 1564, e recusou-se a pagar as cotas para a tesouraria de Kilwinning, pois eles tinham uma caixa própria. Essa opinião parece ser confirmada pelo fato de que os representantes regulares dos esquadristas de Ayr agiram independentemente da Loja de Kilwinning, em aderir com as Lojas que assinaram o acordo conhecido como a Carta de St. Clair Nº 2 (de cerca de 1628). Os motivos da delegação da Loja para buscar a autoridade poderosa do rei para defender seus privilégios antigos são por demais evidentes. O monopólio dos maçons sobre os outros artesanatos foi gradualmente minado. Nem os antigos privilégios nem as reclamações indignadas das principais Lojas conseguiram parar a crescente aversão à interferência dessas velhas associações com o desenvolvimento do artesanato maçônico, quer em Kilwinning ou em outro lugar. Os profanos em particular se opuseram a ser banidos pelas Lojas, quando eles argumentaram que eram competentes para trabalhar na profissão, mesmo que não fossem maçons.

A introdução de um elemento especulativo – que Gould pensa se destinar a reforçar a autoridade das antigas Lojas –, ele diz que na verdade preparava o caminho para a rendição final de muitos direitos e privilégios que não eram mais adequados aos tempos.

O conde de Cassilis foi eleito Diácono da Loja em 1672, mas não foi inscrito como Companheiro de ofício até um ano mais tarde, quando Cunninghame de Corsehill era seu Companheiro. Charles II criou Cunninghame um Baronete da Nova Escócia em 1672. Alexander, oitavo conde de Eglinton, apareceu na reunião anual em 1674 como Companheiro e foi eleito Principal Diácono em 1677. O cargo de Mestre Adjunto (que Gould diz que é um arranjo dos tempos modernos, que resulta de um príncipe de sangue real aceitar o Mestrado de uma Loja) teve seu início na eleição de Adjuntos para os lordes Cassilis e Eglinton. Eles selecionavam Irmãos Operativos para atuarem como seus Adjuntos.

Gould diz que naquela época era costume para os Diáconos e Vigilantes, em sua eleição, subscreverem para o enriquecimento da caixa. Pode ter sido simplesmente o exercício de prudência e visão de negócios que levaram os membros da Kilwinning e de outras Lojas a obter o patrocínio e dinheiro da classe aristocrática. Ele encontra o mais antigo exemplo de tal nomeação em *Aberdeen Lodge*, Nº 34. Em 1676 foram propostos três candidatos para o cargo de Diácono. Os votos foram representados por traços desenhados em frente de cada nome. O resultado foi tabulado da seguinte forma: três para Cunninghame de Corsehill, sete para lorde Eglinton e oito para Cunninghame de Robertland, sendo o último declarado eleito por "maioria de votos". Nós seguimos o mesmo costume hoje em dia, quando da eleição para o Mestre: o Irmão que for elegível, que tiver o maior número de votos em seu favor, é eleito para a cadeira, mesmo se não existir uma maioria absoluta daqueles que votaram. Eglinton tornou-se Diácono novamente em 20 de dezembro de 1678, com lorde Cochrane, filho mais velho do conde de Dundonald, tornando-se seu Vigilante. Na mesma reunião, dois Aprendizes foram admitidos, que pagaram seu dinheiro de construção e obtiveram suas marcas com Cochrane. Gould ressalta que Cochrane recebeu a Marca de um maçom comum, apesar de ser claramente um maçom especulativo ou cavalheiro.

Em 1674, o pagamento de seis libras de Companheiros em Glasgow é registrado. Gould acredita que esses Irmãos saudaram a Loja mãe, já que não era provável os maçons da cidade de Glasgow reconhecerem o direito de Kilwinning cobrar taxas em cima deles. Glasgow foi a primeira Loja a escapar da jurisdição de Kilwinning, e Gould pensa que seria improvável que um lugar insignificante, que afirmava ser a fonte da Maçonaria Escocesa, tivesse autoridade sobre uma cidade importante como Glasgow. Certamente não era provável que o Diácono de uma Loja que se prenderia a um tribunal de uma câmara superior de uma pequena vila do interior pudesse ter qualquer regra ou poder, maçonicamente ou não.

No entanto, os membros de Kilwinning não queriam perder sua influência maçônica, e em 1677 eles concederam uma Carta Constitutiva para uma Loja na cidade de Edimburgo. Isso foi uma invasão direta da Jurisdição da *Lodge of Edinburgh*, em contrário aos Estatutos de Schaw

Nº 2. Para todos os efeitos, era uma nova Loja que foi autorizada a se reunir, sujeita à sua controladora em Kilwinning. Gould diz que esse é o primeiro caso registrado na Grã-Bretanha de uma *Première Lodge* tomando sobre si as funções de uma Grande Loja da Escócia, embora ele não achasse que ela estava autorizada a fazê-lo.

Ele diz que é claro que os antigos Estatutos não eram considerados inalteráveis; saídas frequentes de suas exigências exatas estavam inseridas nos autos. Enquanto, se a intenção e o espírito fossem preservados, os membros não obedeciam servilmente a cada item. Fornecida qualquer nova lei que fosse aprovada na forma regular, as antigas promulgações poderiam ser anuladas. Por exemplo, a nona regra dos Estatutos Schaw, Nº 2, que proibia que as admissões ocorressem fora do recinto da igreja de Kilwinning, nem sempre foi seguida. Uma ata de 1720 diz que uma pluralidade de membros, tendo tomado em consideração os muitos problemas e debates ocasionados pelas admissões de homens livres, concordou que nenhum homem livre seria admitido ou passado, quer na Loja ou em outro lugar, antes de efetuar o pagamento de seus requeridos metais. Gould diz que isso significa ter ficado claro para ele que aos principais promotores da Loja os números trouxeram riqueza, e rejeição significava perda de fundos para a caixa.

Em 1735, dois indivíduos alegaram pertencer ao tribunal, um tendo sido indicado por um membro residente em Girvan (35 milhas de Kilwinning), e o outro em circunstâncias similares em Maybole. Metade da taxa de entrada foi paga na época e, em 12 de julho, o saldo foi quitado. A Loja aceitava isso; os membros se satisfizeram com que o par estivesse de posse da palavra. Outras instâncias ocorreram de modos particulares de admissão em nome da Loja-Mãe, e, desde que as taxas fossem pagas, o antigo regulamento era ignorado.

Em reunião realizada em 20 de dezembro de 1725, na Loja de Kilwinning, a maioria dos Irmãos exonerou dois de seus membros de ingressar na "sociedade de homens honestos" pertencentes à Loja de Kilwinning, e também para obrigar todo homem livre a dar-lhes "qualquer quantidade de trabalho sob a penalidade de 20 libras escocesas, até serem convencidos de seu crime". Essa foi uma pesada pena, porque isso significava que os criminosos maçônicos estariam banidos, ficando assim incapazes de obter trabalho. Dois anos depois, eles novamente compareceram perante a Loja, dessa vez para reconhecer sua culpa, pagar sua multa e ser restaurados à sociedade e a seus meios de trabalho. Gould acredita que, nesse ínterim, eles provavelmente pediram perdão pelo crime que haviam cometido – certamente foram colocados na ata como lamentando as consequências de suas más ações, se não os próprios defeitos!

As taxas para a admissão de Aprendizes foram gradualmente aumentando, de 23 *schillings* e quatro *dimes* em 1685-1689 para 40 *schillings* e quatro *dimes* em 1704-1705. Em 1736, Kilwinning começou a cobrar suas taxas em dinheiro inglês. Um maçom não operativo era taxado em dez *schillings* esterlinos como um Aprendiz, e seis *schillings* como um Companheiro, sendo a metade colocada na caixa e apropriados para os paramentos, etc. As taxas para os maçons operativos eram uma coroa e uma meia coroa, respectivamente, e de um *schilling* e seis *dimes* para os paramentos. Também foi acordado que cada cavalheiro maçom pagaria um *schilling* esterlino por ano, e "o Irmão Mecânico" seis *dimes* esterlinos. Foi também decidido que, se alguém falhasse em pagar cada valor estipulado, "o mesmo deveria ser afligido, em uma queixa assinada a um juiz de paz, ou de outro magistrado, e seu mandado obtido para esse efeito".

A versão de Kilwinning para as Antigas Obrigações incluíam a cláusula para recorrer à lei comum "como é habitual", no caso de a direção dos Mestres e Companheiros não estar sendo respeitada, e parece que, sem a invocação ocasional do braço forte da lei, as antigas Lojas teriam experimentado mais dificuldades em cobrar suas dívidas. Mesmo com sua ajuda, ainda havia inadimplentes. Membros indignos da Maçonaria aborreceram os Irmãos de Kilwinning daqueles dias, assim como eles nos fazem hoje. Em 1717 eles passaram uma resolução que, "como a Loja foi imposta por Irmãos mendigando, tanto aqui como em Irvine, é resolvido que não haverá caridades a ser dadas a Irmãos viajantes sem uma Ordem do Mestre".

Gould diz que os registros de 1720 mostram que tantos cavalheiros e comerciantes procuraram a admissão para as fileiras de Kilwinning que a Loja não poderia mais ser pensada como operativa. A Grande Loja da Escócia foi formada em 1736; antes que as Principais Lojas, com Kilwinning sendo a primeira e principal, tivessem exercido as funções da Grande Loja. Embora eles se juntassem com as outras Lojas para formar a Grande Loja em Edimburgo, os membros de Kilwinning continuaram a emitir Cartas após 1736. Os Irmãos nunca estiveram felizes em aceitar a segunda posição no Rol e mantiveram seu antigo direito de ser independentes. Gould diz que antes de 1736 a Mãe Kilwinning constituiu pelo menos três Lojas (e provavelmente várias outras): *Canongate Kilwinning Nº 2*, *Torpichen Kilwinning Nº 13* e *Kilmarnock Kilwinning*. Mas ele diz que existem numerosas referências em antigos papéis que testemunham que as "Kilwinningites" eram ativamente engajadas em estender sua influência, constituindo Lojas desde 1670 em diante.

Uma Loja foi concedida para Paisley pela autoridade da Mãe Kilwinning e levou o número 77, e as Cartas posteriores, numeradas 78 e 79, foram emitidas para Eaglesham e East Kilbride. As listas publicadas de Kilwinning mostram o registro de apenas 33 Cartas, por isso é claro que mais de 40 Lojas ainda estavam desaparecidas.

Gould pensa que estas são suscetíveis de terem sido constituídas pela Mãe Kilwinning antes de 1736, ou mais tarde, e várias outras foram estabelecidas durante a última parte do século XVII. Isso explica o número de antigas Lojas que acrescentam o nome Kilwinning para seus próprios títulos especiais, como Hamilton Kilwinning, Dalkeith Kilwinning, Greenock Kilwinning, St. John Kilwinning e Kirkwall Kilwinning, e outras, cujas reivindicações de antiguidade variam de 1599 a1728. A Loja emitiu 79 Cartas até 1803, mas Gould foi incapaz de rastrear metade desse número.

Gould lembra que, ao longo de todas essas vicissitudes, lutas e rivalidades que cercam a formação da Grande Loja da Escócia, as diferentes partes nunca se desentenderam sobre o correto conhecimento dos segredos da Maçonaria. A Grande Loja e seus subordinados aceitaram os *membros* de Kilwinning e suas ramificações como maçons, mesmo quando suas Lojas não foram aceitas. As antigas Lojas que aderiram à Grande Loja possuem conhecimento esotérico suficiente para garantir uma saudação fraternal de organizações após Grande Loja. Relações amistosas entre os antigos e os novos sistemas de governo maçônico foram ininterruptas por muitos anos após 1736. E, mesmo quando os maçons de Edimburgo introduziram alterações após a visita de um Grão-Mestre Passado da Grande Loja da Inglaterra, em 1721, a comunhão amigável entre as rivais permaneceu inalterada. Gould diz que isso prova que as velhas formas de recepção tinham sido mantidas como um meio comum de reconhecimento, o que mais foi adicionado em Edimburgo a partir da Inglaterra.

O Grau de Mestre Maçom foi mencionado pela primeira vez nos registros de Kilwinning, em 24 de junho 1736, quando um regimento foi aprovado em que "tais como são encontrados para ser qualificados como Aprendizes e Companheiros, devem ser elevados à dignidade de um Mestre gratuitamente". No entanto, os termos "entrar", "receber" e "passar" ocorrem no mandado para a Loja constituída pela Kilwinning em 1677. Diácono era a designação do oficial-chefe em Kilwinning desde tempos imemoriais, até que, em 1735, o presidente foi primeiramente denominado "Mestre dos maçons", e, no ano seguinte, o prefixo Eminente Venerável "foi usado, e logo depois o mesmo oficial é referido como "Mui Eminente Venerável Mestre". O ano de 1735 viu a adição de um segundo Vigilante, intitulado o Segundo, mas os Vigilantes não assumiam a cadeira na ausência do Diácono; em tais circunstâncias, os membros elegiam o presidente.

A Lodge of Edinburgh, Nº 1

Gould registra que essa antiga Loja mantém registros que datam de 1599, continuando até 1736, quando a Grande Loja da Escócia foi inaugurada. Quando essa antiga Loja foi originada não é conhecido, mas o memorando afixado a seu título na votação de Lojas sob a Grande Loja da Escócia simplesmente diz "antes de 1598". Sua mais antiga ata tem a data "último julho de 1599", "e é uma deliberação expressa em uma violação da lei contra o emprego de profanos. O Irmão George Patoun aborreceu o Diácono, Vigilante e Mestres Maçons, com o emprego de "um profano para trabalhar em sua própria casa".

No entanto, quando ele expressou sua humilde penitência, a pena não foi imposta – embora ele e todos os outros tenham sido avisados de que os esperava, eles não deveriam nunca mais violar a lei, após esse ato de clemência. A marca do Vigilante é anexada à ata. Gould diz que o fato de a Loja já existir e estar florescente, pelo menos um ano antes de sua primeira ata, resulta do fato de que os Estatutos Schaw, Nº 2, regra 3, a denominam de a Primeira Principal Loja *na Escócia*. A Loja tem uma série ininterrupta de atas desde 1599 até 1883, que se estende por quase três séculos, e Gould vê essa extraordinária preservação dos registros de suas operações e a continuidade de sua vida como uma Loja como o elo mais forte da cadeia de evidências provando que várias Lojas, trabalhando muito antes da época de Grandes Lojas, estavam unidas para formar tais organizações. Da história da *Lodge of Edinburgh*, ele diz, nós podemos ver que todas essas Lojas mantiveram sua autonomia e seu direito inerente de se reunirem sem Cartas Constitutivas.

A *Lodge of Edinburgh* mantém dois itens de data incerta, mas com a mesma caligrafia como da ata de 1599. A primeira é um registro de que os Vigilantes devem ser escolhidos anualmente no dia de São João Evangelista. A segunda diz que os Comissionados deverão ser eleitos na mesma reunião, e eles devem atuar como organizadores, por ordem do Gerente de Obras Públicas e Vigilante Geral (William Schaw). Embora os Estatutos de Schaw Nº 2, regra 13, prevejam um exame anual da habilidade de maçons como Aprendizes e Artesãos, nem as atas de Kilwinning nem as da *Lodge of Edinburgh* contêm qualquer referência de que tais ensaios anuais de habilidade tenham sido realizados. Tem sido argumentado que o exame final e a decisão ficaram com a St. Mary's Incorporation, na medida em que Edimburgo estava preocupada, e não com a Loja, pois as duas eram corpos completamente separados. Mas, como os Estatutos de Schaw afetam apenas as Lojas, Gould não concorda com esse ponto de vista.

Em 30 de janeiro 1683, a *Lodge of Edinburgh* se opôs a um filho do falecido Diácono Brown sendo passado como Companheiro, porque ele tinha apenas 19 anos, e, portanto, era muito jovem para ser admitido e aceito como Mestre, pois a idade mínima fixada era a de 21 anos. Três presentes na reunião são denominados "velhos diáconos", uma moderna descrição que Gould acredita que corresponda a Mestre Passado.

Em 1714, a Loja proibiu seus *journeymen** de atuarem como Diáconos, Vigilantes ou Mentor. (O cargo de Mentor é muito antigo, uma relíquia do costume de nomear instrutores operacionais para os membros não operativos ou especulativos.)

A Incorporação de Maçons e dos *Wrights* (Trabalhadores Qualificados) foi constituída por um ato dos Magistrados e outras autoridades de Edimburgo em 1475, e, embora fosse originalmente confinada aos membros dessas duas profissões, com o tempo ela recebeu vidraceiros, encanadores e outros, por decisão do Tribunal da Sessão (1703). Era geralmente conhecida como a Incorporação Unida da Capela de Maria (United Incorporation of Mary's Chapel), e suas reuniões eram realizadas em uma capela dedicada à Virgem Maria, a qual foi varrida quando o South Bridge foi construído em 1785. Desde quando a *Lodge of Edinburgh* se reunia no mesmo edifício, ela levou o nome curioso de A *Lodge of Edinburgh* (Capela de Maria).

Em 1475 uma petição dos maçons e *Wrights* foi apresentada ao lorde reitor com o propósito de obter certos Estatutos para o governo

---

*N. T.: "*Journeyman e Journeymen*". Um *Journeyman* é um maçom que se qualificou como Mestre e assim pode levar os Aprendizes, mas ele ainda não acumulou capital suficiente para se estabelecer por conta própria. Então, ele aluga suas habilidades para um Mestre já estabelecido, que é efetivamente um homem de negócios de contratação que assume a responsabilidade para o trabalho e contrata os trabalhadores independentes (ou seja, os *journeyman*) para fazerem o trabalho sob sua instrução e receberem uma comissão para recuperação de seus trabalhos às palavras finais do diretor sênior. "O *journeyman* é pago e todos estão satisfeitos", o que ilustra esse conceito. Assim sendo, um *journeyman* é um Mestre que ainda não criou um negócio próprio, não podendo ainda ter um Aprendiz, mas ele pode fazer o trabalho delegado de um Mestre que assumiu um contrato e por isso tem de "empregar e instruir seus Irmãos", como o Mestre da Loja faz na Maçonaria.

regular das duas profissões. O reitor achou que eles eram "bons e adoráveis, tanto para Deus como ao homem", então a petição foi concedida. Esses Estatutos são recitados no documento de 15 de outubro de 1475:

1. Dois maçons e dois trabalhadores qualificados foram jurados de agir fielmente como supervisores do trabalho das profissões aliadas.
2. Todas as reclamações devem ser encaminhadas para o Diácono e os quatro Supervisores, e, em última instância, ao Reitor e Magistrados.
3. Artesãos que entrarem na cidade e desejosos de obter trabalho serão submetidos a um exame antes dos referidos quatro homens, e, se aceitos, darão um narco [unidade monetária] para a reparação do altar.
4. Os Mestres não podiam tomar Aprendizes por menos de sete anos; este último é obrigado a pagar meio marco na entrada, e ser multado por desobediência. Os Aprendizes devidamente "passados" pelos Supervisores tinham de pagar meio marco para o altar, e cada homem digno de ser um Mestre era para ser feito "homem livre e companheiro".
5. Aqueles que causassem discórdia seriam levados perante o Diácono e os quatro Supervisores, de modo a garantir seu melhor comportamento; mas, se ainda contumazes, eles seriam ameaçados com o braço forte da lei.
6. Os Supervisores eram obrigados a fazer parte de todas as procissões gerais, "Semelhante à forma como é feita nas cidades de Burges e boas cidades semelhantes", e se um do número morrer e "não deixar bens suficientes para trazê-lo de Furth honestamente", os trabalhadores qualificados (ou os maçons) deverão, às suas próprias expensas, prover um digno funeral para "seu Irmão de profissão".
7. Os maçons e os *Wrights* foram capacitados a passar outros estatutos, que eram para ter força semelhante ao anterior, ao ser permitido pelas autoridades, e ser inscritos no livro comum de Edimburgo.

A passagem de Companheiros, ambos os maçons ou os *Wrights*, foi delegada aos Supervisores nomeados por ambas as profissões, que, juntos, formariam um quarteto de inspetores. "A Loja utilizava todos os meios ao seu alcance para evitar que um homem não livre", como eram chamados, se envolvesse em trabalho por conta própria, na cidade de Edimburgo. Em 1599, os Mestres Livres colocaram Alexander Scheill fora do âmbito; eles não foram autorizados a empregá-lo porque ele desafiou a Loja, trabalhando como Mestre sem seu consentimento. Mesmo aqueles que legalmente tinham servido suas aprendizagens não poderiam obter trabalho, a menos que tivessem o consentimento da Loja.

Os Mestres Livres viam qualquer espírito empreendedor entre os Aprendizes com grande horror. Eles os desencorajavam em todos os sentidos possíveis, apesar de que, em antigos Estatutos, permitissem Aprendizes para realizar trabalhos em algumas circunstâncias. Houve um caso em 1607 de um Aprendiz que passou como Companheiro e recebeu sua liberdade, mas não foi autorizado a ter trabalho por dois anos e meio a partir da data de estar liberado para fazê-lo pela Capela de Maria! Nem era um homem livre durante esse período de espera, para obter tal permissão condicional para trabalhar fora de Edimburgo. Ele foi deixado sem escolha, a não ser continuar trabalhando para seu Mestre.

"Os Irmãos Livres dos Maçons de Edimburgo", em 1652, descobriram que "um maçom *journeyman*" lhes havia prejudicado de várias relações, e concordaram por unanimidade em não dar trabalho ao infrator dentro de sua área por sete anos, e nem assim, até que ele pagasse uma multa adequada. Eles não permitiram que Artesãos fossem importados e se contrapuseram ao emprego de alguém não aprovado pela Loja. E, em 1672, estranhos vindos de uma cidade de a cerca de três quilômetros da cidade foram submetidos durante sete anos a todos os tipos de aborrecimentos para impedi-los de trabalhar. Finalmente eles desistiram da luta e saíram em 1680.

Gould diz que, além de tais exposições de mau humor e a imposição de multas, forasteiros não eram prejudicados – de onde ele infere que a Loja não tinha uma autoridade real sobre os Artesãos que não reconhecessem seus direitos e privilégios. Naturalmente, os membros eram avessos a ver qualquer um de seus costumes negligenciados, especialmente quando seus fundos sofriam, então eles não estavam inclinados a passar Aprendizes para Companheiros, a menos que eles aceitassem pagar as taxas apropriadas.

Em 1681 foi decidido que nenhum Mestre deveria empregar quaisquer Aprendizes que atuaram como artífices, até que eles fossem passados. O Diácono, Vigilante e Mestres remanescentes concordaram, para o bem de seus fundos para os pobres, que cada artífice que não pertencesse à Loja deveria pagar a quantia de 12 *schillings* escoceses por ano, para ter o privilégio de trabalhar para um homem livre. O dinheiro era para ser deduzido do seu primeiro mês de pagamento vindo de seu Mestre, e dado ao Vigilante. Se ele não pagasse, o artífice devia ser dispensado do trabalho na cidade (o que significava que ele não poderia ser empregado por qualquer membro da Loja), e o Mestre era censurado. A Incorporação não se limitava a seguir os desejos da Loja. Em 1685, eles concordaram em aceitar taxas dos Aprendizes de artífices (não Mestrado), para quem eles cobraram salários, apenas como se fossem artífices regulares. Embora isso estivesse em direta oposição à Loja, era um benefício direto para seus próprios fundos.

Gould observa que, no entanto, de suas fortes declarações de apoio aos Estatutos Schaw, os maçons de Edimburgo, no século XVII, facilmente se afastavam das regras quando lhes convinha. Como um bom exemplo, ele cita o tempo que um Aprendiz teria de servir. Embora isso tenha sido fixado pelas escrituras de Schaw em um mínimo de sete anos, isso variava de acordo com os caprichos de membros individuais da Loja. O período de sete anos foi frequentemente reduzido a um período muito mais curto em Edimburgo e Kilwinning. Mesmo naqueles primeiros dias, os regulamentos do Vigilante-Geral, o mais alto oficial maçônico na Escócia, não eram aceitos como inalteráveis *Landmarks*. Ainda em 1739, a Grande Loja da Escócia concordou em se ligar às suas expensas ao filho de um pobre maçom operativo a um dos maçons de Edimburgo, e as escrituras de emissão foram acordadas para o período de oito anos.

Assim como o período de aprendizado variou, assim foram os salários recebidos dos maçons. Em Aberdeen, um Mestre Maçom empregado no trabalho da Igreja pelo Conselho da Cidade recebia 24 libras e 16 *schillings*, oito *dimes* por quarto (um pouco acima de duas libras esterlinas) e seu *journeyman*, 20 marcos por ano (£1 6s8d.). Em 1500, os maçons engajados na construção do campanário da Old Tolbooth foram pagos semanalmente, cada Mestre dez *schillings* escoceses (dez *dimes* esterlinas) e cada *journeyman* nove *dimes* escoceses (nove *dimes* esterlinas). Em 1536, um Mestre Maçom contratado pela cidade de Dundee foi pago a cada seis semanas, à taxa de 24 libras escocesas, e dez libras escocesas por ano para seu Aprendiz. No Lundie, em Fife, em 1661, o Mestre ganhava dez *dimes* por dia, e seu *journeyman* nove *dimes*, e toda a sua alimentação na obra. Em 1691, o valor de mão de obra qualificada aumentou, a Incorporação da Capela de Maria decidiu que nenhum maçom deveria trabalhar por menos que 18 *schillings* escoceses por dia no verão, e dois *schillings* a menos no inverno.

As horas de trabalho também variaram. Um Mestre Maçom e seus *journeyman*, que trabalhavam na Faculdade da Igreja de St. Giles em 1491, começavam sua jornada de trabalho às 5 horas, no verão, e continuavam até 8 horas. Em seguida, eles tinham uma pausa autorizada de meia hora. Eles começavam novamente às 8h30 até 11 horas, quando tinham uma pausa de duas horas. Às 13 horas eles reiniciavam novamente até 16 horas, e então ganhavam uma recreação de meia hora no espaço comum da Loja; o restante do tempo, das 16h30 até 19 horas, era destinado para o trabalho contínuo. No inverno, o trabalho iniciava na madrugada, com a mesma programação de horas diárias, sendo de outro modo o mesmo, e trabalhavam até que a escuridão voltasse e que "as luzes fossem ligadas".

Embora os registros do Conselho de Aberdeen Borough contivessem o uso mais antigo da palavra *"luge"* (Loja) em conexão com a Maçonaria escocesa, Gould observa que uma instância anterior ocorreu em York, mais de um século antes, nos "antigos registros manuscritos da Igreja de York Minster". O contexto estabelece o fato de que, em ambos os períodos, a palavra "Loja" significava um galpão coberto onde os maçons se reuniam para moldar as pedras, ao qual só a Maçonaria regular tinha acesso – especialmente os profanos eram excluídos.

Os Estatutos de Schaw Nº 1 diziam que a Loja precisava ter certeza de que registrou suas ações e decisões. O descuido dos membros cresceu sobre esse assunto, e finalmente a escrita nas atas foi atribuída a qualquer membro que estivesse preparado para fazê-lo. Como resultado, muitos tópicos importantes não foram considerados. Por exemplo, não existe um único registro da eleição anual de Vigilantes que tenha sido feito durante o século XVII, embora seus nomes possam ser rastreados por meio de suas assinaturas de presença nas reuniões. De 1701 em diante, as eleições anuais foram registradas de forma sistemática.

Gould nos diz que a relação entre os *journeymen* da *Lodge of Edinburgh* foi repleta de dificuldades. Finalmente houve uma ruptura aberta com os Mestres Maçons, e os *journeymen* cortaram sua ligação e criaram uma nova Loja chamada da *Journeymen Lodge*, Nº 8. Embora eles devessem ter tido uma opinião nos assuntos na época do Nº 1 de Schaw, eles foram ignorados. A *Lodge of Edinburgh* era praticamente uma extensão da Incorporação de Mestres; o Diácono dos maçons, em sua função de incorporar, era também o chefe da Loja e mantinha sua nomeação em virtude da boa vontade de seus membros, os quais eram reconhecidos como Mestres Maçons pelas autoridades municipais.

Gould acredita que o mesmo Irmão mantendo os cargos de Diácono e de Vigilante era uma combinação muito imprudente. Desde os primeiros dias do século XVIII, o Vigilante atuava como um Tesoureiro, o cargo correspondente na Incorporação sendo o de "Mestre da Caixa", um cargo conhecido em algumas Lojas do século XVII. Os poderes ilimitados do Vigilante para distribuir fundos eram prejudiciais aos interesses dos membros. No dia de São João de 1704, a Loja decidiu que nenhuma parte do dinheiro da bolsa comum poderia ser disposta sem o consentimento do Diácono e um *quorum* de Irmãos.

As primeiras atas das Lojas Nº 0 e 1 não fazem nenhuma menção à iniciação de um Escrivão, mas Gould não vê razão para se supor que os Escrivães de atas não fossem regularmente admitidos. A primeira notícia desse tipo ocorre nos registros da Nº 1, em 23 de dezembro de 1706, quando William Marshall, Secretário da Incorporação, foi admitido como Aprendiz e Companheiro maçom, e Escrivão aos Irmãos maçons, a quem ele espontaneamente foi servir pela honra conferida a ele. No Dia de São João de 1709, Robert Alison foi igualmente admitido, e sua eleição seria a última sob o sistema antigo. O Irmão Alison continuou a agir como Escrivão da Loja por 43 anos. Em 1736, ele foi eleito o primeiro Escrivão para a Grande Loja da Escócia, mas permaneceu secretário da Nº 1, e seu filho foi iniciado no Dia de São João de 1737, sem custo, por conta de serviços de seu pai.

Era prática comum nas primeiras Lojas Escocesas dar dinheiro de luvas ou fazer uma contribuição para o Baú da Loja. Mas a Incorporação da Capela de Maria foi mais longe do que isso; ela também mantinha um estoque de armas, para o qual os novatos contribuíam. (Em 6 de setembro de 1683, os Diáconos, Mestres e Irmãos presentes decidiram que não era proveitoso, e possivelmente era perigoso, continuar a acrescentar a seu compartimento as armas com que cada homem livre teve de contribuir para sua admissão. Eles decidiram aceitar dinheiro em vez disso, que, além de ser "útil nesse meio tempo", poderia ser utilizado para comprar implementos de guerra, se e quando necessário fosse; assim, em vez de contribuir para o estoque de armas, os homens livres pagariam 12 libras escocesas à Caixa Mestre.) Várias entradas de três libras e dez *schillings* foram pagas para espingardas de pederneira, mostrando que a caixa da Incorporação foi usada para fornecer armas bélicas, se não diretamente para propósitos bélicos. Mas os Artesãos da Incorporação não ficaram satisfeitos em ter apenas o esforço de guerra; eles queriam armas que fossem úteis defensivamente. Eles fortificaram sua casa de reunião e fizeram-na adequada para o seguro armazenamento de armas "e reservado" para a defesa da verdadeira religião protestante, rei e país, e para a defesa da "antiga cidade" e de seus privilégios nesse lugar. Eles exigiram de iniciados que "armas fossem dadas para a casa", para que todos os Irmãos pudessem ter os meios à mão "para a aventura de suas vidas e as fortunas em defesa de todos e cada um dos objetos nomeados". (Esses Artesãos não tinham dúvida de que a religião presbiteriana era a verdadeira. À sua casa de reunião foi concedido o direito de ser utilizado como um local de culto presbiteriano em 1687.)

Há casos registrados de velhas Lojas escocesas que permitiam que uma viúva ocupasse o cargo de Dama, no lugar de um Mestre Maçom, após a morte de seu marido. Gould não tem nenhuma dúvida de que essas ocorrências eram frequentes, embora nem sempre citadas nos registros, e menciona como confirmação de uma ata de 17 abril de 1683 a partir dos livros da *Lodge of Edinburgh*. O Diácono, Vigilante e vários Mestres concordaram que uma viúva pode, com a ajuda de um homem livre competente, receber o benefício de qualquer trabalho oferecido a ela pelos antigos clientes de seu falecido marido, e o homem livre que esteja, assim, em obrigação a ela fica proibido de tomar qualquer lucro com a sua ajuda, sob dores pesadas e penas. As viúvas de maçons ocuparam uma posição anômala, e, embora Gould não possa deixar de dar crédito aos motivos que levaram à aprovação da resolução anterior, parece que os membros estavam ansiosos para se prevenir contra as damas maçônicas de se tornarem potenciais rivais. As viúvas de maçons, embora autorizadas a continuar a supervisionar os interesses comerciais de seus maridos, não tinham permissão para se juntar à Loja.

Os primeiros registros da Loja são principalmente tomados com contas da admissão e registro de Aprendizes. Mas, ao contrário de hoje, os Aprendizes estavam frequentemente presentes na Loja durante a produção ou passagem de Companheiros, e eles também participavam como membros ativos (Aprendizes são mencionados como a consentir e concordar com as entradas feitas de novas recepções). Gould acredita que isso mostra que, quaisquer que fossem os segredos maçônicos, eles eram conhecidos pela Loja, participando todos os seus membros livremente neles, desde o Aprendiz mais novo até o mais antigo Mestre Maçom, até a época de Graus separados ser inaugurada no século passado.

As atas de Dia de São João de 1721 introduzem um cargo que é desconhecido hoje, o de "Aprendiz mais velho". Alexander Smely aceitou essa posição, e prometeu ser fiel nela para o ano seguinte. O Aprendiz mais velho oficiou em 2 de março de 1732 com a passagem de um Companheiro, e era seu dever agir como presidente a quaisquer Assembleias de Aprendizes. Esse antigo título depois desapareceu, embora Gould não diga quando. Ele, no entanto, deu uma lista das datas de introdução de títulos e sua adoção na *Lodge of Edinburgh*:

1598 Vigilante, que era Presidente e Tesoureiro, e Escrivão;
1599 Diácono, que atuava como Presidente, com o Vigilante como Tesoureiro;
1710 Presidente, primeiramente chamado de "Preses";
1712 Oficial, Cobridor desde 1763, atua como Cobridor Externo;
1731 Oficial designado para Presidir, "Grão-Mestre";
1735 Oficial designado para Presidir, "Mestre";
1736 Mestre Adjunto primeira nomeação;
1737 Primeiro e Segundo Vigilantes, Tesoureiro, e dois Mestres de Banquete;
1739 "Velho Mestre" ("Mestre Passado" desde 1798);
1759 Mestre Substituto;
1771 Mestre de Cerimônias;
1798 Capelão;
1809 Diáconos;
1814 Porta-Estandartes;
1814 Cobridor Interno e Externo;
1836 Arquiteto;
1840 Joalheiro;
1848 Curadores;
1865 Mestre de Harmonia.

O cargo de Escrivão da Loja era uma nomeação *ad vitam* até 1752, quando ele se tornou sujeito a uma eleição anual. Em 1690, William Livingstone, escritor em Edimburgo, apresentou uma petição para o Parlamento, "orando a ser reposto no cargo de Escrivão para a Incorporação da Capela de Maria, para o qual havia sido nomeado *ad vitam aut culpam*, e do qual ele havia sido deposto", porque ele se recusou a cumprir a Lei de Teste de 1681. Sua petição foi deferida e a Incorporação ordenou que ele fosse reintegrado ao cargo.

Antes que Gould concluísse esses trechos a partir dos registros da *Lodge of Edinburgh*, ele passou a mencionar a admissão de maçons especulativos. Ele usou a palavra "especulativo" para dizer alguém que tenha sido admitido como maçom, sem qualquer intenção de se qualificar como tal, salvo em relação a qualquer conhecimento esotérico ou privilégios peculiares. As primeiras atas observando a presença de um homem livre maçom especulativo em uma Loja, e tomando parte nas deliberações, é datada de 8 de junho de 1600. Quando o Irmão em questão foi iniciado é impossível agora ser definido; basta dizer que "Jhone

Boiswell de Aichinilek, com os outros Mestres Maçons, afixou sua marca" para testemunhar a precisão de sua entrada. O Escrivão denominou Ir∴ Boiswell, "lorde Aichinilek". Ele estava presente na Assembleia Especial em "Halerudhous" e o Gerente de Obras Públicas de Sua Majestade, o rei, estava presente. A reunião foi realizada para se decidir quanto "Jhone Broune, Vigilante da *Lodge of Edinburgh*, tinha de pagar por ter cometido contravenção à Lei". Se tivesse sido incomum para um Irmão não operativo ou especulativo (mesmo assim, todos eles foram chamados de Irmãos) para participar de uma reunião maçônica, ele nunca teria sido autorizado a passar sem qualquer comentário ou adição de qualquer natureza em ata. Certamente outras Lojas antigas, como Kilwinning e Aberdeen, permitiram que não operativos as governassem. Mas Gould limitou-se a iniciações do século XVII. O chefe deles, aceito pela *Lodge of Edinburgh*, é descrito em antigos registros da seguinte maneira:

> No terceiro dia de julho de 1634. No mesmo dia o Eminente Honorável meu lorde Alexander foi admitido como Companheiro, sendo Hewe Forest, Diácono, e Alexander Nesbet, Vigilante; e todo o resto dos Mestres Maçons de Edimburgo; e ao mesmo tempo todo o Mestre de saúde subscrito com as mãos ou definido com suas marcas (marcas do Diácono e do Vigilante), Junior Watt, Thomas Paterstone, Alexander, John Myllin.

Entradas similares confirmam a iniciação de Anthony Alexander, Eminente e Honorável Gerente de Obras Públicas de Sua Majestade, e *sir* Alexandre Strachan de Thorntoun na mesma data, e de Archibald Stewart em julho de 1635. Em 27 de dezembro de 1636,

> Johne Myline, Diácono e Vigilante, com o consentimento de todos os Mestres Maçons de Edimburgo, Dauied Dellap, Aprendiz para Parech Breuch, é médico e Aprendiz.

Em 25 de agosto e 27 de dezembro de 1637, David Ramsay e Alexander Alerdis foram admitidos como membros, o primeiro é um Companheiro e Irmão da Maçonaria, o último é "Companheiro em e entre os Mestres da Loja".

Em 16 de fevereiro de 1638, Herie Alexander, Gerente de Obras Públicas de Sua Majestade, foi recebido como Companheiro e Irmão, e em 20 de maio de 1640, James Hamiltone, Diácono, e Johne Meyenis, Vigilante, "e o restante dos Mestres Maçons de Edimburgo se reuniu e admitiu o Eminente Honorável General de Artilharia do Reino, para ser Companheiro e Mestre da Maçonaria". Entradas adicionais mostram a admissão em 27 de julho de 1647 de William Maxwell, "doutor em

Medicina", e em 2 de março de 1653 de James Neilsone, "Mestre Mordomo de Sua Majestade" que tinha sido iniciado e passado na Loja de Linlithgow. Em 27 de dezembro de 1667, *sir* Patrick Flume de Polwarth foi admitido como Companheiro e Mestre. Em 24 de junho de 1670, o Eminente Honorável sr. William Morray, "Adjunto de Justiça de Sua Majestade", sr. Walter Pringle, "Advogado", e o Eminente Honorável *sir* Harper de Cambusnethen foram iniciados como Irmãos.

Gould nos diz que lorde Alexander, que morreu em 1638, foi admitido como um Companheiro em 1634, com seu irmão, *sir* Anthony Alexander. Eles eram os filhos do primeiro conde de Stirling e tomaram um interesse ativo na Maçonaria, pois frequentemente participaram das reuniões e assinaram os registros, normalmente adicionando suas marcas (*sir* Alexander Strachan também assinou regularmente registros com sua marca). *Sir* Anthony Alexander, que morreu em 1637, era, no momento de sua recepção, Gerente de Obras Públicas de Charles I, e presidiu uma importante assembleia de mestres comerciantes em Falkland em 26 de outubro de 1636. Para julgar por sua assinatura, Archibald Stewart, que havia sido iniciado em julho de 1635, era também um homem de educação, e – como ele compareceu à Loja com os três Irmãos mencionados, e eles responderam por ele – é provável que ele fosse um amigo deles.

O David Ramsay mencionado no trecho de 25 de agosto de 1637 foi "um cavalheiro da Câmara Privada", de acordo com o bispo Burnet e Henrie Alexander, que foi passado para Companheiro no ano seguinte, e sucedeu seu irmão como Vigilante-Geral e Gerente de Obras Públicas sob o rei Charles I. Ele se tornou o terceiro conde de Stirling e foi um frequentador regular na *Lodge of Edinburgh*, e também visitou a *Atcheson Haven Lodge* em 27 de março de 1638.

O Eminente Honorável William Murray, que se tornou Companheiro em 1670, era membro da Faculdade de Advogados e subiu a altas funções jurisdicionais. Walter Pringle, também advogado, era o segundo filho de John Pringle com sua mulher, Lady Margaret Scott (filha do conde de Buccleuch), e irmão de Robert Pringle, o primeiro baronete de Stitchel. *Sir* John Harper foi outro membro da Ordem dos Advogados da Escócia, e Xerife Adjunto do condado de Lanark. Os novatos general Alexander Hamilton, em 20 de maio de 1640, e o Eminente Honorável *sir* Patrick Hume, bt.,* em 27 de dezembro de 1667 foram registrados especialmente como sendo constituídos "Companheiro e Mestre

---

*N.T.: Bt. significa a abreviação de baronete, título este utilizado para o filho de um barão, no Reino Unido.

da Maçonaria supracitados" e "Companheiro e Mestre desta Loja", respectivamente. Esses dois Irmãos eram membros especulativos, e sem objeção foram elevados para Mestres, embora Gould seja confiante de que eles não se estabeleceram como Mestres Maçons por conta própria!

Muitos dos operativos não gostaram da introdução de maçons especulativos, e os promotores e os oponentes dessa inovação se dividiram em campos hostis. Finalmente, aqueles que apoiavam os Cavalheiros, ou Geomáticos, os maçons ganharam a parada, e os Domáticos tiveram de ceder às poderosas influências reunidas contra eles. Na *Lodge of Edinburgh*, os Domáticos mantinham a balança do poder, mas em 1670 a maioria na *Lodge of Aberdeen* era de membros especulativos!

O general Hamilton estava servindo com o Exército escocês em Newcastle em 20 de maio de 1641, quando ele tomou parte na admissão do "Eminente Honorável sr. Robert Moray (Murray), Contramestre-Geral, Mestre para o Exército da Escócia". As atas dessa reunião foram aceitas pelas autoridades da *Lodge of Edinburgh* como tendo sido realizadas além dos limites do Reino Escocês. (O general Hamilton estava comandando o Exército rebelde Coventanter, que ocupava Newcastle em desafio do rei Charles I nos primeiros estágios da Guerra Civil.) As atas dizem que com "a mesma grande aprovação seja saudado o Mestre dos maçons da *Lodge of Edinburgh*", e a entrada é ratificada pelas assinaturas e marcas de quatro Irmãos, incluindo os dois generais. O general de intendência posteriormente tomou parte nos assuntos da Loja realizada em Edimburgo, em 27 de julho de 1647, na ocasião de admissão do dr. William Maxwell.

Admissões irregulares não foram tão facilmente toleradas no caso de operativos comuns. Isso fez uma grande diferença para quem presidiu as reuniões. Em 27 de dezembro de 1679, John Fulton, um dos homens livres, foi enviado para Coventry, e seus servos chamados a deixar seu emprego, por causa de sua pretensão de "fazer passar e entrar vários cavalheiros, sem licença ou uma comissão a partir deste lugar". O Irmão Fulton escolheu o bairro de Ayr para apresentar os membros especulativos para a Fraternidade, e assim sua conduta despertou muito a ira das autoridades a quem ele humildemente suplicou um retorno de seus privilégios, pagando quatro libras, como multa, e prometendo se comportar como um Irmão para o futuro. Nessa mostra de contrição, Mestres de Edimburgo cederam. Mas ele não foi censurado por ter recebido cavalheiros como maçons, dentro ou fora da Loja: que era sua falha a de procurar a permissão antes de que ele se metesse em problemas.

O mais antigo uso do termo maçom livre, Gould pensa que pode ser rastreado até o ano 1581, quando a versão de Melrose das Antigas Obrigações foi escrita originalmente. A expressão maçom livre (*Frie Mason*) ocorre frequentemente, e seu uso é sinônimo de maçons homens livres, o termo "*Frie-men*" sendo citado como um equivalente a maçom livre. Existem muitos exemplos do uso dos termos do tipo homens livres, maçons livres, Irmão homem livre, Mestres homens livres, retornando ao século XV, que Gould diz que ele não pode enxergar outra interpretação que possa ser atribuída a eles.

A Canongate Kilwinning Lodge, Nº 2

Para algumas Lojas no século XVII era comum a prática de permitir aos membros favorecidos a entrar e passar maçons em outros lugares, além de suas salas de reuniões regulares. Isso poderia causar irregularidades em cerimônias e corroía o exercício do controle central sobre admissões, que é uma característica da Grande Loja da Maçonaria Inglesa. Essas iniciações itinerantes eram relatadas na próxima assembleia da Loja, onde eram registradas em ata as taxas pagas, e o ingresso ao quadro da Loja permitido. Tais assembleias *ad hoc* que se reuniam para fazer um maçom não foram consideradas como uma Loja normal separada, apenas uma reunião irregular da Loja principal. Em 20 de dezembro de 1677, isso mudou. Nessa data, a Loja de Kilwinning, Nº 0, emitiu a primeira Carta para consagrar uma nova Loja para vários dos seus próprios membros residentes em Canongate, Edimburgo. Isso foi um desafio direto à jurisdição da *Lodge of Edinburgh*, Nº 1. Não era simplesmente uma Carta para permitir que os membros de Kilwinning se reunissem como maçons em Edimburgo, isso os autorizava para agirem como uma Loja independente, com os mesmos poderes da própria Kilwinning Mãe. Isso ignorava totalmente a proximidade daquilo que o segundo Estatuto de Schaw descrevia como a Primeira Principal Loja da Escócia.

Gould já havia notado o que ele chamou de uma invasão maçonicamente amistosa da Inglaterra, que foi consumada em 1641 em Newcastle pela *Lodge of Edinburgh*, Nº 1. Mas essa reunião foi confinada à iniciação de seus conterrâneos e a questão foi encerrada. A autoridade concedida à *Canongate Kilwinning Lodge* foi uma Carta para sua constituição e existência separada, e sobrevive até hoje.

A Carta dessa Loja, que Gould chama de Primeira Carta Constitutiva Escocesa, funciona da seguinte forma:

No 20º dia de dezembro do ano de 1677, na Loja de Kilwinning, os Diáconos e Vigilantes e os demais Irmãos, considerando-se o amor e favor mostrados a nós pelo restante dos Irmãos de Canongate, em Edimburgo, uma parte de nosso número está disposta a ser registrada como sendo membro no Livro de Atas e ser arrolada como efetiva no Quadro de Membros da Loja no quarto dia de poder e liberdade a eles para admitir, receber e passar qualquer pessoa qualificada que eles pensem que sejam adequadas, em nome e em favor da Loja de Kilwinning, e para pagarem suas entradas e registrarem o devido dinheiro para a dita Loja, tal como nós fazemos, e eles remeterão esse número para nós anualmente, e devemos fazer o mesmo com eles, se for necessário.
No mesmo dia, seus nomes foram colocados neste livro.

O documento foi assinado por 12 Irmãos, e suas marcas foram anexadas. O registro dessa transação nas atas da *Canongate Kilwinning Lodge* para 1736, no ano seguinte a partir do qual seus primeiros escritos são acreditados até a data, não é uma versão correta do processo, e, Gould diz, parece ter sido escrita para sustentar uma reivindicação por parte dos membros de uma alta posição no rol escocês. A Loja foi reorganizada por maçons especulativos em 1735 e, nesse ano, os membros registraram pela primeira vez os trabalhos realizados no Terceiro Grau. A Nº 2 desempenhou um papel importante na inauguração da Grande Loja da Escócia, como ela forneceu o Primeiro Grão-Mestre maçom da Escócia, e publicou a renúncia formal de William St. Clair de um cargo anteriormente hereditário, como já foi discutido. A recém-formada Grande Loja da Escócia reconheceu a *Canongate Kilwinning Lodge* na data de 20 de dezembro de 1677.

A Scoon and Perth Lodge, Nº 3

Essa Loja é muito mais antiga do que a Nº 2, mas teve de se contentar com sua posição como a quarta no rol, mesmo que a Grande Loja da Escócia tenha concordado que ela existia antes de 1658.

Gould nos conta que a Loja mantinha um papel conhecido como a sua Carta, o qual é datado de 24 de dezembro de 1658. Esse documento é assinado por J. Roch, Mestre Maçom, Andro Norie, Vigilante, e 39 membros, e é totalmente diferente de qualquer outro dos manuscritos do século XVII. Ele combina características das Antigas Obrigações com itens de interesse local, e também recita a Kilwinning e outras lendas. Ele fala da Loja de Scoon como em segundo lugar no país, com prioridade para Kilwinning, e observa uma reticência singular sobre Edimburgo. Os maçons são frequentemente descritos como Mestres, Homens Livres e Companheiros, e o recital das tradições e leis começa "Em nome de Deus, amém". A conclusão é única, e Gould a dá em sua íntegra:

> E finalmente, nós, e todos nós e todos de nós em espírito, consentimos e concordamos, e ligamos e compelimos, nós e todos de nós, e nossos sucessores a manter e reter todas as liberdades e privilégios da referida Loja de Scoon, como qualquer Loja Livre, para admitir e passar dentro de nós mesmos, como o corpo da mesma, residentes dentro da cidade de Perth como dito seja;
> E que, enquanto o Sol se levanta no Oriente e se põe no Ocidente, como nós desejamos a bênção de Deus em nos atender em todos os nossos caminhos e ações.

Essa referência aos movimentos desse luminar glorioso da natureza, como o ritual chama isso, sugere que a Maçonaria Especulativa era conhecida na cidade de Perth naquela época. O termo "Loja Livre" representa apontar mais expressivamente para o uso da palavra "livre" como um prefixo de maçom. Gould observa o mesmo registro afirmando que, de acordo com o "conhecimento de nossos predecessores que o homem de um do país do Norte, chamado Johne Mylne, qualquer maçom especialista em sua vocação que tenha sido admitido ambos, homem livre e cidadão, desse outeiro. John Mylne passou a ser Mestre Maçom para o rei e Mestre da Loja de Scoon. Seu filho, também chamado John, sucedeu-o em ambos os cargos, e a Loja registrou que:

> Sua Majestade, rei James VI, de abençoada memória, que por esse segundo Johne Mylne foi pelo desejo do rei admitido um homem livre, maçom e Companheiro.

Gould registra esse comentário adicional sobre a Iniciação Real:

> Durante todo o tempo de sua vida, o rei James VI se manteve como um membro comum da Loja de Scoon, de forma que essa Loja é a mais famosa Loja (se em boa saúde ordenou) dentro do Reino.

Várias gerações da família Mylne foram Mestres Maçons dos reis da Escócia até 1657, quando:

> o último sr. Mylne, sendo Mestre da Loja de Scoon, faleceu, deixou para trás qualquer queixa da Loja de maçons, homens livres e Companheiros, como tais o número de Vigilantes e outros para

supervisioná-los, e ordenou que um do dito número deveria escolher um de si para suceder como Mestre em seu lugar.

O Mestre que eles escolheram era o Irmão James Roch, com Andrew Norie como seu Vigilante. Ambos concordaram em confirmar os antigos atos:

1. Nenhum homem livre pode contradizer outro ilegalmente.
2. Nem ir a outra Loja, nem marcar qualquer Loja entre si, vendo que essa Loja é primordial dentro do condado.
3. Se qualquer homem livre deixar a Loja para ir a outra, ele só poderá voltar com o pagamento de três vezes as somas elegíveis em sua adesão, e também deve "ser considerado limpo da companhia da Loja em que estava em último lugar".
4. O Mestre e o Vigilante, antes que sejam nomeados, devem ver essas regras realizadas.
5. Nenhum Mestre pode tomar outro trabalho, a menos que ele tenha esse direito.
6. Os Mestres não devem "ir entre" seus Companheiros que estão à procura de trabalho.
7. Os Aprendizes e *journeymen* pertencentes a essa (ou qualquer outra) Loja devem ter sua quitação livre de seus mestres anteriores antes de um reengajamento; uma exceção, entretanto, é permitida, no caso de os serviços serem de apenas 20 dias.
8. Todos os Companheiros passados nessa Loja devem pagar 16 libras escocesas, além das luvas e taxas, com três libras escocesas em seu "primeiro salário, após que eles sejam passados".
9. Se essas somas não forem pagas imediatamente, "avalistas" deverão ser obtidos fora da Loja.
10. Os Aprendizes não podem tomar trabalho acima do valor de 40 *schillings* escoceses, e não ter Aprendizes, sob pena de serem "excluídos da liberdade da referida Loja".

Os Mylne eram uma famosa família maçônica. O terceiro John Mylne foi convocado a Edimburgo em 1616 para erigir uma estátua do rei. Em 1631, ele foi nomeado Mestre Maçom para Charles I, e em 1633 renunciou em favor de seu filho mais velho, "Johne Mylne Junior", que era membro da *Lodge of Edinburgh*.

Johne Mylne Junior se tornou Diácono e Vigilante da *Lodge of Edinburgh* em 1636. Ele serviu como Diácono por muitos anos, sendo reeleito dez vezes durante 27 anos. Esse John Mylne estava na Reunião

Maçônica em Newcastle em 1641, que iniciou *sir* Robert Moray (que viria a ser um dos membros fundadores da Sociedade Real). O irmão de John, Alexander, foi passado em 2 de junho de 1635, na reunião com a presença de lorde Alexander, *sir* Anthony Alexander e *sir* Alexander Strachan, além de seu irmão. O filho de Alexander Mylne, Robert, era Aprendiz de seu tio John na Loja Nº 1, em 27 de dezembro de 1653, e foi eleito Vigilante em 1663. Em 1681, ele se tornou Diácono e continuou a ter uma liderança na Maçonaria até 1707.

Robert Mylne sucedeu seu tio como Mestre Maçom para Charles I, para os registros das autoridades de Perth; descrevem-no como o Mestre Maçom do rei quando ele assinou um acordo com a cidade de Perth para reconstruir a cruz que havia sido removida de High Street, enquanto Oliver Cromwell ocupava a cidade. William Mylne, filho primogênito de Robert, foi recebido na *Lodge of Edinburgh* em 27 de dezembro de 1681 e foi Vigilante por várias vezes desde 1695; ele faleceu em 1728. O filho primogênito de William, Thomas Mylne, foi iniciado e admitido como Aprendiz na *Lodge of Edinburgh* em 27 de dezembro de 1721. Ele passou a ser escolhido como o Mais Velho Aprendiz em 27 de dezembro de 1722 e foi admitido e recebido como Companheiro em 27 de dezembro de 1729. Ele se tornou o Mestre da Loja em 27 de dezembro de 1735.

Robert e William Mylne (filhos de Thomas) eram também membros da *Lodge of Edinburgh*. Quanto Robert morreu, em 1811, foi enterrado na catedral de St. Paul, tendo sido Inspetor dessa construção por 50 anos. Com as mortes desses dois Irmãos, a conexão da família Mylne com a *Lodge of Edinburgh*, com a qual tinham tido cinco gerações sucessivas, veio ao seu final. Gould nos conta que a Antiga Loja de Perth ingressou na Grande Loja da Escócia em 1742, não tendo tomado qualquer parte em sua criação.

A Lodge of Glasgow St. John, Nº 3 *bis*

Essa é, sem dúvida, uma velha Loja, diz Gould, com seu nome aparecendo na segunda Carta de St. Clair, que data de 1628. A história da Loja está ligada aos seus estatutos (1858), e Gould acrescenta que, se admitirmos sua autenticidade, eles falham em ver que o *status* da Loja poderia ser muito maior.

Era necessário dinheiro para restaurar a Catedral de Glasgow, e para esse fim foi procurado o patrocínio do rei. A Carta afirma que

> A Fraternidade nomeada pelo eminente reverendo Jocylin, bispo da referida catedral, com o conselho de abades, priores e outros

do clero de sua diocese, nós devotamente recebemos e confirmamos o apoio de nossa proteção real, sim, e até o final da própria catedral, e todos os coletores da mesma fraternidade, e daqueles que requisitaram apoio para essa construção, levamos em nosso favor.

Gould não aceita que a palavra fraternidade nesse contexto signifique a Loja e vê uma interferência, a de que a referida Carta para uma Loja maçônica não seja comprovada pelo contexto. Ele acredita que a intenção era a de descrever uma fraternidade religiosa que tinha sido formada para promover a renovação da catedral.

A primeira informação nas atas da Incorporação de Maçons de Glasgow carrega a data de 22 de setembro de 1620, e diz:

Entrada de Aprendizes para a Loja de Glasgow, no último dia de dezembro do ano 1613, com o comparecimento de John Stewart, Diácono dos maçons, e significado para David Slater, Vigilante da Loja de Glasgow, e dos remanescentes Irmãos desta Loja; que estava para entrar John Stewart, seu Aprendiz, na referida Loja. Logo pela manhã, sendo o primeiro dia de janeiro dos anos 1614, os referidos Vigilante e Irmãos da Loja admitiram John Stewart, mais jovem Aprendiz do referido John Stewart, mais velho, em conformidade com os atos e liberdade da Loja.

Em 1601, os tribunais dos Diáconos eram constituídos por um Diácono, Seis Mentores, dois Guardiões das Chaves, um Oficial e o Escrivão. Em 1º de maio de 1622, James Ritchie, da Loja de Glasgow, foi acusado de contratar um Profano, embora os registros da Incorporação digam que o Profano em questão foi admitido em uma Loja, e teve uma dispensa de um Mestre em Paisley.

Embora Gould não tenha descoberto velhas atas da Loja, ele observa que os registros citados comprovam sua existência no início do século XVII. A Incorporação existe desde 1600 até o presente momento, e ele não tem dúvida de que a Loja também continuou a partir de pelo menos 1613 pelo início de suas atas existentes, em 1628. Ela foi representada na ocasião da segunda Carta de St. Clair, com as assinaturas de "A Loja de Glasgow, John Boyd, Diácono, Rob. Boyd, um dos Mestres", que mostrou o parecer favorável da Loja para a Carta. A Loja não foi colocada no rol da Grande Loja da Escócia até 1850, quando lhe foi dado o número 3 *bis*. Gould diz que não foi culpa dos membros a Loja não ter obtido uma posição classificatória mais elevada. Até então, todas as antigas Lojas se juntaram à Grande Loja, a não ser a velha Loja de Melrose, que preferiu seu isolamento e independência.

A Loja de Glasgow, ao contrário de outras Lojas anteriores ao século XVIII, era exclusivamente operativa. Gould está satisfeito que eles tenham dado a Palavra de Maçom para os Aprendizes admitidos, mas que ninguém era reconhecido como um membro até que ingressasse na Incorporação, a qual era composta por maçons munícipes eleitores. A consagração da *St. Mungo's Lodge* em 1729 era o resultado de uma divisão provocada após uma frustrada tentativa de introduzir não operativos para a Loja. A Loja de St. John's, Glasgow, não admitia não operativos até 1842.

A Canongate and Leith, Leith and Canongate Lodge, Nº 5

Essa Loja data de 1688 e surgiu de um cisma na *Lodge of Edinburgh*. O grupo que saiu era de maçons em Leith e Canongate, mas, porque não podiam concordar na Ordem de precedência dessas localizações, eles denominaram a Loja com cada um dos nomes em primeiro e último. Eles foram acusados de desobediência às leis maçônicas, admitindo e passando maçons dentro da área controlada pela *Lodge of Edinburgh* e então formando uma Loja entre si sem uma autorização qualquer, Real ou do Vigilante Real. As atas da *Lodge of Edinburgh*, então, contêm uma longa lista das penas e castigos que estavam sendo utilizados para acabar com a rebelião. Eles não tiveram sucesso, no entanto, como somente um dos infratores, James Thomson, retornou para a origem. (Ele foi perdoado, quando pagou uma multa de dez libras escocesas.) As primeiras atas da Loja têm seu início em 1830, mas sua Carta de Confirmação é datada de 1738. A Grande Loja da Escócia reconhece essa primeira data e também aceita que a Nº 5 seja descendente da Loja da Capela de St. Mary em Edimburgo, e a Loja afiliada existe desde 29 de maio de 1688. A Loja era principalmente especulativa, para Gould; entre os registros de 52 nomes listados em 30 de novembro de 1736, somente 18 eram maçons operativos!

A Lodge of Old Kilwinning St. John, Inverness, Nº 6

A Grande Loja da Escócia concedeu uma Carta de Confirmação para essa Loja em 30 de novembro de 1737. Ela admite que a Loja exista desde 1678. Gould não conseguiu encontrar nenhum registro de sua antiguidade nos registros da Mãe Kilwinning, embora ele cite Laurie como dizendo: "vai a que está mais atrás de todas as Lojas Kilwinning, nenhum dos outros ultrapassando de 1724". Gould acredita que essa opinião é aberta a questionamento.

A Hamilton Kilwinning Lodge, Nº 7

Essa Loja é admitida pela Grande Loja da Escócia até o momento, a partir do ano 1695. Gould pôde encontrar pouco de sua história.

A Lodge of Journeymen, Edinburgh, Nº 8

Essa Loja é dita ter sido formada em 1709. Gould diz que a *Journeymen* de Edimburgo tinha uma boa razão para estar orgulhosa de sua posição, considerando-se a forte influência originalmente exercida contra sua Loja em seu início.

Os maçons *journeymen* eram mantidos em uma posição subordinada. Isso foi causado pela introdução de maçons não operativos na *Lodge of Edinburgh* e pelo espírito dominante dos Mestres em ambas, Incorporação e a Loja da Capela de St. Mary. Os *journeymen* não se submeteram facilmente a isso; como eles aumentaram o conhecimento e os monopólios dos Mestres foram gradualmente abolidos, eles se rebelaram. Em 1705, eles eram proibidos de trabalhar sem um Mestre que os empregasse e que tomava uma parte de seu lucro, se não seu trabalho. Gould pensa que a supressão dos *journeymen* na Loja surgiu a partir de sua condição de vida, em vez de pertencer a um Grau inferior na Maçonaria Especulativa. Os Mestres eram simplesmente mestres na profissão, e não mestres no sentido no qual nós agora consideramos Mestres Maçons em Lojas maçônicas, e tinham ciúmes de seus monopólios profissionais.

Os antigos registros da Nº 8 se iniciam em 1740; qualquer registro anterior estava perdido, mas existe a evidência de que sua origem e separação da Nº 1 foi em 1707. Em 1708, os *journeymen* da Nº 1 passaram uma resolução para aumentar os fundos para os membros pobres. Ela foi assinada por 44 Irmãos. Em 27 de dezembro de 1708, os *journeymen* apresentaram uma petição à *Lodge of Edinburgh* pedindo uma inspeção mais minuciosa das contas e, como resposta, seis discretos Companheiros foram nomeados como comitê de inspeção. As brasas fumegantes de descontentamento foram ventiladas para uma vida renovada pela imposição de uma subscrição anual de 20 *schillings* escoceses, a ser pagos pelos *journeymen* pelo privilégio de serem empregados por Mestres da Incorporação.

As decisões da *Lodge of Edinburgh* em agosto de 1712 completaram a ruptura. Os Mestres rescindiram a resolução com a nomeação do comitê de inspeção. Quando essa resolução foi passada, todos os *journeymen*, menos dois, deixaram a Loja. Eles foram liderados por James Watson, Diácono da Incorporação e Mestre da Nº 1. Então a guerra foi declarada. Aqueles deixados para trás na Loja concordaram que nenhum dos *journeymen* deveria ser trazido de volta, a menos que eles dessem plena satisfação por sua conduta de desprezo, e os Mestres proibiram os Aprendizes de auxiliarem os *journeymen* e não permitiam que eles admitissem seus próprios Aprendizes, sob a ameaça de serem renegados por sua Loja de origem.

Gould diz que a deserção da Nº 1 do Diácono e Mestre (James Watson) foi um duro golpe para seu prestígio, mas isso significava que os *journeymen* tiveram um Mestre competente para presidi-los. Em 9 de fevereiro de 1713, a Loja de origem conheceu e elegeu David Thomson para ser Mestre da Nº 1. Ele foi sucedido por William Smellie, um determinado antagonista dos *journeymen* separatistas, que pôs em prática medidas rigorosas contra eles. Enquanto isso, os *journeymen* eram ativos e não perdiam a oportunidade de admitir e passar os maçons dentro da jurisdição da Nº 1, em detrimento da Loja original. Os *journeymen* não iriam dissolver sua sociedade, apesar da severidade das medidas tomadas contra eles; até mesmo a influência conjunta da antiga Loja e da Incorporação não poderia suprimi-los. A oposição que eles encontraram e a coragem indomável que eles mostraram são incomparáveis no início da história da Maçonaria Escocesa, Gould nos diz, acrescentando que a história mostra como a poderosa influência que a Loja e a Incorporação tinham exercido nos séculos XVI e XVII estava em declínio.

A *Lodge of Edinburgh* assumiu que os *journeymen* seriam intimidados e sucumbiriam perante a lei. A Incorporação e a Loja fizeram um acordo conjuntamente para obter um mandado para a captura e prisão de dois dos descontentes, William Brodie e Robert Winram, e esses dois *journeymen* foram confinados na casa da guarda da cidade, e os livros de sua sociedade apreendidos. Quanto tempo durou a detenção Gould não conseguiu descobrir, mas os *journeymen* combateram com a impetração de uma ação contra o Diácono dos *Wright*, o Diácono dos maçons (representando a Incorporação) e o Mestre da Loja, pela prisão ilegal de dois de seus membros e da apreensão de seus registros. Os danos reivindicados foram consideráveis. Enquanto o caso estava ante os Senhores do Conselho e Sessão, a disputa foi encaminhada para a arbitragem de Robert Inglis (depois Diácono dos Ourives), em nome dos autores, e Alexander Nisbet (depois Diácono dos Cirurgiões) por parte dos réus. Eles foram incapazes de chegar a uma solução amigável, então a decisão final foi deixada para John Dunbar, Diácono dos *Glovers* (Fabricantes de Luvas), que recebeu plenos poderes para obter todos os testemunhos necessários.

Isso foi organizado em 29 de novembro de 1714. Um "Decreto Arbitral" foi aceito e subscrito em 8 de janeiro de 1715 – um documento que maçonicamente é sem paralelo. Gould observa que isso prova que a Maçonaria não tinha objeção insuperável para suas disputas, sendo resolvidas sob a sanção da lei. Os árbitros concederam cem libras a serem pagas aos Brodie e Winram pelos dois Diáconos, porque eles tinham usado de indevida severidade, e ordenou que os livros fossem devolvidos aos seus legítimos proprietários em um recibo a ser dado pelos autores. Em seguida, eles decidiram que os Diáconos e todo o corpo de homens livres e Mestres da Incorporação de maçons fossem absolvidos, desde que a contabilidade dos *journeymen* para o dinheiro recebido para dar a palavra de maçom, como é chamada, seja para homens livres ou *journeymen*, antes da data do Decreto Arbitral. Para pôr fim aos litígios que surgiam entre os homens livres e *journeymen* sobre a entrega da palavra de maçom, os dois Diáconos foram ordenados a obter de sua Incorporação um ato ou subsídio permitindo que os *journeymen* se reunissem "por si sós, como uma sociedade para dar a palavra".

Duas disposições foram adicionadas ao presente acórdão. A primeira foi que as reuniões dos *journeymen*, atuações e escritos seriam apenas sobre sua coleta do dinheiro para dar a palavra de maçom. A segunda foi que o dinheiro assim obtido seria apenas usado para fins de caridade e relacionado entre si, que um registro das verbas assim recebidas e desembolsadas seria mantido, e que um baú seria fornecido com duas fechaduras diferentes, uma chave que estaria sendo mantida por um Homem Livre maçom eleito anualmente pela Incorporação, e a outra por um dos *journeymen* a ser eleito entre eles. O referido Homem Livre teria de assistir às reuniões, ver se tudo foi feito em ordem e denunciar, se necessário, à sua Incorporação. Os *journeymen* também foram ordenados a produzir semestralmente seus livros e contas para o Diácono dos maçons e a Incorporação. Foi permitido que cinco *journeymen* poderiam formar um *quorum* para se reunir. Ambas as partes foram avisadas de que, se houvesse a quebra do acordo, seria aplicada uma multa de cem libras escocesas, mas a *Lodge of Edinburgh* persistiu constantemente ignorando a sentença. Os *journeymen* tiveram de tomar medidas adicionais para cumprir suas reivindicações, bem como para forçar o retorno de seus livros.

Gould explica que essa acusação foi descoberta em meados do século XIX por David Laing, da Biblioteca Signet, e depositada na Caixa da Carta da Loja Nº 8. Gould admite que não podia relatar o resultado final da jurisprudência, como os registros da Loja de origem, e, embora contendo uma ata de sua decisão de contestar a ação, são silenciosos sobre o resultado final. O que eles dizem, no entanto, é que as antipáticas resoluções foram rescindidas, e os *journeymen* readmitiram em certas condições mencionadas "em um papel adicional assinado e aprovado de ambos os mestres e os *journeymen*", sugerindo que eles criaram outro acordo.

Em 1719, o Diácono Watson foi reeleito para seu antigo cargo na antiga Loja e a Incorporação. Outras dificuldades surgiram sobre a independência da Loja dos *journeymen*, mas, finalmente, as Lojas e Incorporações se separaram, a iniciação de maçons de livres profissões tornou-se popular, e o pomo da discórdia de longa data entre a *Lodge of Edinburgh* e sua filha mais nova, assim, foi removido, e a Loja dos *journeymen* foi deixada na posse plena e tranquila de seus privilégios.

A Lodge of Dunblane, Nº 9

As atas sobreviventes da *Lodge of Dunblane* iniciam em janeiro de 1696, e diferem da generalidade dos antigos registros maçônicos na medida em que elas não contêm as marcas de maçom. Naquele ano, John Cameron de Lochiel era membro da Loja. Cameron havia servido com o conde de Mar na rebelião de 1715, e seu filho mais velho, Donald, tornou-se um dos chefes mais influentes para se juntar ao príncipe Charles Edward Stuart, e o primeiro a tomar posse de Edimburgo com os Highlanders em 1745. John Cameron era casado com Isabel Campbell, cujo irmão, *sir* Duncan Campbell, foi iniciado na Maçonaria pelo dr. Desaguliers em Edimburgo, em 1721.

Gould registra que os Irmãos da *Lodge of Dunblane* eram maçons especulativos e famosos jacobitas. Notáveis adeptos do lado Stuart nos levantamentos de 1715 e 1745 foram lorde Strathallan (Mestre em 1696) e lorde John Drummond, irmão do duque de Perth (iniciado em 13 de março de 1740 e Mestre em 1743-1745). Registros datados de 28 de janeiro de 1696, a lista de membros presentes mostra que os maçons operativos eram a minoria. Gould não tem dúvida de que essa reunião não foi a primeira de sua espécie e ele não podia compreender por que a Loja deveria ter somente acordado com a precedência a partir do ano 1709 no rol oficial.

O expediente transacionado nesse dia, em 1696, estava em um tribunal maçônico, como foi denominado. A reunião foi convocada como A Loja de Maçons em Dunblane (*The Lodge of Meassones in Dunblane*); lorde Strathallan (o segundo Visconde) era referido como "Mestre Maçom", Alexander Drummond de Balhadie, Vigilante e "Companheiro mais antigo da Maçonaria", foi nomeado juntamente como Mestre Adjunto, um Escrivão, um Tesoureiro, um Oficial, e um "Procurador Fiscal" (Promotor Público na corte do xerife). Esses fizeram o Tribunal. Cada trabalhador em sua entrada era requisitado a pagar seis libras, e a metade dessa soma em sua passagem, assim como suas taxas ordinárias. Foi acordado que nenhum presente, ou ninguém que ingressasse posteriormente, poderia divulgar quaisquer dos atos passados por essa corte para nenhuma pessoa, todos que não fossem membros da Loja "Sob a violação de quebra de seu juramento". Muitas das leis aprovadas nessa reunião, e outras em 1696, referem-se ao caráter operativo da Maçonaria.

A *Lodge of Dunblane* permitia que seus membros iniciassem pessoas adequadas à distância da cidade, desde que elas pudessem se reunir "tais como membros desta Loja como possam convenientemente ser", ou, em caso de necessidade, tomar emprestados de outra Loja "tantos como devem para fazer um *quorum*". Os cavalheiros que foram admitidos dessa forma mais tarde foram passados na Loja (isso é semelhante à maneira como *sir* Robert Moray foi iniciado em Newcastle por membros da *Lodge of Edinburgh*, em 1641).

Em setembro de 1716, a corte proibiu ambas as admissões e passagem ao mesmo tempo, mas fez uma exceção em favor dos cavalheiros que viviam muito distantes e não poderiam comparecer duas vezes facilmente. Em 8 de janeiro de 1724, três especulativos novatos foram apresentados com aventais e luvas, e por sua vez presentearam a Loja com uma cópia das *Constituições dos Maçons* (1723). Os registros de Gould citam uma ata interessante de 1720, referente aos procedimentos do ritual:

> Dunblane, no 27º dia de dezembro do ano 1720, sentados na sessão Robert Duthy, Diácono; William Wright, Vigilante; William Muschet, Companheiro mais antigo da Maçonaria. Compareceu John Gillespie, escritor em Dunblane, que havia sido admitido no dia 24 de novembro de 1720 e, após exame, foi devidamente passado do Esquadro para o Compasso, e de Aprendiz para Companheiro da Loja, que, foi dito pelos presentes, está vinculado,

jurado e promulgado a si mesmo, e está pronto para obedecer, concordar e submeter-se aos atos e portarias ocultas desta Loja e Companhia.

Em 28 de novembro de 1721, outro Aprendiz foi passado após o devido exame, e, em 6 de setembro de 1723, outros deram respostas "satisfatórias de seu conhecimento" antes de serem promovidos. Uma entrada notável ocorreu na data de 27 de dezembro de 1729. Dois Aprendizes (um comerciante em Dunblane), que já eram membros da Loja de Kilwinning, solicitaram admissão como Aprendizes na *Lodge of Dunblane*. Eles foram então passados como Companheiros. O Irmão James Muschet foi instruído

> para examiná-los quanto a suas qualificações e conhecimentos, e tendo reportado para a Loja que eles tinham o competente conhecimento dos segredos da palavra de um maçom, suas petições foram devidamente atendidas.

Essas atas falam de "segredos da palavra de maçom", enquanto o Decreto Arbitral afetando a *Lodge of Edinburgh* menciona somente a "palavra de maçom". Gould diz que os registros de Dunblane, e também os de Haughfoot, são mais explícitos do que os de Edimburgo e dos *journeymen* de Edimburgo, na medida em que atestam que o esotérico consistia em segredos. Ele observa que a *Lodge of Dunblane* não se juntou à Grande Loja da Escócia até 1761; portanto, seus procedimentos são mais valiosos, porque eles não têm nenhuma influência de organizações mais modernas. As atas de Dunblane contêm numerosas referências a nomeações de instrutores, para os novatos. Estes eram referidos como Mentores. (Os livros da *Lodge of Edinburgh*, em 1714, também descrevem esse Oficial.) Em 1725, a *Lodge of Dunblane* disse que os deveres de um Mentor consistiam em aperfeiçoar os Aprendizes, para que eles pudessem ser "adequados para suas futuras verificações". A Loja de Peebles também nomeava os Mentores e continuaram a fazer isso ao longo de um século e meio. A *Lodge of Aberdeen* usava um oficial similar desde 1670.

A Peebles Kilwinning Lodge, Nº 24

Peebles estava trabalhando em 1716, mas ela foi somente reconhecida pela Grande Loja da Escócia desde 1736. Gould acha essa Loja interessante porque ele descobriu que, desde 1716 até o final do século XIX, a Loja observou o costume de manter uma verificação anual dos Aprendizes e Companheiros. Em 1726, um inventário de sua propriedade foi feito em um livro de atas, consistindo em "Uma Bíblia, as Constituições de todas as Lojas de Londres, o Esquadro e uma peça de uma pequena embarcação". No ano seguinte, na entrada se lê "Esquadro, Nível e Compasso".

Algumas das marcas registradas por seus membros são complexas. Um Capitão da Guarda da Infantaria do rei possuía uma marca descrita como "Um escudo na forma de V, portando em cada lado uma pequena cruz, sendo o conjunto encimado por uma cruz de um maior tamanho". Entre outras marcas havia um martelo de telhador e uma faca de cortar couro, enquanto a marca feita por um peruqueiro em 1745 era uma "cabeça humana com uma peruca e uma ampla barba".

A cerimônia de abertura da Loja começava com uma oração, e os Irmãos juravam "abster-se de parcialidade indevida na consideração dos assuntos". Isso era chamado de Cercando a Loja e continuou a ser observado em Peebles por muitos anos. A Loja era largamente especulativa desde sua origem, e ela continuava a praticar os antigos costumes até muito depois de terem desaparecido de outras Lojas. Por exemplo, eles nomeavam Mentores para instruir os novos Aprendizes e também testavam os Aprendizes e Companheiros anualmente.

O primeiro registro da Loja é datado de outubro de 1716. Ele relata que a Loja era autoconstituída por "um número suficiente de Irmãos nesta cidade", porque eles sentiam que estavam sofrendo "pela falta de uma Loja". A ata é assinada por 12 membros, que já eram maçons, pois eles anexaram suas marcas. Durante essa primeira reunião, o Diácono, Vigilante e outros oficiais foram eleitos. A Loja anualmente celebrava o Festival de São João Evangelista, e, nesse dia, os oficiais eram eleitos e as subscrições anuais deviam ser pagas.

Um comerciante local, John Wood, foi solenemente e decentemente admitido como membro da referida Loja no Dia de São João de 1717, e a Loja não fixou o valor da taxa para a iniciação, mas deixou para ele a questão de quanto ele escolheria para fazer como um presente, dizendo: "qualquer complemento a ser dado será referido a si mesmo". Em 19 de dezembro de 1718, John Douglass, irmão do conde de March, e o capitão Weir foram admitidos como membros. Cada um escolheu a marca e dois Mentores. Eles pagaram uma guiné e meia guiné respectivamente para a Caixa. Depois, a "honorável sociedade, honrada de ter recebido qualquer deleite, deu-lhes uma festa bonita, sendo o que era em razão de seu caráter".

Em 13 de janeiro de 1725, o Irmão David White foi acusado de ter ameaçado para admitir algumas pessoas em uma determinada paróquia e estabelecer uma Loja lá. Ele foi considerado culpado, e "ordenado a implorar a Deus o perdão da honorável Companhia, e prometer não mais fazer isso futuramente, o que ele fez adequadamente". Em 27 de dezembro de 1726, os membros, achando que a subscrição anual de um *schilling* cada (pagável pelos Irmãos que não fossem trabalhadores) era considerada excessiva, concordaram "em restringir em todos os tempos que virão o dito *schilling* para oito *pences*".

Em 1716, o delta não era uma marca proibida, como nestes tempos modernos. Uma coleção de antigas marcas está espalhada ao longo de tantos volumes de antigos registros, com muitos sendo figuras geométricas muito boas, as quais proporcionariam uma excelente variedade para os fiéis de registro das Lojas de Marca. Gould observa que eles provaram o absurdo de limitar a escolha de marcas para qualquer número fixo de linhas ou pontos.

A Lodge of Aberdeen, N º 34

Gould diz que a antiga *Lodge of Aberdeen* realmente merece um volume para si mesma, mas um esboço de sua história é tudo o que ele pode oferecer. A formação original da Loja fica tão longe na antiguidade que escapa totalmente de sua pesquisa. Os registros da cidade de Aberdeen oferecem vislumbres raros da hierarquia social, como visto por meio do prisma de alegações legais, e Gould observa que sua importância histórica tem sido reconhecida por aqueles que tiveram acesso a eles. Eles compreendem os trabalhos do Conselho, do Magistrado e dos Tribunais da Guilda, de 1398 a 1745. Os registros se estendem por 61 volumes, cada um com uma média de 600 páginas, e, com a exceção dos anos 1414-1433, não existem intervalos.

O primeiro volume (1399) contém uma conta de um contrato inicial entre "os Comuns de Aberdeen" em um lado, e dois maçons no outro lado, que foi acordado na Festa de São Miguel Arcanjo. O trabalho contratado era de "12 portas e janelas em sua contagem completa" e deveria ser entregue em boa ordem em qualquer desembarcadouro de Aberdeen.

Em 27 de junho de 1483, foi observado que o "Mestre de trabalho da igreja" decretou que os "maçons da Loja", consistindo em seis membros cujos nomes estão devidamente registrados, deveriam pagar 20 *schillings* e 40 *schillings* para a Igreja Paroquial, "Trabalho de Saint Nicholace", para sua primeira e segunda ofensas respectivamente. Se em qualquer uma delas se levanta qualquer controvérsia, pois não havia tido litígios precedentes, foi também na condição de "dada a falha pela terceira vez", eles deveriam "ser excluídos da Loja como uma perda por confisco a um malfeitor comum". Era uma prática comum de se dar dois avisos, e de infligir multas crescentes, antes da exclusão que seguiria com a terceira ofensa. Um Estatuto é certificado em ter sido acordado pelos membros da Loja em questão e aprovado pelos Vereadores e pelo Conselho, os maçons serem juramentados pela obediência, "sendo a fé de seu corpo". Dois maçons que foram apontados como infratores foram advertidos de que, se qualquer um deles quebrasse as regras que tinham acordado, "Aquele que for considerado como culpado, assim deverá ser expulso da Loja daquele momento em diante".

Em 15 de novembro de 1493, três maçons foram contratados pelos Vereadores e Conselho para passar um ano:

> em seu serviço, para viver na Loja e viajar para a cidade de Cowe, para cortar e trabalhar às expensas, para o trabalho da igreja (Kirk) e eles jurariam um juramento solene do corpo para realizar o mesmo serviço e de trabalho para este ano para os Diáconos e os referidos maçons, para o qual ele será pago em 20 marcos (em dinheiro) escocês para o trabalho, incluindo o direito de colocar quaisquer acidentes de profissão (ou seja, mão de obra inferior).

Um desses maçons, de nome Mathou Wricht, é também mencionado no decreto de 1483, e novamente em 22 de novembro de 1498 como concordando com a "Assinatura por sua mão de que ele vai fazer um bom serviço na Loja e no mesmo dia que Nicholas Mason e David Wright juraram pela fé de seus corpos pelo grande juramento solene de permanecer no trabalho sobre a igreja de São Nicolau na Loja... e serem leais e verdadeiros em todos os seus atos".

Esses são apenas alguns dos primeiros usos da palavra Loja, em seguida, escrito *Luge*, e o contexto em cada caso, ao mencionar a pena de exclusão, mostra que ele quis dizer algo mais do que um mero edifício coberto. Certamente, porém, no século XV, em Aberdeen havia um privado edifício estritamente dedicado aos propósitos da Maçonaria. Trabalhar na empresa dessa Loja era um privilégio de maçons. Os Profanos e membros desobedientes eram excluídos. Interessante, como era um edifício coberto, ele era Coberto (*tyled* ou *healed*) – demonstrando, assim, uma utilização precoce das palavras "Cobridor"(*Tyler*) e "*heal*" (ou "*hele*") na Maçonaria.

Foi ordenado no dia 1º de fevereiro de 1484 que os maçons deveriam se utilizar de seus símbolos em seus peitos no Dia da Candelária, e, em 23 de janeiro de 1496, foi acordado que todo maçom deveria ter seu estandarte. Estes foram conduzidos em procissões. Em 22 de maio de 1531, o Reitor e o Conselho acordaram que,

> em honra de Deus e da abençoada Virgem Maria, os maçons, em sua melhor disposição, deveriam manter e decorar a procissão nos dias de *Corpus Christi* e Candelária, com suas próprias insígnias, com as armas de sua Maçonaria as últimas de todos, o mais próximo do Sacramento, passando todos os homens que trabalhavam com martelos, o que representa dizer, ferreiros, carpinteiros, maçons, fabricantes de barris de madeira, telhadistas, ourives e armeiros.

De acordo com a regra de 4 de outubro de 1555, um visitante era escolhido todos os anos de cada uma das profissões, para ser juramentado em juízo ante o "Reitor e Vereadores". Seu dever era o de observar que todas as leis e decretos fossem fielmente mantidos, e que

> não sendo um Artesão, seria um homem livre para usar sua profissão, exceto se ele fosse um Aprendiz sob qualquer Mestre por sete anos, e ser considerado suficiente e qualificado em sua profissão por qualquer Mestre.

Gould cita esse regulamento para enfatizar o fato de que o prefixo "Livre" era aplicado a esses artesãos escoceses que estavam livres para exercer suas profissões, em virtude do devido serviço e qualificação, portanto, maçom livre, bem como livre jardineiro, livre carpinteiro, etc.

A primeira catedral de Aberdeen ficou em pé por apenas cerca de 200 anos. Ela foi demolida pelo bispo Alexander, que a considerava muito pequena para uma catedral e fundou a presente construção em 1357. Gould diz que qualquer que seja a verdade que possa haver nas primeiras tradições da profissão, é evidente que os maçons ergueram o atual edifício. Ele explica que as marcas dos maçons podem ser achadas desde o levantamento das fundações. Essas marcas eram muito comuns entre a Fraternidade. As marcas dos maçons também podem ser achadas na igreja Greyfriars, fundada em 1471, e na faculdade e capela do rei, fundada em 1494, como também na Ponte de Dee, a qual foi iniciada em 1505 e terminada em 1527.

Gould alude para a tradição que Matthew Kininmonth, bispo de Aberdeen, empregou um maçom chamado Scott, com vários assistentes de Kelso, em 1165, para construir a catedral de St. Machar's. Diziam que Scott e seus associados haviam fundado a Loja Aberdeen. Mesmo sem recorrer às tradições da profissão, o fato de que a *Lodge of Aberdeen* existia em uma data muito anterior pode ser verificada. E as abundantes referências do século XV para a Loja naquela cidade provam que os maçons reunidos em uma Loja, e não somente para propósitos estritamente operativos – embora Gould diga que o objetivo inicial da construção de uma Loja era o de assegurar privacidade para aqueles que estavam dando forma às pedras para uma igreja. É impossível de se provar que a antiga *Lodge of Aberdeen* é a descrita nos registros da cidade de 1483, mas Gould não vê razões para se duvidar que fossem uma única e a mesma. Nos primeiros dias, nunca houve mais do que uma única Loja em cada vila ou cidade, e isso teria um monopólio sobre os direitos e privilégios da profissão. Foi somente mais tarde que secessões, como a dos *journeymen* de Edimburgo, no século XVII, gradualmente levaram à formação de mais de uma Loja em uma cidade.

Em 6 de maio de 1541, foram concedidos seus Selos aos maçons e os *Wrights* sob o Selo comum da cidade. Conhecido como o "Selo da Causa", ele incluía os tanoeiros, escultores e pintores, e ele permitia a eles se reunirem e dirigirem sua própria profissão. Dessa confirmação de seu direito de se reunir e controlar sua profissão, os Irmãos de Aberdeen datam a instituição de sua Loja, e a Grande Loja da Escócia, ao conceder uma Carta a eles em 30 de novembro de 1743, reconheceram que aquele ano foi a época de sua formação. Isso também foi recitado na carta, "que seus registros haviam sido queimados por acidente, mas que, desde 26 de dezembro de 1670, eles têm mantido uma Loja regular, e os autênticos registros de seus trabalhos". Gould diz que os membros poderiam também reclamar a partir de 1483 até 1541, embora sua Loja seja agora reconhecida oficialmente antes de 1670, pois ele diz que é um fato inegável que os trabalhos devam ter sido iniciados muito antes da declaração de seus registros, que surgem em 1670.

Gould reclama que as Lojas na Inglaterra e Escócia tenham sido caprichosamente numeradas, mas ele diz que a atribuição do 34º lugar no Rol Maçônico da Escócia à "*Lodge of Aberdeen*" deve atingir a todos como um patente absurdo. Ele não tem dúvida de sua antiguidade relativa e, por inferência, conclui que ela remonta a um período bem mais remoto do que é atestado pelos documentos existentes. No entanto, mesmo se restringirmos suas reivindicações aos limites impostos pelas regras de 1737, existem apenas duas ou três Lojas em toda a Escócia que teriam direito a ter precedência sobre ela. Mas ele ressalta que diversos corpos com Cartas do final do século XVII estão classificados acima deles, no registro da Grande Loja.

A *Lodge of Aberdeen* fez um protesto contra o apagamento comparativo de sua dignidade, mas não conseguiu evitar a calamidade. Gould observa que, se seus membros não estivessem mais preocupados em preservar e ampliar o amor fraterno e da concórdia, em vez de regatear para a precedência, poderia ter havido a formação de uma Grande Loja rival no norte da Escócia, assim como a Mãe Kilwinning no sul.

Antes de olhar para os registros reais da Loja, Gould observa que a concessão foi feita em favor de Patrick Coipland de Udaucht como Vigilante "sobre todos os limites de Aberdeen, Banff e Kincarne", por não menos que uma autoridade maçônica do rei James VI. O decreto original está contido no *Privy Seal Book of Scotland*. Os termos da concessão são:

(a) que o lorde de Udaucht possuía as qualificações requeridas para atuar como um Vigilante sobre a arte e profissão da Maçonaria;

(b) que seus predecessores tinham sido antigos Vigilantes da mesma forma;

(c) que o dito Patrick Coipland havia sido "eleito e escolhido para o referido cargo de consenso comum da maior parte dos Mestres Maçons dentro dos três Distritos Judiciais";

(d) o rei graciosamente ratifica sua escolha, constituindo Coipland "Vigilante e Justiça sobre eles por todos os dias de sua vida";

(e) confere-lhe poderes para atuar como qualquer outro Vigilante de outro lugar, recebendo todas as taxas, etc., realizando tribunais, nomeando Escrivães e outros Oficiais que se façam necessários, etc.

A concessão está datada de 25 de setembro de 1590, e é um notável instrumento. Tem sido sugerido que isso prova incontestavelmente que os reis nomeavam os detentores de um cargo da Ordem, mas Gould não pensa dessa maneira. Ele diz que, como acontece com os St. Clair, a nomeação era de um civil. Se a família de St. Clair tivesse mantido o cargo de Grão-Mestre para toda a Escócia, claramente a nomeação de Coipland nunca teria sido feita pelo rei, nem os maçons de Edimburgo, Perth e outras cidades permitiriam que isso passasse sem protesto. Mas Gould lembra que isso mostra que Coipland sucedeu um cargo semi-hereditário de Vigilante para os municípios nomeados, sujeito ao consentimento dos Mestres Maçons e ratificação pelo rei.

A concessão de 1590, no entanto, não contém nenhuma menção de Lojas. Gould acredita que a nomeação do lorde de Udaucht foi estabelecida para resolver as várias disputas profissionais relacionadas com os maçons – para resolver questões que afetassem seus interesses, dentro ou fora das Lojas, e verificar que eles obedecessem aos estatutos gerais. Isso parece claro pelo fato de que ele tinha o poder de atuação e capacidade magisterial. Também parece provável que a velha *Lodge of Aberdeen* era parte para sua eleição, e reconheceu-o como seu Vigilante pela autoridade real. No entanto, essa nomeação era puramente local. Ela foi confinada aos referidos distritos, tendo a atuação de outros Vigilantes em uma função semelhante para os outros condados. Governando sobre todos esses Vigilantes distritais havia o Vigilante Geral, William Schaw.

Nos anos seguintes, os Operativos que esse alto oficial regulava e controlava consideraram justo que eles tivessem opinião no processo de sua nomeação. Os Atos do Parlamento Escocês, do ano 1641, contêm esta declaração:

> Os humildes protestos de todos os Artífices do Reino suplicam em uma só voz à Sua Majestade e aos Estados do Parlamento que pelo menos os homens incapazes de indicar o Gerente de Obras Públicas possam obter que: portanto, possa ser promulgado que ninguém nunca deve aceitar ou ser admitido para aquele lugar de Gerente de Obras Públicas, mas, como deve ser recomendado à Sua Majestade como suficientemente qualificado, por todos os Vigilantes e Diáconos dos maçons, *Wrights* e outros escolhidos por eles, reunidos para tal propósito pelo Parlamento e Conselho Particular quando o cargo de Gerente de Obras Públicas aconteça de estar vago.

Essa petição parece ter sido ditada pelo medo de que uma pessoa incapaz fosse encarregada das obras do rei. Os peticionários insistiram muito sobre a importância da "Sabedoria, Autoridades e Qualidades" desse alto oficial, sendo tal, "como podem fazê-lo merecer ser Vigilante Geral de todos os artífices de edifícios, homens dignos, como já anteriormente foram".

Os reais registros da Loja datam desde 1670, e os registros de Gould no livro no qual eles estão inseridos com as medidas sobre 12 por oito polegadas, cada folha tendo uma margem dupla de linhas retas na parte superior e nos lados, a escrita esteja de um lado apenas da página, e o volume originalmente consistia em cerca de 160 páginas. De acordo com a ata de 2 de fevereiro de 1748, o Mestre da Caixa, Irmão Peter Reid, foi ordenado a ter o precioso rebote do tomo, já que estava sendo danificado pelos grampos de ferro que prendiam suas folhas. Sejam quais fossem os talentos especiais que Reid possa ter possuído, Gould nos diz que a encadernação não estava entre eles. Em vez de ele inserir mais páginas, como lhe haviam dito, Reid removeu todas e salvou ao redor de 30, e as arranjou em uma ordem estranha. Mas as Leis e Estatutos de 1670 permaneceram intactos, senão sem perturbações. Também foram preservados a Carta dos Maçons, as leis gerais, a lista dos membros e Aprendizes e o registro de seus sucessores.

Muitos desses documentos possuíam recursos exclusivos, enquanto alguns são insuperáveis em interesse e valor. O primeiro volume dos registros que foi preservado, e há muito conhecido como o Livro de Marca, é um registro dos nomes e marcas de cada membro e Aprendiz. O antigo Selo da Loja está perdido, e a atual data é de 1762. O Selo de 1762 serve como um frontispício para os Estatutos da Loja de 1853. É dividido em quatro trimestres: no primeiro estão três castelos; no segundo, o esquadro e o compasso com a letra G em seu centro; no terceiro, estão quatro instrumentos de trabalho, o nível, o prumo, a trolha e o malhete; e, no quarto, o Sol, a Lua e a escada de seis degraus. O conjunto é encimado pelo lema que Gould registra como *Commissum tege et vino tortes et ird.* ("Ocultar o segredo que lhe foi confiado, mesmo quando influenciado pelo vinho ou raiva.")

Gould diz que se sabe que uma edição das regras foi impressa em ambos os anos, 1680 ou 1682, mas nenhuma cópia até agora pôde ser encontrada. É muito possível que uma história da Loja estivesse ligada com os regulamentos que, se descobertos, seriam de grande valia para o estudante de história maçônica. A procura desse registro perdido provou ser abortiva, mas ele esperava que os representantes vivos dos antigos membros pudessem ser incentivados a examinar cuidadosamente todos os Livros, papéis e pacotes de documentos entre os quais poderia haver uma cópia do Estatuto que eventualmente fora preservado (um sentimento que eu endosso inteiramente. RL).

As *Leis e Estatutos* ordenados *pela Honorável Loja de Aberdeen* (Aberdein), *de 27 de dezembro de 1670*, consistem em oito regras. Gould diz que um exame cuidadoso revela que eles são os regulamentos originais e independentes, acordados pelos membros, e elaborados para satisfazer as necessidades da Loja sem respeitar tanto as antigas ordenações ou a *Carta Maçônica*. Eles diferem materialmente de todas as outras leis do período e oferecem um vívido retrato dos costumes da Fraternidade na época. Gould reproduziu-os assim:

As Leis e Estatutos da *Lodge of Aberdeen*, 1670 d.C.:

Primeiro Estatuto – Artigo para o Mestre: Os Mestres Maçons e os Aprendizes que assinam o livro votam e concordam em professar a Loja em todas as ocasiões, a menos que impedidos por doença ou ausência, como o fizeram em sua entrada, e ao receber a "Palavra de Maçom".

Segundo Estatuto – Continuação para o Mestre: O Mestre atua como um juiz em todas as discussões, para infligir multas, perdoar faltas, "sempre levando a voz da honorável companhia", e ele pode encarregar seu oficial de apreender as ferramentas de trabalho dos descontentes, que, se são ainda mais rebeldes, devem ser expulsos da Loja.

Terceiro Estatuto – Vigilantes: Pelo juramento na admissão, o Vigilante é reconhecido "como o próximo em poder após o Mestre", e que em sua ausência tem uma autoridade similar, e para continuar no cargo de acordo com a vontade da companhia. O Mestre deve ser eleito anualmente em cada Dia de São João, como também o Mestre da Caixa, o Escrivão, não sendo permitido salário para o último, "é somente uma peça de preferência". O oficial deve continuar até outro ser admitido na Loja. Nenhuma Loja deve se realizar dentro de uma casa-moradia habitada, exceto em mau tempo, então somente em uma construção onde "nenhuma pessoa poderá participar ou nos ver". Caso contrário, as reuniões terão de acontecer "em campos abertos".

Quarto Estatuto – Caixa para nossos Pobres, etc.: Deste longo regulamento Gould não apresenta nenhum sumário, somente comentários gerais. Desde seu teor ele está inclinado a acreditar que em 1670 existiu uma reorganização da Loja; em virtude da condição instável do país, as reuniões por muitos anos já haviam sido realizadas com pouca frequência. Os maçons de Aberdeen tinham uma barraca que foi erigida para o propósito de se realizar uma iniciação, na cavidade de Cunnigar Hill, em Carden Howe, ou nos Stonnies, na cavidade da Baía de Nigg. Esses locais ofereciam instalações privadas para tais reuniões. Os membros descreviam a si mesmos como os autores da "Caixa do Maçom", um esquema de caridade em que eles pensavam em si mesmos. Eles comprometiam seu próprio sustento e também o de seus sucessores. Vários dos artigos ainda são dignos, embora possamos deixar de apreciar a regra que permitia o dinheiro para ser retirado do Tesouro "para dar um mimo para qualquer nobre ou cavalheiro que seja um maçom", considerando que os fundos eram para ser destinados para os propósitos sagrados da caridade.

Quinto Estatuto – Aprendizes: Cada Aprendiz é obrigado a pagar quatro *rix* dólares em sua admissão e presentear cada membro da Loja com um avental de linho e um par de luvas. Se ele fosse muito pobre para vestir a Loja, como esse costume era chamado, um pagamento de dinheiro seria substituído por um de espécie. Ao contrário, ele iria pagar dois dólares adicionais e pagar por uma festa com vinho. Mas ele tinha de pagar uma peça de marca para sua marca de maçom, e outra para o convocador (oficial) da Loja. Quando ele fosse feito Companheiro, esperava-se que pagasse outro jantar e meio litro de vinho. Se um maçom de outra Loja de outro lugar, conhecido como um estranho, quisesse ser inserido como Mestre Maçom em Aberdeen, teria de pagar dois dólares e a invariável pinta de vinho, ou mais, se ele era um maçom Cavalheiro. Os Aprendizes tinham de pagar 50 marcos em sua entrada, juntamente com as taxas habituais, mas se eles não tivessem condição de prover o dinheiro, em vez disso, poderiam servir seus Mestres por três anos sem pagar antes de receber seu Grau de Companheiro. Os fundos que a Loja recebia eram para ser divididos igualmente entre a Caixa e o entretenimento dos Irmãos. Os filhos mais velhos dos "autores do Livro" e todos os seus sucessores deveriam receber o benefício da "Palavra de Maçom" livre de todas as taxas, exceto aquelas para a Caixa, a marca, o jantar e aquela indispensável pinta de vinho! Qualquer um que se casasse com a filha mais velha de um Irmão teria garantido privilégios similares. Os Estatutos convocam os Aprendizes a serem admitidos na "Antiga Loja de Campo, nos arredores da paróquia de Negg, nas pedras do ponto de Ness".

Sexto Estatuto – Para a Caixa do Mestre: Esse oficial não mantinha as somas que ele recebia. Elas eram colocadas na Caixa, que exigia o consentimento de três Mestres das Chaves, cada um com sua chave diferente, para ser aberta.

Sétimo Estatuto – O Dia de São João: Todos os Aprendizes e Companheiros tinham de pagar 12 *schillings* escoceses para o Mestre Maçom ou seu Vigilante em cada Dia de São João. Se eles não pagassem, suas ferramentas eram confiscadas e mantidas em penhora até que o fizessem. O Dia de São João era para ser um dia de alegria e festa, e as taxas eram para pagar as comemorações, tal como decidido pelos votos dos Irmãos presentes. Todos os ausentes eram multados, e as multas contribuiriam adicionalmente para as festividades. As regras eram para ser lidas na admissão de cada Aprendiz, "para que ninguém pudesse declarar ignorância".

Sétimo Estatuto – Segunda Parte – Mentores: Os Aprendizes só poderiam ser instruídos por seus "Mentores" até que o professor estivesse pronto para dar-lhes posse como sendo instruídos. Isso era examinado por um interrogatório em uma reunião inteira da Loja. O Aprendiz era multado por esquecimento como "a companhia considere necessário", a menos que eles pudessem provar que eles "jamais ensinaram uma coisa como essa"; nesse caso, a penalidade teria de ser paga por seu Mentor. Todos deviam amar uns aos outros como irmãos de sangue, e cada homem tinha de ter uma boa reputação atrás das costas de seu próximo "como seu juramento o obriga". O Dia do Senhor era para ser santificado, e os quebradores de Sabbath, praguejadores habituais, pessoas impuras e bêbadas deviam ser severamente punidos.

Oitavo Estatuto – O Livro: O Livro das Leis devia ser mantido na Caixa, firmemente travada, a menos que fosse requerido para ser carregado para qualquer lugar onde um Aprendiz estava para ser iniciado. Somente o Escrivão tinha acesso permitido ao volume com o propósito de fazer as entradas nele. Os três Mestres da Chave tinham de estar presentes quando isso era feito. Membros futuros eram ligados por um juramento, prestado em sua entrada, não para riscar os nomes de qualquer um dos assinantes, em seguida, nem deixá-los em decadência, mas para mantê-los por todo o tempo como seus patronos. O regulamento termina com a declaração de que nunca houve uma Caixa de Pobres entre os maçons de Aberdeen, no interior da memória do homem, até ser estabelecida pelos autores do livro.

O documento termina com uma cláusula geral que fala do sentimento fraternal que prevalecia na época. Os assinantes invocavam a bênção de Deus em todos os seus empreendimentos e nos de seus sucessores. O exemplo dado pelos maçons de 1670 foi continuado pelos Irmãos de anos posteriores, que prezavam uma carinhosa lembrança de seus dignos antecessores, de 1670.

Gould afirma que essas leis do passado registram que a Maçonaria Especulativa existia no século XVII. A lista de membros da *Lodge of Aberdeen* oferece provas conclusivas e não apenas de práticas especulativas, mas também de uma ascendência especulativa no ano 1670. A *Lodge of Aberdeen* previa que maçons Cavalheiros tinham de pagar taxas mais elevadas em sua admissão, mas suas presenças eram calorosamente saudadas nos festivais da Loja. O poder do Mestre era então absoluto, e os deveres do Vigilante correspondiam muito proximamente aos do moderno cargo. Naqueles dias, os oficiais recebiam uma gratificação de iniciados, como muitos Cobridores Externos fazem agora.

A Privacidade era estreitamente guardada, como ela ainda é sob o sistema moderno. A natureza caritativa da Fraternidade mostra-se nas regras para a Caixa dos Pobres, um artigo de mobiliário que ainda figura em nossas próprias cerimônias, enquanto os regulamentos para as festas anuais permanecem iguais em seu caráter. O papel dos Mentores agora é assumido pelos proponentes dos candidatos, que veem que este último está qualificado para passar suas questões antes da promoção. E a preservação cuidadosa dos livros de atas é algo que as Lojas modernas não perderam de vista.

A Carta de Maçom segue imediatamente as Leis e Estatutos de 1670. Gould observa que essa versão das Antigas Obrigações é perceptível principalmente da ausência de cláusulas de terminais comuns à generalidade desses documentos. A Carta de Maçom, bem como as regras contidas no livro das marcas, eram lidas na iniciação de cada Aprendiz. O cerimonial de recepção na época deve ter sido demorado, e de pouco benefício prático para as partes interessadas, principalmente, que poderiam ter sido transmitidas, mas uma fraca recordação das curiosas tradições e costumes que foram ensaiados para eles. A Maçonaria Escocesa era independente e original, especialmente no âmbito e na intenção de suas leis e costumes.

As leis gerais da Maçonaria em Aberdeen eram semelhantes às da Loja de Aitcheson Haven de 1636. Gould diz que elas confirmam sua visão de que o prefixo "livre" constituía seus direitos e certos privilégios, opostamente às companhias sem privilégios, que negavam essas liberdades. Ele confirma que esses registros de Aberdeen mostram uma ascensão especulativa tão cedo quanto 1670. (Gould acrescenta que ele usa a palavra especulativa para indicar um maçom não operativo, e, quando aplicada a instrumentos de trabalho, era para se referir ao simbolismo moral retirado de implementos operativos de trabalho.) Gould lamenta que não foi possível apresentar em fac-símile a lista notável de membros da Loja em 1670.

James Anderson, o Escrivão, era um vidraceiro de profissão e se autodenominou "Maçom e Escritor deste Livro". As letras iniciais dos cristãos e sobrenomes eram elaboradamente esboçados, e ele teve um grande cuidado em fazer uma digna caligrafia. Ele foi bem-sucedido, porque a lista era facilmente lida, mesmo depois de um lapso de mais de dois séculos. Os nomes são escritos de forma legível, e depois de cada um temos a Marca Maçônica. Essa lista foi destinada a existir como um monumento durável dos "Autores do Livro". Eles eram como se segue:

Os Nomes de Todos Nós que somos os Autores e Assinantes deste Livro e Ordenado como Segue 1670.

1. HARRIE ELPHINGSTON: *Tutor de Airth e Coletor Alfandegário do rei em Aberdeen, Maçom e Mestre de nossa Honorável Lodge of Aberdeen*
2. ALEXANDER CHARLLS: *Carpinteiro e Maçom e Mestre de nossa Loja.*
3. WILLIAM KEMPTE: *Maçom*
4. JAMES CROMBIE: *Maçom*
5. WILLIAM MACKLEUD: *Maçom e Vigilante de nossa Loja*
6. PATRICK STEUISON: *Maçom*
7. JOHN ROLAND: *Maçom e Vigilante de nossa Loja. E primeiro Vigilante de nossa Loja*
8. DAVID MURRAY: *Maçom (Mestre da Chave, 1686-1687, Mestre 1693)*
9. JOHN CADDELL: *Maçom*
10. WILLIAM GEORG: *Ferreiro e Maçom e Mestre de nossa Loja*
11. JAMES ANDERSON: *Vidraceiro e Maçom e Escritor deste Livro, 1670 (e Mestre de nossa Loja no ano de Deus de 1688 e 1694)*
12. JOHN MONTGOMRIE: *Maçom e Vigilante de nossa Loja*
13. O CONDE DE FINDLATOR: *Maçom*
14. O LORDE PITSLIGO: *Maçom*
15. GEORGE CATTANEUCH: *Peruqueiro e Maçom*
16. JOHN BARNETT: *Maçom*
17. Sr. WILLIAM FRASSER: *Ministro de Slaines e Maçom*
18. Sr. GEORG ALEXANDER: *Advogado em Edimburgo e Maçom*
19. ALLEXANDER PATTERSON: *Armeiro e Maçom. [e Mestre de nossa Loja nos anos de Deus 1690 + 1692 + 1698]*
20. ALEXANDER CHARLES, Jr.: *Vidraceiro e Maçom*
21. JAMES KING: *Carpinteiro e Maçom e Tesoureiro de nossa Loja*
22. Mestre GEORG LIDDELL: *Professor de matemática*
23. Sr. ALEXR TRUING: *maçom*

24. WALTER SIMPSON: *Peruqueiro e Maçom*
25. WILLIAM RICKARD: *Comerciante & Maçom e Tesoureiro de nossa Loja*
26. THOMAS WALKER: *Carpinteiro e Maçom*
27. JOHN SKEEN: *Comerciante e Maçom*
28. JOHN CRAURIE: *Comerciante e Maçom*
29. WILLIAM YOUNGSON: *Cirurgião e Maçom*
30. JOHN THOMSON: *Cirurgião e Maçom*
31. CONDE DE DUNFERMLINE: *Maçom [1679]*
32. CONDE DE ERROLLE: *Maçom*
33. JOHN GRAY YOUNGER: *Maçom de Chrichic*
34. Sr. GEORG SEATTON: *Ministro de Fyvie e Maçom*
35. GEORG BAIT: *Maçom de Mideple [1679]*
36. JOHN FORBES: *Comerciante e Maçom*
37. GEORG GRAY: *Wright e Maçom*
38. JOHN DUGGADE: *Telhadista e Maçom [1677]*
39. ROBERT GORDON: *Fabricante de Cartão e Maçom*
40. PATRICK NORRIE: *Comerciante e Maçom*
41. JAMES LUMESDEN: *Comerciante e Maçom*
42. JOHN COWIE: *Comerciante e Tesoureiro de nossa Loja*
43. ALLEANDER MOORE: *Fabricante de Ilhós e Maçom*
44. DAVID ACHTERLOUNIE: *Comerciante e Maçom*
45. Sr. GEORG TRUING: *Maçom e Pregador Religioso*
46. PATRICK MATHEWSON: *Mordomo e Maçom*
47. JOHN BURNET: *Maçom*
48. WILLIAM DONALDSON: *Comerciante e Maçom*
49. ALEXANDER FORBES: *Mordomo e Maçom*

"Então, acabam os nomes de todos aqueles que são os autores deste Livro e quites com a Caixa dos Maçons, de acordo com até os nossos tempos, como fomos feitos Companheiros (a partir de quando nós consideramos nosso tempo); então, nós intercederemos a todos os nossos bons sucessores na Maçonaria a seguir nossa Regra como seus padrões e não para lutar por lugar, para herdeiros possais ver acima wr e entre vós descansar nossos nomes, inserir pessoas de um Grau significativo para grandes pessoas de qualidade. Recordamos que não há nenhum Aprendiz Iniciado inserido entre nós que somos os Autores *deste livro. E, portanto, ordenamos a todos os nossos sucessores na Maçonaria para não inserirem qualquer Aprendiz maçom até que ele seja Passado a Companheiro, e também pedimos a todos os nossos sucessores, ambos os Aprendizes e Companheiros, a pagarem para nossa Caixa qualquer* rix *dólar que esteja recebendo, ou valor qualquer em boas condições, o suficiente para ele, até que um dia seja superior à sua combinação. Nós ordenamos ainda que sejam lidas a Carta de maçom na admissão de todo o Aprendiz maçom, e todas as Leis deste Livro, e vamos encontrar a Carta no final posterior deste livro. Bem Justo."*

Os Nomes dos Aprendizes Iniciados da Honorável Loja dos Maçons de Aberdeen ordenados a seguir (Observação de James Anderson).

1. GEORGE THOM
2. WILLIAM FORSYTH
3. WILLIAM SANGSTER
4. WILLIAM MITCHELL
5. KENETH FRASSER
6. WILLIAM MONTGOMRIE
7. TAMES BAUERLEY
8. WILLIAM CHALLINER
9. IOHN ROSS
10. PATRICK SANGSTER
11. WILLIAM ROUST

Então a lista é inserida, intitulada *Aqui se iniciam os nomes de nossos Sucessores da Maçonaria em ordem da seguinte maneira como Mestres Maçons*, os quais, de acordo com as instruções das Regras de 1670, não devem conter os nomes de quaisquer Aprendizes. Os 11 acima mencionados Aprendizes e os 49 "Autores e Assinantes deste Livro" compunham a Loja naquele ano. Nos anos seguintes, os Aprendizes se tornaram Companheiros ou Mestres Maçons, significando que passaram os Aprendizes que estavam fora de seu tempo, receberam a dignidade de ter seus nomes adicionados à Lista de Sucessores, e, julgando pela similaridade de nomes e marcas, Sangster (3), Frasser (5), Bauerley (7) e Roust (11) foram devidamente passados e honrados adequadamente.

Gould comenta que a marca de William Kempte, Nº 3 dos "Autores", é a mesma que segue outro desse nome, que é o 33º dos "Sucessores", Alexander Kempte, Nº 13, e o AM-Kempt, Sênior, Nº 29 dos Sucessores têm cada um a mesma marca, mas Alex Kempt Yor, Nº 32, escolheu uma bem diferente. As marcas eram às vezes compostas de número par ou ímpar de pontos, diversos que eram feitos com as iniciais de cristão e sobrenomes como monogramas. Algumas representam um triângulo equilátero, uma ou duas sendo usadas para fornecer uma marca simples, mas nas 47 marcas anexadas aos vários nomes na primeira lista, nem duas eram exatamente iguais. Os Aprendizes tinham marcas similares às dos Mestres Maçons e, ao serem promovidos para um Grau superior, eles mantinham sua marca. Acreditava-se que as marcas eram conferidas somente aos Companheiros, uma falácia que Gould diz que os registros de Aberdeen dissipam.

Entre os "Sucessores", o elemento especulativo é ainda forte. A quarta entrada é de Alexander Whyt, comerciante; a quinta, de Thomas Lushington, comerciante em Londres; a sétima, de Patrick Whyt, fabricante de ilhós e maçom; e a oitava, de George Gordon, alfaiate e maçom, sendo que a marca do último era um par de tesouras. O Escrivão nunca distinguiu a classificação de ativos ou passados, simplesmente registrando o cargo do membro (sempre que realizado) contra seu nome; por isso, cada lista lê como se existissem vários Vigilantes e Mestres ao mesmo tempo. Em virtude da predominância do elemento especulativo, o mesmo cuidado nem sempre foi observado em registrar as marcas desses membros, como eles não tinham a mesma necessidade como os operativos.

Os registros posteriores não são tão completos como os de 1670, e é possível que os operativos mantivessem um livro de marca em separado para eles, logo após a reconstituição da Loja. Em 1781, a maior parte dos operativos deixou a antiga Loja, levando seu livro de marca com eles, e estabeleceram a Loja Operativa, Nº 150, no rol da Grande Loja da Escócia. Desde então, a antiga *Lodge of Aberdeen* deixou de registrar as marcas de seus membros, uma circunstância para ser lamentada, como era o antigo costume, que era bem digno de preservação.

Gould se entusiasma com a notável lista de membros que é revelada nos registros de 1670, e ele passa a apontar que isso foi compilado quase 50 anos antes da assembleia das quatro Lojas de Londres em 1717. Desde que se tornou a forma de rastrear a origem da Maçonaria Especulativa para a Inglaterra, as verdadeiras fontes da história maçônica têm sido estranhamente negligenciadas. Dos 49 membros descritos na lista de 1670, apenas 12 foram maçons operativos. Um dos especulativos, e o Mestre para o ano 1670, era um tutor e coletor alfandegário, e contou com a distinção de presidir a Loja ao longo de quatro nobres (condes de Findlater, Dunfermline e Erroll e lorde Pitsligo), três ministros, um advogado, um professor de matemática, nove comerciantes, dois cirurgiões, dois vidraceiros, um ferreiro, três telhadores, dois peruqueiros, um armeiro, quatro carpinteiros, e vários cavalheiros, além dos operativos e alguns outros comerciantes. Gould diz que, se isso não é a Maçonaria Especulativa, então ele "se desespera de sempre satisfazer aqueles que considerem as provas que ele apresentou de serem insuficientes".

Ele admite que possa ser sugerido que o registro não foi escrito em 1670, mas afirma que a objeção não tem peso, uma vez que há abundante evidência interna para confirmar a antiguidade do documento. Além disso, os estilos de caligrafia e ortografia, e da declaração do escritor, todos confirmam quando o registro foi compilado. É um registro de boa-fé dos membros da *Lodge of Aberdeen* para 1670.

Gould assume que em seu início, em algum momento antes de 1483, a *Lodge of Aberdeen* era um corpo puramente operativo. Segue-se que a aparente predominância do elemento especulativo em 1670 deve ter evoluído ao longo de muitos anos. A menos que os maçons operativos da *Lodge of Aberdeen* tenham sido movidos por sentimentos muito diferentes dos vividos em outros corpos maçônicos desse período inicial, a admissão de membros que não são de sua própria classe, exceto os representantes da nobreza e aristocracia da vizinhança imediata, deve ter sido vista com extremo desagrado. Da mesma forma, a introdução de outras profissões como membros na Maçonaria não poderia ter sido efetuada rapidamente. Ele diz que não tem pistas sobre o caráter interno dessa Loja, no século XVI; contudo, a natureza humana era igual em todos os lugares, devendo então os maçons operativos ter lentamente tornado reconciliados com a conveniência de tal inovação. Na verdade, os operativos afetados inicialmente podem ter chamado de uma invasão, pois eles estavam deixando-se em desvantagem por membros de outras profissões e possivelmente rivais.

Os maçons geomáticos, que compunham a maior parte da Loja em 1670, não poderiam ter sido os primeiros de seu tipo a ser admitidos como membros; caso contrário, a Loja de repente teria sido inundada com um elemento especulativo. Gould conclui que o caráter da Loja tinha sido por muitos anos o mesmo, da mesma forma que é revelado por esses antigos documentos. E isso significa que o período preciso, de quando se tornou um corpo praticando a Maçonaria Especulativa, não pode ser nem mesmo aproximadamente determinado.

Um dos membros operativos, John Montgomery (Nº 12), um Vigilante em 1686, foi contratado com os magistrados para a construção da presente Cruz, que é um ornamento para a "valente cidade". Com raras exceções, a partir de 1670, o Mestre era eleito entre os cavalheiros, ou maçons geomáticos, enquanto o Primeiro Vigilante até 1840 era usualmente escolhido pelos domáticos ou elementos operativos. Em 1700, quando aumentou o número de nobres e senhores de outras profissões admitidos como membros, isso causou problemas de acomodação; os Irmãos adquiriram um pequeno sítio em Footismyre, onde construíram uma casa para realizar suas reuniões da Loja.

Kenneth Fraser, que foi Vigilante em 1696-1708, e Mestre em 1709 (Nº 5 dos Aprendizes, de 1670), tornou-se o Mestre Maçom do rei. Em 1688, abaixou os sinos do grande campanário da catedral de St. Machar. Dois Vigilantes eram nomeados até 1700, quando o Primeiro Vigilante foi interrompido até 1737, e o velho costume de se ter dois Vigilantes foi retomado. Nos estatutos de 1853, há uma lista dos Mestres e Vigilantes de 1696, mas uma anterior pode ser compilada a partir das anotações posteriormente inseridas no livro da marca de 1670. Muitos dos "Autores" tiveram cargo na Loja, e não poucos ocuparam a cadeira do Mestre por muitos anos consecutivos, seus nomes também aparecem como sendo Vigilantes.

O livro de atas dos Aprendizes contém registros de 1696 a 1779, mas algumas das admissões datam de 1670. As eleições estavam em uma parte do livro, e as entradas em outra. Aqui está um exemplo da presente ata da Loja Maçônica de Aberdeen.

Eleição de 1696.
Aberdeen, em 27 de dezembro, sendo o dia de São João, de 1696, a Honorável Loja estando reunida, ela unanimamente escolheu James Marky, Mestre.
John Ronald e Keneth Fraser, Vigilantes;
William Thomsone, Tesoureiro;
Alex. Patersone e Geo. Gordone, Mestres da Chave.

Em outra ata lemos:

Aberdeen, o 26º dia de julho de 1701,
A Honorável Loja estando reunida, unanimamente recebeu, admitiu e jurou William Forbes de Tulloch, comerciante em Aberdeen, um Irmão de nossa fraternidade, e o obriga a pagar ao Tesoureiro 12 *schillings* escoceses anualmente para os pobres, como testemunha, suas mãos, no dia e lugar anteriormente citado &c.
Patrick Whyt, sr. William Forbes.

Existem *inúmeras* anotações de Aprendizes, e Gould cita um exemplo:

Aberdeen, o terceiro dia de novembro de 1701,
A Honorável Loja estando reunida, decidiram unanimamente, Receber e admitir, John Kempt, Irmão e Aprendiz de Alexander Kempt Jr., Aprendiz iniciado em nossa Fraternidade, e pelos pontos obriga a ele durante todos os dias de sua vida (se possível) a pagar anualmente ao Tesoureiro da Loja Maçônica de Aberdeen, 12 *schillings* escoceses, dinheiro para o benefício da referida Loja, como testemunha suas mãos, no dia e local anteriormente citado.

Assinado *John Kempt*.

Em 11 de fevereiro de 1706, Ensign George Seatone foi feito um "Irmão de nossa Fraternidade" e, em 18 de julho, William Thomsone Jr., "um Mordomo, foi recebido como um Irmão maçom".

Gould reporta que ele pesquisou por evidências de quaisquer regras que insistissem nos Candidatos para a Maçonaria como sendo "perfeitos nos membros e no corpo". Durante os registros, além da *Carta de Maçom*, da qual o espírito e não a letra foi aceita como regra de orientação, não há nenhuma menção a essa legislação de "membro perfeito", o que, nos últimos anos, Gould disse, tornou-se tão importante na Maçonaria Americana. E Gould manteve que ele havia pesquisado em vão nos registros daqueles tempos iniciais para uma especificação completa dos 25 *Landmarks*, o que a pesquisa moderna afirma ser antiga e inalterável.

As anotações de 15 de dezembro de 1715 descrevem cinco Aprendizes como filhos legítimos. Talvez isso possa ser inferido a candidatos não nascidos dentro de um casamento e que teriam sido inelegíveis (embora, na Escócia, o estigma da ilegitimidade fosse removível pelo casamento subsequente e pareceu improvável a Gould que o *status* de um bastardo envolvia as mesmas deficiências, como na Inglaterra). Os Aprendizes prestaram juramento de não se envolver em qualquer trabalho acima de dez libras escocesas, sob pena de que a Loja deveria impor. Mas, quando eles eram passados para Companheiros, essa regra era relaxada. As subscrições anuais eram de um *schilling* esterlino para os operativos, e o dobro dessa soma para os cavalheiros; o dinheiro era para ser utilizado para os pobres. Pequenas como essas somas foram, devemos considerar o período inicial de sua fixação. Embora insignificante agora aos ouvidos ingleses, elas não eram insignificantes para muitos da Fraternidade escocesa, e algumas Lojas ainda se recusavam a impor contribuições anuais sobre o que quer que fosse aos seus membros.

A ata seguinte, de 1709, menciona as taxas cobradas para aqueles que desejavam aprender a "Palavra de Maçom":

> Em Mason Hall, de Aberdeen, 20 de dezembro de 1709, na Honorável Loja mesmo sendo legalmente convocada e reunida para resolver qualquer composição sobre aqueles que serão Aprendizes em nossa referida *Lodge of Aberdeen*, e todos concordando unanimamente que os Aprendizes maçons dentro desta Loja devam pagar anualmente para o Benefício da Palavra de Maçom, 12 libras escocesas em sua admissão com todas as taxas necessárias para o Escrivão e oficial, com a falada pinta e jantar, e todos aqueles que serão admitidos em nossa Loja, e quem não serviu seu aprendizado nela, terão de pagar 16 libras escocesas, com todas as taxas conforme a forma indicada, este ato fica *ad futurem re memoriam* (um memorial para o futuro).
>
> Em fé do que nós, o Mestre e Vigilante e os Mestres desta Loja honrosa assinaram, testemunhamos com nossas mãos, no dia e na data acima mencionados.

Em 15 de novembro de 1717, George Gordon, professor de aritmética em Aberdeen, (foi) unanimamente admitido como membro desta Fraternidade, e com esta ata, Gould termina seus resumos desses registros. Entretanto, antes de deixarmos o assunto, ele expressou uma esperança, que será compartilhada por muitos estudiosos da Maçonaria, que, em pouco tempo, uma história completa da *Lodge of Aberdeen* seria escrita por alguém que, com razão, compreenderia o extraordinário caráter de seus antigos registros.

Capítulo 10

A Lenda de Kilwinning

Os Cavaleiros Templários maçônicos

Gould reporta uma tradição entre os maçons da Escócia que, após a dissolução dos Templários, muitos dos Cavaleiros fugiram para a Escócia e se colocaram por si próprios sob a proteção de Robert Bruce, e após a Batalha de Bannockburn, a qual ocorreu no Dia de São João Batista no verão de 1314, este monarca instituiu a Ordem Real de Heredom e de Cavaleiros da Cruz Rósea, estabelecendo sua sede principal em Kilwinning. Parece de algum modo improvável que, a partir dessa Ordem, o presente Grau maçônico de Rosa-Cruz de Heredom teve suas origens.

Gould diz que, qualquer que tenha sido a origem e a fundação da Ordem Real da Escócia, sua pretensão de ser a mais antiga Ordem maçônica de Cavalaria é presumivelmente válida. Ele observa que a separada Ordem Maçônica dos Cavaleiros Templários também foi instituída por maçons, mas não tem nada de maçônico em seu ritual.

Gould diz que, em respeito à história documentada da Ordem, ele tem presumível evidência de que uma Grande Loja Provincial da Ordem Real da Escócia reuniu-se em Londres, em 1696, e provas indubitáveis para mostrar que, em 1730, houve uma Grande Loja Provincial da Ordem no sul da Grã-Bretanha, que se reuniu no Thistle and Crown, em Chandos Street Charing Cross. Sua constituição é descrita como sendo de tempos imemoriais. Em 1747, o príncipe Charles Edward Stuart disse ter emitido sua famosa Carta de Arras, na qual ele afirmava ser Soberano Grão-Mestre da Ordem Real.

Gould cita a *História da Maçonaria*, de Lawrie, dizendo que a Maçonaria foi introduzida na Escócia por esses arquitetos que construíram a abadia de Kilwinning, e que os barões de Roslin, como hereditários

Grão-Mestres da Escócia, realizaram suas principais reuniões anuais em Kilwinning. Ele acha improvável que a crença popular nos Grão--Mestres Hereditários, com um grande centro em Kilwinning, nunca vai ser efetivamente erradicada, embora seu tom sugira que ele preferia isso. Ele diz que, como as águas levam tinturas e gostos dos solos através dos quais elas correm; desse mesmo modo os costumes maçônicos, embora provenientes da mesma fonte, podem variar de acordo com as regiões e circunstâncias de onde são plantados. E, com certeza, nem as tradições nem os usos da Maçonaria caíram desde a Antiguidade em um claro riacho sereno. Por que os corpos maçônicos da Escócia e da Inglaterra seguiram caminhos diferentes para a história é de se determinar, pois ele diz que tal tarefa se encontra fora de seu objetivo imediato, e por isso deixa o problema para um historiador do futuro, mas indica estas promissoras linhas de investigação.

Os dois centros lendários de atividade maçônica, York e Kilwinning, estavam ambos dentro do antigo Reino de Northumbria. Ele cita Disraeli observando que:

> A ocorrência casual do ENGLES deixando seu nome a esta terra tem concedido em nosso país uma designação estrangeira; e – para a contingência quase foi decorrente – teve no Reino de Northumbria preservada sua ascendência na octarquia, a sede do domínio que teria sido alterada. Nesse caso, as terras baixas da Escócia teriam formado uma parte da Inglaterra; York teria se situado adiante como metrópole da Grã-Bretanha, e Londres, mas este tinha sido um mercado remoto para seu porto e seu comércio.

Gould especula que os trabalhadores italianos importados para Northumbria pelos santos Bento Biscop e Wilfrid podem ter se formado em guildas, em uma imitação do colegiado (*collegia*), que talvez ainda existisse de alguma forma na Itália, para perpetuar a arte entre os nativos, e, portanto, deu origem à lenda de Athelstan e da Grande Loja de York. Mas, infelizmente, Northumbria foi o distrito mais completamente devastado pelos dinamarqueses, e novamente eficazmente devastado pelo conquistador, de modo que a teoria é impossível de ser comprovada.

Seja em Kilwinning ou em outro lugar, é razoavelmente claro que os trabalhadores em pedra escoceses do século XII vieram da Inglaterra. Os ingleses eram capazes de enviá-los, e os escoceses necessitavam deles.

Além disso, é uma justa presunção, a partir do fato de inúmeros ingleses de nobre nascimento tendo, por iniciativa do rei, se estabelecido na Escócia nesse período, que os artesãos do sul devem em breve tê-los seguido. De fato, no fim do século XII, os dois países pareciam um povo, ingleses viajando a lazer em toda a Escócia e os escoceses, da mesma forma, livres para perambular pela Inglaterra.

Gould conclui, porém, que é completamente impossível decidir quando a Lenda da Maçonaria, e de outras tradições maçônicas que estão consagradas nas Antigas Obrigações, foi introduzida na Escócia.

Conclusões da PARTE DOIS

Esta pesquisa por Robert Gould mostra, sem dúvida, que a Maçonaria teve origem na Escócia, e que está documentada como uma Maçonaria Especulativa por volta de 1599, e tinha Lojas em 1483. Ele acrescenta evidências para apoiar as afirmações de William Preston sobre o papel do rei James VI, e reproduz os Estatutos que William Schaw utilizou para estabelecer o moderno sistema de Loja. Ele cita a lenda dos Templários de Kilwinning, mas comenta que há duas Ordens maçônicas que se baseiam em tradições dos Cavaleiros do Templo: a Ordem Maçônica dos Cavaleiros Templários e a da Ordem Real da Escócia. E ele cria um caso para os St. Clair de Roslin terem realizado algum tipo de visão hereditária da Maçonaria nas terras baixas da Escócia, citando o papel do Vigilante de Aberdeen.

Esse material é perigoso para a reivindicação da Grande Loja Unida da Inglaterra, que a Maçonaria Especulativa se originou em Londres em 1717. O caso forte que Gould faz para uma origem escocesa para a Maçonaria deve ter sido extremamente perturbador para os mandarins da Grande Loja Unida da Inglaterra (GLUI) e os outros membros fundadores da *Quatuor Coronati*, que já tinham sido seus porta-vozes escolhidos antes que a Loja fosse formada. Eles devem ter ficado contentes que ele não pôde resistir à oferta de ajudar uma *"Première"* Loja de Pesquisa no âmbito da GLUI. À luz disso, talvez não seja surpreendente que a ênfase das edições posteriores de sua *História da Maçonaria* apoiassem a linha da GLUI muito mais claramente. Curiosamente, Gould foi promovido a Primeiro Grande Diácono da Grande Loja Unida da Inglaterra antes de publicar a versão da *História da Maçonaria*, que incluiu as ideias que descrevi acima. Ele nunca teve mais qualquer nomeação maçônica. Em outra parte de sua investigação anterior à *Quatuor Coronati*, Gould disse que os símbolos, metáforas e símbolos da Maçonaria podem ser divididos em três espécies diferentes. Em primeiro lugar, os derivados de várias formas de paganismo – o Sol, a serpente, luz e escuridão. Em segundo lugar, os derivados da profissão de maçom, como o esquadro e compasso. Em terceiro lugar, os derivados da Terra Santa, o Templo de Salomão, no Oriente, a Escada de Jacó, etc. Ele alegou que os dois primeiros poderiam ser encontrados como herança do reino de Northumbria. O terceiro grupo, ele sentiu, sendo de caráter de cruzada, a favor de uma conexão entre os maçons e os Cavaleiros Templários. Essas sociedades secretas emprestaram seus ritos de iniciação, todo o seu aparato de mistério, a partir de sistemas pagãos que foram originados na Northumbria, que estava no auge de seu poder durante o século XIV, quando os Templários foram desmantelados. Ele não investigou essa ideia em profundidade – afinal de contas, não seria uma área de pesquisa que iria valorizá-lo perante seus novos Irmãos da *Quatuor Coronati* –, mas inspirou dois de seus contemporâneos maçônicos para fazerem isso. O primeiro conjunto dessas ideias que eu quero observar são os de J. S. M. Ward, que olhou para as origens dos que são conhecidos como os Graus mais elevados da Maçonaria e as conexões que alguns desses Graus possam ter com os Cavaleiros Templários.

PARTE TRÊS
J.S.M. Ward
em
"A Maçonaria e os Cavaleiros Templários"

Capítulo 11

Os Altos Graus da Maçonaria

John Sebastian Marlowe Ward

John Sebastian Marlowe Ward nasceu em 22 de dezembro de 1885 na hoje conhecida cidade de Belize, Honduras Britânicas. Ele foi iniciado na Loja da Universidade Isaac Newton, enquanto era estudante de história em Cambridge, 1906. Ele pertenceu ao Arco Real, maçons da Marca, Ordem Real da Escócia, Cavaleiros Templários Maçônicos, Cavaleiros de Constantino e à Ordem do Monitor Secreto.

Ward serviu o Exército e trabalhou como oficial alfandegário antes de se tornar um escritor. Ele sempre foi um pensador progressista (queria admitir mulheres na Maçonaria) e também um místico – ele conseguiu ser excomungado da Igreja da Inglaterra por insistir que a segunda vinda de Cristo se daria a qualquer momento. Ele escreveu um grande número de livros sobre a história e os significados espirituais da Maçonaria e foi contribuinte para a Enciclopédia Britânica. Adicionalmente, criou o que chamou de Escola Antropológica de Pesquisa Maçônica, como uma resposta ao que Gould e a *Quatuor Coronati* foram, então, chamando de a autêntica escola de pesquisa maçônica. Ward sentiu que era melhor procurar semelhanças no ritual e tentar ver se havia raízes comuns, em vez de confiar apenas em livros de atas de Lojas, como Gould fez.

Um Mestre Passado da *Quatuor Coronati*, revisando a *Maçonaria e os Deuses Antigos* de Ward (*Ward's Freemasonry and the Ancient Gods*) na imprensa maçônica, disse:

> Absolutamente a mais pretensiosa publicação apelidada maçônica que apareceu na Inglaterra há algum tempo é a *Maçonaria e os Deuses Antigos*, oferecido por J.S.M. Ward como fruto de 14 anos de estudo e pesquisa, e publicado em forma atraente, com uma abundante bibliografia e índice.

O autor certamente revela paciência e diligência capítulo após capítulo, mas não podemos deixar de lamentar que sua energia não tenha sido aplicada em questões de seu próprio conhecimento, em vez de ser desperdiçada em assuntos muito mais bem trabalhados por outros... O Irmão Ward produziu uma obra de grande extensão, contendo muita informação curiosa, mas que é realmente de nenhum valor para o estudante de história maçônica.

(Minha própria pesquisa tem sugerido consistentemente que, quanto mais prejudicado por ataques pessoais criados por membros da *Quatuor Coronati* é um escritor, mais interessante é provável que seja o seu trabalho.)

As ideias na próxima seção são minha versão recontada das ideias de Ward sobre as origens da Maçonaria, conforme expresso na *Maçonaria e os Deuses Antigos*.

O que são os Altos Graus?

Existe um número de Graus adicionais na Maçonaria, e eles são conhecidos por vários termos, sendo que nenhum deles é bem satisfatório. Usualmente são chamados de Altos Graus, mas isso irritou alguns Irmãos, por isso foi sugerida a alternativa dos Graus Avançados. Às vezes, eles são chamados de Graus Colaterais, que era um nome adequado quando não havia órgão supremo para controlar um determinado Grau, mas agora todos os Graus têm governantes regulares.

Uma vez que muitos Graus foram conferidos atropeladamente, da mesma maneira que o Grau de Cork ainda é. Depois de uma reunião de Loja, dois ou três Irmãos podem perguntar:

"Você gostaria de ser feito um Monitor Secreto?"

O Irmão, então, será levado para uma tranquila sala ao lado e terá o diploma conferido a ele. O ritual era muitas vezes simples, que consistia principalmente em toques, símbolos e palavras. Os Graus que se iniciam dessa forma são o Monitor Secreto, o Nauta da Arca Real e São Lourenço, o Mártir. Alguns Graus, entretanto, nunca foram tão simples. O Rosa-Cruz, por exemplo, requer um ritual elaborado e simbolismo que atinge seu ápice. Os Graus adicionais recaem em três classes. Primeira, Graus que expandem o sistema da Maçonaria Simbólica; segunda, Graus que são embasados na cruz e *vesica piscis*; e terceira, os Graus colaterais de uso prático. No terceiro grupo existem vários Graus que possuem uma característica em comum: seu ritual e simbolismo é fraco, e seu principal objetivo é a ajuda e apoio mútuos.

Os Graus de São Lourenço e o da Arca Real foram originados entre os maçons operativos no século XVIII, como uma forma de separar maçons reais dos novos especulativos. Como uma forma de autoajuda, eles reuniram operativos genuínos que se sentiram privados de uma real fraternidade e hesitavam em pedir por assistência, se eles estivessem em dificuldades, a um cavalheiro especulativo.

O Monitor Secreto iniciou nos Estados Unidos, no meio do século XIX, em torno da época da Guerra Civil. A Maçonaria Americana estava crescendo, mas muitos Irmãos sentiam que o velho espírito de amizade e de ajuda mútua poderia morrer, a menos que de alguma forma fosse reforçado. O Monitor Secreto foi trazido para atender a essa necessidade, e logo teve mais de 4 milhões de membros nos Estados Unidos. Maçons modernos muitas vezes têm o mesmo tipo de preocupações. Reunimo-nos três ou seis vezes por ano em uma Loja ou Capítulo, mas dificilmente nos conhecemos uns aos outros; os Graus mais elevados se dão mais oportunidades de se conhecer.

O Monitor Secreto utiliza a antiga ideia de Aberdeen de um Mentor. Todo Irmão é colocado aos cuidados de um Diácono, cujo dever é o de manter contato entre as reuniões e apresentar um relatório ao Conclave de que ele está bem; caso um Irmão tenha algum problema, ele pode recorrer ao seu Diácono para obter ajuda. Esse esquema depende, para seu sucesso, do empenho dos Diáconos. Se eles falharem, o sistema entra em completo colapso (um dos problemas que Ward vê com muitos dos Graus adicionais é que os oficiais são nomeados rotativamente, sejam eles adequados ou não, em vez de serem nomeados pelo mérito). Uma vez que agora existem poucos operativos que ficaram na Maçonaria, os Graus da Arca Real e os de São Lourenço têm deixado apenas o encanto de seu ritual e seu simbolismo simples para mantê-los. No entanto, Ward pensa que o Monitor Secreto, quando é bem trabalhado, proporciona muito a necessária ajuda e o apoio mútuo. Há dois Graus no Monitor Secreto, e, anexados a ele há sete Graus do Cordão Escarlate. Para um colecionador de Graus, há nove para serem adquiridos, sob os auspícios do Grande Conselho do Monitor Secreto, e quando Ward inclui o Grau da Cadeira, ele totaliza dez.

Os Nautas da Arca Real é uma Loja especial anexada a uma Loja da Marca, assim como um Capítulo do Real Arco que é anexado a uma Loja maçônica, e é governado pela Grande Loja da Marca. O Grau de São Lourenço é o primeiro dos Graus Aliados.

Grupo I – Graus da Maçonaria Simbólica

A Maçonaria pode ser dividida em Maçonaria Cristã e Não Cristã, ou seja, a Maçonaria que investiga a Cruz, e a Maçonaria que aborda a Natureza de Deus. Os Graus da Cruz não são, em todos os casos, essencialmente cristãos, mas a regra na Inglaterra é que somente cristãos são admitidos para ingressar. Em um ou dois casos isso cria uma situação estranha, em que Graus que claramente não são cristãos só podem ser alcançados por maçons que tomaram primeiro Graus cristãos. Isso se aplica no caso da Cruz Vermelha da Babilônia, que só podem ser tomados por maçons que já possuem o Grau de São Lourenço, o Mártir. Para a mente de Ward, a Ordem ideal dos Graus não cristãos seria:

Aprendiz Maçom – Mestre Real
Companheiro Maçom – Mestre Seleto
Homem da Marca e Mestre da Marca – Superexcelente Mestre
Mestre Maçom – Arco Real
Mestre Passado – Cruz Vermelha da Babilônia
Mui Excelente Mestre – Grande Alto Sacerdote

Quando arranjadas nessa ordem, as séries levariam o maçom em uma ordem histórica por meio da lenda da Maçonaria. Ela começaria com a construção do Templo, explanando muitos detalhes interessantes de sua construção, contando-nos da grande tragédia quando os segredos foram escondidos na Abóbada Secreta. Ela explicaria por que o Templo foi destruído, por que e como ele foi reconstruído, descreveria o redescobrimento dos segredos perdidos, do heroísmo de Zorobabel, o maçom que ganhou a aprovação do rei da Pérsia e completaria o Segundo Templo. Finalmente, a série oferecia encorajamento profético para tornar-se parte de um novo sacerdócio, a Ordem de Melquisedeque. Ward pensa que, como um exercício em simbolismo, essa sequência manteria em separado o estudo da natureza da Divindade do estudo do mistério da Cruz. Mas eventos históricos fazem com que essa sequência lógica seja impossível na Inglaterra.

A Maçonaria Inglesa ganhou muito com a União de 1813, mas também perdeu muito. Ward alega que o duque de Sussex manteve fortes visualizações deístas e eliminou todos os ensinamentos cristãos dos Graus da Maçonaria Simbólica, e enfraqueceu os Graus cristãos. Como um resultado direto, os Graus cristãos caíram em decadência, muitos quase desapareceram completamente. Ele pensa que o fato de alguns terem sobrevivido e prosperado é uma testemunha muito forte de seu real valor espiritual.

Quando a formação da Grande Loja Unida da Inglaterra forçou estes Graus cristãos a se defenderem sozinhos, estranhas alianças foram forjadas e novos Soberanos Corpos foram criados com pouco respeito a um arranjo lógico de sua sequência. Os que foram responsáveis estão mortos há muito tempo e sua culpa ficou no passado, mas Ward diz que devemos ser gratos àqueles que salvaram tantos do naufrágio. Ele admite que o que está feito não pode ser desfeito, e a Maçonaria foi deixada com uma infinidade de Corpos Soberanos; onde estivessem dois ou três, no máximo, teria sido muito melhor.

As seções a seguir abordam, por sua vez, todos os Graus da Cruz que Ward conhecia.

Grupo II – Os Graus Maçônicos da Cruz

O 18º Grau do Rito Escocês Antigo e Aceito (*The Antient and Accepted Rite*) é o mais conhecido Grau Maçônico da Cruz, mas muitos dos Graus intermediários do Corpo são claramente não cristãos, nem o seu 30º Grau é estritamente cristão. A sequência de Graus é controlada pelo Supremo Conselho dos Trinta e Três Graus.

O Grande Priorado confere os Graus de Cavaleiro Templário, de Passe Mediterrâneo e o de São João de Malta.

O Grande Conselho Imperial controla os dois Graus da Ordem Real da Escócia – Cavaleiro de Harodim e Cavaleiro da Cruz Rósea. Eles também controlam a Cruz Vermelha de Constantino, Cavaleiros do Santo Sepulcro e de São João. Ambos os grupos de Graus foram criados imitando as Ordens de Cavalaria da Idade Média, e existe também a Sociedade Rosa-Cruz, a qual possui nove Graus.

Estes são os Graus maçônicos que Ward podia associar estritamente com a Cruz. São Lourenço e os Cavaleiros de Constantinopla são também Graus cristãos, mas eles estão empacotados com o Grande Cobridor do rei Salomão e uma versão do Monitor Secreto sob o controle do Conselho dos Graus Aliados.

Graus adicionais

O primeiro Grau adicional que Ward recomenda após o Terceiro Grau são a Marca e o Arco Real. Alguns Irmãos dizem que se deve ingressar na Marca primeiro, porque seu simbolismo é muito associado com o Grau de Companheiro, mas outros dirão que você deve ingressar no Arco Real primeiro, porque ele detém os segredos genuínos de um Mestre Maçom. Seja qual for a ordem que você decidir, Ward aconselha esperar até que você tenha aprendido algo do que eles significam, antes de continuar ingressando em mais Graus.

O Grau de Nautas da Arca Real é anexado ao Grau da Marca, mas Ward acredita que ele seja um Grau operativo. Ele conta a lenda maçônica do Dilúvio. Ele não está conectado com a Arca da Aliança, a qual é tratada em um dos Graus Crípticos; nem é similar ao 21º Grau do Rito Escocês Antigo e Aceito.

Os Graus crípticos

Você deve ter o Grau da Marca e ser um maçom do Arco Real antes de poder ingressar nos Graus do Rito Críptico. Existem quatro deles, e eles são usualmente dados sequencialmente em uma noite. Os nomes dos Graus são *Mui* Excelente Mestre, Mestre Real, Mestre Seleto e Superexcelente Mestre. Eles são governados pelo Grande Conselho de Mestres Real e Seleto. Os Graus alegam explicar partes do Arco Real que de outra forma seriam difíceis de entender. O Grau de *Mui* Excelente Mestre não é o mesmo Grau Escocês de Excelente Mestre, na Escócia; o Grau de Excelente Mestre é conferido a um maçom do Arco Real inglês que não tenha participado da cerimônia da Passagem dos Véus. A Passagem dos Véus era em uma parte do tempo do Arco Real, mas na Inglaterra ela é somente trabalhada em Bristol, Yorkshire, Northumberland e Lancashire. Ward pensa que a Passagem dos Véus é uma importante parte do Grau do Arco Real, e, na maior parte dos Estados Unidos, um maçom do Arco Real inglês é colocado em uma posição similar à que está na Escócia, no que ele não será admitido no Capítulo até que tenha passado os Véus. Os quatro Véus representam os Vigilantes dos Portais de Amenti, e, até que você tenha passado através dos estágios superfísicos que eles simbolizam, não pode se aproximar da Luz Central. Uma vez que você tenha ingressado nos Graus crípticos, você será bem aconselhado para ingressar nos Graus aliados com o objetivo de obter a Cruz Vermelha da Babilônia.

Os Graus aliados

Em teoria, o Conselho para os Graus Maçônicos Aliados controla um grande número de Graus, mas somente seis são realmente trabalhados. Eles são: São Lourenço, o Mártir, Cavaleiro de Constantinopla, Cruz Vermelha da Babilônia, o Grande Cobridor do rei Salomão (ou maçom Eleito dos Vinte e Sete), o Monitor Secreto e o Grande Alto Sacerdote. Para se qualificar para o ingresso no último Grau, você deve já ter servido como Terceiro Principal no Arco Real, e também passado através da Marca. Somente os Oficiais desses Graus utilizam paramentos, mas existe uma joia em separado para cada Grau.

Rosa-Cruz

A qualificação para ingressar no Grau Rosa-Cruz é que você deve se professar como um cristão e deve ter sido um Mestre Maçom por, no mínimo, um ano. Ele é administrado pelo Supremo Conselho dos Trinta e Três Graus.

Ordem Real da Escócia

A Grande Loja da Ordem Real da Escócia pode somente se reunir em Edimburgo, na Escócia. Na Inglaterra, seus Graus podem somente ser conferidos em uma Grande Loja Provincial. Existe uma em York, uma em Windsor, uma que cobre Londres, uma em East Anglia, uma no oeste da Inglaterra e uma para os condados do norte de York.

Para ingressar no Grau de Harodim, ou Primeiro Grau, um Irmão deve ser sido Mestre Maçom por cinco anos. Essa regra se aplica a York e Windsor, mas a Grande Loja Provincial Metropolitana somente admite membros do 30º Grau do Rito Escocês Antigo e Aceito. Isso é algo similar ao sistema usado pela Loja Apollo, em Oxford, a qual somente admite membros da Universidade, embora não exista regulamento para esse efeito. Todos sabem que somente membros da Universidade serão admitidos na Apollo, e estes que não são "Homens do time do colégio" se aplicam a outras Lojas de Oxford. Similarmente, os maçons de Londres, que não são membros do 30º Grau do Rito Escocês Antigo e Aceito, sabem que eles devem ir para Windsor para ingressar na Ordem Real da Escócia.

Ward pensa que esses Graus são alguns dos mais interessantes na Maçonaria. A Ordem Real tem sido trabalhada desde, no mínimo, 1743, e, mesmo naquela época, havia dois Capítulos Tempos Imemoriais em existência. O Ritual é um curioso velho verso rimado, o qual mostra todos os sinais de idade avançada, e o arranjo do Grau, e o confirma em sua crença que, mesmo em sua forma atual, esse Ritual é extremamente antigo.

O Capítulo de Windsor se reúne na antiga Guild Hall naquela cidade, e seu próprio título é Grande Loja Provincial dos Condados do Sul da Inglaterra *(Provincial Grand Lodge of the Southern Counties of England)*.

O ritual é similar às partes da Cruz Vermelha da Babilônia, o Arco e o Rosa-Cruz. Durante uma parte do ritual, o candidato deve caminhar em sentido contrário ao do Sol, e é por isso que o candidato deve ter passado pelos véus antes de ser elegível para esse Grau. De acordo com a antiga crença maçônica, somente além da escuridão do véu norte é que o Sol vai de oeste para leste.

Os Cavaleiros Templários maçônicos

O corpo supremo é o Grande Priorado. Na Inglaterra, as vestes consistem em uma túnica e manto brancos, adornados com uma cruz vermelha, um barrete, um cinto para a espada, uma espada com manuseio cruzado, faixa preta, estrela e joia.

O Passo Mediterrâneo é tratado como um passo intermediário em direção ao Grau de Cavaleiro de São João de Malta. O símbolo distinguindo desse Grau é uma joia; existe um uniforme completo, feito de uma manta preta com uma cruz branca e uma túnica vermelha, mas raramente é usado, exceto pelos oficiais do Priorado.

Esse Grau templário é trabalhado em Preceptórios, enquanto o Grau de Cavaleiro de São João de Malta é conferido em um Priorado. Rigorosamente falando, estas são Ordens maçônicas e não Graus, embora o nome "Grau" seja muitas vezes usado livremente. Ward compara o Grau de Templários ao de Terceiro Grau, mas diz que o de Cavaleiro de São João é simbólico e metafísico como o Arco Real.

Somente cristãos são admitidos nesses Graus. Na América eles vestem um avental e um chapéu de bicos, enquanto o Cavaleiro de São João de Malta veste um avental com uma cruz vermelha no meio. O ritual de São João de Malta não é dado por completo no sistema americano de trabalho do Grau: somente os sinais e palavras são comunicados, após o Irmão ter sido feito Cavaleiro Templário. Na Inglaterra e Escócia ele é trabalhado por completo, e Ward acha isso fascinante. Mas ele diz que isso demanda um grande número de oficiais para realizá-lo bem. Por essa razão, ele é usualmente conferido em um Grande Priorado, mas isso pode resultar em um lote de candidatos tomando ao mesmo tempo, o que pode prejudicar o trabalho. Ward ficou feliz que ele fora capaz de ter seu Grau conferido em seu próprio Priorado.

O próximo nível para um maçom interessado é o 30º Grau, o que na prática raramente é dado a quem não tenha servido como um *Mui* Sábio Soberano em um Capítulo Rosa-Cruz. Os três Graus remanescentes são somente dados como uma recompensa por serviço maçônico, e seus números são estritamente limitados (sistema inglês).

Os outros Graus deixados para ser tomados são o de Cavaleiro da Cruz Vermelha de Constantino, após o qual você pode continuar para o de Cavaleiros do Santo Sepulcro e de São João.

A Sociedade Rosa-Cruz tem nove Graus e, para se tornar um Zelator, o menor Grau, você primeiro deve ser um Mestre Maçom. Os grupos são chamados de Colégios e seu propósito é o de estudar o significado da Maçonaria e seus antigos mistérios. A promoção para os vários Graus é por mérito e, para os altos Graus, o membro deve se qualificar lendo um trabalho em algum tema profundo ou o de prestar serviço notável para a Sociedade.

Existe outro Grau que vale a pena ser mencionado, a Ilustre Ordem da Luz. É somente trabalhado em Halifax e Londres, e requer uma série mais elaboradamente decorada de salas para o correto desenvolvimento de seu ritual. A admissão é usualmente restrita para aqueles que tenham passado o quinto Grau na Sociedade Rosa-Cruz. Os Graus são embasados nos mistérios egípcios e indianos, levando um longo tempo para ser feitos. É um Grau muito impressionante, mas Ward pôde achar pouca informação autêntica para sua origem ou história (ele ainda é trabalhado em Halifax. RL). Ward diz que todos os Graus que foram discutidos nos contam uma história sensível, se você os tomar em ordem. A sequência é: Antigo Testamento, Novo Testamento, e a vida cristã em ação.

O Grau de Sacerdote de Cavaleiro Templário do Santo Real Arco, ainda conferido no norte da Inglaterra, é um genuíno Grau antigo. O Grande Conselho de Cavaleiros da Grande Cruz do Santo Templo de Jerusalém, o qual já existia em Newcastle em tempo imemorial, tem o poder de conferi-lo. Eles entraram em um Tratado de Aliança com o Grande Conselho dos Graus Aliados em 1º de janeiro de 1897.

Ward listou todos os Graus de que ele tinha conhecimento e diz que são de indubitável autenticidade que eles trabalharam na Inglaterra. Excluindo os Graus intermediários do Rito Escocês Antigo e Aceito, os quais não são trabalhados, e os vários Graus da Cadeira, e incluindo os sete Graus do Scarlet Cord, ele lista no mínimo 45 Graus sendo trabalhados na Inglaterra. Se você incluir os vários Graus da Cadeira, e os Graus intermediários, tais como o Passe Mediterrâneo, o 17º Grau e o 29º Grau, você pode aproximadamente dobrar o número. Como Ward observa, o sério aluno da tradição maçônica tem muito para estudar.

Tendo visto as ideias de Ward em Graus mais elevados da Maçonaria e sua relação com o outro, agora vou seguir em frente e olhar para seus pontos de vista sobre as ligações entre a Maçonaria e os

Cavaleiros Templários. A lenda de Kilwinning diz que um contingente de Cavaleiros Templários que foram baseados na Loja Maçônica da Mãe Kilwinning apoiou o rei Robert na Batalha de Bannockburn, e, como recompensa por essa ação, a maçônica Ordem Real da Escócia foi criada para recompensá-los. Gould era cético em relação a essa história, e Preston não a mencionou, dizendo apenas que, ao mesmo tempo, os Grão-Mestres dos Cavaleiros Templários também foram Grão-Mestres da Maçonaria. Vamos ver o que Ward tem a dizer.

Capítulo 12

Os Cavaleiros Templários

Inícios

No ano 1118, Hughes de Payens e oito outros Cavaleiros formaram uma liga para proteger os peregrinos que vinham à Terra Santa. Eles prestaram votos perante o bispo de Jerusalém de viver e lutar por Jesus Cristo em castidade, obediência e pobreza. Sua Ordem cresceu rapidamente, e, dez anos depois, Hughes retornou para a Terra Santa à frente de 800 recrutas nobres da Inglaterra e da França. São Bernardo de Clairvaux se tornou seu patrono, e, pela Sua morte, a Ordem se espalhou por toda a Europa. No fim do século XII, era uma das organizações mais poderosas do mundo cristão.

A Ordem tinha três classes: Cavaleiros, que lutavam; padres, que rezavam (ambos tinham de ser de descendência nobre); e Irmãos serventes, que não tinham de ser de origem nobre. Os Novatos podiam prestar votos por um número fixo de anos, ou por toda a vida. Uma das regras da Ordem convocava seus membros para viver em pobreza, e seu emblema mais antigo mostrava dois Cavaleiros cavalgando um cavalo, para denotar humildade e pobreza. Mas essas virtudes não duraram muito. Os Templários logo se estabeleceram em grandes castelos acima e abaixo da Terra Santa, e seu orgulho tornou-se proverbial. O rei de Jerusalém, Baldwin II, deu-lhes o uso de um edifício no Monte Moriá, perto do local do Templo do rei Salomão, e, a partir disso, eles têm seu nome de Cavaleiros do Templo. Quando Jerusalém foi tomada pelos muçulmanos, eles mudaram sua sede para o Castelo Pilgrim, em Acre. Eles foram expulsos de Acre em 1295 e, em seguida, retiraram-se para Chipre.

Eles vieram pela primeira vez para a Inglaterra e criaram um Priorado no Templo Antigo, perto do que é agora Southampton House, em

Londres, durante o reinado do rei Stephen. Em 1185 eles se mudaram para o sítio da Igreja do Templo, em Fleet Street, em Londres. O rei Luís VII, da França, deu-lhes um local em Paris, que se tornou famoso como o Templo de Paris. Esses quartéis-generais na Inglaterra e França foram suas principais estações de recrutamento, e eles rapidamente começaram a adquirir doações de propriedades na Inglaterra, Escócia e França. No momento de sua dissolução, diz-se que possuíam mais de 9 mil grandes mansões. Suas propriedades foram espalhadas por toda a Inglaterra, sendo 25 só em Yorkshire.

Durante a luta na Palestina, muitos Cavaleiros morreram, e eles lutaram muitas batalhas difíceis para provar sua devoção à Cruz. Na batalha de Ascalon, eles sitiaram Saladino, mas o Grão-Mestre e a maioria dos Irmãos foram deixados mortos no campo de batalha. Existe também o que parece ter sido uma estreita ligação entre eles e os Assassinos, ou seguidores do Velho Homem das Montanhas, e é uma tradição que dois dos nove fundadores originais dos Templários foram afiliados aos Assassinos. (Ward diz que "Assassinos" não significa sempre "Homicida", mas era o nome dado para alguém que tomasse a droga haxixe [*hashish*]. Esse estimulante foi um método que os guerreiros usavam para motivar-se antes de irem para a batalha.)

Os Assassinos eram membros de uma seita mística, panteísta, e Ward diz que eram amargamente hostis aos muçulmanos (embora eles *fossem* muçulmanos – uma subseita ismailita em oposição à maioria sunita) e igualmente detestado por eles. A primeira associação entre os Templários e os Assassinos foi, provavelmente, uma aliança mútua contra um inimigo comum. No entanto, ela terminou com os Assassinos tendo de prestar homenagem ao Grão-Mestre do Templo, e em 1249 seu chefe ofereceu-se para se tornar cristão, se os Templários liberassem sua seita dessa obrigação.

Vinte anos antes de os Templários serem expulsos de Acre, os Assassinos foram praticamente aniquilados pelos sarracenos (seus descendentes são o Aga Khan e seus seguidores). Após a queda de Acre, o Grão-Mestre templário e a maioria dos Cavaleiros foram mortos, e a Ordem foi reagrupada em Chipre. No entanto, eles não tentaram recuperar Jerusalém; em vez disso, começaram a travar brigas europeias mesquinhas, parecendo que eles teriam abandonado sua tarefa de defender a cristandade, e deixando a si mesmos abertos aos ataques de seus inimigos. Esse hiato em sua atividade só pode ter sido temporário, mas pela intervenção do rei Filipe IV, da França, que os atacou em 1307.

Naquela época, os Templários contavam com 15 mil Irmãos ativos e perto de 40 mil filiados, mas tinham poucos amigos na França. Seu orgulho e riqueza alienada do povo, e sua vontade de admitir homens de origem modesta, despertaram a indignação da nobreza. Os Templários combinavam arrogância com origens humildes, atraindo antipatia imediata, e os reis da Europa instintivamente faziam objeções a uma Ordem cosmopolita, que tinha assumido algumas das melhores propriedades em seus reinos, e não lhes pagou nenhum serviço ou impostos.

Mesmo o clero odiava os privilégios concedidos aos Templários por vários papas. Eles respondiam apenas ao papa e não estavam sujeitos à autoridade dos bispos, em cujas dioceses ficavam seus negócios; portanto, não poderiam excomungá-los ou controlá-los de alguma forma. Quando o papa Alexandre III criou o cargo de Sacerdote de Cavaleiro Templário dentro da Ordem, de modo que os Templários pudessem confessar aos seus próprios sacerdotes, eles foram capazes de ignorar totalmente o clero paroquial. Tornou-se uma tradição templária não se confessar ao clero externo sem uma permissão especial, o que servia para manter invioláveis os segredos da Ordem, mas também permitia que as heresias continuassem incontroladas. A gota d'água deve ter sido quando o papa Inocêncio III liberou o clero templário de qualquer dever de obediência ao bispo diocesano.

A absoluta autonomia dos Templários deu origem à suspeita e às acusações de heresia, e pior, que eram feitas contra eles. Em algumas matérias, os Templários foram pouco ortodoxos de acordo com as ideias de sua idade. Assim, é evidente, a partir de transcrições de suas provas, que as formas de confissão e de absolvição que eles usavam não eram as mesmas utilizadas pelo clero ortodoxo.

No século XIV, existiam três importantes Ordens militares: os Cavaleiros Teutônicos, os Hospitalários e os Templários. Os Cavaleiros Teutônicos estavam fazendo um trabalho útil contra as selvagens tribos eslavas na fronteira alemã e, uma vez que eles estavam lá concentrados, eram difíceis de ser atacados. Os Hospitalários não eram, nem de longe, tão ricos como os Templários, mas estavam ativamente engajados na luta contra os turcos no Oriente Médio – e eles tiveram um sábio Grão-Mestre (ele recebeu a mesma convocação que Jacques de Molay do papa Clemente V, mas, suspeitando de traição, arranjou uma desculpa para não ir, porque estava muito ocupado sitiando Rodes). Felipe, o Belo, da França – ou Felipe, o Falso, como seus inimigos o chamavam – odiava os Templários por muitas razões, a não menos importante porque se recusaram a admiti-lo em sua Ordem. Ele também odiava o papa Bonifácio VIII e, quando o papa Clemente V assumiu o comando, exigiu uma investigação sobre a vida e as ações de Bonifácio. Clemente estava em uma posição fraca, pois seu trono papal tinha sido presente do rei da França; e, quando Felipe acusou Bonifácio de ateísmo, blasfêmia e imoralidade, Clemente estava disposto a acalmá-lo para evitar o escândalo de uma investigação pública. Naquela ocasião, o papa estava vivendo em território francês, em Avignon, onde ele tinha sido forçado a ficar pelo rei francês, por isso foi para a França que Clemente convocou o Grão-Mestre dos Templários para discutir uma nova cruzada.

Jacques de Molay foi para a França e, em 13 de outubro de 1307, foi preso por ordem de Felipe. Ele foi retirado do Templo de Paris, com 60 Cavaleiros. Felipe acusou-os de heresia, idolatria e vícios degradantes. O rei tinha enviado anteriormente ordens seladas para todos os governadores provinciais, que, na madrugada de sexta-feira, o 13º dia, prendeu todos os membros da Ordem na França.

Felipe baseou suas acusações no depoimento de duas testemunhas – Noffo Dei e Squin de Florian, ambos expulsos dos Templários por graves crimes, sendo homens em cuja palavra não se podia confiar. Mas Felipe contou com algo mais eficaz do que a palavra de dois bandidos. Ele empregou a tortura mais diabólica. Seu Grande Inquisidor, William Imbert, foi apoiado pelos dominicanos, que já detestavam os Templários. Torturador hábil que era Imbert, quase sempre conseguiu extrair confissões de suas infelizes vítimas. Alguns Cavaleiros foram convidados: "Vocês gostariam de defender a Ordem?". Eles responderam: "até a morte", e a maioria que respondeu dessa forma foi queimada na fogueira.

Em novembro de 1307, o papa emitiu uma bula declarando que os chefes da Ordem haviam confessado a verdade dos crimes de que foram acusados, e ele enviou instruções para Edward II da Inglaterra para prender todos os Templários em seu reino. O rei inglês recusou, dizendo que os Templários eram fiéis à pureza da fé católica. No entanto, Edward estava no meio de resolução de um casamento com a filha de Felipe, Isabella de França, e seu futuro sogro colocou tanta pressão sobre ele que Edward, em última análise, cedeu e apreendeu os bens dos Templários, embora não os tenha prendido ou torturado. Esse atraso permitiu que muitos dos Cavaleiros, alertados pelo destino que os ameaçava com o que estava acontecendo na França, escapassem na obscuridade. Se existir uma ligação real, é a partir desses Cavaleiros que a sucessão maçônica dos Templários deve ser derivada.

Uma Comissão Papal chegou à Inglaterra em setembro de 1309 e insistiu que Templários fossem presos e levados para Londres, Lincoln e York para julgamento. Muitos fugiram, principalmente no norte, onde o xerife de York foi repreendido por permitir-lhes vagar por todas as terras.

Naquela época, a Escócia estava nominalmente sob o domínio inglês. Escócia e Irlanda foram incluídas nas mesmas instruções, e os Templários de ambos os países foram levados para Dublin para julgamento. É improvável que muitos Templários escoceses tenham sido capturados, e, nessas circunstâncias, a tradição da Ordem Real da Escócia, assim como os Maçônicos Preceptórios Templários escoceses podem muito bem ter uma base sólida. É provável que esses Cavaleiros escoceses se juntaram aos rebeldes escoceses em 1314 na Batalha de Bannockburn, para lutar contra o governo inglês que os estava perseguindo. Na verdade, o que mais eles poderiam fazer? Eles estavam lutando contra homens. Se eles não podiam lutar contra o infiel, nem por Edward II, por que não lutar por seu oponente, o rei Robert da Escócia?

Finalmente, o rei Edward rendeu os Cavaleiros acusados à lei eclesiástica, mas até março de 1310 nada foi feito. Naquela época, a tortura não era permitida na Inglaterra, e, sem surpresa, nenhuma confissão foi obtida. O papa alertou Edward II que ele estava pondo em perigo a si mesmo por dificultar a Inquisição, e até mesmo ofereceu ao rei a remissão de todos os seus pecados se ele o ajudasse. Isso era muito tentador para que Edward resistisse, e em 1311 ele permitiu que a tortura fosse utilizada. Três dos acusados confessaram, mas os resultados foram insatisfatórios do ponto de vista do papa. Os presos admitiram ser culpados de heresia e concordaram em fazer penitência. Eles passaram o resto de suas vidas em vários mosteiros, mas receberam boas pensões; William de la More, Mestre da Ordem na Inglaterra, recebeu dois *schillings* por dia, e os membros ordinários quatro *pence* (uma soma muito adequada então). O rei deu a maioria das propriedades dos Templários aos seus favoritos, mas algumas passaram aos Cavaleiros Hospitalários.

Na Itália, um inquérito em Ravenna decidiu que todos os Templários eram inocentes, mesmo aqueles que confessaram sob tortura, mas em Florença a tortura conseguiu fazer com que muitos confessassem crimes repugnantes. Em Castela, os Templários pegaram em armas e tomaram as montanhas. A lenda diz que se tornaram anacoretas e foram tão santos que, quando eles morreram, seus corpos permaneceram não corrompidos. (A existência de tal tradição indica que em Castela eles não eram considerados homens maus.) Em Aragão eles foram absolvidos e aposentados, mas em 1317 uma nova Ordem foi fundada, o que Ward denomina como A Ordem dos Cavaleiros de Notre Dame de Montesa (*L'Ordre des Chevaliers de Notre Dame de Montesa*). Eles adotaram a regra e as roupas dos Templários, com a aprovação do papa João XXII. Esses Cavaleiros foram grande trunfo para Aragão, que estava envolvido em guerra constante com os mouros e não teria conseguido sem eles.

Em Maiorca, os Templários foram aposentados, e, em Portugal, o rei D. Dinis também superou sua dificuldade de em fundar uma nova Ordem em 1317, que foi realmente uma continuação da Ordem dos Templários, sendo chamada de Companhia de Jesus Cristo. Ela foi formalmente aprovada pelo papa João XXII em 1318, e muitos Templários juntaram-se a ela, muitas vezes mantendo sua posição de origem. Seu castelo em Belém, perto de Lisboa, manteve seus escudos exteriores mostrando a Cruz dos Templários.

Na Alemanha, os Cavaleiros Templários convenceram a nobreza de que eram inocentes, e a maioria escapou com vida. Muitos se juntaram à Ordem Teutônica, e fizeram um bom serviço na Prússia contra os eslavos. Na Boêmia, os Templários mantiveram suas propriedades e foram autorizados a legá-las aos seus herdeiros.

Só na França eles eram tratados com crueldade e injustiça. Felipe não fez nenhuma tentativa de dar aos Cavaleiros um julgamento justo. Uma bula emitida por Clemente em 12 de agosto fingiu dar os resultados de um exame que não foi realizado até 17 de agosto. Ele também alegou que as confissões foram espontâneas, o que era uma absoluta mentira. Ward cita um exemplo para demonstrar a brutalidade da perseguição e da traição do rei. Em 1310, Clemente apelou à Ordem para que ela se defendesse e dissesse por que ela não deveria ser suprimida. Quinhentos e trinta e seis Cavaleiros se ofereceram para defender a Ordem, e Felipe prometeu que eles estariam livres de perigo. Eles devidamente compareceram perante a Comissão Papal em Paris e seus sofrimentos foram relacionados. (Um cavaleiro mostrou aos comissários os pequenos ossos dos pés, que caíram quando ele foi torturado pelo fogo.) Mas, uma vez que os Cavaleiros estavam em seu poder, Felipe quebrou sua palavra e ordenou que fossem processados. Como alguns já haviam confessado heresia sob tortura, sua defesa da Ordem foi tratada como uma recidiva, e por isso podiam ser queimados na fogueira.

Felipe não mostrou misericórdia. Os Templários foram queimados em lotes, e as contas de seus sofrimentos são terríveis. Cinquenta e quatro foram queimados por Felipe de Marigni, arcebispo de Sens, e, apesar de seus gritos de angústia, nem um deles se retratou ao ser queimado. No entanto, vendo o que os esperava, muitos dos outros Cavaleiros retiraram sua defesa. Aymeric de Villars le Duc foi arrastado perante o tribunal em 15 de maio, três dias depois de ter visto os 54 levados para o fogo, e ele disse aos comissários que, sob tortura, ele poderia jurar qualquer coisa que fosse necessária. Ele mesmo admitiu que tinha assassinado o próprio Senhor.

Foram utilizados diversos métodos de tortura. Lascas de madeira foram introduzidas sob as unhas, ou nas articulações dos dedos; dentes foram arrancados; pesos pesados pendiam das partes penduradas do corpo; o fogo foi estabelecido sob as solas dos pés, que foram primeiramente esfregadas com óleo. Quase todas as torturas posteriormente usadas pela Inquisição espanhola foram experimentadas e testadas sobre esses homens que, antes de 1307, tinham sido os campeões do Cristianismo contra os turcos. Mesmo os mortos não foram autorizados a descansar. Felipe ordenou que os restos mortais de um ex-tesoureiro da Ordem, que morrera havia cem anos, fosse desenterrado e queimado.

Ward se apressa sobre o restante da história de perseguição dos Templários e a apreensão de seus bens, e discute brevemente a morte de seu Grão-Mestre. Ele diz que Jacques de Longvy de Molay era nobre de nascimento e ingressou na Ordem em Beaune, em 1265. Ele era um valente soldado e foi eleito Grão-Mestre em 1298.

Durante sua tortura, ele confessou e escreveu uma carta aconselhando outros Cavaleiros para fazer o mesmo, dizendo que eles tinham sido enganados por erro antigo. Ele admitiu a negação de Cristo, mas negou dar permissão para a prática de vícios. Em 22 de novembro de 1309, ele compareceu perante a Comissão Papal, em Paris, e foi perguntado se ele gostaria de defender a Ordem. Ele disse que essa era a única razão por que ele estava lá. Na quarta-feira, 26 de novembro, ele compareceu novamente perante a Comissão e ouviu quando eles liam sua confissão. Ele disse que estava surpreso com o que ela continha, e desejou a Deus que a lei dos sarracenos e tártaros fosse aplicada contra esses maus, sentados na Comissão, para que fossem decapitados esses caluniadores, ou serrados em pedaços. No dia 29 de novembro, a Comissão acusou a Ordem de prestar homenagem feudal para Saladino. Molay negou isso. Ele foi enviado de volta para a prisão até 1314, quando o ato final da tragédia ocorreu.

O papa delegou autoridade para três cardeais, que condenaram De Molay à prisão perpétua. No entanto, ao sair do salão, junto com o Mestre da Normandia, ambos gritaram para que a multidão ouvisse que a Ordem era inocente de todas as acusações. Isso deu a Felipe uma desculpa para condená-los à morte pelo fogo como uma recidiva de hereges. Em 11 de março de 1314, portanto, eles foram levados para uma pequena ilha no Rio Sena, entre o palácio do rei e o Mosteiro Agostinho. Lá, Molay fez um último discurso, declarando que não havia verdade em sua confissão, que ela tinha sido arrancada dele quando a tortura da cremalheira o havia reduzido a um estado tal que ele não sabia o que estava fazendo. Ele disse que a confissão era uma mentira, e nem mesmo para salvar-se ainda mais da tortura e da morte que ele iria adicionar uma segunda mentira. Ele insistiu que a Ordem era inocente das imundas acusações.

Naquela noite, Jacques de Molay morreu em agonia entre as chamas. Por último, ele protestou a inocência da Ordem e, como ele estava morrendo, amaldiçoou o papa Clemente e Felipe da França, convocando-os para encontrá-lo diante do Trono de Deus dentro de um ano. Felipe regozijou-se com a cena do muro de seu jardim do palácio. Mas a convocação foi confirmada por um Rei Maior: dois meses depois, Clemente morreu de lúpus, e oito meses após a morte de Molay, Felipe também morreu de uma queda de seu cavalo. (Eles não eram os únicos convocados por suas vítimas. Outro Templário queimado na fogueira ordenou que seu Inquisidor, Guillaume Nogaret, aparecesse com ele oito dias depois diante do Trono de Deus. No prazo fixado Nogaret passou para seu julgamento final.) Esse é o conto da destruição dos Templários. Ward diz que ele poderia dar mais terríveis detalhes, mas que ele havia dito o suficiente para mostrar que nem a justiça, nem a boa-fé, nem a misericórdia ainda tinham sido mostradas para as infelizes vítimas na França. Ele diz que essa história é uma das mais negras nos registros do Cristianismo.

Em que os Templários acreditavam?

Nove principais acusações foram finalmente movidas contra os Templários. Estas foram:

1. Que eles negavam Cristo e profanaram a cruz
2. Que eles adoravam ídolos
3. Que eles usaram uma forma pervertida do sacramento
4. Que eles haviam realizado assassinatos ritualísticos
5. Que eles usavam uma corda em torno de sua cintura que tinha um significado herético
6. Que eles realizavam beijos no ritual

7. Que eles mudaram o ritual da missa e fizeram uso de um tipo heterodoxo de absolvição
8. Que eles eram imorais
9. Que eles eram traiçoeiros para outras divisões das forças cristãs

Ward acredita que, em algum sentido, as acusações 1, 5, 6, 7 e, de forma limitada, a 8 eram verdadeiras, mas que a 2, 4 e 9 eram infundadas. A acusação 2 ele suspeita que possivelmente tenha surgido a partir de sua prática de venerar uma relíquia, o que foi exagerado e distorcido pelos críticos ignorantes e hostis.

Como o ritual de iniciação dos Templários era secreto, as evidências usadas para enquadrar as acusações só poderiam ter sido ouvidas por bisbilhoteiros e é provável que tenham sido mal-interpretadas. A acusação de negar Cristo poderia ter sido parte de uma seção dramática da cerimônia de iniciação, cujo significado pode não ter sido totalmente compreendido pelo participante. Petrus Picardi, um Cavaleiro Templário, disse que era parte de um teste de fidelidade religiosa, e, se ele fosse corajoso o suficiente para se recusar a negar, ele teria sido digno de ser enviado para a Terra Santa imediatamente. O Preceptor de Poitou e Aquitânia, um cavaleiro chamado Gonavilla, disse que a tríplice negação foi feita para representar São Pedro e suas três negações de Cristo. Outro cavaleiro, Johannis de Elemosina, cedeu quando pressionado e fez a negação. Ele relatou que seu iniciador foi arrogante e disse-lhe, "Vá, tolo, e confesse". Muitos Cavaleiros disseram que a negação era *"ore non corde"*: vinda da boca, e não do coração. Eles explicavam o desprezo, ou cuspindo, à cruz da mesma forma, dizendo que cuspir era *"juxta, non supra"* (ao lado dela, e não sobre ela). Era semelhante a uma peça de teatro de milagre medieval, especialmente uma chamada *O Festival dos Idiotas*, em que um jogador faz o papel de uma alma idiota que cospe na cruz. (No entanto, houve uma heresia gnóstica, mantida pelos cátaros, que dizia, desde que a cruz foi o meio de matar o Salvador, que não era um emblema para ser reverenciado, mas que deveria ser odiado. Os cátaros foram duramente perseguidos por isso.)

A Evidência sugere que o ritual da Cruz foi pintado ou esculpido no chão. Isso pode significar que a cerimônia envolveu uma etapa do ritual. A maneira apropriada de se avançar do Ocidente para o Oriente em certo Grau maçônico envolve traçar, por meio dos passos adequados, uma cruz latina. Muitos candidatos maçônicos não interpretam o porquê de eles estarem de face ao norte, sul, e finalmente leste.

Em certo sentido, os maçons cristãos podem interpretar a rejeição da cruz como semelhante aos três passos regulares na Maçonaria. Esses passos ritualmente simbolizam um ato de pisar na cruz de nossas paixões, para representar a cruz fálica que causou a morte de nosso Senhor. Claro, isso está dando ao ritual um significado esotérico. Também poderia ter um significado exotérico: como um julgamento da submissão do candidato às instruções de seus superiores (em outras palavras, um teste da força relativa de sua obediência e sua fidelidade religiosa). Durante a cerimônia de negação e rejeitando a cruz com os pés, os Cavaleiros, com as espadas desembainhadas, ameaçavam os candidatos; isto é como o velho ritual maçônico templário do Cálice da Caveira, em que o candidato será ameaçado se hesitar em beber.

Os Cavaleiros Templários faziam questão em dizer que eles adoravam e veneravam a cruz três vezes por ano: em setembro, em maio e na Sexta-feira Santa. Ward não acredita que esse ato com a cruz poderia ter sido anticristão. Ele diz que deve ter tido algum simbolismo e significado interior profundo. Quando perguntaram por que eles fizeram isso, muitos disseram que era o costume da Ordem dos Cavaleiros. Essa é uma resposta que a maioria dos maçons também daria se perguntassem por que nós fazemos tantas coisas estranhas nos nossos rituais.

A segunda acusação, a de adorar um ídolo, tem sido associada ao nome Bathomet ou Mahomet. Esse nome é derivado de uma palavra grega que significa Batismo de Sabedoria. Grande parte da evidência diz que a coleta do Espírito Santo foi usada durante a cerimônia de iniciação templária, e isso sugere que eles veneravam uma cabeça infame em seus rituais secretos, que poderia ter sido uma figura do Espírito Santo. Muitas das seitas gnósticas dão grande ênfase à Santa Sabedoria, ao passo que a Igreja Latina tinha tradicionalmente negligenciado a terceira seção da Trindade. Alguns dos Cavaleiros descreveram a cabeça como sendo de um velho, o homem barbudo. Ward lembrou-se por essa descrição do símbolo gnóstico para a Manifestada Divindade Abraxas, mas ele pensa ser mais provável que fosse um relicário na forma de uma cabeça, e provavelmente contivesse um crânio.

Ward tinha pouca dúvida de que os Templários eram afetados pelas ideias do Gnosticismo, provavelmente ideias que eles adquiriram durante o serviço na Palestina. Ele diz que até a forma de suas igrejas é simbólica. A redonda ou a de forma octogonal nos lembra que a veneração do octógono faz parte da tradição operativa maçônica nos presentes dias. A Cruz Templária forma um octógono se seus pontos forem juntados, enquanto o círculo se origina de religiões pré-cristãs, não latinas e a cristandade grega. Pode existir também uma razão simbólica esotérica para chamar as igrejas de Templos; a lenda maçônica de que a forma destas igrejas foi copiada da igreja construída pela imperatriz Helena para guardar a verdadeira cruz pode ter tido algum significado.

Ward rejeita totalmente a ideia de que os Templários tenham desenvolvido um sacramento pervertido, e da mesma forma ele rejeita a acusação de um assassinato ritualístico. A quinta acusação pode simplesmente referir-se ao Cinto de Caridade Cisterciense, pois o uso de tal item era previsto no Regulamento elaborado por São Bernardo. Os inquisidores pensaram que essa era uma prova de heresia, porque a associaram com os cátaros e os Assassinos, já que ambos os grupos usavam um cinto vermelho a que atribuíam grande importância. Hoje, os dervixes muçulmanos investem o novato com um cinto. É possível que a ideia de se usar um cordão vermelho foi importada do Oriente e tinha um significado herético, mas o monástico uso do cinto era tão bem conhecido na época que Ward conclui que não era nada mais do que um Cinturão da Castidade Cisterciense. Os inquisidores não aceitaram isso, no entanto, dizendo que suas cintas eram prova de sua heresia.

Parece bem aceito que um beijo ritualístico foi usado. O que é incomum é que foi dito ter sido dado na parte traseira. Ward sugere que seu objetivo era o de incutir humildade. Ele ressalta que no Grau Cavaleiro Prussiano, o candidato tinha de beijar o punho da espada do principal oficial para mostrar a sua humildade. O beijo posterior poderia muito bem ser uma variação do conceito original. No século XIII, o povo era mais bruto do que agora, e Ward vê essa cerimônia como semelhante ao tratamento de um novato na escola que ele pode receber de um valentão. Ele diz que isso não é uma razão para suspeitar que havia alguma coisa imoral nesse beijo. Também não faz muito para apoiar a acusação de "dar permissão para que um vício antinatural" (parte da acusação nº 8). No que diz respeito à moral sexual, os Templários não foram, provavelmente, nem melhores nem piores do que o atual clero ortodoxo. Seja qual for a verdade, a acusação de vício antinatural nunca foi perseguida.

Nenhuma evidência substantiva da traição foi produzida. Foi dito que, ocasionalmente, os Templários não poderiam ter usado toda a sua energia para apoiar seus rivais, os Cavaleiros de São João, ou até mesmo alguns dos príncipes cristãos na Terra Santa. Isso deixou o cargo de mudar o ritual da missa e fazer uso de um tipo heterodoxo de absolvição. Ward diz que a prova sobre a forma de qualquer alteração é conflitante, mas é claro que a forma de missa que eles usaram foi definitivamente ortodoxa. Se os Templários estavam celebrando uma variação inaceitável da missa, então o caso de heresia foi realizado. Cada Cavaleiro iria tentar minimizar a importância de quaisquer variações que ele tinha notado, mas cada volta na cremalheira iria encorajá-lo a adicionar algo de novo para sua confissão. O serviço da missa era realizado pelos Sacerdotes dos Templários, e qualquer heresia dependeria da visão que esses sacerdotes tomaram de como o ritual devia ser realizado. Eles eram homens educados, que tinham tempo livre suficiente para pensar, refletir e meditar, mas não estavam sujeitos a nenhuma influência moderadora de bispos e à hierarquia da Igreja habitual. Em tais circunstâncias, eles estavam livres para pensar por si mesmos, de especular e de usar suas especulações para desenvolver conhecimentos e percepções captadas a partir das seitas heréticas do Oriente. Sem dúvida, alguns sacerdotes templários iriam mais longe do que outros, e não haveria genuínas diferenças entre os Preceptórios. Os Cavaleiros, por outro lado, eram homens guerreiros, principalmente ignorantes e mal-educados, pois eles teriam de ter na confiança o que seus sacerdotes lhes disseram. Eles confessavam aos Sacerdotes dos Templários, e por isso não tinham a chance de comparar o que seus próprios sacerdotes ensinavam com as ideias do clero fora de sua Ordem. Eles podem até não ter sido capazes de compreender as pequenas diferenças entre duas frases latinas, de modo que a liturgia ortodoxa e a prosa latina herética soariam pouco diferentes aos seus ouvidos ignorantes (apesar desse poder e responsabilidade, porém, os sacerdotes templários não foram perseguidos, eram os Cavaleiros quem os inquisidores alvejavam). E as diferenças nas palavras da missa eram leves. As evidências mostraram que o Cânon da Missa foi deixado intacto, apesar de alguns sacerdotes omitirem as palavras "Isto é meu corpo" da consagração – dificilmente uma questão escaldante.

A absolvição, no entanto, foi pouco ortodoxa. Embora os detalhes da prova variem, Ward diz que um fato se destaca. O Preceptor chamado Radulphus de Gisisco disse que a ele foi dada a seguinte absolvição em francês:

> *"Beau segnurs freres, toutes les choses que vous leyssuz a there pour la honte de la char ou pour justice de la mayson, tei pardon come je vous fayit je vous en fais de beau tour de bonne volente: et Dieu qui pardona la Maria Magdalene ses pechiez, les vos pardoient"*, etc.

Um Cavaleiro Templário da Catalunha, Garcerandus de Teus, relatou que a mesma forma de meta-absolvição estava dentro de sua versão em inglês:

> "Rezo a Deus para que Ele possa perdoar nossos pecados, como Ele perdoou Santa Maria Madalena e o ladrão na cruz." [Mas as versões francesa e inglesa que Ward oferece não são de maneira nenhuma "a mesma forma de absolvição". A francesa não é apenas longa, ela não faz referência ao ladrão.]

Disso Ward sugere que essas palavras podem ser uma citação das palavras de Cristo ao ladrão que foi crucificado ao lado dele. Mas, em seguida, relata que Garcerandus passou a relatar como a referência para o ladrão tinha sido explicada a ele:

> O ladrão queria dizer Jesus, ou Cristo, que foi crucificado pelos judeus, porque ele não era Deus, mas ele chamou a si mesmo Deus e rei dos judeus, que era um ultraje para o verdadeiro Deus, que está nos céus. Quando Jesus teve seu lado trespassado com a lança de Longino, ele se arrependeu de haver se chamado o próprio Deus e rei dos judeus, e pediu perdão ao Deus verdadeiro. Em seguida, o verdadeiro Deus o perdoou. É por essa razão que se aplica a Cristo Crucificado estas palavras: "Como Deus perdoou o ladrão que estava pendurado na cruz".

Agora, Ward nos diz, se essa crença era geralmente realizada pelos Templários, então, na visão da Igreja do século XIV, não há dúvida de que eles eram hereges, que não foram mesmo cristãos. Se eles tinham esses pontos de vista, então sua negação de Cristo e a rejeição da cruz são a prova de que os Templários eram os não cristãos. Mas, Ward pergunta, essa declaração foi apenas uma opinião pessoal tomada por um único Cavaleiro Templário iletrado? Ele não encontrou nenhuma evidência de que esse ponto de vista tenha sido generalizado. Um Cavaleiro Templário chamado Trobati disse que ele tinha sido ordenado não para adorar um Deus que estava morto e afirmou que, em vez disso, eles tinham dito para colocar sua fé em um ídolo. Mas seu testemunho é o único em meio a centenas de declarações que suportam essa crença anticristã.

É opinião de Ward de que a Ordem não tem crenças não cristãs, embora ele não achasse que sua forma de absolvição era ortodoxa. Ele aceitou que os leigos poderiam absolver pecados, em certos casos. O apoio a essa ideia vem da Inglaterra, onde os Cavaleiros não foram interrogados sob tortura, e onde negaram a maioria das acusações, mas admitiram a heresia leve e se ofereceram para fazer penitência para fazer as pazes. Mas havia uma importante questão religiosa subjacente no momento. Ficou claro que as Cruzadas foram um fracasso. Jesus não tinha conseguido apoiar os defensores de sua fé contra os infiéis. Vendo isso, muitas mentes pensantes não podiam deixar de questionar se a fé em Cristo era realmente a revelação direta de Deus, como lhes foi dito.

Durante as Cruzadas, haviam encontrado homens piedosos que não acreditavam em Cristo – os seguidores de outro Deus tinham ganhado. Eles também se encontraram com cristãos gnósticos, que explicaram a história de Jesus de uma forma muito diferente da Igreja Latina. Parece altamente provável que alguns dos Cavaleiros foram levados para novas linhas de pensamento que divergiam da estrita ortodoxia da época.

Ward nos lembra a crença gnóstica de que Cristo não foi crucificado, e que era Simão o homem que se dizia tê-lo ajudado carregar a cruz, que morreu em seu lugar. A tradição maçônica dos Templários dos dois Simões pode aludir a isso. Ward diz que, nos Estados Unidos, o crânio usado em alguns rituais maçônicos é muitas vezes chamado de Velho Simão. Alguns gnósticos tinham uma visão ainda mais extraordinária: eles alegavam que o mundo foi criado por Lúcifer, e o homem pendurado na cruz era um Mensageiro de Deus de Justiça, cuja missão era infligir um código duro e impossível de direito. Nessa visão de mundo, Lúcifer havia matado Jesus para proteger os homens de Sua opressão. Muitas doutrinas estranhas e selvagens prosperaram no Oriente Médio, e os Cavaleiros Templários não poderiam ter evitado ouvi-las. Mas Ward pensa que não é necessário seguir essa ideia muito mais longe. Ele já havia dito que o cavaleiro médio era um guerreiro simples e era pouco provável que tenha se incomodado com tais sutilezas. Talvez um cavaleiro pudesse ter se interessado pelo significado fálico da cruz, mas era improvável para ele adotar os pontos de vista mais extremos.

Ward diz que ele está ciente de que os dervixes turcos usavam um método de iniciação que se assemelha muito de perto ao sistema maçônico.E ele fala de uma tradição cujo ritual os maçons poderiam ter conseguido por intermédio dos Templários e de Ricardo Coração de Leão. Ele não quer sugerir que essa é a única verdadeira origem do ritual maçônico, mas acha que é muito provável que uma nova enxurrada de ideias entrou no pensamento europeu ocidental quando os Templários foram trazidos para perto e tiveram contato naquele momento com uma aliança europeia de construtores operativos chamados de maçons comacinos. O arco gótico pontudo, derivado da *vesica piscis*, apareceu, ao mesmo tempo, com as Cruzadas, e Ward acredita que a velocidade com que ele se espalhou por meio da arquitetura da Europa Ocidental sugere que um corpo bem organizado foi responsável por sua promoção. Outros costumes orientais também se espalharam para o Ocidente: por exemplo, a touca da freira era apenas uma forma europeia do véu da mulher muçulmana.

Ward é de opinião que alguns rituais secretos dos Templários podem ter sido copiados dos ritos dos dervixes ou os Assassinos, pois é bem sabido que eles estavam intimamente associados com ambos. Ward diz que, para seu conhecimento pessoal, os drusos são os descendentes prováveis dos Assassinos e têm pelo menos um sinal maçônico, e um sistema similar de Graus. Ele prossegue acrescentando que existem várias teorias de que os Templários não pereceram, mas refugiaram-se na Maçonaria e sobrevivem hoje em modernos preceptórios templários maçônicos.

Capítulo 13

Teorias de Transmissão Templária

Uma escolha de caminhos

Ward diz que existem três possíveis rotas pelas quais os Templários podem ter se tornado parte da Maçonaria – Francesa, Inglesa e Escocesa – e cada uma nos parece ser independente das outras.

Os Templários eram divididos em três classes: (1) Cavaleiros, (2) Sacerdotes Templários e (3) Irmãos Serventes, sendo que essa última era subdividida em duas: (a) homens armados e (b) artesãos. Muitos dos serventes, particularmente os artesãos, eram bastante ricos, e após 1307 eles estavam em posição de ajudar seus Mestres passados. Nem os Irmãos Serventes nem os Sacerdotes Templários nos parecem que tenham sido perseguidos; o rei Felipe concentrou sua fúria nos Cavaleiros. Certamente havia alguns maçons entre os artesãos, pois os Templários eram grandes construtores. Um Templário chamado Frere Jorge la Macon, que era um maçom comacino, foi expulso da Ordem por má conduta. Os maçons comacinos nessa época não eram trabalhadores analfabetos; um contrato sobrevivente diz que "Para John Wood, maçom, eram permitidas pensão e hospedagens para si mesmo como um cavalheiro e seu servente como um soldado da Cavalaria".

Os Templários eram um corpo autossuficiente. Eles tinham seus próprios Sacerdotes e seus próprios maçons, nenhum deles foi perseguido pelo rei Felipe. Além disso, a Ordem tinha muitas propriedades escondidas espalhadas por toda a Europa, e milhares de Cavaleiros escaparam do expurgo. Uma maneira simples para que eles desaparecessem seria ingressar na Fraternidade Maçônica, com a ajuda de seus antigos servos artesãos. Com a ameaça de uma morte cruel pairando sobre eles, Ward está certo de que eles teriam rapidamente engolido seu orgulho e se convencido da conveniência de ingressar na Maçonaria.

Quatro possíveis Corpos representativos poderiam ter transmitido o conhecimento templário aos maçons. Eles são:

1) Os Cavalciros da Companhia de Jesus em Portugal, e seu corpo irmão da Espanha. Esse grupo era certamente descendente dos Cavaleiros Templários, mas eles teriam sido expurgados de heresia, se alguma vez tivesse havido qualquer heresia na Espanha ou em Portugal. Entretanto, essa Ordem nunca esteve conectada com a Maçonaria, e permaneceu completamente Católica Romana.

2) A história tradicional do Rito Maçônico Continental da Estrita Observância diz que existia um grupo de Cavaleiros que havia aceitado Pierre d'Aumont como o sucessor de Molay. Essa Ordem Maçônica já teve fortes seguidores na Alemanha e na Escandinávia, mas praticamente já morreu.

3) Existe um grupo de Cavaleiros franceses que aceitou Jean Marc Larmenius como o sucessor de Molay.

4) Um grupo de Cavaleiros ingleses e escoceses que não reconheceu nenhum desses sucessores, mas eles já estavam estabelecidos na Grã-Bretanha.

Ward olhou para o terceiro grupo em primeiro lugar, mas disse acreditar que, mesmo que fosse uma genuína sobrevivência dos Templários, isso não provaria que os Graus maçônicos templários modernos sejam descendentes da antiga Ordem. As principais informações sobre esse grupo vêm de um documento conhecido como a Carta de Transmissão. Ward diz que o Irmão F. Crowe descobriu esse documento e o presenteou ao Grande Priorado do Templo na Inglaterra, e está atualmente pendurado na sala do Conselho da Grande Loja de Marca.

A tradição francesa era que Jacques de Molay decidiu continuar a Ordem secretamente, apesar de o papa ter ordenado sua supressão. Enquanto ele estava na prisão, antes de sua execução em 1313, ele designou seu poder e autoridade a um sucessor, Johannes Marcus Larmenius. Quando Larmenius envelheceu, ele elaborou a Carta de Transmissão e nomeou a Theobaldus seu sucessor. Daí em diante, cada Grão-Mestre que sucedia acrescentava seu nome ao documento original, até 1804, quando o Grão-Mestrado dos Templários passou ao padre Bernard Raymond. O documento em latim é abreviado e medieval em seu tom, e parte dele está cifrada. Existe também uma seção de depois de 1804 em francês, que foi adicionada em até cerca de 1840. As assinaturas variam consideravelmente em estilo e redação. Ward traduziu o documento para o inglês assim:

Eu, o Irmão Johannes Marcus Larmenius, de Jerusalém, pela graça de Deus e pelo decreto mais secreto do venerável e mais santo Mártir, o Mestre Supremo da Cavalaria do Templo (ao qual seja honra e glória), confirmado pelo Conselho Comum dos Irmãos, sendo condecorado com o maior e supremo Mestrado sobre toda a Ordem do Templo, a todos os que verão essas palavras do Decreto desejo saúde, saúde, saúde.

Seja conhecido de todos que ambos, o presente e o futuro que minha força falhando por conta da idade extrema, tendo tido plenamente em conta pela perplexidade dos assuntos e o peso do governo, para a maior glória de Deus e da proteção e segurança da Ordem, os Irmãos e os Estatutos, eu, o humilde Mestre da Cavalaria do Templo, tenho determinado confiar o Magistério Supremo em mãos mais fortes.

Portanto, com a ajuda de Deus, e com o único consentimento da Assembleia Suprema dos Cavaleiros, eu tenho conferido, e por este decreto eu confiro, para a vida em Eminente Comandante meu querido Irmão Theobald de Alexandria, do Magistério Supremo da Ordem do Templo, sua autoridade e privilégios, com o poder, de acordo com as condições de tempo e de assuntos, de conferir a outro Irmão, tendo a mais alta distinção na nobreza de origem e realizações e de honorável caráter nobre, o mais alto e Supremo Magistério da Ordem do Templo, e o de mais alta autoridade. Que pode tender a preservar a perpetuidade do Magistério, a série ininterrupta de sucessores, bem como a integridade dos Estatutos. Ordeno, porém, que o Magistério não pode ser transferido sem o consentimento da Assembleia Geral do Templo, o mais rápido que a Assembleia Suprema quer ser reunida, e, quando isso acontecer, deixe que um sucessor seja escolhido na votação dos Cavaleiros.

Mas, a fim de que as funções do Cargo Supremo não sejam desprezadas, que haja agora e continuamente quatro Vigários do Supremo Mestre, que detêm o supremo poder, eminência e autoridade sobre toda a Ordem, salvo o direito do Supremo Mestre, o que os Supremos Vigários devem ser eleitos entre os Seniores, de acordo com a ordem de profissão. Tal Estatuto é de acordo com o voto, aprovado para mim e os Irmãos, de nosso santo muito acima referido Venerável e mais abençoado Mestre, o Mártir, ao qual seja honra e glória. *Amen*.

Eu, por último, e por decreto da Suprema Assembleia, e por Suprema autoridade empenhada em mim, digo e será ordem que os desertores escoceses Templários da Ordem sejam atingidos por na verdade um anátema, e que eles e os Irmãos de São João de Jerusalém, saqueadores dos domínios senhoriais da Cavalaria, em quem Deus tenha misericórdia, estão de fora do círculo do Templo, agora e para o futuro.

Nomeei, portanto, sinais desconhecidos, e que devem ser desconhecidos para os falsos Irmãos, e que por via oral sejam entregues aos nossos Companheiros de Cavalaria, e de modo que eu já pensei bom para entregá-los na Suprema Assembleia. Mas esses sinais só devem ser revelados após a devida profissão e consagração cavalheiresca de acordo com os estatutos, os direitos e os usos da Ordem dos Companheiros de Cavalaria do Templo enviados por mim para o acima referido comandante eminente, como eu tive entregue em minhas mãos pelo Venerável e Santíssimo Mestre, o Mártir (a quem honra e glória). Seja ele, como eu já disse que assim seja. *Amen*.

Eu, John Mark Larmenius, dei a este fevereiro, 13, 1324

Eu, Theobald, recebi o Supremo Mestrado, com a ajuda de Deus, no ano de Cristo 1324

Eu, Arnald de Braque, ter recebido o Supremo Mestrado, com a ajuda de Deus 1340 d.C.

Eu, John de Clermont, ter recebido o Supremo Mestrado, com a ajuda de Deus 1349 d.C.

Eu, Bertrand Guesclin &c, no ano de Cristo, 1357

Eu, Brother John of L' Armagnac &c, no ano de Cristo, 1381

Eu, humilde Irmão Bernard of L' Armagnac &c, no ano de Cristo, 1392

Eu, John of L' Armagnac &c, no ano de Cristo, 1418

Eu, John Croviacensis [of Croy] &c, no ano de Cristo, 1451

Eu, Robert de Lenoncoud &c, 1478 d.C.

Eu, Galeas Salazar, o mais humilde Irmão do Templo &c, no ano de Cristo, 1496

Eu, Philip de Chabot... 1516 d.C.

Eu, Gaspard Cesinia (?)

Eu, Salsis de Chobaune &c, 1544 d.C.

Eu, Henry Montmorency (?)... 1574 d.C.

Eu, Charles Valasius [de Valois]... Ano 1615

Eu, James Rufelius [de] Grancey... Ano 1651
Eu, John de Durfort of Thonass... Ano 1681
Eu, Philip of Orleans... 1705 d.C.
Eu, Louis Auguste Bourbon of Maine... Ano 1724
Eu, Bourbon-conde... d.C. 1737
Eu, Louis François Bourbon-Conty... d.C. 1741
Eu, de Cosse-Brissac (Louis Hercules Timoleon)... d.C. 1776

Eu, Claude Matthew Radix-de-Chevillon, Primeiro Vigário-Mestre do Templo, sendo atacado por uma doença grave, na presença dos Irmãos Prosper Michael Charpentier de Saintot, Bernard Raymond Fabre, Vigário-Mestres do Templo, e Jean-Baptiste Auguste de Courchant, Supremo Preceptor, entreguei essas cartas decretais, depositadas comigo em momentos infelizes por Louis Timoleon de Cosse-Brissac, Supremo Mestre do Templo, o Irmão Jacque Philippe Ledru, Primeiro Vigário-Mestre do Templo de Messines, que essas cartas em um tempo adequado possam prosperar à memória perpétua de nossa Ordem segundo o rito oriental. 10 de junho de 1804.

Eu, Bernard Raymond Fabre Cardoal de Albi, de acordo com o voto de meus colegas, os Vigários-Mestres e Irmãos, os Companheiros de Cavalaria, aceitei o Magistério Supremo em novembro 4, 1804.

Ward não considera as porções francesas, pois ele diz que a genuinidade, ou não, deste documento depende das seções antes de 1804. Ward diz que o Irmão J. G. Findel [autor de *História da Maçonaria*, de 1869] rejeita a Carta, com base em que ele considera ser inútil. Findel afirma:

1. Que o latim não é típico do século XIV
2. Que nenhum Grão-Mestre pode nomear seu sucessor
3. Que a ação é desnecessária
4. Que a instituição de quatro Vigários-Gerais era desnecessária
5. Os níveis de ódio demonstrado contra os Templários escoceses mostram ser uma obra do século XVIII, que visa aos Graus maçônicos mais altos
6. A assinatura de Chevillon leva à mesma conclusão, porque esse ato foi, sem qualquer dúvida, preparado sob o governo de seu antecessor, Cosse-Brissac (1776-1792), que deve ter sido entregue por Chevillon na fúria mais quente da Revolução de 1792, quando

tudo era como a aristocracia, e esses Templários, na barganha, estavam sofrendo perseguição. Se esse documento, e todas as assinaturas que o acompanham, era genuíno, então era porque a França tinha visto muitos *tempora Infausta* (desfavoráveis) desde o século XIV; estes teriam permitido a esses Grão-Mestres (assim como Chevillon na época da Revolução) a chance de adicionar qualquer observação que eles escolheram para suas assinaturas. Mas esse não era o caso, pois cada assinatura tem a contrapartida do outro, Chevillon é uma exceção; e este e Brissac são as únicas assinaturas genuínas, o próprio desvio destes nas assinaturas falsificadas prova que elas são genuínas.

A maneira pela qual os nomes desses Mestres Templários parisienses se sucedem está incorreta.

Ward diz então que Findel passa a apontar outras supostas discrepâncias, tais como:

Bertrand du Guesclin, 1357-1381, Condestável da França, certamente não assinou seu nome, pois é um fato bem conhecido que ele não sabia ler nem escrever.

Ward diz que nenhum dos argumentos de Findel tem algum mérito e os refuta ponto por ponto:

1. O latim é abreviado e pode ser facilmente do século XIV. *Sir* George Warner, Guardião dos Manuscritos do Museu Britânico, e um grande especialista no assunto, examinou o original. Findel não. *Sir* George acreditava que o latim foi escrito em um estilo do século XIV, mas ele pensou que a iluminação foi, provavelmente, do século XV. Findel baseou esses argumentos em uma cópia feita pelo historiador maçônico Claude Antoine Thory, que nunca decifrou, sequer olhou o original, e a tradução do latim de Thory é incorreta.

2. Na Carta, Larmenius expressamente diz: "e com o único consentimento da Suprema Assembleia dos Cavaleiros, eu tenho conferido", etc.

3. Se esse documento é real, ele foi criado em um momento em que a Ordem dos Templários estava em uma condição altamente desorganizada. Nessas circunstâncias, uma carta como essa teria sido útil para provar a qualquer Irmão que o titular tinha direito para o cargo de Grão-Mestre. Antes de 1307 não teria havido nenhuma dúvida a respeito de quem foi eleito, mas, uma vez que

a Ordem foi empurrada para o sigilo, uma Carta desse tipo seria necessária.

4. A Ordem foi dispersa e havia um perigo real de que o Mestre podia ser encontrado e morto por seus perseguidores. Nessas circunstâncias, ter quatro vigários seria uma prudente precaução. Nessas circunstâncias dramaticamente modificadas, a Ordem teria de adotar novos meios.

5. Que uma referência aos Templários escoceses data a carta como do século XVIII é o pior tipo de um argumento *a priori* e simplesmente uma suposição. Findel não produziu nenhuma prova. Ward acredita que esta afirmação "que escoceses Templários desertores da Ordem sejam atingidos por na verdade um anátema" poderia muito provavelmente provar a genuinidade do documento, se esses Cavaleiros escoceses fossem os homens que ajudaram Bruce e, em seguida, se juntaram à Maçonaria Escocesa, como a tradição de Ordem Real diz que eles fizeram.

Para o seu ponto nº 6, Ward diz que Findel não tem provas, apenas afirmações. Se ele tivesse olhado para o documento original, ele teria visto que todas as assinaturas anteriores não são distintas. Ward fala de uma Bíblia antiga de família que ele tem, que data do início do século XVIII, em que seus antepassados escreveram os nascimentos, casamentos e mortes de membros da família. As anotações são concisas. Maria se casa com Norman, tem um filho de Gerald, que se casa com Hilda, com datas. E assim por diante. Mas uma senhora de idade, no final do século XIX, decidiu preencher duas páginas valiosas com uma conta prolixa do funeral de seu marido e uma longa lista de suas virtudes. Ward explica que Findel usaria isso para demonstrar que todos os dados anteriores devem ser falsificações. Ele dizia que tinha havido outros funerais, e os maridos anteriores tinham feito boas ações. Por que estas não estão registradas? Sua resposta seria que todas as breves anotações haviam sido forjadas. Assim, seu ponto sobre Chevillon é uma farsa. A Revolução Francesa foi, provavelmente, o pior momento que a nobreza tinha experimentado, e Chevillon era tagarela.

O principal impulso da linha de raciocínio de Ward é que os argumentos de Findel não têm valor porque ele não conseguiu usar a versão verdadeira do texto, e contou com uma tradução falha feita por Thory. Ward acredita que o documento é genuíno, embora ele perceba que a maioria dos maçons tem sido incentivada a acreditar que é forjada. Ainda que Ward tenha estudado história na Universidade de Cambridge, ele não confia em sua própria autoridade para declarar o documento verdadeiro, embora ele acredite que parece tão genuíno como muitos outros manuscritos do séculos XIV e XV, e de que ninguém tem dúvida. Ele sente que a opinião citada de *sir* George Warner supera as dos estudiosos maçônicos que dizem que é forjada. Ward não pode ajudar, mas pergunto se esses estudiosos não terão sido esmagados por uma característica falha de muitos maçons ingleses: um medo de até mesmo sugerir que qualquer coisa relacionada com a Maçonaria possa ser mais antiga do que o século XVIII, para que não caiam em desgraça com relação à Grande Loja Unida da Inglaterra. Ele afirma que muitos maçons ingleses preferem declarar qualquer evidência do outro lado como forjados ou com base na imaginação a ter de conviver com o desprazer da Grande Loja Unida da Inglaterra.

Ward espera que essa atitude míope não sobreviva, e que uma nova geração maçônica seja capaz de olhar para além do rumor destrutivo de que a Maçonaria Especulativa foi criada em Londres no século XVIII. Mas ele admite que, mesmo que esse documento seja genuíno, isso não prova que os Graus Maçônicos Templários se originem da Antiga Ordem. Pode, no entanto, ajudar a compreender certas tradições e influências dos Templários que ele encontra na Maçonaria. É certo que estes são principalmente do continente, mas não é razoável pensar que a Maçonaria Continental possa ter influenciado a versão inglesa, e a Aliança Auld significa que a Maçonaria Escocesa seria particularmente suscetível às tradições francesas.

Quaisquer sucessores dos Templários em Paris foram extintos, tanto quanto Ward pode rastrear, ainda que seja incerto exatamente quando isso aconteceu. Mas ele tem certeza de que esse corpo ainda existia até cerca de 1850, e que não era maçônico. Entre 1804 e 1850, caiu em mãos indesejáveis. Mas Ward está convencido de que está agora extinto – caso contrário, por que o Irmão Crowe seria capaz de comprar seu maior tesouro, a Carta de Transmissão? E por que, ele pergunta, ela foi vendida como um certificado de Cavaleiro Templário, quando teria sido muito mais valiosa como uma carta que realmente é?

Parece que as doutrinas ensinadas pelos Templários em Paris entre 1804 e 1850 tenham tido simplesmente uma vaga forma de panteísmo. Mas, seja lá o que eles ensinaram em seus dias finais, Ward acredita que o conto narrado na Carta é perfeitamente razoável. Se os remanescentes dos Templários na França queriam continuar a Ordem como uma sociedade secreta mística, o método descrito na Carta parece ser o melhor possível.

Ward relata que foi dito que a cruz que decora a Carta é a cruz da Ordem dos Templários combinada com a dos Cavaleiros Hospitalários e, portanto, a Carta deve ser de uma data posterior. Mas ele diz que isso não é necessariamente correto. A cruz deflagrada, agora chamada de Templários, foi adotada pelos Templários ingleses, mas o Irmão Crowe parecia considerar apenas essa cruz como a dos Templários. No entanto, os Templários também usaram a Cruz de Malta [que agora é usada pelos Hospitalários e Ambulância de São João] e a cruz latina comum. Um Irmão irlandês mostrou a Ward um antigo avental irlandês maçônico templário, e que tinha uma simples cruz latina sobre ele. Além disso, Ward diz-nos de um antigo avental inglês maçônico templário com uma cruz latina comum sobre ele na Biblioteca de *Greater Queen Street*. O Irmão Ladislas de Malcrovich, de Budapeste, diz que a cruz pateada, a deflagrada cruz templária, foi primeiramente usada para a última parte da história dos Templários, e anteriormente eles utilizavam uma cruz latina simples.

Quando Ward examinou as igrejas redondas dos Templários, ele descobriu que o espaço dentro das colunas forma um octógono. (Ele ressalta o que pode ser facilmente visto no Templo, em Londres.) A forma ritualística de avanço do Ocidente para o Oriente no Terceiro Grau Maçônico é o de fazer uma cruz com os emblemas da mortalidade em seu centro. No entanto, algumas Lojas Operativas ainda realizam a cerimônia de passagem através do octógono, e, quando o fazem, deve--se pisar na cruz. Voltando às confissões dos Templários, a expressão *passait par-dessus* era utilizada quando se fala de pisoteio na cruz. Ward diz que, se vemos esse ato do ritual como um passo ritualístico, então é um que ainda usamos em nossas Lojas.

Ward acredita que os Templários usaram muitas cruzes diferentes, e eram suas cores, vermelha e branca, o que identificava uma cruz templária, e não sua forma. Formas da cruz simples seriam usadas em detalhes arquitetônicos e vestuário, enquanto os mais ornamentados seriam usados em manuscritos e selos. Ele diz que o Irmão Crowe está errado ao sugerir que havia uma única e peculiar cruz templária.

Os Cavaleiros de São João tinham uma cruz branca sobre um fundo preto, e eles usavam a forma da cruz com oito pontas também, e também a cruz pateada. A Cruz de Malta somente se tornou de exclusiva associação com os Hospitalários após os Templários terem sido suprimidos. No início da Idade Média, as coisas eram muito mais fluidas, mas, com o desaparecimento dos Templários, aos Hospitalários, "únicos rivais para o título de Cavaleiros da Cruz", foi deixada a posse indiscutível desse símbolo.

Ward diz que a Cruz de Malta tem um significado simbólico cósmico. Ela simboliza os pontos cardeais e as limitações da matéria dentro da infinidade do espírito. Trata-se, diz ele, de um símbolo da matéria feito de símbolos triangulares do espírito.

Capítulo 14

Os Cavaleiros Templários Ingleses e Escoceses

Ligações templárias à Maçonaria

Ward considerou como os Cavaleiros Templários ingleses e escoceses poderiam ter sido envolvidos no início da Moderna Maçonaria. Ele começou a olhar para os muitos símbolos que atualmente estão associados com a Maçonaria e são achados nas tumbas dos antigos Cavaleiros Templários. Ele ressaltou que semelhantes emblemas maçônicos são encontrados esculpidos nas paredes de edifícios templários.

Um dos símbolos mais comuns é o duplo triângulo entrelaçado, conhecido como o Selo de Salomão ou Estrela de Davi. Ward diz que viu, na Alemanha, o túmulo de um Cavaleiro Templário que morreu bem antes da destruição da Ordem, e na lápide havia um número de emblemas maçônicos, incluindo quadrado, compassos, o pentalfa, um globo celeste e várias estrelas pontiagudas. Ele também comentou que era notável, quando da leitura através das transcrições das provas, que muitas das frases usadas pelos Cavaleiros soaram maçônicas.

Fora de 15 mil Cavaleiros que eram membros ativos da Ordem em 1307, apenas 800 foram eleitos como mortos ou presos. É claro, sempre é possível que muitos nomes dos executados e presos possam não ter sido registrados, mas isso ainda deixa muitos milhares que simplesmente desapareceram. O que aconteceu com eles? Será que os Cavaleiros perdidos sobreviveram?

Ward encontrou uma pista nas ações do Preceptor Templário de Lorena, que, quando ouviu o veredicto da comissão francesa, lançou a todos sob seu comando, a partir de seus votos, e ordenou-lhes que raspassem a barba e removessem suas vestes. Isso os ajudaria a escapar, pois naquele momento os Templários eram a única Ordem que permitia que seus membros deixassem a barba crescer.

Nos Graus maçônicos da cruz, Ward diz que existem duas influências. Uma delas é hermética e mística, enquanto a outra é templária. Isso sugere duas linhas de transmissão possíveis:

1. A lenda escocesa da Mãe Kilwinning, associada com o rei Robert Bruce; e
2. A lenda do Emigrante Francês, associada com as Montanhas e Aberdeen (veja capítulo 16).

A Lenda de Kilwinning diz que o rei Davi I introduziu os Templários na Escócia antes de 1153 e deu-lhes uma propriedade chamada Templo, em South Esk; por ocasião de sua dissolução, os Templários possuíam propriedades em toda a Escócia. Quando eles foram suprimidos, o rei Robert Bruce estava tentando levantar um exército escocês para lutar contra Edward II, da Inglaterra; e, quando uma Inquisição inglesa, ordenada por Edward, foi realizada em Holyrood, em 1309, apenas dois Templários apareceram. Todos os outros teriam se juntado ao exército de Bruce, que estava então avançando contra o inglês.

Ward relata que os regulamentos gerais da Maçonaria do Arco Real na Escócia dizem que a guerra salvou os Templários na Escócia. Ele acrescenta que o duque de Antin, em um discurso feito em Paris, em 1714, disse que os Cavaleiros que concordaram em apoiar Bruce foram feitos maçons em Kilwinning e levaram James, o lorde Steward da Escócia, como seu Grão-Mestre.

No Dia de São João Batista, em 1314, Bruce sitiou Edward II na Batalha de Bannockburn. De acordo com a história tradicional da Ordem Real da Escócia, o rei Robert conferiu o posto de Cavaleiros da Cruz Rósea aos maçons que o ajudaram a vencer. Ward diz que, se a Carta de Transmissão é genuína, a hostilidade de Larmenius em 1324 para com os Templários escoceses está explicada. Se os maçons eram realmente Templários que, sem a autoridade do legítimo sucessor de Jacques de Molay, baseavam as cerimônias de sua nova Ordem na velha cerimônia de recepção dos Templários, então eles não eram legítimos aos olhos de Larmenius.

As datas tornam essa história plausível. Mas o que aconteceu com todos os Cavaleiros Templários que apoiaram o rei Robert, depois que a luta acabou? Será que eles receberam propriedades? Foi algum dos antigos bens dos Templários dado a eles pessoalmente? Será que outros receberam as terras tomadas dos partidários de Edward II? Ward diz que, se foi feito assim, então muitos teriam casado e passado seus bens para seus descendentes. Mas será que o secreto ritual templário, e seus detalhes, foi mudando à medida que o tempo passava, e também foram passados aos seus descendentes e amigos? A lenda que conecta Kilwinning e os Templários diz que sim. E essa lenda é persistente. Ela surge em toda a Europa e é encontrada no ritual de muitos diferentes Graus.

As terras abertamente templárias foram passadas principalmente para os Cavaleiros de São João, diz Ward. Numerosos Templários na Grã-Bretanha se juntaram aos Hospitalários e, em alguns casos, eles foram obrigados a fazê-lo. Ward relata que os Cavaleiros da Ordem de São João se referem às suas terras como *Terree Templarioe* (Terra dos Templários), apesar dos editais que foram emitidos em contrário. Durante a Reforma, alguns Hospitalários viraram protestantes, e aqueles que o fizeram receberam do rei títulos de terras de sua Ordem, como propriedade privada. Mas outros permaneceram católicos e elegeram David Seaton como seu Chefe. Ward cita Alexander Deuchar, então principal especialista da Escócia sobre a história e os rituais da Maçonaria, dizendo que os Templários tinham se incorporado na Maçonaria já em 1590. Se Deuchar não tinha nenhuma prova substancial disso, o assunto seria resolvido definitivamente. Mas Ward diz que pode ainda ser possível verificar a alegação, porque a Reforma levou mais tempo na Escócia do que na Inglaterra, por isso muitos mosteiros sobreviveram até 1588.

Um Capítulo de *Cavaleiros Templários Maçônicos* (*Crossed legged*) fazia parte da Loja de Stirling tão cedo quanto 1590; Ward relata que *Crossed legged* é um nome para o Templário Maçônico, e a Loja de Stirling é conhecida por ter trabalhado muitos Graus mais elevados, incluindo Rosa-Cruz, Arco Real e o Cavaleiro Templário antes da formação da Grande Loja Escocesa, em 1736.

Em uma descrição da Loja de Perth, escrita em 1638 por um Irmão, Adamson, Ward encontrou este versículo:

> Pois somos Irmãos da Cruz Rósea,
> temos a palavra dos maçons e a segunda visão.

Ele acredita que isso mostra que havia maçons especulativos em Perth, em 1638, e que Adamson foi um Mestrado, não um maçom operativo. Ele também mostra que o Grau Rosa-Cruz era conhecido e trabalhado como um Grau na Ordem Real. E, finalmente, mostra que os maçons daquela época tinham um segredo, palavra mística e poderes ocultos reivindicados.

A Loja-Mãe Kilwinning trabalhou com os Templários até 1799, Ward relata, porque suas atas para esse ano dizem que concederam uma Carta à irlandesa Loja Kilwinning para trabalhar os Graus da Maçonaria do Real Arco e de Cavaleiro Templário. Mas, por volta de 1813, eles pararam de trabalhar esses Graus mais altos e chegaram a negar que já tivessem trabalhado. A razão, diz ele, é simples: em 1800, a Grande Loja da Escócia ameaçou que qualquer Loja que trabalhasse esses Graus mais elevados perderia sua Carta Patente. A perda da Carta Patente da Grande Loja nesse momento teria deixado os membros da Mãe Kilwinning passíveis de processo sob a Lei de Sociedade Secreta de 1799, porque a isenção feita em favor da Maçonaria não os teria protegido, se sua própria Grande Loja os tivesse banido de sua lista. Assim, eles desistiram de seus Graus mais elevados, em vez de sua Maçonaria Simbólica. Os políticos da época contaram para a rejeição dos Templários em 1813, apesar do fato de eles terem concedido uma carta para trabalhá-los para outra Loja no início de 1799, antes de a Lei de Sociedade Secreta entrar em vigor.

A criação da Grande Loja Unida da Inglaterra fez com que os Graus mais elevados fossem atacados e expulsos da Maçonaria, apesar de uma cláusula na Constituição que expressamente permitia que as Lojas que já haviam trabalhado os Graus de Cavalaria pudessem continuar trabalhando. A mesma atitude transitou para a Escócia, e a hostilidade aos Graus mais elevados incentivou muitas Lojas a negarem que já tinham sido relacionadas com tais Graus, como o de Cavaleiro Templário Maçônico. Mas, na opinião de Ward, essa falsa negação de maneira nenhuma invalida as provas de que antigamente eles trabalhavam esses Graus Especulativos. Ele ressalta que as Lojas que trabalharam os Graus mais elevados foram Lojas Especulativas. A Loja-Mãe Kilwinning tinha, no século XVII, o conde de Cassilis como seu Mestre, e na *Lodge of Aberdeen* – a qual data de 1541, embora seus registros escritos somente retornem a 1670 – mais da metade de seus membros era não operativa, entre os condes, ministros, doutores, advogados.

Ward confirma que a *Lodge of Aberdeen* se reunia aberta em campos remotos, e diz que para um acampamento templário isso era natural, mas não era uma prática comum para uma Loja Operativa. Ele diz que há muitos outros relatos de Lojas ou organismos de maçons na Escócia que se reuniram a céu aberto, e que também trabalharam nos Graus mais elevados. As Lojas Kilwinning, Stirling, Aberdeen, Perth e Renfrew, todas funcionaram em Graus mais elevados e foram todas, quer no interior ou por perto, dos locais dos antigos preceptórios templários.

A mesma coisa aconteceu na Inglaterra. As Lojas em Bristol, Bath e York, que tinham preceptórios templários maçônicos, estavam localizadas perto de onde ficam os preceptórios templários medievais. E todas as três cidades são distantes do governo central em Londres, e, portanto, Ward diz que os Cavaleiros Templários eram mais propensos a viver nesses lugares.

Capítulo 15

A Teoria de Transmissão Templária Auvergne – Mull

O Grão-Mestre de Auvergne

Ward conta uma lenda maçônica em que o Grão-Mestre Templário de Auvergne, Pierre d'Aumont, fugiu para a Escócia em 1307. Ele estava acompanhado por dois Comandantes e cinco Cavaleiros, e ele aportou na Ilha de Mull, onde eles se disfarçaram como maçons operativos. No Dia de São João,[1] no verão de 1313, eles formalmente restabeleceram sua Ordem e elegeram d'Aumont como seu Grão-Mestre. Desde que seu disfarce local dependia de onde os maçons estavam sendo levados, eles se autodenominaram maçons e adaptaram seus Rituais Templários para fazer uso das ferramentas de um profissional da Maçonaria. Eles se mudaram para Aberdeen em 1361, e de lá a Maçonaria se espalhou por toda a Europa. Ward achou essa história nos rituais do Rito Maçônico da Estrita Observância.

Ele diz que, se um contingente de nove Cavaleiros Templários fugiu da França para a Escócia, eles certamente teriam fortalecido os Templários locais, e isso poderia explicar por que Larmenius se alertou contra eles na Carta. Naturalmente que ele ficaria mais chateado pelos Cavaleiros franceses que desertaram de seus Companheiros do que pelos Templários escoceses que o golpearam por conta própria em um momento difícil.

Mas Ward está mais preocupado com todas as teorias de transmissão e lendas, para falar apenas sobre os Cavaleiros. E sobre os

---

1. Existem dois por ano: Dia de São João Batista, em 24 de junho, perto do solstício de verão; e outro Dia de São João, o Divino (o Evangelista), em 27 de dezembro, perto do solstício de inverno.

Sacerdotes Templários? Certamente iriam tentar preservar alguns mistérios templários secretos e seria mais fácil para eles escapar do que foi para os Cavaleiros. Os Sacerdotes da Ordem dos Templários estavam acostumados a trabalhar com os maçons operativos. Quando as igrejas dos Templários estavam sendo construídas ou alteradas, teriam sido os Sacerdotes Templários que supervisionariam o trabalho. E teria sido um passo perfeitamente natural para falar com os maçons responsáveis pela escultura sobre o profundo significado dos símbolos que estavam sendo definidos em pedra. Os Sacerdotes Templários teriam sido bem equipados para discutir o simbolismo maçônico com os operativos, e esse interesse comum poderia ter levado a uma melhor compreensão. Quando a Ordem foi dissolvida, em 1313, alguns Sacerdotes Templários poderiam muito bem ter visto uma forma de salvar seu ritual e misticismo. Se tal movimento havia começado entre os maçons, ele teria crescido e uma Loja ambulante de maçons operativos estaria agora conhecendo os segredos e sinais para testar outros Sacerdotes Templários sobreviventes. Como mais dispostos Templários que foram descobertos, eles poderiam ser tomados para a nova Sociedade de maçons.

Havia muitos tipos de sociedades secretas e místicas na Idade Média, e nesse ambiente o início de uma Loja de maçons especulativos, trabalhando alguns dos Ritos Templários, poderia florescer. Mas Ward pergunta: quanto de nosso presente ritual maçônico pode ser mostrado por ter sido originado com esses antigos Sacerdotes Templários?

Simbolismo templário

Mantas maçônicas, cintos de espada e túnicas são como aqueles usados na Idade Média, mas eles foram adotados em tempos relativamente recentes. Talvez eles pareçam corretos, porque o indivíduo que os concebeu se baseou em conhecimento histórico dos Templários. Quando Ward olhou, em seu início, para os paramentos maçônicos templários, ele encontrou os Irmãos vestindo aventais e faixas. A cruz da Ordem dos Templários mudou várias vezes. As bandeiras que tremulavam em preceptórios modernos são iguais às antigas, mas quando elas foram revividas? Elas poderiam ter sido transmitidas ao longo dos séculos, mas nunca foram secretas. Se alguém queria reviver a Ordem do Templo, não seria difícil conseguir as bandeiras corretas. Certamente o estandarte preto e branco tem um significado esotérico. E Ward acrescenta que seu estudo do simbolismo estelar mostra que ele tem um significado cósmico. O simbolismo da luz e escuridão, dia e noite, sugere o alcance do sistema solar, que é delimitado em seu limite mais externo pela esfera de Saturno, ao qual é atribuída a cor preta. A esfera interna é a da Lua, cuja cor é o branco. Assim, a bandeira preta e branca significa a ligação do Céu e da Terra, ou a unificação do homem e do Universo. Uma cruz vermelha em um campo branco era a outra bandeira dos Templários, e esse simbolismo da cruz cósmica, Ward diz, mostra o mundo material envolvido dentro do mundo espiritual.

O Selo Templário mostra dois Cavaleiros montando um cavalo. Ward diz que seu significado exotérico é que os Cavaleiros eram tão pobres e humildes que poderiam pagar apenas um cavalo entre si, mas ele oferece outra interpretação. A história menos inocente diz que dois Templários estavam montando um cavalo de batalha, e um na frente elogiou-se a Cristo, ao passo que o cavaleiro atrás se elogiou àquele que melhor poderia ajudar. O primeiro cavaleiro foi ferido, enquanto o outro escapou ileso. O último era um demônio, e disse ao seu companheiro humano que, se os Cavaleiros só acreditassem nos poderes do mal, a Ordem iria florescer. Ward acredita que essa história é uma invenção dos inimigos dos Templários. Ele sente que o Selo pode ter sido uma referência para os gêmeos que realmente representam a dualidade da alma humana: os personagens estelares Castor e Pólux.

Esse Selo foi mais tarde substituído pelo do cavalo alado, que é um símbolo da iluminação. O *Agnus Dei* (Cordeiro de Deus) foi outro emblema usado pelos Templários. Ao mesmo tempo, este tinha sido um símbolo de Mitra – o carneiro e a espada, ou cruz –, mas o fato de que ele foi adotado pelos cristãos facilmente responde por seu uso por uma Ordem declaradamente cristã.

Vestígios de cerimônias templárias em rituais maçônicos templários?

Ward pensa que algumas partes dos paramentos maçônicos e do ritual foram criados a partir dos fatos comumente conhecidos sobre os Templários. Ele cita o Selo, os estandartes e os uniformes, e diz que qualquer arqueólogo inteligente poderia ter recriado a antiga cerimônia templária dos Regulamentos e das Confissões. Muito mais interessante para ele, entretanto, era o Ritual Maçônico Templário. Ward comenta sobre como ele é cheio de anacronismos curiosos, que misturam o antigo com ideias modernas. O ritual é dividido em três seções para combinar os três estágios na carreira de um Cavaleiro: Noviço, Escudeiro e Cavaleiro.

O beijo posteriormente é similar em intenção ao ritual usado no Grau de Cavaleiro Prussiano do Rito Escocês Antigo e Aceito, quando o punho da espada do superior é beijado. A meditação de que o Grau tem a sensação de ritual antigo, mas o Anátema [beber de um copo não feito por mãos humanas] continua a ser um ritual desagradável peculiar, que só recentemente foi alterado. Antes disso, em algumas versões, o ex-dono do crânio era convidado para assombrar qualquer um que quebrasse o juramento selado por beber a partilhar dele. Esse sabor de necromancia medieval não parece ser obra do século XVIII. (Ward, no entanto, critica o fato de que o Ritual Inglês tenha passado por uma revisão por pelo menos cinco vezes, e as mudanças podem muito bem ter destruído muitas pistas valiosas para uma possível origem dos ritos templários.)

Ward expande o brinde ritualístico "para todos aqueles valentes" que já tenham bebido em um crânio; qualquer candidato ao Templarismo que hesitou beber foi ameaçado com as espadas dos Cavaleiros ao redor. Ele diz que isso ainda é feito nos Estados Unidos. Mas, ele pergunta, a quem esse crânio representa? Alguns rituais referem-se a Simão, o traidor. Quem era esse traidor? Refere-se ao Simão que carregou a cruz de Jesus, ou ao Simão que os gnósticos dizem que morreu na cruz no lugar de Cristo? O crânio aparece pela terceira vez no altar, com os fêmures cruzados que compõem os emblemas da mortalidade. Por que isso? É para nos lembrar que há um sentido exotérico dentro da história do Calvário, ou está insinuando uma lenda medieval templária mencionada nos autos do julgamento dos Templários?

Ward conta a história da seguinte forma:

> Uma grande dama de Maraclea foi amada por um Templário, um lorde de Sidon, mas ela morreu em sua juventude, e, na noite de seu enterro, esse amante ímpio rastejou para a sepultura, desenterrou o corpo dela e a violou. Então uma voz a partir do vazio ordenou-lhe voltar daí a nove meses, pois ele iria encontrar um filho. Ele obedeceu a essa injunção e, na hora marcada, abriu a tumba novamente e encontrou uma cabeça nos ossos da perna do esqueleto (crânio e ossos cruzados). Então, a mesma voz ordenou-lhe para que "o guardasse bem, pois isso seria o doador de todas as coisas boas", e então ele os levou embora com ele. Isso se tornou seu gênio protetor, e ele foi capaz de derrotar seus inimigos apenas mostrando-lhes a cabeça mágica. No devido tempo, ela passou para a posse da Ordem dos Templários.

Ward diz que esse conto lembra as acusações que foram feitas contra os Templários de eles adorarem uma cabeça. Muitos Cavaleiros disseram que algum tipo de cabeça existia, e alguns comentaram que eles pensavam que era na forma de um crânio. Os comissários papais em Paris encontraram um crânio quando revistaram o Templo em Paris.

Mas o que essas lendas de um crânio mágico significam? Ward pensa que podem ter sido adulterados os relatos de algumas cerimônias de iniciação, as quais foram repetidas por curiosos ignorantes, e que mentes vulgares as fizeram horríveis. Ele explica como a lenda do mistério egípcio de Osíris conta como Ísis encontrou o corpo morto de Osíris e teve relações sexuais com o cadáver. Dessa união, Hórus, o vingador de Osíris, nasceu. Para evitar que algo assim o ameaçasse novamente, Set, o assassino de Osíris, cortou o corpo em pedaços e o espalhou por todo o Egito.

Ward sugere que uma cerimônia de Templários poderia representar um casamento místico, usando-o como um símbolo de se chegar a um estado de união divina. Ela engloba a morte e o túmulo, com o renascimento após a tumba. O corpo, que é do sexo feminino, morre, mas o espírito, que é masculino, rejuvenesce e começa uma nova vida. Exibidos na sala onde é promulgada essa jornada mística estão os antigos emblemas antigos da morte, uma caveira e ossos cruzados. Mas, em todas as tradições de mistério do mundo, esses emblemas da morte levam a um novo nascimento, e por isso eles também são emblemas da vida. Ward pergunta: é o moderno ritual maçônico templário a última relíquia de uma antiga cerimônia? É o nome Simão apenas uma corruptela do título do lendário lorde Templário de Sidon?

Ele ressalta que o sinal penal do Grau Maçônico dos Templários tem um duplo significado, e se refere à pena de Ordem. Os raios escaldantes são o fogo que não se apaga, o que implica que a alma não terá descanso até o Dia do Juízo Final; enquanto a segunda parte da pena fixa a cabeça entre a Terra e o Céu, alugado como um espírito infeliz, que na lenda medieval vagueia no vazio, incapaz de entrar no inferno ou no céu.

Ward também se refere a uma história interessante que ele ouviu em uma cidade na Hungria. Nessa cidade, existe uma antiga construção que pertenceu aos Templários. Os camponeses contam uma história estranha de um fantasma de um Templário que costumava aparecer no salão de vez em quando, e que ele tinha sido visto por alguns deles. O fantasma sempre aparecia em uma posição peculiar. Os camponeses descreveram a posição e Ward diz que, quando foi instalado Templário Maçônico, ele percebeu que a posição tomada pelo fantasma era a mesma que a mostrada a ele pelo Preceptor como o Grande Sinal da Ordem.

Agora, ele pergunta, quais as possíveis explicações existentes para essa lenda? O Grau Maçônico Templário Inglês não existe na Hungria. Ward sugere duas:

> era um fantasma que aparecia, apenas como relatado. Se assim for, o antigo Templário usou o sinal maçônico dos Templários e atribuiu grande importância a ele.
>
> A tradição templária perdura nessa parte do mundo, e lembranças sombrias do ritual e o sinal sobrevivem entre os camponeses, alguns dos quais podem ser descendentes de Irmãos Serventes Templários.

De qualquer forma, o resultado é o mesmo. Isso implica que esse sinal é derivado do Templarismo medieval, e o mesmo seria considerado uma heresia, se não uma blasfêmia, pelos Inquisidores. Eles teriam usado como prova da acusação de zombar da cruz. Seu significado esotérico entre os Cavaleiros é que todos os homens devem sofrer como Ele fez, na cruz eterna da raça humana. Mas tal postura teria sido classificada como uma heresia aos olhos do papado medieval. Simbolicamente, ele implica que é pelo sofrimento que a humanidade alcançará a perfeição, em vez de um sacrifício vicário. Isso é uma condenável heresia para a cúria papal.

Ward explica que, como durante a iniciação dos Cavaleiros medievais, eles eram privados de tudo, exceto de suas roupas íntimas. Ele relata como Thomas Walsingham, em sua vida de Edward II, disse: "Na recepção de Hugo de Buris, ele removeu todas as roupas que usava, exceto suas roupas íntimas", mas Geraldus de Pasagio disse "que ele tirou as roupas coloridas que ele estava usando por trás do altar, exceto a camisa, calção, meias e botas... e vestiu uma peça de vestuário de pelo de camelo". Johannis de Turno e William de Raynbur, falando durante seus julgamentos, também disseram que esse era o procedimento comum para se iniciar um Cavaleiro Templário. Durante a cerimônia, o Preceptor iria vestir o candidato com o manto da Ordem e colocar um barrete, um tipo de boné, sobre sua cabeça. Após esse investimento com os paramentos, as cerimônias secretas eram realizadas.

Essa cerimônia aconteceu um pouco antes do amanhecer, e o Templo era iluminado por duas velas. Estava vigiado por dois guardas armados com espadas na porta, e um terceiro colocado no telhado pelo lado de fora. Os templos eram redondos e, nos edifícios a partir do telhado, o guarda sentinela tinha uma visão de todo o exterior, e assim impedia todos os curiosos. Ward acredita que o nome de "*Tyler*", utilizado para o Cobridor Externo Maçônico, deriva dessa sentinela dos Templários. E ele diz que o número três desempenha um papel importante nas cerimônias dos Templários. Um novo cavaleiro fazia um voto tríplice de castidade, obediência e pobreza, e o ritual do beijo e a negação simbólica, cada um tinha três partes. Um cavaleiro era autorizado a manter três cavalos e jurava não ceder terreno para até três inimigos. Ele comia carne e dava esmolas três vezes por semana quando assistia à missa, e três vezes por ano todos os Cavaleiros se reuniam para uma cerimônia da Adoração da Cruz.

O Ritual Maçônico Templário tem uma ênfase semelhante no número três, e Ward detecta muitos outros pequenos pontos de semelhança com a cerimônia medieval original, de forma que é possível recriá-lo. O Grau Continental dos Templários do Rito Escocês Antigo e Aceito tradicionalmente comemora Jacques de Molay e os outros mártires ao beber a Taça da Vingança. Ward suspeita que isso foi retirado do ritual inglês em tempos recentes.

Muitos cruzados trouxeram com eles costumes orientais, e os Templários não foram uma exceção. Os antigos Templários eram a única Ordem que usava barbas em uma época em que todos os outros Cavaleiros leigos europeus as evitavam. Ward pensa que eles tomaram o costume do Oriente Médio e também assumiram a ideia de que tirar suas próprias barbas era uma forma de mostrar aflição. (Isso também lhes dava a oportunidade de arrancar punhados de barba de outro homem quando estavam com raiva dele.) A Ordem Real da Escócia usa uma determinada palavra que faz alusão a essa prática, e também isso ocorre no ritual inglês dos Templários – ainda que não pareça haver nenhuma razão especial para isso, então por que é incluído? Ward diz que, se a tradição da Ordem Real é certa, e seus Graus foram reorganizados por Bruce e os Templários, então este uso faz sentido.

Ward diz-nos que na Inglaterra a Maçônica Ordem dos Templários é conhecida como a Ordem Unida do Templo e dos Hospitalários. É duvidoso que qualquer um dos atuais rituais do Grau de São João se origine dos reais Cavaleiros. Eles existiram até os últimos anos do século XVIII, e um corpo honorário ainda existe em Roma; e seus membros são estritamente limitados aos católicos romanos de linhagem nobre, e um de seus últimos Grandes Mestres era um Habsburgo. A Ordem dos Hospitalários era estritamente ortodoxa. De 1300 a 1800, ela travou uma ação insistente de retaguarda para apoiar sua fé e, ano após ano, eles lutaram contra a conquista turca, inicialmente a partir de Rodes. Com a queda de Rodes, Charles V concedeu Malta a eles, no início do século XVI.

Entre os modernos oficiais maçônicos existe um cujo nome é um enigma: o *Turcopolier* (Depositário). Ward diz que esse título foi dado ao líder do Turcopoles, uma classe eurasiática que cresceu no Oriente Médio, descendente de comerciantes europeus de mulheres asiáticas. Ward diz que todo mundo conhece a lenda de Gilbert e a princesa sarracena que o seguiu para Londres, e cujo filho era Thomas Beckett, o Feroz, martirizado como arcebispo. Ele diz que, embora os historiadores modernos sejam céticos em relação a essa bonita lenda, não há dúvida de que os Turcopoles ordinários existiam.

Os Hospitalários estavam preocupados com essas crianças mestiças e comprometeram-se a cuidar de todos os meninos não desejados, os quais trouxeram como cristãos e os treinaram para ser homens – de armas e Cavalaria ligeira. Eles usavam turbantes para ser distinguidos dos verdadeiros Cavaleiros da Ordem, porque não eram de ascendência nobre, e por isso não poderiam se tornar completos Cavaleiros. Eles eram comandados por um oficial chamado Turcopolier, e esse cargo sempre foi dado a um inglês. Os Turcopoles lutaram muitas batalhas sangrentas e destacaram-se durante o cerco de Rodes.

Após a retirada de Malta, os Cavaleiros Hospitalários reorganizaram-se e lutaram contra os turcos em alto-mar. Isso culminou em uma luta tremenda para Malta, durante a qual os turcos sitiaram a ilha por três anos. Ward diz que sempre se entristece quando lê o relato do cerco, no que, quando se precisou, nenhum dos Cavaleiros ingleses tomou posição ao lado de outras nações. Ele diz que isso aconteceu porque, entre a queda de Rodes e do cerco de Malta, ocorreu a Reforma na Inglaterra, e Henry VIII dissolveu a Ordem. Henry não fez graves acusações contra a Ordem, e deu ao seu Prior uma pensão generosa, embora esse cavaleiro nunca tenha tocado em um centavo. Ele morreu no dia seguinte, quando recebeu a notícia de que a Ordem foi suprimida.

Não havia Cavaleiros ingleses no cerco de Malta, mas, quando Don Juan derrotou a frota turca e aliviou os Cavaleiros, a rainha Elizabeth ordenou um solene *Te Deum* para ser cantado na antiga St. Paul para a vitória da cristandade sobre o infiel. (A cripta e a capela-mor dos Hospitalários e grande Igreja do Priorado de São João de Jerusalém, em Clerkenwell, ainda continuam de pé. Uma rua estreita em seus arredores é conhecida pelo nome de Jerusalém.)

Depois de garantir Malta, os Cavaleiros Hospitalários não ficaram ociosos. Eles iniciaram o policiamento do Mediterrâneo. Suas galeras patrulhavam os mares em torno de Malta em uma batalha sem fim contra os corsários argelinos, um grupo de piratas que pilhou e, às vezes, invadiu as costas do sul da Europa. Quando os últimos Cavaleiros Hospitalários faleceram, os franceses foram forçados a invadir Argel para impedir esses ataques.

Ao longo dos séculos XVII e XVIII, os Cavaleiros Hospitalários adotaram diferentes métodos para se adaptar às novas condições. Em seguida, os navios de Napoleão apareceram diante das muralhas de Valetta. A ilha não poderia ter ficado sob um longo cerco, e a frota britânica estava correndo para o resgate, mas o Grão-Mestre da Ordem se rendeu. Quando os ingleses chegaram, expulsaram os franceses, seus militares assumiram as fortalezas dos Cavaleiros, e o policiamento dos mares foi tomado pela frota britânica. Os descendentes desses Cavaleiros Hospitalários de São João de Jerusalém sobreviveram em Roma, mas, Ward diz, haviam perdido sua finalidade e sua glória.

Em 1825, um renascimento da Ordem teve lugar na Inglaterra, e George IV tornou-se seu chefe. Os Cavaleiros se reuniram na cripta de São João de Jerusalém, Clerkenwell. Eles estabeleceram um trabalho de ajudar os feridos. Ward afirma que a Cruz Vermelha [isso parece improvável] e o *St. John Ambulance* são desdobramentos dessa Ordem. O *St. John Ambulance* correu as primeiras ambulâncias nas ruas de Londres, e, durante a Grande Guerra, uma dúzia de grandes motoambulâncias podiam ser vistas em qualquer dia perto do portão do Priorado de São João de Jerusalém. Mas essa Ordem não tem nenhuma ligação com a Ordem Maçônica dos Cavaleiros de Malta.

O ritual dos maçons Cavaleiros de Malta revela um desenho mais interessante em uma mesa octogonal. Enquanto partes da cerimônia podem ser baseadas em tradições da Ordem, parece a Ward que o próprio Grau é do final do século XVIII. Os Hospitalários foram ortodoxos por toda a sua história, e não usavam cerimônia de iniciação secreta. O ritual oficial dos antigos Cavaleiros ainda é usado pela Ordem, em Roma, e a cerimônia da Ordem de São João, em Clerkenwell, segue de perto o antigo ritual e não se assemelha a um maçônico.

Mas, diz Ward, os Templários eram diferentes. Eles tiveram uma cerimônia secreta, e, se eles a levaram para dentro da Ordem de São João após sua supressão, ou de forma independente, como os maçons, eles poderiam facilmente ter sobrevivido à dissolução dos Hospitalários por causa de seu significado esotérico e simbólico.

[A teoria da Transmissão dos Templários franceses será discutida na Parte 4, no contexto das ideias de A. E. Waite].

Capítulo 16

Outros Graus Maçônicos de Cavalaria

Lendas da cruz

Até agora, Ward considerou os principais Graus de Templários, que são tomados em preceptórios maçônicos. Trata-se de Cavaleiro da Passagem Mediterrânea, Cavaleiro Templário e Cavaleiro de Malta. Ele também fala sobre mais três Graus, o que, para todos os efeitos práticos, constituem uma Ordem com três seções em seu ritual. Estes são o Cavaleiro da Cruz Vermelha de Constantino, o Cavaleiro de São João e o Cavaleiro do Santo Sepulcro.

O ritual baseia-se em lendas medievais da cruz. Estas incluem a visão da cruz que levou Constantino, o Grande, a adotar o Cristianismo após ter uma visão dela no céu, e a lenda da descoberta da verdadeira cruz por sua mãe, Helena.

Ward percebeu várias coisas interessantes sobre os paramentos, por exemplo: a joia do Cavaleiro de São João é colocada dentro de um losango, o que ele acredita que representa o *vesica piscis*. Um comandante de São João usa uma joia de quatro cruzes *Tau* (em forma de T), com quatro cruzes armadas iguais espaçadas dentro dos *Taus*; as oito cruzes *tau* se combinam para criar um único símbolo de uma cruz, assim totalizando nove cruzes. Ward diz acreditar que isso é para simbolizar os nove meses da lenda do lorde dos Templários de Sidon e o crânio.[2] A joia que Ward cita também significa Latina, incluindo uma cruz fálica da criação [pela cruz da Igreja de Roma, consulte a Figura 2]

---

2. Essa lenda diz que o lorde Templário de Sidon estava apaixonado por uma mulher que havia morrido. Ele estava tão perturbado que abriu a cova e a violentou, embora ela estivesse morta. Assim que ele terminou sua ação, ele ouviu uma voz dizendo-lhe para voltar daí a nove meses. Quando o fez, encontrou um crânio e um par de fêmures cruzados na sepultura que ele então tirou como relíquia. Esse símbolo da caveira e os ossos cruzados são usados na Maçonaria Moderna como os emblemas da mortalidade mostrados na Tábua de Delinear do Terceiro Grau.

e a cruz do sofrimento e do renascimento [que Ward diz ser a cruz *tau*]. Esses cruzamentos são usados em joias da Cruz Vermelha de Constantino e dos Cavaleiros de São João e Santo Sepulcro. Ward diz que mostra a cruz fálica quádrupla da matéria dentro do círculo da eternidade, e isso constitui o coração da cruz *tau* quatro vezes dentro do losango, ou *vesica piscis*. A águia de São João é um símbolo dos quatro pontos cardeais, e significa o espírito subindo em direção a Deus.

O ritual dessa Ordem é impressionante. Enquanto Ward não tem certeza se todas as partes são genuinamente antigas, ele diz que elas são certamente interessantes. O Grau foi importado de Malta, ao redor de 1880, pelo Irmão R. W. Little, mas tudo o que ele fez de fato foi revivê-lo, quando praticamente ele havia morrido. Ele estava sendo trabalhado já em 1780, pelo major Charles Shereff, William White, Grande Secretário de 1780, e outros maçons proeminentes que eram membros, e, em 1796, lorde Rancliffe tornou-se Grão-Mestre desses Graus, e ainda também se tornou Grão-Mestre da Ordem dos Templários Maçônicos. Ele foi sucedido pelo juiz Walter Rodwell Wright, em 1804, e, depois dele, o duque de Sussex foi instalado Grão-Mestre vitalício.

Ward diz que Sussex fez o seu melhor para destruir esses Graus, como fazia com todos os Graus cristãos. Esse foi apenas o único motivo de Sussex para assumir o cargo supremo na maioria deles. Eles haviam sido salvaguardados pela cláusula no Ato de União, que permitiu que essas Lojas que já trabalhavam Graus de Cavalaria pudessem prossegui-los funcionando. Sussex não chegou a ter êxito em destruí-los, mas, quando os Graus foram revividos, grande parte do ritual teve de ser obtido a partir dos Estados Unidos, onde os Graus sobreviveram ao ataque. Na América, esses Graus estão associados a um corpo chamado O Três Vezes Ilustre Conselho da Cruz, que também trabalha em dois Graus não utilizados, na Inglaterra. Estes são os Cavaleiros da Marca Cristã e Guardiões do Sagrado Conclave, e os Cavaleiros de Três Reis.

As faixas do Grande Conselho Imperial, as quais garantem o direito de se trabalhar esses Graus, possuem quatro flores de lis nas cruzes do Comandante. A flor de lis é o emblema da Virgem Abençoada, e Ward acredita que ela simboliza a Cruz do Calvário, na qual Cristo pagou o preço por causa dos pecados de nossas paixões. Ele diz que os símbolos nos lembram de que isso não teria sido possível, mas sim pelo ato de Maria dar à luz. Representa, portanto, a cruz e o *vesica piscis*. O triângulo irradiando dentro de dois quadrados[3] é para relembrar a centelha divina dentro do homem. Ela está colocada em um mundo material,

---

3. Um símbolo maçônico de um triângulo equilátero com os raios do Sol brilhando a partir dele, definido dentro de dois quadrados, rotacionado por 45° para formar uma estrela de oito pontas. Muitas vezes, é definido com uma joia circular.

o qual é definido nos espaços sem limites da eternidade, representados pelo círculo. Para a joia de Cavaleiros e Comandantes, que não são membros do Grande Conselho Imperial, um dos quadrados é substituído por um paralelogramo.

Ward diz que o *tau* quádruplo, que é o tipo de cruz utilizado nesse ponto, está ligado à cidade de Jerusalém, que simboliza o Monte Calvário e o Sepulcro. O corpo que sofreu na cruz de nossas paixões é representado pelos quatro *taus* de matéria animal. Como ele ressuscitou no terceiro dia, o túmulo simboliza o útero da nova vida. O triângulo do Divino Espírito revive o quadrado da matéria e o amplia para o círculo do infinito.

E o que dizer da cruz que Constantino viu no céu? Ward diz que ele viu o Sol fazer uma enorme cruz vermelha no céu em uma noite, enquanto ele estava na Birmânia.

> Atrás da cruz, que caiu em cima de pequenas nuvens que se reuniram em torno do Sol no oeste, o próprio céu ficou verde como turquesa, azul como safira, roxo como ametista. Fez-me lembrar a faixa de um Cavaleiro desse Grau. Como o Sol afundou no oeste, parecia como se uma cortina roxa descesse dobra por dobra; em seguida, o roxo virou preto, de uma textura quase aveludada. As estrelas próximas se apressaram para fora, enquanto o emblema do Islã, a Lua Crescente, flutuava ante minha visão. O grande budista Shwe Dagon Pagoda ficou preto e solene, sua bainha de ouro já não refletia a glória do Sol. A voz dos gafanhotos falhou, e o silêncio de uma noite tropical caiu sobre o mundo, quebrado apenas pelo movimento das águas do lago.

Uma cruz no céu é um símbolo do Cristo Cósmico, diz Ward. É um símbolo da humanidade, que sofre, a fim de sair da matéria para dentro do círculo da eternidade. É uma cruz dos quatro pontos cardeais, uma cruz dentro de um círculo, simbolizando a matéria dentro da eternidade. A declaração do ritual "por este sinal tu conquistarás" é mais do que um registro de um incidente histórico. O sofrimento permite que a matéria triunfe e que seja iluminada pela Luz que vem do Sol, que é um emblema do Ser Supremo. Como a cruz desce do Sol, ela se espalha em todas as direções para cobrir toda a Terra. É um sinal de que cada homem deve elevar-se por essa escada de luz que está dentro de si, para ser um com Deus. A cruz é sinônimo de luz, pois a cruz cósmica não é só feita de luz, é Luz. A partir do ponto central do círculo ele irradia, até que toca a circunferência. Nem sequer é delimitado pelo círculo do céu, que se estende do norte, leste, sul e oeste além dos limites do ilimitado. É um Selo da salvação, colocado na testa de cada ser humano.

A cruz, a *vesica piscis* e a astrologia maçônica

Os símbolos da Cruz e da *vesica piscis* podem ser encontrados nos Graus maçônicos mais elevados, particularmente o da Rosa-Cruz e da Ordem Real da Escócia, diz Ward. Tradicionalmente, sempre houve dez grandes mistérios. Os sete mistérios menores são representados na Maçonaria pela Maçonaria Simbólica, Marca, Arco, Críptico e Graus semelhantes. Os dez mistérios maiores são mistérios da cruz, e eles são representados pela Rosa-Cruz, a Ordem Real e os Graus do Rito Escocês Antigo e Aceito. Por exemplo, o Cavaleiro da Serpente de Bronze é preeminentemente um Grau da Cruz.

Graus da Cruz são bastante distintos dos Graus de Cavalaria, que envolvem o simbolismo da cruz, mas não são Graus herméticos. O Cavaleiro Templário e seus rituais de Passagem do Mediterrâneo e os Cavaleiros de Malta são declaradamente cristãos, assim como a Cruz Vermelha de Constantino, e os Cavaleiros do Santo Sepulcro e de São João. Mas todos eles afirmam se originar a partir de ordens de Cavalaria da Idade Média. Mas o simbolismo desses Graus é separado dos Graus herméticos.

Figura 1 – Símbolos astrológicos dos planetas, tais como desenhados por Ward.

Os símbolos da cruz e os *vesica piscis* são encontrados dentro dos Graus mais elevados, e eles também aparecem na Maçonaria Simbólica. (Ward pensa que isso é decorrente de uma mistura da Simbólica com o trabalho de alto Grau durante o século XVIII, ou possivelmente antes.) No primeiro Grau da Maçonaria Simbólica, existe uma referência limitada das lições simbólicas da cruz. O propósito dos Graus da Maçonaria Simbólica é o de ensinar sobre a natureza de Deus e os deveres terrenos do homem, estes sendo o assunto dos mistérios menores. Os grandes mistérios ensinam o que acontece após a morte, e isso faz parte do mistério da Cruz. Mas Ward nos conta que a Cruz também possui um aspecto fálico ou criativo.

Uma organização maçônica, a Sociedade Rosa-Cruz, estuda a Cruz e a Rosa. Ela faz isso por investigar o lado oculto e místico da Maçonaria, da Filosofia, da Cabala e da antiga sabedoria. Seu ritual venera Christian Rosencreuz, o fundador mítico dos Rosa-cruzes medievais.

As cerimônias maçônicas mostram a natureza universal da cruz, simbolizando os quatro pontos cardeais do compasso, como também a cruz mística do Universo. Eles contêm a erudição astrológica e explicam o uso astrológico da cruz e do círculo como os símbolos dos planetas. A roda da cruz, ou a cruz dentro do círculo, representa a Terra e se refere à crucificação dos salvadores do mundo. Todos os símbolos são embasados na cruz e no círculo.

A cruz em cima do círculo representa Marte, que simboliza a natureza apaixonada do homem. O tipo marciano é forte e generoso, mas imprudente e impetuoso. Em sua corrida descuidada, ele muitas vezes ignora os direitos e sentimentos dos outros. Assim, a cruz acima do círculo simboliza paixões animais que não foram trazidas sob controle, a natureza espiritual simbolizada pelo círculo. O círculo, quando mostrado sem a cruz, mas com um ponto em seu centro, representa o Sol. Este é o emblema – o ponto dentro do círculo que simboliza o Espírito Divino no homem.

A cruz abaixo do círculo representa Vênus, e simboliza paixões subjugadas e controladas pelo Espírito Divino do Amor. Vênus é chamado de o planeta do amor. Esse é o amor divino, que excede todo o entendimento, mas que pode ser degradado em paixão sexual. Assim como Marte tem um lado bom, Vênus tem aspectos ruins.

Mercúrio é representado pelo semicírculo, um símbolo da Lua inconstante, acima de um círculo completo, representando o Espírito Divino. A Lua, a que leva a luz do Sol, foi pensada pelos astrólogos para representar a alma do homem – a alma sendo metade material, metade espiritual, nem boa nem má, mas respondendo a boas ou más influências em torno dele. A cruz abaixo do círculo diz que as paixões têm sido subjugadas pelo Espírito Divino, mas não completamente, como acontece com Vênus. O símbolo Lua tem uma instabilidade e uma variabilidade de caráter que leva ao erro aqueles que estão sob a influência de Mercúrio. Mercúrio, no entanto, é o doador da adaptabilidade, o desejo de viajar e a capacidade comercial.

O signo de Júpiter é o semicírculo e a cruz. Aqueles que caem sob a influência desse planeta são homens justos e verdadeiros, de bom senso e bom entendimento, generosos em palavras e atos, e não imprudentes em dar, tampouco relutantes por natureza. A influência benigna de Júpiter confere um equilíbrio feliz a suas vidas. A cruz do Redentor dobra o símbolo da Lua ao seu aspecto benigno, e uma paz final está próxima.

Saturno é o oposto de Júpiter. Seu símbolo é a cruz por cima do sinal de Luna. É o Tentador, o Satanás, ou talvez o testador. Saturno castiga e doma primitivas paixões desordenadas. Um homem que tem Saturno em seu ascendente arcará com muitas cruzes em sua vida, encontrará inúmeros obstáculos e sofrerá muitas decepções. Sua cruz do sofrimento é levantada no ar, e a Lua inconstante leva sua cor a partir dele. O homem que sofre a influência de Saturno sairá fortalecido por estudos e purgado de faltas. Saturno, em seu melhor, constrói uma natureza cautelosa e cuidadosa.

A vida vai ser difícil para qualquer um para quem Marte está definido no ângulo da cruz ou em quadratura com Saturno. Mas, como as lições são aprendidas, a quadratura irá desaparecer, e uma nova influência benigna irá substituí-la. Saturno, se estiver em quadratura com qualquer outro planeta, pode estragar boas influências: por exemplo, quando cruza com Vênus muda o amor divino em luxúria carnal. Mas todas as coisas más passam com o tempo, já que só o bem é eterno. Isso, Ward explica, é o que a Maçonaria Simbólica ensina sobre a sabedoria dos astrólogos, que seu sistema não envolve a leitura da sorte, mas a análise do caráter. E a partir do caráter de um homem é que se podem deduzir suas ações prováveis em diferentes circunstâncias.

Urano e Netuno são novos planetas, e eram desconhecidos para a maioria dos astrólogos ocidentais, embora Ward constate que astrólogos indianos afirmam que sabiam sobre eles muito antes de serem observados por meio de um telescópio. Esses planetas estão tão longe, que só influenciam os homens que alcançaram grandes níveis de espiritualidade. Eles não influenciaram muitos homens antes do século XIX, porque não foram suficientemente evoluídos espiritualmente. Uma exceção foi Jesus Cristo, um típico homem de Netuno do tipo exaltado. Netuno e Urano são planetas misteriosos e seus efeitos pouco compreendidos. No momento eles afetam apenas alguns indivíduos, e sua influência é mais poderosa com as pessoas místicas e psíquicas. (Netuno afeta místicos e Urano, paranormais.) Sua influência sobre as pessoas comuns é geralmente desagradável, mas seu lado benigno entra em jogo para as pessoas espirituais.

Símbolo de Urano, um cruzamento entre dois semicírculos que descansam em um círculo, combina os símbolos de Marte, Júpiter e

Luna. Essa combinação explica por que Urano pode afetar o plano espiritual-psíquico-alma, o plano do corpo, ou o plano da Terra. Na pior das hipóteses, ele traz desastre mundano, mas seus melhores aspectos oferecem um amor pelo antigo e pelo ocultismo. O símbolo de Netuno combina dois semicírculos e o signo de Marte: os semicírculos estão posicionados nas extremidades dos braços de uma cruz. As meias-luas são levantadas para marcar a influência mística de Netuno. No símbolo de Urano, são colocadas no meio para mostrar que os tipos de Urano são médiuns e ocultistas, não verdadeiros místicos. As luas duplas mostram a grande variabilidade da influência desses dois planetas.

Ward acredita que o que você pode pensar de astrologia como uma arte prática tem um aspecto mais elevado, que é a análise de caráter, e os símbolos ajudam nesse estudo. Ele diz que os planetas são externos e visíveis sinais de grandes forças espirituais, e na tradição da Maçonaria simbolizam anjos ou atributos da Deidade.

Ward até agora falou principalmente sobre a cruz fálica, ou a cruz de nossas paixões. Mas ele passa a explicar que existem dois tipos de cruz no simbolismo da Maçonaria: a cruz *Tau*, que tem a forma de um T e representa a velha cruz fálica da criação; e a cruz Latina (ver Figura 2), que é um símbolo do sofrimento. Os dois aspectos do simbolismo da cruz se misturam muitas vezes, e não podem ser separados. Por exemplo, embora simbolicamente Cristo tenha sido crucificado na cruz das paixões, os quadros e esculturas do evento geralmente mostram a cruz do sofrimento. Os dois ladrões geralmente são mostrados em cruzes *Tau*, muitas vezes com os braços dobrados sobre elas. Isso enfatiza diferentes aspectos da cruz, e esses descuidos mostram que o antigo conhecimento do simbolismo da cruz foi perdido.

A cruz *Tau*

Ward considera que originalmente o símbolo *Tau* se inverteu, e dessa forma é apenas um símbolo do falo e uma forma primitiva de representar a função criadora masculina. Por isso, é um símbolo do Criador de Tudo. Da mesma forma, a *vesica piscis* é uma forma simplificada do princípio produtivo da fêmea em Deus. A mãe preserva a vida e traz à luz um filho. Ela, então, amamenta-o e o sustenta até que ele possa ficar sozinho. Assim, o símbolo do *vesica piscis* tornou-se associado com o Salvador. Mas Ward constata que o símbolo hindu da Rosa e da Cruz é um *Lingam* (isto é, um falo) rodeado por uma *Yoni*, (que é uma vagina), que simbolizam a união dos princípios masculinos e femininos em um só Deus.

Ward diz que a adoração fálica é antiga, e o falo era um símbolo de Deus. Ele permanece até hoje na Índia, onde o *Lingam* é reverenciado por milhões de pessoas perfeitamente morais que detêm os mais rígidos pontos de vista sobre a moralidade sexual.

Na história de Osíris, que foi cortado em pedaços e espalhado por todo o Egito, seu membro estava faltando, quando Ísis remontou seu corpo, e ela fez um substituto de madeira. Esse é um simbolismo duplo que faz do falo e da cruz um só símbolo. O Osíris ressuscitado não tinha mais necessidade de seu membro, e a lenda é uma lição para nos encorajar a controlar as paixões que atormentam nossa alma. Simbolicamente, Osíris, menos o seu membro, é purificado de todas as paixões, e agora está apto a ir para as mansões de bem-aventurança.

Essa cruz *Tau* também aparece como o símbolo do machado (ver Figura 2). O machado é um símbolo do governo, especialmente o machado de duas pontas, que mantém a forma *Tau*. Esse símbolo remonta ao Neolítico, quando um punho foi dividido e limitado, e a cabeça de pedra do machado passou por ela, fazendo uma borboleta ou forma *Tau*. O machado de pedra também pode ser visto como um martelo, que é o símbolo de Júpiter, Indra, Thor e os reis do Panteão. Quando o bronze tomou o lugar da pedra, a substituição do machado duplo restaurou o símbolo antigo. O martelo de guerra de pedra manteve a T-forma.

O machado ou martelo tem sido um símbolo de poder e autoridade entre os homens e os deuses desde tempos muito antigos. O machado, chamado Neter, era um símbolo para Deus entre os antigos egípcios. Ele também é o símbolo da Indra, que era o rei dos deuses na Índia. Em Cnossos existe um templo chamado de Casa do Duplo Machado. Isso ocorre porque o templo contém um altar de três cubos em que são esculpidos diversos eixos duplos. O arranjo do antigo edifício lembrou a Ward um moderno templo de Loja:

> Há um trono de pedra para o Venerável Mestre, ao redor, nos lados, temos os bancos de pedra para as colunas, e no centro um altar formado por cubos triplos adornado com esses ideogramas talhados, um de cada lado de cada cubo. Provavelmente, o deus assim designado é Zeus, ou pelo menos seu protótipo.

Ward diz que o deus nórdico Thor tinha o machado como seu símbolo, e os egípcios associaram o machado com Ptah. O machado também era um símbolo de autoridade entre os gregos e romanos, e para os anglo-saxões tinha o mesmo significado, que Ward acredita ser derivado do machado de Thor. O símbolo da cruz *Tau* remonta ao Neolítico. Ward diz como ele viu a escavação de um túmulo Neolítico na Inglaterra, que mantinha os esqueletos de um homem e sua esposa. Ela havia sido morta no enterro dele e seu corpo jazia na sepultura com os pés contra a lateral do corpo dele para que juntos seus corpos formassem uma cruz *Tau*.

O martelo, ou seu equivalente maçônico moderno, o malhete, e a *Tau* já foram idênticos, Ward explica. Isso mostra uma evolução natural do simbolismo. A cruz *Tau* evoluiu a partir do falo, como um símbolo de Deus, o Criador, o Pai. Uma vez que a humanidade desenvolveu o símbolo do machado e a idade patriarcal chegou, quem mais, ele pergunta, deve exercer a autoridade como o pai do clã, mas também o representante terreno do Pai Celestial?

A cruz Latina

A cruz Latina (veja Figura 2) é uma cruz de sofrimento e de redenção. Seu símbolo possui uma origem diferente da do Tau. Ela evoluiu quando os dois polos de Boaz e Jachin foram cruzados para dividir os céus em quatro quadrantes. Essa cruz é um importante símbolo no culto solar, com a suástica sendo uma forma primitiva do mesmo. Ambas as versões são símbolos do Sol em sua viagem ao redor da Terra.

Vesica Piscis e o Triângulo Equilateral	Cruz Tau de Francisco	Cruz Latina	Ankh Cruz Ansata	Axe Cruz Machado
Cruz de Malta	Cruz Templária Flamejada	Quadrados e Compassos	Brasão Feminino de Armas	Vesica Piscis

Figura 2 – As Cruzes e os símbolos relacionados discutidos por Ward

Essa cruz Latina é aquela em que o Cristo cósmico está sempre sendo crucificado. Existem muitas formas pré-cristãs dessa cruz. A mais comum tem todos os braços iguais e é encontrada em todo o mundo.

Essa cruz foi achada pelos primeiros exploradores, entre inúmeras raças na África, muito antes de que quaisquer missionários pudessem tê-la trazido. Era também um símbolo importante para os druidas. Entre os nativos americanos, os hurons se tatuavam com uma cruz ou uma serpente na coxa, enquanto na África era a tatuagem Baratonga, uma cruz e um quadrado, lado a lado. Mas no antigo Egito havia mais variações sobre essa cruz que em qualquer outro país. A cruz Teutônica era um símbolo usado pelos deuses Bes e Nefer-Hetep, ambos são mostrados as usando. Além disso, a cruz de braços iguais é encontrada frequentemente com caracteres cortados para dentro os braços e, olhando para esses símbolos, Ward ficou impressionado pelo fato de que, se os caracteres tivessem sido hebraicos, em vez de egípcios, ele os teria levado para a joia de *Mui Venerável Soberano do 18º Grau*. Ele diz que esses caracteres egípcios, que se tornam um *Ankh*, suportam um nome sagrado.

O símbolo do *Ankh* era um emblema egípcio da vida eterna. A cruz do sofrimento e da redenção se distingue da cruz fálica, ou *Tau*, pela presença de um quarto braço, ou capacete. O *Ankh* é uma forma de cruz da redenção, já que o circuito forma uma peça de cabeça, mas ele realmente combina os emblemas da *Tau* e *vesica piscis*, por isso simbolicamente une aspectos masculinos e femininos da cruz em um só. Isso torna a mais venerada de todas as cruzes. Ward nos lembra de que, entre os hebreus, o *Tau* foi considerado um símbolo sagrado e está associado tanto com o ascendente quanto com o descendente.

As cruzes da Maçonaria Simbólica

Ward diz que ambos os símbolos da cruz podem ser achados na Maçonaria Simbólica, mas a cruz *Tau* é o mais importante. Pense na forma que você faz quando dá o primeiro passo regular, ele pergunta. O que é isso? Agora você sabe onde a cruz *Tau* se encaixa na Maçonaria Simbólica. Considere esse passo em relação a uma acusação anticristã feita contra os Templários: que eles pisaram na cruz. O significado do ato é perfeitamente claro se a cruz era a cruz *Tau*, pois é o ritual do primeiro passo regular na Maçonaria. Isso simboliza que, como Aprendizes Maçons, devemos aprender a pisar em nossas paixões animais. A não ser que nossas paixões animais sejam colocadas sob controle, à medida que continuamos através de cada Grau, não poderemos encontrar o centro do círculo. Esse passo não utiliza o símbolo da cruz Latina de sofrimento, mas sim a antiga cruz fálica. Ward está certo de que as lições dos passos são inquestionáveis, uma vez que seu simbolismo é compreendido.

Mas Ward diz que o símbolo da cruz *Tau* é evidente nos malhetes dos oficiais da Loja Simbólica. São cruzes T e combinam os símbolos do martelo (o sinal de governo) e a cruz T (o símbolo do lado criativo masculino da Deidade). Da mesma forma, um T é colocado no avental do Mestre da Loja, para mostrar o símbolo como um quadrado, e também para trazer seu significado fálico. Se isso não tinha uma intenção, por que não usar um único quadrado, a forma utilizada em outras ocasiões na Loja? Os oficiais que detêm os malhetes são o Mestre, Primeiro Vigilante e Segundo Vigilante. Eles são os governantes da Loja, mas também representam três aspectos da Divindade quando suas três cruzes *Tau* estão unidas, pois eles estão no Arco Real, o *Tau* triplo, e o símbolo de um único Deus é formado. Os Diáconos representam a maternidade e o lado conservador da Arte, e eles nunca usam malhetes.

O símbolo da cruz Latina, ou cruz de sofrimento, é somente visto em dois lugares em uma Loja de Maçonaria Simbólica. Estas são as formas de espada do Cobridor Externo e o punhal do Guarda Interno.

O Primeiro Grau da Maçonaria Simbólica é um Grau de nascimento, diz Ward. Ele serve para nos lembrar do sofrimento da mãe quando nos deu à luz. O ritual lembra da dor que nós e ela sentimos quando viemos da escuridão para a luz. A maneira correta de proceder de leste a oeste, nesse importante Grau da Maçonaria Simbólica, é em uma série de passos de cruzes Latinas. Mas a cruz Latina é realmente parte do ritual dos Graus mais elevados, como o Rosa-Cruz, e os Graus Templários.

A Marca também é um Grau Simbólico, e nele nós achamos a cruz T como o símbolo do *Lewis*. Esse é um grampo de metal usado para unir pedaços de pedra. O ritual também nos diz quê o *Lewis* é o filho de um maçom e um apoio em sua velhice.

No Arco Real, o triplo *Tau* é descrito longamente. Sua forma simboliza a natureza tríplice da Divindade, que é um só e ainda três. Cada uma dessas três Pessoas tem atributos dos outros dois. Deus é o Criador e também o Preservador e o Destruidor, e, na Índia, o falo é o símbolo de Shiva, o Destruidor. O ato criativo traz consigo uma morte que termina o tempo. A cruz de nascimento é também a cruz de morte, e seu símbolo é a cruz Latina. O Cristianismo completa o *Tau* triplo, mostrando-nos que, porque Deus, o Preservador, foi morto na cruz, devemos nascer de novo para a salvação.

Ward comenta que o *Tau* foi uma marca popular entre os maçons nos tempos medievais, e um particularmente bem talhado pode ser visto em um dos pilares na capela da Torre Branca, na Torre de Londres. É contemporâneo da coluna, e não pode ser posterior a 1080.

Capítulo 17

A *Vesica Piscis*

O símbolo da mulher

Ward diz que a *vesica piscis*, (), simboliza o passivo, o princípio feminino. Ele é achado na Índia e na China, sendo colocado atrás dos deuses ou de Buda, mas seu uso é universal. Na Índia ele é chamado de *Yoni*, e é associado com o falo para formar a pedra de *Lingam*, a qual é um objeto de veneração nos templos hindus. A original Divina Trindade Egípcia era o Pai – Criador, Mãe – Preservadora, e o Filho – Destruidor. Na Trindade Cristã, Jesus representa o destruidor da morte, enquanto o Espírito Santo toma o lugar da Mãe Divina. Houve uma seita de cristãos orientais que considerava a Virgem Maria como a segunda pessoa da Trindade, assim revertendo para a antiga Trindade Egípcia.

A *vesica piscis* sempre foi associada com o lado conservador da Divindade, e Vishnu é frequentemente retratado em pé nela. O Buda é igualmente representado, e, na Europa medieval, os santos, e em particular a Virgem, também foram colocados nela. Porque se diz ser a Igreja a Noiva de Cristo nos selos eclesiásticos, que eram cercados por uma *vesica piscis*. Os selos da nobreza nunca foram colocados nesse símbolo, mas em um círculo.

O símbolo da *vesica piscis* é a base da maioria da arquitetura medieval. O arco ogival e a rosácea são baseados nele. A base da arquitetura é a geometria, e a *vesica piscis* aparece na primeira proposição de Euclides, onde é usada para formar um triângulo equilátero. Ward diz que esse triângulo tem sido muito utilizado como um emblema maçônico do próprio Deus.

O triângulo equilátero formado pela interseção de dois círculos é uma proposição de grande utilidade prática para os maçons medievais. Ele carrega uma lição mística profunda em seu simbolismo simples. O símbolo do Arco Real e dos Graus crípticos é o triângulo equilátero invertido. Estende-se ao losango, ou forma de diamante, ◊, que é a forma que uma mulher foi autorizada a usar para o formato de seu brasão pessoal (veja a Figura 2).

No antigo Egito, a *vesica piscis* foi associada com a cruz *Tau* para formar o *Ankh* (ver Figura 2), que é um símbolo da vida eterna. Ward diz que os primeiros rituais utilizados pela Rosa-Cruz e os cristãos gregos mostram que eles entenderam o significado esotérico desse símbolo de feminilidade. Mas, acrescenta, como os homens hesitaram em chamar as coisas pelos nomes, um número de sinônimos cresceu para representar o símbolo da *vesica piscis*. O mais comum era a rosa, que passou a desenvolver novos e fantasiosos significados que obscureceram o seu significado original. Ele veio para representar as cinco chagas de Cristo, e de Hiram Abiff. Dizia-se que as rosas vermelhas mostram a cor do sangue da vítima e o branco, sua inocência. Em tempos cristãos, a rosa estava ligada a Jesus, como a Rosa de Saron e o Lírio dos Vales. Assim, o lírio branco foi substituído pela rosa branca. Em tempos jacobitas, a rosa branca foi associada com o rei Charles I, conhecido como o Mártir branco. Dessa forma, a rosa branca tornou-se um emblema dos jacobitas.

O simbolismo da rosa tem inundado a *vesica piscis*, Ward diz, mas ela sobrevive nas Lojas da Maçonaria Simbólica na forma de um dos símbolos mais antigos e místicos da Maçonaria.

A *vesica piscis* na Maçonaria Simbólica

A Maçonaria Simbólica sempre foi honrada com o esquadro e o compasso, e é dentro desses antigos instrumentos que nós achamos a *vesica piscis*. A mulher não foi autorizada a ter seu brasão em forma de escudo, o que era considerado adequado apenas para guerreiros masculinos; assim o substituíram pelo losango. Mas por quê, Ward pergunta, não era um quadrado ou qualquer outra forma?

Ward diz que a *vesica piscis* é um símbolo derivado do aspecto distintivo da anatomia feminina na Idade Média. Na heráldica, é estilizado e disfarçado para se adequar à exigência, mas sua origem simbólica é clara. Ele observa que a forma do losango é facilmente construída, organizando o esquadro e o compasso para o signo místico, de modo que ele une o significado da *vesica piscis* com implementos maçônicos. Quando o candidato toma sua Obrigação sobre o esquadro e compasso, o malhete (ou a fálica cruz *Tau*) também está no pedestal do Mestre. Assim, a cruz e a *vesica piscis* se unem para formar a terceira grande luz na Maçonaria. A cruz representa a influência ativa, ou masculina, na Loja, que o Mestre usa antes de tomar qualquer ação. O símbolo feminino é passivo e somente se torna ativo quando o esquadro e o compasso estão separados.

Ward explica como a obrigação é tomada dentro do emblema do losango. O candidato é admitido na cruz do punhal do guarda interno, regido pela cruz *Tau*, e sujeito dentro da *vesica piscis*. A primeira lição que ele aprende é como dar o primeiro passo regular na Maçonaria, e assim declara publicamente sua intenção de pisotear as paixões primitivas e animais que atacam sua alma. O losango é o símbolo do preservador e, ao fazer sua obrigação, na qual o candidato promete preservar os segredos do Grau, e assim é salvo do destino que se abateria sobre o Profano.

Tendo sido admitido no Primeiro Grau na cruz do punhal, a primeira metade da *vesica piscis* é apresentada ao seu peito nu esquerdo quando ele faz sua obrigação. No Segundo Grau, ele é admitido no esquadro, que é levantado acima da cabeça, antes que mais tarde desempenhe seu papel importante em sua segunda obrigação. No Terceiro Grau, ele é admitido no compasso, que também é levantado sobre sua cabeça, mas não desempenha qualquer papel em sua terceira obrigação.

Nessa sequência ritualística, Ward explica que o candidato passa pela *vesica piscis* em duas seções, e esse simbolismo é duas vezes enfatizado durante suas obrigações. Esses atos têm significados exotéricos e esotéricos, e invocam o princípio feminino ou passivo da Divindade, assim como o criativo ou masculino é trazido à mente pela cruz *Tau*.

Ao candidato é lembrado que, assim como ele entrou no mundo material através da *vesica piscis*, então ele deve entrar em sua vida de iniciação pela mesma estrada. Só depois que ele fez isso, ele será capaz de ver a luz no Centro. A *vesica piscis* é o princípio feminino ou conservador de Deus, sem o qual não pode existir, nem a esperança de ser preservado do poder das trevas e do mal que ameaça nossa jornada espiritual.

Ward insiste que a cruz e a *vesica piscis* são encontradas em Lojas da Maçonaria Simbólica, e acha que seria estranho se não o fossem, considerando como são antigos, e como eram essenciais para os ritos de iniciação dos antigos mistérios. Ele nos lembra que o símbolo do losango *vesica piscis* é encontrado em todo o mundo, com os antigos egípcios, maias na América Central, e druidas na Grã-Bretanha e Irlanda, que os usavam em seus rituais.

Ele observa mais duas instâncias desse símbolo na Maçonaria: primeiro, nos colares dos oficiais, e, segundo, nas rosetas no avental do Mestre Maçom. Todos os membros plenos da Loja têm três rosetas em seu avental para lembrá-los de que seu dever é passivo, de obedecer às ordens do Venerável Mestre. O Mestre, como um símbolo de seu papel ativo, usa três *Taus* em seu avental, em vez das três rosetas.

Conclusões da PARTE TRÊS

Ward foi treinado como historiador em Cambridge e iniciado na Loja Isaac Newton Cambridge University, Nº 858. Ele olhou atentamente para os possíveis caminhos nos quais os rituais dos Cavaleiros Templários poderiam ter passado para a Maçonaria e fez um estudo que vale a pena ser considerado, e quem sabe até reinvestigado com as modernas ferramentas de recuperação de dados.

E talvez não seja surpreendente que Ward nunca foi levado a sério nas páginas da revista da *Quatuor Coronati*. Aqui está um exemplo da estima que ele detinha da Loja de Pesquisa da autoproclamada *"Première"*:

> A curiosidade sobre os muitos caracteres estranhos que figuram no desenvolvimento da "Maçonaria de Franja" na era vitoriana tem crescido rapidamente, mas houve pouca tentativa de considerar seus motivos ou de colocar os instrumentos de uma respeitável bolsa para 'o estudo de seus entusiasmos... A razão para essa negligência é um desejo compreensível por parte da autêntica escola de distanciar-se dos pronunciamentos mais lunáticos sobre a história e as tradições que foram feitas pelos representantes da "escola esotérica maçônica". Por volta de 1920, trabalhos que refletem a abordagem de "esotérico" tinham praticamente desaparecido dos Processos e Operações de Círculos de Estudos e Pesquisas das Lojas, que estavam ansiosas para manter a respeitabilidade acadêmica que o trabalho da escola autêntica tinha dado à pesquisa maçônica... Mas se o trabalho da escola esotérica foi o de negar o acesso a publicações de pesquisa maçônicas, essa restrição enfrentada não existe no mundo exterior. Durante o período entre-guerras, os livros baseados na abordagem esotérica apareceram em profusão, e seus autores (por exemplo, J. S. M. Ward... *et al.*) faziam reivindicações e conclusões que teriam sido muito menos extravagantes e estranhas se seus autores tivessem recebido previamente o benefício fundamentado de debate e da crítica acadêmica de suas teorias dentro dos limites desta Loja de Pesquisa.

Mas Ward não tinha nenhuma chance real de qualquer de suas ideias ser aceita por qualquer braço da Grande Loja Unida da Inglaterra. Ele estava levantando toda a questão de onde é que a Maçonaria havia começado. E seu trabalho não poderia ser acadêmico para os padrões da *Quatuor Coronati*, porque ele não estava concluindo que ela teve início em Londres, em 1717.

A pessoa, cujo paradigma de debate era fundamentado em crítica acadêmica, que escreveu o extrato citado na página anterior, possuía um diploma em Saúde Pública, enquanto a Ward tinha sido atribuído um Grau de honras de segunda classe superior em História, pela Universidade de Cambridge. Mas aquele era um Grande Oficial da Première Grande Loja do Mundo, enquanto o outro não. Se a GLUI não gosta de suas ideias, então, como o próprio Ward apontou, estudantes ingleses da história maçônica que procuram honras da Grande Loja temem até mesmo sugerir que qualquer coisa relacionada com a Maçonaria pode ser mais antiga que o século XVIII. Isso é para garantir que eles caiam em desgraça com a Grande Loja Unida da Inglaterra. Assim, no debate fundamentado e na crítica acadêmica da *Quatuor Coronati* seria, como disse Ward, sempre preferível declarar qualquer evidência de uma origem da Maçonaria antes de 1717 como forjada ou com base na imaginação.

Uma ideia particular de Ward, no entanto, atingiu um ponto comum com minha própria investigação. Ele viu uma ligação entre o símbolo do losango e a Maçonaria. Ward não poderia ter tido conhecimento da extrema antiguidade do símbolo do losango,[4] mas ele certamente reconheceu seu significado e explicou o simbolismo claramente.

No entanto, o ponto que ele levantou faz uma ligação com a Maçonaria Templária e levanta muitas questões que merecem um debate mais aprofundado, de modo que o próximo escritor cujas ideias decidi revisitar é outro anti-herói da *Quatuor Coronati*, A. E. Waite.

---

4. Ela remonta a mais de 70 mil anos, mas essa prova só foi encontrada em 2001. É o mais antigo símbolo conhecido por ter sido esculpida por seres humanos, como expliquei em *Girando a chave de Hiram* (2005), e produz um efeito emocional mensurável sobre o sistema de percepção humana.

Parte Quatro

A. E. Waite

em

"Maçonaria, a Tradição Secreta e os Cavaleiros Templários"

Capítulo 18

Os Guardiões Secretos

Arthur Edward Waite

Arthur Edward Waite era um pensador místico muito original. Ele nasceu em Nova York em 1857, de uma mãe inglesa e um pai americano; sua mãe, que também não era casada com seu pai, trouxe-o para morar com ela na Inglaterra quando ele tinha 2 anos de idade. Quando jovem, ele estudou teosofia e magia, e passava muitas horas na Sala de Leitura do Museu Britânico. Ele queria escrever ficção, mas nunca o fez como um romancista. Em 1896, ele tornou-se membro da Ordem Hermética da Golden Dawn, passou a participar da "*Societas Rosicruciana*" (Sociedade Rosa-Cruz) em 1902 e, em 1910, publicou o famoso baralho Waite-Rider de cartas de Tarô. Ele então começou todo um novo campo de pesquisa maçônica, quando escreveu um livro em dois volumes, *A Tradição Secreta da Maçonaria* (1911).

Ele não foi iniciado na Maçonaria até estar na casa dos 40 anos, quando entrou na Loja Runymede, Nº 2.430, em Wraysbury, em 19 de setembro de 1901. Ele foi elevado na Loja St. Marylebone, Nº 1.305, em Londres, em 1902, e tornou-se Mestre da Loja Runymede em 1910. Uma vez que foi elevado, Waite tornou-se um colecionador de Graus maçônicos e um afiliado prolífico das Ordens Adicionais. Em 1902, ele criou o que chamou de um Conselho Secreto dos Ritos com o único objetivo de rituais de trabalho que nem sempre foram reconhecidos pela Grande Loja Unida da Inglaterra. Ele também visitou a Escócia para tomar os Graus do Grande Rito Primitivo. Em 1902, Waite participou de algumas reuniões da Loja *Quatuor Coronati*, mas não ficou impressionado com o conhecimento ali, dizendo de seus membros:

> essas pessoas não sabem para onde estão indo. Estes não são Irmãos, eles são simulacros – figuras esquisitas que fazem umas danças malabaristas.

Quando Waite publicou sua *Tradição Secreta da Maçonaria* e depois a *Nova Enciclopédia da Maçonaria*, a Loja *Quatuor Coronati* seguiu sua política normal de atacar suas ideias e desvalorizá-lo pessoalmente. Um de seus membros disse em uma revisão da Enciclopédia de Waite:

> Que vantagens ou habilidades especiais fazem o Irmão Waite afirmar possuir, que lhe permita tomar uma posição superior à dos escritores anteriores?... Ele pode ser tão estabelecido na ignorância, ou é este livro para ser entendido como mais uma fuga deliberada para os reinos da fantasia?

O escritor foi recompensado na forma maçônica usual por seu ataque a alguém disposto a questionar a teoria de que a Maçonaria se iniciou em Londres em 1717; ele foi primeiramente feito Mestre da *Quatuor Coronati* e então Grande Diácono da Grande Loja Unida da Inglaterra. Percebendo que, atacando Waite, havia uma nomeação maçônica a ser conquistada, outros membros da *Quatuor Coronati* se juntaram no clamor. Um revisor observou que "Waite tinha uma opinião extraordinariamente alta de sua própria sabedoria, e uma correspondente baixa em relação a um dos mais geralmente reconhecidos estudiosos maçônicos"; também tornou-se um mestre da Loja *Quatuor Coronati*, e no devido tempo Grande Porta-Espadas da Grande Loja Unida da Inglaterra. Waite foi feito Primeiro Grande Vigilante da Grande Loja de Iowa por seus escritos maçônicos, mas nunca foi homenageado pela Grande Loja Unida da Inglaterra. Mesmo assim, ele ainda é lembrado pela *Quatuor Coronati*, testemunhando um comentário publicado recentemente por outro membro da Loja:

> Durante sua vida Waite foi justamente castigado por suas peculiaridades de estilo, por seus frequentes erros em fatos históricos e por sua atitude arrogante e referências depreciativas aos seus contemporâneos.

A atitude de Waite diante de fatos está demonstrada nos comentários que fez na introdução à sua tradução do francês das obras de Alphonse Louis Constant:

> *A História da Magia*, por Alphonse Louis Constant, escrita – como a maioria de suas obras – sob o pseudônimo de Eliphas Levi, é o mais impressionante, divertido e brilhante de todos os estudos sobre o tema com o qual estou familiarizado. Assim, já em 1896 eu disse que era admirável como pesquisa filosófica, não obstante suas imprecisões históricas, e que não há nada na literatura ocultista que possa ser comparado com a mesma.

Eu tenho de admitir que o estilo de escrita de Waite pode ser pesado, mas suas ideias sobre a Tradição Secreta que inspira a Maçonaria permanecem interessantes, e é por isso que vou resumi-las na quarta parte deste livro.

Os Guardiões do Templo de Sion

Waite relata que uma Santa Ordem chamada de "Templo de Sion" existia em 1464, a qual ele pensa que possa ter sido o primeiro exemplo de uma forma de Maçonaria Especulativa, embora ele não tenha certeza de que seja uma evidência conclusiva para uma existência separada da Maçonaria Simbólica. Isso e o manuscrito *Regius* são a base de sua ideia de que algumas fraternidades herméticas desempenharam um papel no desenvolvimento da Maçonaria Especulativa. Ele acreditava que eram ideias místicas de uma seção cabalística que ele chamou de Guardiões da Tradição Secreta que transformaram a Maçonaria. Ele diz que o trabalho deles tem rastreabilidade em uma lenda da Maçonaria, a qual representa uma reflexão de preocupações zoháricas que se iniciam na Inglaterra com Robert Fludd e Thomas Vaughan, e que foram continuadas por intermédio de Henry More, estando em evidência tanto na França quanto na Bretanha em torno da época da Revolução Francesa.

Waite diz que as preocupações com a literatura de mistérios cabalísticos vieram antes da Maçonaria Simbólica, assim como o Batista veio antes de Cristo. Ele baseia-se em um órgão competente de escritos judaicos conhecido como o Sefer Zohar, que, segundo ele, oferece provas de estudiosos de que a Tradição Secreta de Israel era o motor mais potente para provocar uma conversão geral. Eles acreditavam que o Messias Zohárico foi, literalmente, seu próprio Messias, e que a doutrina cabalística predisse a ideia da Trindade cristã. Quando eles descobriram que havia uma lenda de perda em Israel, e que algo deveria ser restaurado, eles acreditaram que a restauração seria Cristo.

Ele diz que nós, maçons, também sabemos de uma perda, e devemos, portanto, olhar para a Cabala como sendo a raiz da matéria provável de nosso mistério. Os Altos Graus cristãos da Maçonaria restauram nossa perda em Cristo, e ele está inclinado a pensar que a Maçonaria Simbólica foi projetada para se dissolver em Maçonaria Cristã.

Introdução do Cavaleiro Ramsay

Waite diz que o Cavaleiro Andrew Michael Ramsay lançou as bases para os Altos Graus cristãos na Maçonaria em 1737. Ramsay possuía um cargo na Maçonaria Francesa de Orador e de Grande Chanceler, e sua intervenção tomou a forma de um discurso para a Grande Loja Provincial da Inglaterra, que ele proferiu a partir de sua Loja em Paris.

A Loja de Ramsay datava de 1730 e tinha solicitado uma Carta Patente como Grande Loja Provincial em 1735; quando Ramsay proferiu seu discurso, a Loja era recentemente autorizada. Suas palavras podem ser resumidas brevemente:

1. Os cruzados criaram a Ordem da Maçonaria na Terra Santa durante o período das guerras cristãs na Palestina.
2. Seu objetivo era o de unir os indivíduos de todas as nações para (a) Restaurar o Templo na cidade de Jerusalém e manter e estender a verdadeira religião ali e
   (b) Retornar aos princípios básicos da arte secreta da arquitetura.
3. O Mistério Maçônico é uma continuação dos mistérios de Ceres, Ísis, Minerva, Urânia e Diana.
4. O Mistério Maçônico é uma continuação da antiga religião de Noé e dos patriarcas.
5. A Maçonaria se origina de uma antiguidade remota e foi restaurada, em vez de iniciada, na Terra Santa.
6. Para frustrar os espiões sarracenos, os cruzados concordaram em sinais e palavras secretas para o reconhecimento uns dos outros.
7. Eles adotaram cerimônias simbólicas para iniciar candidatos e avançar os membros de Graus menores.
8. Quando os reis, príncipes e lordes retornaram da Palestina para seus próprios países, eles estabeleceram Lojas maçônicas.
9. É como a Loja-Mãe de Kilwinning foi fundada em 1286.
10. A Ordem principal de Cavalaria era a de São João de Jerusalém.

Waite observa que as palavras de Ramsay implicam que a Loja de Kilwinning é importante para o início da Maçonaria Escocesa, que a Maçonaria é uma Ordem universal desde seu início, e como suas primeiras Lojas foram formadas, com o retorno dos cruzados; e que o Mistério Maçônico tem suas raízes na religião de Noé e dos Patriarcas. Essas simples afirmações logo se tornaram artigos de fé.

Nessa época, a Maçonaria era uma nova introdução para o continente. Só em 1725 foi que a Loja de St. Thomas foi fundada em Paris, sob uma Carta da Grande Loja de Londres de John Ratcliffe, conde de Derwentwater. Mas o discurso de Ramsay deu à Ordem uma reivindicação de data de tempos imemoriais, que foi imposta à sua própria autoridade e somente explicada pela lenda. Ramsay, embora fosse um porta-voz autorizado, apresentou suas opiniões pessoais na linguagem convincente, e elas foram aceitas cegamente. Um exemplo disso é sua afirmação de que os desconhecidos superiores concederam patentes para as Lojas de uma Casa Sagrada na Grã-Bretanha. A associação romântica com as Cruzadas inspirou a imaginação continental. E Waite diz que Ramsay insinuava conexões jacobitas dentro da Maçonaria Francesa para aumentar a atração de suas ideias.

O discurso de Ramsay levou à evolução dos Altos Graus, e, embora ele seja creditado com a introdução de um Rito, Waite rejeita essa ideia com base em sua própria investigação e também na autoridade de Gould. No entanto, ele admite que as ideias de Ramsay tenham dado origem a uma tradição maçônica conhecida como as Lojas escocesas, dizendo que as Lojas que reivindicaram herdar essa tradição manipularam seus Graus da Maçonaria Simbólica para atender a hipótese de Ramsay e também de Altos Graus para seus rituais. Waite diz que é a partir dessa fonte que os Graus Santo André, os Graus de Cavalaria e os Graus de Templários surgiram. Ramsay acendeu uma paixão pelos Graus, e mais e mais Graus que foram inventados como sistemas e cresceram fora do sistema.

O ano 1754 marca a fundação do Rito da Estrita Observância, embora Waite pensasse que ele tinha raízes no início do rito místico de Martines de Pasqually e do Capítulo de Clermont. O nome do barão Von Hund está intimamente ligado à Estrita Observância. Ele foi recebido na Maçonaria em 1742. Um ano mais tarde, ele disse que o conde de Kilmarnock o instalou como Cavaleiro do Templo.

Waite observa uma diferença de cerca de 17 anos entre as declarações de Ramsay e o início da Estrita Observância em 1754. Mas, nesse período, foram formados Graus isolados. Estes foram, em 1743, os Eleitos Menores *Petit Elu* (conhecidos como os Graus Kadosh); em 1747, a Primordial Rosa-Cruz Jacobita do Capítulo de Arras; e, em 1748, o jacobino Grau de Escocês Fiel. Finalmente, em 1750, a Loja escocesa Mãe de Marselha foi fundada. Ramsay nasceu em Ayr, na Escócia, em 1668, e quando ele fez esse discurso, em 1737, tinha quase 70 anos. Waite diz que essa não é uma idade em que a considerável atividade maçônica, ou outra, possa ser esperada. O discurso de Ramsay foi sua última intervenção pública na Maçonaria (ele morreu em 1743), e Waite pensa que sua influência maçônica terminou com seu discurso, e que ele provavelmente não tinha a intenção de produzir o efeito sobre a Maçonaria que apareceu depois de sua morte. Ele acredita que o Rito de

Bouillon e o Rito de Ramsay são frutos da imaginação francesa, criados mais de meio século posteriormente. Ele diz que os primeiros Graus são, inicialmente, os mesmos que os primeiros três Graus da Maçonaria Simbólica. Os Graus mais altos, conforme listado por Waite, são:

(4) Mestre Escocês
(5) Noviço
(6) Cavaleiro do Templo – também chamado de Cavaleiro Levita da Torre, e Cavaleiro da Torre.

Essa estrutura se compara com o Rito da Estrita Observância, cujos três primeiros Graus são os Graus comuns da Maçonaria Simbólica. Eles são seguidos por:

(4) Mestre Escocês
(5) Noviço
(6) Cavaleiro Templário, ou Cavaleiro do Templo. Esse Grau era dividido em Cavaleiro, Noviço, Sócio e Cavaleiro Professo (*Eques, Armiger, Socius* e *Eques Professus*).

Waite pensa que o Rito de Ramsay é uma versão imaginária que precedeu ao Rito da Estrita Observância, que teve origem na Alemanha com o barão Von Hund. Existe dúvida e confusão sobre o histórico de Hund, alguns dizendo que ele foi iniciado em Estrasburgo, quando fazia parte da França, outros que foi em Frankfurt-am-Main. Mas Waite insiste que ambos os ritos são manifestamente templários, e que a Estrita Observância apenas amplifica a teoria de Ramsay.

Waite rejeita a teoria de que Ramsay é o pai da ideia do cavalheirismo maçônico, e que os Graus escoceses seguiram suas ideias, porque a tradição cabalística é a raiz do simbolismo da Maçonaria, e a Cabala não tem lugar na Escócia nem nos tempos das Cruzadas ou mais tarde. Quanto à alegação de que a teoria de Ramsay cobre apenas o lado operativo da Maçonaria, Waite prefere aceitar as Guildas de Construção na Grã-Bretanha como a origem para esse corpo de simbolismo. Ele não aceita que a Palestina fosse sua inspiração. Ele disse que, por tudo o que sabia e cuidava, Kilwinning pode ser a cabeça e a fonte da Maçonaria Operativa, mas ele passou a concluir que a ideia de que o cavalheirismo maçônico originou na Terra Santa da Palestina saiu da cabeça do cavaleiro Ramsay.

O Capítulo de Clermont foi formado pelo cavaleiro de Bonneville, em Paris, em 1754. Esse Capítulo foi instituído para conferir somente os Altos Graus, e reconhecidos três:

(a) Cavaleiro da Águia
(b) Ilustre Cavaleiro ou Templário
(c) Sublime Ilustre Cavaleiro

Era um sistema de Templários. Barão Von Hund disse ter tomado esses Graus em Paris antes de se configurar a Estrita Observância; um ramo do presente capítulo existia em Berlim em 1760. Em 1758, o Capítulo na França mudou o nome para Conselho dos Imperadores do Oriente e do Ocidente.

Em 1750, a Loja-Mãe de Marselha foi fundada, supostamente por um escocês errante. O rito consistia em 18 Graus:

1. Aprendiz
2. Companheiro
3. Mestre
4. Mestre Perfeito de Santo André
5. Grande Escocês
6. Cavaleiro da Águia Negra
7. Comandante da Águia Negra
8. Rosa-Cruz
9. Verdadeiro maçom
10. Cavaleiro Argonauta
11. Cavaleiro do Tosão de Ouro
12. Aprendiz Filósofo
13. Cavaleiro-Adepto da Águia e do Sol
14. Sublime Filósofo
15. Cavaleiro da Fênix
16. Adepto da Loja-Mãe
17. Cavaleiro do Arco-Íris
18. Cavaleiro do Sol

Waite registra que essa Loja fundada em Marselha contava com o patrocínio da St. John da Escócia. Ao redor de 1762, eles reivindicaram ser a Loja Escocesa Mãe da França, e em 1765 eles tinham Lojas filiais em Paris e Lyon, na Provença, nas colônias francesas, e até no Levante. O Conselho de Imperadores do Oriente e do Ocidente, o qual cresceu do Capítulo de Clermont, tinha 25 Graus. Waite os lista como:

1 . Aprendiz
2 . Companheiro

3 . Mestre
4 . Mestre Secreto
5 . Mestre Perfeito
6 . Secretário Íntimo
7 . Intendente dos Edifícios
8 . Preboste e Juiz
9 . Mestre Eleito dos Nove, ou Eleito dos Nove
10 . Mestre Eleito dos Quinze, ou Eleito dos Quinze
11 . Ilustre Eleito, ou Chefe das Doze Tribos
12 . Mestre Grande Arquiteto
13 . Cavaleiro do Arco Real, ou Machado Real
14 . Grande Eleito, Antigo Mestre Perfeito, ou Antigo Grande Eleito
15 . Cavaleiro da Espada ou do Oriente
16 . Príncipe de Jerusalém
17 . Cavaleiro do Oriente e do Ocidente
18 . Rosa-Cruz
19 . Grande Pontífice, ou Mestre *ad vitam*
20 . Grande Patriarca Noaquita, ou Grande Patriarca
21. Grão-Mestre da Chave da Maçonaria, ou Grão-Mestre da Chave
22. Príncipe do Líbano, Cavaleiro do Arco Real, ou Machado Real
23. Cavaleiro do Sol, Príncipe Adepto, Chefe do Grande Consistório
24. Ilustre Chefe, Grande Comandante da Águia Branca e Negra, Grande Eleito Kadosh
25. Ilustríssimo Príncipe da Maçonaria, o Grande e Sublime Cavaleiro Comandante do Real Segredo, ou o Comandante do Real Segredo

  O Conselho dos Imperadores foi também conhecido como o Rito Antigo, o Rito de Heredom ou Rito de Perfeição. Os detentores de seus Graus mais altos eram chamados Substitutos-Gerais da Arte Real e Grandes Vigilantes da Soberana Loja de São João de Jerusalém. Waite fala de uma lenda em que o príncipe Charles Edward Stuart colocou o rito sob os cuidados e patrocínio de Frederico, o Grande, em 1786. Frederico disse ter aumentado o número de Graus para 33. Outra história diz que, em 1761, o Conselho concedeu uma patente para Stephen Morin para promover o sistema nos Estados Unidos, e que Morin levou o sistema para Charleston, no início do século XIX. Oito novos Graus foram então adicionados para tornar-se o rito que hoje conhecemos como o Rito Escocês Antigo e Aceito. Os Graus que foram somados aos originais do Conselho foram:

1. Príncipe de Misericórdia
2. Grande Comendador do Templo
3. Chefe do Tabernáculo
4. Grande Cavaleiro Escocês de Santo André
5. Príncipe do Tabernáculo
6. Inspetor Inquisidor Comandante
7. Cavaleiro da Serpente de Bronze
8. Soberano Grande Inspetor-Geral

Apesar de sua posição e influência, Waite pensa que o Rito Escocês Antigo e Aceito é incipiente. Ele diz que preserva diversos Graus que não têm valor, simbolicamente ou não. O candidato testemunha continuamente sua obediência à Nova Aliança, enquanto regressa a uma obediência da Antiga Lei. O ritual salta sobre o tempo. Está no tempo de Salomão, em seguida no final da Idade Média e, logo após, mais uma vez em Israel sob o domínio de Salomão. Como apenas três dos 33 Graus são trabalhados, Waite pensa que um arranjo mais lógico deveria ser adotado (sistema inglês).

Ele resume a lenda do cavaleiro Ramsay dizendo que Ramsay explicou as origens da Maçonaria como evolução de uma arte simbólica de construção que cresceu a partir da arte material e da habilidade do maçom construtor. Ele inspirou os Graus Templários da Maçonaria, que se tornaram conhecidos como o Rito de Ramsay. Ramsay ofereceu esse rito para a Grande Loja Inglesa e, quando recusaram, ele retornou para a França, onde ele se tornou um enorme sucesso.

Gould acreditava que a história de Ramsay era uma sequência de ficções ociosas, e Waite concordara que a hipótese dos Templários Maçônicos não poderia ter começado com Ramsay. Ele diz que os Graus de Ramsay não eram conhecidos antes da criação do Rito da Estrita Observância. O crescimento dos Altos Graus da Maçonaria não deve nada à influência pessoal de Ramsay, mas é extraído muito de suas ideias especulativas. Gould afirma que a ideia de Rito de Ramsay apareceu pela primeira vez em 1825, mas Waite diz que há traços de lenda cerca de 30 ou 40 anos antes. A ideia de tal coleção de rituais explica o aumento dos Graus Maçônicos de Cavalaria, em geral, e dos Graus Templários, em particular.

Waite está certo de que nenhuma nota maçônica dos Templários existia antes da fundação do Rito da Estrita Observância. Mas, acrescenta, há uma reivindicação dos Templários extrínseca, que depende da Carta de Larmenius.

Waite pensa que os Graus escoceses da Maçonaria são de grande importância simbólica. A seguir está um resumo de três que, segundo ele, oferecem uma visão representativa da Maçonaria Escocesa.

(1) Aprendiz Escocês. Ao candidato é dito para lavar as mãos – como Cristo e seus apóstolos antes da Última Ceia. Ele, então, faz o sinal da cruz na testa, com água. Este é um batismo maçônico, realizado em si mesmo de sua própria vontade. Ele simboliza sua mudança de lealdade da Lei do Velho para o Novo. Os próximos sete dons do Espírito são dados a ele, simbolizando o Rito Cristão da Confirmação. Então, o Mestre o atinge com sete golpes leves na testa usando um martelo. Estes representam a aceitação do candidato da responsabilidade mística da Maçonaria Cristã. Por fim, o candidato recebe uma Eucaristia simbólica do Mestre. Isso completa a reflexão do Grau dos três sacramentos da Igreja. Depois, há mais uma cerimônia em que o candidato se ajoelha no chão ante uma Estrela Flamejante bordada no tapete do Templo. A letra G é colocada no centro da estrela de cinco pontas, enquanto o candidato se prostra nos cotovelos, inclina a cabeça para o chão e beija a letra G. O ritual diz que agora recebeu o Espírito do Pai através do canal do Filho Eterno via a manifestação de Sua aparição na Terra.

(2) Companheiro Escocês. Quando o candidato é introduzido no Templo, ele vê um grande altar iluminado por 81 velas. As luzes soletram o nome divino nas quatro palavras da teosofia judaica. Atrás do altar existe uma imagem da glória do Grande Arquiteto cercada pelas sete inteligências do céu. A Trindade é mostrada como um triângulo central. Ele também mostra a Arca da Aliança coberta pelas asas dos querubins; Cordeiro sentado sobre um livro selado com sete selos; o mar de bronze, o Candelabro de Sete Braços, o Altar dos Sacrifícios e a Mesa da Proposição. Ao candidato é dito para tirar os sapatos quando ele está prestes a entrar no Santo dos Santos. O túmulo do Mestre Construtor está no meio do Templo. O candidato entra no túmulo, que normalmente é desenhado em um pano de chão ou um tapete bordado, e é dito que seu destino é para tomar o lugar do Mestre. Como um Companheiro Escocês, ele toma sobre si o fardo da vida de Cristo.

(3) Mestre Escocês. O arranjo do Templo é o mesmo que para a categoria anterior, mas quatro ramos de acácia agora cercam o

túmulo do Mestre. O local ainda é o Templo de Salomão, mas sofreu uma grande transfiguração, pois o simbolismo mostra que a Palavra de Cristo agora enche o Lugar Santo. O candidato se lava com água, confessa seus pecados, e as perguntas são colocadas para ele. Se ele fizer as respostas satisfatórias, é admitido no trabalho de conclusão do Templo Vivo. Em seguida, ele lê a Obrigação do Grau, e o papel em que está escrito é queimado ante ele. Ele é o próximo nomeado Intendente dos Edifícios e é chamado Moabon. Ele torna-se responsável pelo progresso do templo espiritual. A ordenação maçônica segue fazendo dele um sacerdote da Maçonaria transcendental. Ele é ungido na fronte, no olho direito e no coração com óleo. Ele recebe outro rito eucarístico, antes de ser enviado como membro da Ordem de Melquisedeque para pregar a todas as nações.

De acordo com o ritual do Grau, há três Convênios: (a) o do Monte Sinai, (b) o da paixão e morte de Jesus Cristo, (c) o da Aliança Divina. Estes três são um, assim como três ângulos formam um triângulo.

Waite diz que não acha que a mente erudita e espiritual de Andrew Michael Ramsay iria perder nada de seu brilho se ele fosse o autor desses Graus. Eles podem até ter sido dignos de passarem sob o patrocínio cavalheiresco de Godofredo de Bouillon, mas o primeiro rei cristão de Jerusalém não foi mencionado no discurso de Ramsay.

Capítulo 19

A Influência do Cavaleiro Ramsay

O discurso de Ramsay

Waite levanta um ponto importante sobre Ramsay. Ele diz que muitos escritores têm se contentado em seguir vagos relatos de seu discurso maçônico, em vez de se referirem ao texto, mas a maioria dos que tenho visto tem deixado de notar uma declaração importante nesse processo. Antes de discutir seu ponto de vista, reproduzo abaixo o texto do Discurso de Ramsay como uma referência:

> O nobre ardor que vocês, senhores, evidenciaram ao entrar na mais nobre e muito Ilustre Ordem dos Maçons é uma prova certa de que vocês já possuem todas as qualidades necessárias para se tornar membros, isto é, a humanidade, a moral pura, o segredo inviolável, e um gosto para as artes plásticas.
>
> Licurgo, Solon, Numa, e todos os legisladores políticos não conseguiram fazer suas instituições duradouras. No entanto, sábias suas leis podem ter sido, mas elas não têm sido capazes de se espalhar através de todos os países e idades. Como elas só mantêm em vista as vitórias e conquistas, a violência militar, bem como a elevação de um povo em detrimento de outro, não tiveram o poder de se tornar universais, nem se fazer aceitáveis para o gosto, espírito e interesse de todas as nações. Filantropia não era sua base. Patriotismo mal-entendido e levado ao excesso muitas vezes destruía nessas repúblicas guerreiras o amor à humanidade em geral. A humanidade não é essencialmente distinguida pelas línguas faladas, as roupas desgastadas, as terras ocupadas ou as dignidades com que se é investido. O mundo não é senão uma grande república, da qual todas as nações são uma família e cada indivíduo, uma criança. Nossa sociedade foi estabelecida desde

seu princípio para reviver e divulgar essas máximas essenciais emprestadas da natureza do homem. Queremos reunir todos os homens de mentes iluminadas, maneiras suaves e sagacidade agradável, não apenas por um amor para as artes plásticas, mas muito mais pelos grandes princípios da virtude, da ciência e da religião, em que os interesses da Fraternidade devem tornar-se aqueles de toda a raça humana, de onde todas as nações serão habilitadas para tirar o conhecimento útil, e onde os assuntos de todos os reinos aprendem a valorizar um ao outro sem renunciar a seu próprio país. Nossos antepassados, os cruzados, reunidos de todas as partes da Cristandade na Terra Santa, desejaram, assim, reunir em uma única Fraternidade os indivíduos de todas as nações. Que obrigações que nós não devemos a esses homens superiores, que, sem brutos interesses egoístas, sem sequer ouvir a tendência inata para dominar, imaginaram uma instituição com o único objetivo de unir mentes e corações, a fim de torná-los melhores, e formar no curso das eras um império espiritual, onde, sem prejuízo dos vários deveres que os diferentes Estados exigem de um novo povo, será criado, e que, composto de muitas nações, serão todos, de alguma forma, unidos pelo laço da virtude e da ciência. O segundo requisito de nossa sociedade são os sons da moral. As ordens religiosas foram estabelecidas para fazer perfeitos cristãos, ordens militares para inspirar um amor de verdadeira glória, e da Ordem dos Maçons, para fazer bons e adoráveis homens, bons cidadãos, bons sujeitos, invioláveis em suas promessas, adoradores fiéis do Deus de Amor, amantes da virtude, em vez da recompensa.

Polliciti servare fidem, sanctumque vereri
Numen amicitiae, mores, non munera amare.

No entanto, não se limitam a nós mesmos as virtudes puramente cívicas. Temos entre nós três espécies de Irmãos, o Principiante ou Aprendiz, os Companheiros ou Irmãos Professos, Mestres ou Irmãos Perfeitos. Para o primeiro são explicadas as virtudes morais; para o segundo, as virtudes heroicas; para o último, as virtudes cristãs; para que nossa instituição abrace toda a filosofia do sentimento e da Teologia completa do coração. É por isso que um de nossos Veneráveis Irmãos disse:

Maçom, Ilustre Grão-Mestre,
Receba meu primeiro transportador,

Em meu coração a Ordem deu à luz,
Feliz Eu, se nobres esforços causam a mim o mérito de sua estima
Por elevar-me para o sublime,
A Verdade primordial, para a Essência pura e divina,
A Origem celestial da alma,
A Fonte da vida e do amor.

Porque uma filosofia forte, selvagem e misantrópica repugna os homens virtuosos, nossos antepassados, os cruzados, queria estimulá-la como amável pela atração dos inocentes prazeres, música agradável, pura e moderada alegria. Nossos Festivais não são o que o mundo profano e o ignorante vulgar imaginam. Todos os vícios de coração e alma são banidos lá, e a impiedade, a libertinagem, a incredulidade e o deboche são proscritos. Nossos banquetes se assemelham às virtuosas festas de Horácio, onde a conversação só toca o que poderia iluminar a alma, a disciplina do coração, e inspirar um contexto para a verdade, o bom, e o belo.

O noctes coenoeque Deum . .
Sermo oritur, non de regnis domibusve alienis
. . . sed quod magis ad nos
Pertinet, et nescire malum est, agitamus; utrumne
Divitiis homines, an sint virtute beati;
Quidve ad amicitias usus rectumve trahat nos,
Et quæÊ sit natura boni, summumque quid ejus

Assim, as obrigações impostas a você pela Ordem são para proteger seus Irmãos por sua autoridade, para iluminá-los com seu conhecimento, para edificá-los por suas virtudes, para socorrê-los em suas necessidades a sacrificar todo o ressentimento pessoal, e de lutar depois de tudo o que pode contribuir para a paz e a unidade da sociedade.

Nós temos segredos, eles são os sinais figurativos e as palavras sagradas, compondo uma linguagem às vezes muda, às vezes muito eloquente, a fim de comunicar-nos uns com os outros em uma maior distância, e reconhecer nossos Irmãos de qualquer língua. Estas foram palavras de guerra que os cruzados deram uns aos outros, a fim de preveni-los das surpresas dos sarracenos, que muitas vezes se infiltraram no meio deles para matá-los. Esses sinais e palavras recordam a memória, ou de alguma parte da nossa ciência, ou de alguma virtude moral, ou de algum mistério de fé. Isso aconteceu conosco, o que nunca se abateu sobre qualquer ex-sociedade. Nossas Lojas foram estabelecidas, e estão espalhadas em todas as nações civilizadas, e, no entanto, entre essa numerosa multidão de homens, nunca um Irmão traiu nossos segredos. Essas naturezas mais triviais, mais indiscretas, menos escolarizadas para manter o silêncio, aprendem essa grande arte ao entrar em nossa Sociedade. Tal é o poder sobre todas as naturezas da ideia de um vínculo fraterno! Esse inviolável Segredo contribui poderosamente para unir os assuntos de todas as nações, e para tornar a comunicação de benefícios fáceis e mútuos entre nós. Temos muitos exemplos nos anais de nossa Ordem. Nossos Irmãos, viajando em terras diversas, só precisaram dar-se a conhecer em nossas Lojas, a fim de estarem lá imediatamente cobertos por todos os tipos de socorro, mesmo em tempo das guerras mais sangrentas, e ilustres prisioneiros descobriram Irmãos onde só deveriam conhecer inimigos.

Caso haja qualquer falha nas promessas solenes que nos unem, vocês sabem, senhores, que as sanções que impomos são o remorso de consciência, a vergonha pela perfídia, e a exclusão de nossa Sociedade, de acordo com essas belas linhas de Horácio,

Est et fideli tuta silencio
Merces; vetabo qui Cereris sacrum
Vulgarit arcanum, sub iisdem
Sit trabibus, fragilemque mecum
Salvat phaselum...

Sim, senhores, os famosos festivais de Ceres, em Elêusis; de Ísis, no Egito; de Minerva, em Atenas; de Urânia, entre os fenícios; e de Diana, em Cítia, foram conectados com o nosso. Naqueles lugares, mistérios eram celebrados, nos quais se escondiam muitos vestígios da antiga religião de Noé e dos Patriarcas. Eles concluíam com banquetes e libações, e nem intemperança nem excesso eram conhecidos, em que os idólatras caíram gradativamente. A fonte dessas infâmias foi a admissão às assembleias noturnas de pessoas de ambos os sexos, em violação aos usos primitivos. É a fim de evitar abusos semelhantes que as mulheres estão excluídas de nossa Ordem. Nós não somos tão injustos para considerar o belo sexo como incapaz de manter um segredo. Mas sua presença pode insensivelmente corromper a pureza de nossas máximas e maneiras.

A quarta qualidade exigida em nossa Ordem é o gosto por ciências úteis e pelas artes liberais. Assim, a Ordem exige de cada um de vocês a contribuição, por sua proteção, a liberalidade, ou o trabalho, a uma vasta obra, para a qual nenhuma academia pode ser suficiente, porque o trabalho de todas essas sociedades, por serem compostas por um número muito pequeno de homens, não pode abraçar um objetivo grandioso de modo tão prolongado. Todos os Grão-Mestres na Alemanha, Inglaterra, Itália e em outros lugares exortam todos os homens instruídos e todos os artesãos da Fraternidade a se unirem para fornecer os materiais para um Dicionário Universal das artes liberais e ciências úteis, com exceção apenas da teologia e da política. O trabalho já foi iniciado em Londres, e, por meio da união de nossos Irmãos, pode ser levado a uma conclusão em poucos anos. Não são apenas as palavras técnicas e sua etimologia explicada, mas também a descrição da história de cada arte e ciência, seus princípios e operações. Isso significa que as luzes de todas as nações serão unidas em um único trabalho, que será uma biblioteca universal de tudo o que é belo, grande, luminoso, sólido e útil em todas as ciências e em todas as artes nobres. Esse trabalho irá aumentar em cada século, de acordo com o aumento do conhecimento, e ele vai espalhar por toda parte a emulação e o gosto por coisas de beleza e utilidade.

A palavra maçom não deve, portanto, ser tomada em um sentido literal, bruto, e material, como se nossos fundadores tivessem sido simples trabalhadores em pedra, ou gênios meramente curiosos que desejavam aperfeiçoar as artes. Eles não eram apenas os arquitetos habilidosos, desejosos de consagrar seus talentos e bens para a construção de templos materiais, mas também príncipes religiosos e guerreiros que foram destinados a iluminar, edificar e proteger os templos vivos do Altíssimo. Isso eu vou demonstrar por meio do desenvolvimento da história, ou melhor, da renovação da Ordem.

Cada família, cada República, cada Império, do qual a origem se perde na obscura Antiguidade, tem sua fábula e sua verdade, sua lenda e sua história. Alguns atribuem nossa instituição a Salomão, alguns a Moisés, alguns a Abraão, alguns a Noé, e outros a Enoque, que construiu a primeira cidade, ou até mesmo a Adão. Sem qualquer pretensão de negar essas origens, eu passarei para temas menos antigos. Esta, então, é uma parte do que eu recolhi nos anais da Grã-Bretanha, nos Atos do Parlamento, que falam muitas vezes de nossos privilégios, e nas tradições vivas do povo inglês, as quais têm sido o centro de nossa sociedade desde o século XI.

Na época das Cruzadas, na Palestina, muitos príncipes, lordes e os cidadãos se associaram, e prometeram restaurar o Templo dos Cristãos na Terra Santa, e de empregar-se em trazer de volta sua arquitetura para sua instituição original. Eles concordaram sobre vários sinais antigos e palavras simbólicas tiradas do bem e da religião, a fim de reconhecer-se entre os pagãos e os sarracenos. Esses sinais e palavras só foram comunicados a quem prometeu solenemente, e por vezes mesmo ao pé do altar, nunca revelá-los. Essa promessa sagrada era, portanto, um juramento execrável, como tem sido chamado, mas um respeitável vínculo para unir os cristãos de todas as nacionalidades em uma Confraria.

Algum tempo depois, nossa Ordem formou uma união íntima com os Cavaleiros de São João de Jerusalém. A partir desse momento, nossas Lojas tomaram o nome de Lojas de São João. Essa união foi feita após o exemplo dado pelos israelitas, quando eles ergueram o segundo Templo, e que, ao mesmo tempo em que lidavam com a espátula e a argamassa com uma mão, na outra seguravam a espada para se defender.

Nossa Ordem, portanto, não deve ser considerada como um renascimento dos bacanais, mas uma Ordem fundada na remota Antiguidade, e renovada na Terra Santa por nossos antepassados, a fim de lembrar a memória das verdades mais sublimes no meio dos prazeres da sociedade. Os reis, príncipes e lordes voltaram da Palestina para suas próprias terras, e ali estabeleceram diversas Lojas. Na época das últimas Cruzadas, muitas Lojas já tinham sido erigidas na Alemanha, Itália, Espanha, França e, de lá, na Escócia, por causa da estreita aliança entre os franceses e os escoceses.

James, lorde steward da Escócia, foi Grão-Mestre de uma Loja estabelecida em Kilwinning, no oeste da Escócia, em 1286, logo após a morte de Alexandre III, rei da Escócia, e um ano antes de John Balliol haver subido ao trono. Esse lorde recebeu como maçons em sua Loja os condes de Gloucester e de Ulster, um inglês e o outro irlandês.

Gradualmente, nossas Lojas e nossos ritos foram sendo negligenciados na maioria dos lugares. É por isso que, de tantos historiadores, apenas aqueles da Grã-Bretanha falam de nossa Ordem. No entanto, foi preservado seu esplendor entre os escoceses, a quem os reis da França confidenciaram durante muitos séculos a salvaguarda de pessoas de uma casa da dinastia real.

Depois dos percalços deploráveis nas Cruzadas, o perecimento dos exércitos cristãos durante a oitava e última Cruzada, e o triunfo de Bendocdar, o sultão do Egito, o grande príncipe Edward, filho de Henrique III, rei da Inglaterra, vendo que já não havia qualquer segurança para seus Irmãos na Terra Santa, de onde as tropas cristãs foram se aposentando, trouxe todos de volta, e essa colônia de Irmãos se estabeleceu na Inglaterra. Como esse príncipe era dotado de todas as qualidades heroicas, e amava as artes plásticas, ele se declarou protetor de nossa Ordem, e foram concedidos a ele novos privilégios, e, em seguida, os membros dessa Fraternidade tomaram o nome de maçons, após o exemplo de seus antepassados. Desde aquela época, *a Grã-Bretanha tornou-se sede de nossa Ordem,* a conservadora de nossas leis, e depositária de nossos segredos. As discórdias religiosas fatais que envergonharam e rasgaram a Europa no século XVI provocaram a degeneração de nossa Ordem e a nobreza de sua origem. Muitos de nossos ritos e costumes que eram contrários aos preconceitos da época foram alterados, disfarçados, suprimidos. Foi assim que muitos de nossos Irmãos esqueceram, como os antigos judeus, o espírito de nossas leis, e só mantiveram a Carta e a aparência. O início de um remédio já foi feito. É apenas necessário continuar, e finalmente trazermos tudo de volta à sua instituição de origem. Esse trabalho não pode ser difícil em um Estado onde a religião e o Governo só podem ser favoráveis às nossas leis. Das Ilhas Britânicas, a Arte Real está agora repassando pela França, sob o reinado do mais amável dos reis, cuja humanidade anima todas as suas virtudes, e sob o ministério de um Mentor que realizou tudo o que poderia ser imaginado de mais fabuloso. Nessa era feliz, quando o amor da paz se tornou a virtude de heróis, esta nação [França], uma das mais espirituais da Europa, vai se tornar o centro da Ordem. Ela vai vestir nosso trabalho, nossos estatutos e nossos costumes com graça, delicadeza e bom gosto, qualidades essenciais da Ordem, da qual a base é a sabedoria, a força e a beleza do gênio. É o futuro em nossas Lojas, por assim dizer nas escolas públicas, que os franceses devem aprender, sem viajar, os caracteres de todas as nações, e que os estrangeiros devem experimentar que a França é o lar de todos os povos.

Patria gentis humanoe.

Pensamentos de Waite sobre o discurso de Ramsay

Waite diz que Ramsay afirma que os Graus maçônicos começam sob a Lei de Israel e acabam com a Lei de Cristo. Isso representa um dilema curioso para ele. Ele diz que segue, a partir dessa afirmação, que Ramsay se refere apenas aos três Graus da Maçonaria Simbólica, ou que o Terceiro Grau de seu período não era o mesmo que é agora, ou então que havia alguns suplementos e extensões ligados à Maçonaria, que correspondem ao presente emprego da expressão Altos Graus Cristãos.

A inferência da primeira alternativa só pode ser que os Graus da Maçonaria Simbólica foram editados para ocultar determinados elementos. Waite não tem dificuldade em aceitar que uma alteração ocorreu, e ele suspeita que o duque de Sussex influenciou a matéria e sugere que um estudo das ações do duque vai lançar uma luz inesperada sobre alguns episódios enterrados no passado maçônico da Inglaterra.

Ele continua a dizer que sua segunda alternativa implica que os Altos Graus Templários foram trabalhados na Arte antes de 1737. Ele questiona isso, exceto, possivelmente, no caso do Grau de Heredom de Kilwinning, que ele acha que é importante. Em seguida, ele acrescenta que o discurso de Ramsay permanece uma profunda influência nos altos desenvolvimentos maçônicos.

Capítulo 20

A Estrita Observância

Os Superiores Desconhecidos

Waite pensa que muito sobre a origem do Rito da Estrita Observância permanece duvidoso, mas ele acredita que ele foi formado em 1754. Ele diz que é o primeiro sistema maçônico com a reivindicação de sua autoridade de Superiores Desconhecidos, que afirmam sua competência absoluta e obediência sem questionamento. Ele acha que, enquanto os Superiores Desconhecidos da Observância podem ter sido um órgão de governo real, eles só podem ter resistido com o barão Karl Gotthelf von Hund e seus seguidores.

Waite relata que Hund afirmou que, em 1743, participou de uma convenção em Altenberg na qual foi recebido na Ordem do Templo, na presença de Charles Edward Stuart, o jovem pretendente, e foi encaminhado para mais instruções para C. G. Marschall von Bieberstein, Grão-Mestre da Província Templária Alemã. Em sua recepção, Hund foi feito sucessor designado do Grão-Mestre, mas não fez nada até a morte de seu patrocinador, em 1750, quando ele descobriu que Marschall von Bieberstein havia destruído seus registros, com exceção da lista de Grão-Mestres, mostrando a perpetuação da Ordem e o rol de suas Províncias.

Hund, em seguida, assumiu o cargo de Grão-Mestre Provincial e continuou a Ordem por sua própria autoridade. Dessa forma, a honra de Von Hund foi salva, os Cavaleiros Templários foram perpetuados, e o papel dos Superiores Desconhecidos e da partição da Europa em nove grandes Províncias da Ordem dos Templários mescladas submergiram de volta para o reino do mistério.

A história da recepção de Hund como um Cavaleiro Templário repousa somente sobre sua palavra, assim como sua afirmação de que o príncipe Charles Edward e o conde de Kilmarnock fundaram uma Ordem contínua do Templo. Mas Waite acha que existem outras possibilidades.

1. Em 1682, uma pequena sociedade privada foi estabelecida na corte do rei Luís XIV para a persecução dos vícios escandalosos. Foi chamada de *Une petite Résurrection des Templiers*. O rei prontamente esmagou isso, não deixando nenhum registro, e seus membros perseguiram seus gostos individualmente. Waite diz que os inimigos da reivindicação dos Templários na Maçonaria sempre pressionam essa história em seu serviço.

2. Em 1705, durante a menoridade de Luís XV, Felipe de Orleans tentou restaurar a Ordem do Templo, e levou em seu conselho o jesuíta italiano e antiquário Pai Bonanni, que elaborou os estatutos e obteve a famosa Carta de Larmenius, sendo o rol de Grão-Mestres da época de Jacques de Molay a essa data. Houve uma tentativa de obter o reconhecimento da Ordem de Cristo em Portugal, que é a real sucessora da antiga Ordem dos Templários no país. O experimento foi um fracasso. O emissário do príncipe foi jogado na prisão e depois deportado para a África, onde veio a morrer. A Ordem continuou na França sob o nome de Sociedade de Sirloin. Em 1792, seu Grão-Mestre foi o duque de Cosse-Brissac. Ele foi sucedido em 1804 pelo doutor Fabre-Palaprat.

   Ao contrário de Ward, Waite não acredita que a Carta de Transmissão seja um documento autêntico, mas ele admite que, se ele estiver equivocado nisso, então há uma possibilidade real de que os Templários Maçônicos poderiam ter incluído o jovem pretendente e seus seguidores em sua classificação.

3. Waite diz que a Carta Patente da Estrita Observância é dependente do romance e da tradição. Ela alega que Jacques de Molay, na véspera de seu martírio, efetuou quatro fundações, e a Carta de Larmenius é uma indireta evidência disso. Waite assinala que essas reivindicações dos rivais dos Templários não são mutuamente excludentes – algo que a revitalização baseada na reconhecida Carta reconheceu quando condenou as reivindicações subsidiárias como espúrias. O Templário Grau da Estrita Observância não existe na Inglaterra, exceto como parte dos Graus Maçônicos duais de Noviço e Cavaleiro Beneficente da Cidade Santa de Jerusalém.

4. O Rito da Estrita Observância não fazia parte do renascimento dos Templários de 1743. Mas Waite não acredita que a história

contada por Von Hund aos maçons de Altos Graus em Altenberg seja inteiramente falsa. Ele admite que seja uma história vaga, mas acha que Von Hund estava enganado sobre a identidade do príncipe Charles Edward Stuart. Ele diz que Von Hund não conseguiu lembrar o nome da Loja ou Capítulo onde ele foi recebido, e nunca disse sua localização. Mas não há nada que sugira que ele não foi submetido a algum ritual de iniciação. Naquela época, os Graus de Cavalaria foram sendo criados, e entre eles pode ter havido um projeto para uma fundação templária. Hund pode ter mostrado documentos que conferissem a ele algum tipo de título de Cavaleiro Maçônico. Waite diz que a forma de Cavalaria Maçônica dos Templários, agora conhecida como a Militar e Religiosa Ordem, é de considerável antiguidade, e assim tal Loja poderia ter existido em Paris. O Templarismo Maçônico inglês nunca reivindicou que mantivesse títulos que mostrassem uma lista de Grão-Mestres Templários, e ele nunca foi dividido em províncias. Mas nada disso muda o fato de que o renascimento dos Templários, sob a égide da Carta de Transmissão, não dá nenhuma justificativa para a Estrita Observância. Waite pensa que a ligação do jovem pretendente com a Maçonaria surgiu a partir do interesse jacobita nas Lojas Continentais, e é parte de uma tentativa de interpretar a lenda do Mestre Construtor em termos da provação e do martírio do rei Charles I. A história da iniciação do jovem pretendente pode ter sido parte de uma tentativa de transformar as lendas populares do objetivo maçônico da construção de uma Nova Jerusalém [como promovido nos escritos de William Blake] em Graus pseudomaçônicos.

5. Waite explica que uma das principais fontes escritas para a lenda da Estrita Observância é o poema dramático do escritor romântico alemão Zacharias Werner, *Os Filhos do Vale*. Esse livro conta como Jacques de Molay fundou quatro secretas Lojas Maçônicas para continuar a Ordem suprimida do Templo e como Aumont, um Prior do Templo, levou o Rito de Templarismo à Escócia. Há uma passagem no poema que é idêntica a um discurso feito pelo Eminente Preceptor no moderno Ritual da Ordem Militar e Religiosa. Waite observa isso, mas não tenta explicar.

6. Existe inquestionável evidência de que a Ordem do Templo existia na Grã-Bretanha em 1779, quando houve uma recepção em Aberdeen. Não há detalhes suficientes do ritual para que Waite possa formar uma opinião sobre sua natureza, ou a fonte da qual

ela foi derivada, mas ele não tem dúvidas de que alguma forma da Militar e Religiosa Ordem foi bem estabelecida na Escócia antes desse período. Ele diz que a Ordem aparece na Irlanda na mesma época. O Grau de Templários também foi conferido em Plymouth, em 1778.
7. Waite ressalta que, quando Ramsay apresentou primeiramente sua tese sobre a revitalização da Maçonaria na Palestina, durante as Cruzadas, ele também apresentou uma tese de transmissão na Maçonaria. Ele disse que não veio por intermédio da Ordem do Templo, mas que havia sido revivido no Oriente, porque naquelas partes, de alguma forma, os antigos mistérios haviam persistido desde os dias de Noé e do Dilúvio. O Discurso de Ramsay tentou casar com os rituais da Maçonaria Simbólica de Ritos sobreviventes de períodos remotos da Antiguidade. Quando pessoas como Hund reviveram os Templários, eles tentaram ligar o antigo cavalheirismo com a tradição secreta do Templo de Sion. Essa ligação, Waite diz, ainda representa a atração talismânica de Cavaleiro Templário nos círculos ocultistas na França e na Inglaterra.

O *Levitikon*

Waite descreve que um evangelho herético forjado, chamado Levitikon, foi encontrado pelo dr. Fabre-Palaprat, que o usou para transformar a base ortodoxa e católica romana em um centro para um novo Cristianismo Joanita [a versão do Cristianismo focada em São João, o Divino]. A fundação se separou de seus membros cristãos ortodoxos, que logo se desfez. O ramo herético promovia o ocultismo e seu foco joanita para desenvolver uma tese completa do que está por trás, tanto do estabelecimento original como do renascimento da Ordem dos Templários, no século XII. Waite explica que essa ideia veio do escritor francês Eliphas Levi, em sua *História da Magia* [que Waite tinha inicialmente traduzido do francês com o título de *Magia Transcendental, Sua Doutrina e Ritual*].

Waite diz que a teoria joanita dos Cavaleiros Templários de Levi alegava que eles eram um corpo de conspiradores que se uniram para proteger os cristãos que visitavam os lugares santos da Palestina, mas também tinham um objetivo oculto: reconstruir o Templo de Salomão sobre o plano de Ezequiel. (Místicos judeus nos primeiros séculos cristãos haviam profetizado esse sonho secreto dos patriarcas orientais). Uma vez que o Templo de Salomão fosse reconstruído, Waite alegou que ele seria consagrado ao culto católico e se tornaria a metrópole do Universo, com os patriarcas de Constantinopla se tornando os Mestres do Papado. Afirma-se que o título de Templários não pode ser explicado pelo fato de que a casa foi alocada para os Cavaleiros perto do Templo de Salomão, assim como o Templo de Zorobabel, e por isso ele havia sido destruído, e, depois disso, teria sido muito difícil de identificar seu local. Sua casa era perto do local onde os emissários armados do Patriarca Oriental estavam para reconstruir o Templo.

Waite continua a explicar que os Templários tomaram como modelo os maçons militares de Zorobabel, que trabalhavam com a espada em uma das mãos e a trolha na outra. Eles faziam parte de uma seita oriental dos cristãos joanitas, que foram iniciados nos profundos mistérios do Cristianismo e eram os únicos que sabiam a verdadeira história de Jesus Cristo. Eles consideravam os relatos dos Evangelhos uma alegoria e tinham sua própria interpretação, inspirada nas Tradições Judaicas e do Talmude. Eles acreditavam que Jesus foi iniciado pelos sacerdotes egípcios de Osíris e o reconheceram como a encarnação de Hórus. Essa tradição, diz Waite, foi atribuída a São João Evangelista, que eles disseram que fundou sua igreja secreta.

Os grandes pontífices dessa Igreja da Tradição Secreta foram chamados pelo título de "O Cristo", e o titular desse cargo na época em que os Templários foram fundados conhecia Hugues de Payens. Quando De Payens se tornou o primeiro Grão-Mestre dos Templários, ele foi iniciado nos mistérios dessa igreja secreta e tornou-se o próximo "Cristo Designado". Desde o início, os Templários eram os Guardiões da Tradição Secreta, e seus projetos foram escondidos em profundo mistério, embora externamente fossem incontestavelmente ortodoxos. Eles eram católicos romanos superficialmente, mas em suas cerimônias secretas eles eram joanitas. No entanto, sua ambição trazia consigo as sementes da destruição.

Eles foram descobertos pelo papa e pelo rei da França, que os oprimiram em um golpe de mestre. Waite nos diz que o plano sobreviveu porque, quando os Cavaleiros Templários foram destruídos, a Maçonaria oculta, a tradição contínua do Templo de Sião, cresceu sobre as ruínas. Isso, Waite explica, é o que pode acontecer com a história dos Altos Graus da Maçonaria quando ela cai nas mãos de um ocultista como Eliphas Levi. Ele diz que, desse ensopado malicioso de Levi, escrito em 1860, surgiu a ideia de que Cavaleiros Templários maçônicos eram a força por trás da Revolução Francesa.

Waite pensa que o relato de Levi não é história nem uma ficção decente. Em *A Tradição Secreta da Maçonaria*, ele chama o trabalho de Levi de uma invenção ociosa e desonesta de alguém que compunha a história de acordo com seu estado de espírito do momento. No entanto, como já salientado no início desta seção, Waite ainda tinha sido preparado para traduzir e publicar os escritos de Levi.

Os Rituais dos Altos Graus

Não existiam manuscritos dos rituais usados pela Ordem da Estrita Observância ainda disponíveis para Waite, mas ele achou resumos do ritual para a recepção de Mestre escocês, a recepção de um Secular ou Noviço Leigo, e o de um Cavaleiro escocês. Ele os comparou com os rituais dos Graus de Santo André e com os de Noviço e Cavaleiro Beneficente da Cidade Santa de Jerusalém e achou uma similaridade geral. Ele observou que, em todos os lugares nesses rituais, a obediência à Ordem, a fidelidade aos seus Superiores e o Silêncio incondicional estão implícitos.

A lista dos Grão-Mestres da Estrita Observância que a Ordem deveria ter preservado nunca foi tornada pública, por isso Waite não teve a chance de compará-lo com a sucessão registrada na Carta. Mas todos os seus rituais confirmam que o Mestre que sucedeu a Jacques de Molay foi o Prior de Aumont.

As províncias da Ordem deviam cobrir o norte da Alemanha, o sul da Alemanha, Auvergne, Bordeaux e a Grã-Bretanha, que foi o local de Superiores Desconhecidos do Rito e do velado Grão-Mestre de todas elas. Waite diz que esse esquema é uma imitação da antiga Ordem dos Templários, cujos Preceptórios e posses conectados foram divididos em províncias de Jerusalém, Trípoli, Antioquia, Chipre, com as províncias ocidentais de Portugal, Castela e Leão, Aragão, França e Auvergne, Normandia, Aquitaine ou Poitou, Provença, Inglaterra, Alemanha, Itália superior e central e, finalmente, Apúlia e Sicília.

Capítulo 21

Mistérios de Datas e Origens

O Capítulo de Clermont

Waite diz que, na formação do que ele chama de os Rituais Supermaçônicos, o espírito ativo existente é romântico. Os vários sistemas de Ritos vão desde as ininteligíveis profundezas dos mistérios de St. Clair, para o conjunto peculiar de qualidades morais que caracterizam os Graus da Maçonaria Simbólica. Estes são dramáticos em sua forma, cobrindo um profundo e antigo mistério. Isso, diz ele, faz parte de sua grandeza. Mas os Altos Graus são como as primeiras edições de livros anônimos que apareceram sem uma marca; não possuindo nenhuma data em seus títulos, sua data é nitidamente especulativa.

Waite encontrou dificuldade para datar o Rito da Estrita Observância no ano de 1754. Mas ele também encontrou dificuldades para explicar a década entre a data em que o barão Von Hund disse que recebeu a Ordem do Templo do conde de Kilmarnock e a data em que ele apareceu como Grão-Mestre Provincial de seu rito na Alemanha.

Ele diz que o Capítulo de Clermont, também, foi formado em 1754 – embora ele acrescente que seria possível colocar essa data dez anos antes, o que seria capaz de explicar de forma mais simples a história de Hund. No entanto, ele acha que os mistérios de datas e origens envolvem brincadeiras com fogo. O Capítulo de Clermont trabalhou certos rituais, e, se foi esse corpo que recebeu o barão Von Hund na Ordem do Templo, em seguida ele deve ter tido um Ritual dos Templários. Mas ninguém viu esse Ritual, não mais do que tem visto o Grau cavalheiresco do Rito imaginário de Ramsay. Waite diz que pode não haver nenhuma dificuldade sobre Hund ter comunicação com o capítulo; se ele se tornou seu representante credenciado na Alemanha, então teria obtido seus rituais. Mas, por conta própria, ele perdeu o contato com seus iniciadores e, posteriormente, não conseguiu recontatá-los. No final, ele estabeleceu seu rito na Alemanha. Se isso for verdade, então Waite diz que pode entender como surgiu a teoria que rege o rito, a dos Superiores Desconhecidos de Von Hund. Ele concorda com os defensores de Von Hund, que acreditam que ele estava ansioso para encontrá-los novamente. Essa história de que Von Hund foi misteriosamente iniciado por alguém que ele mal conhecia e depois fundou sua própria versão da Ordem em seu próprio país é crível, diz Waite. Entretanto, quando Hund diz que ele foi credenciado na Alemanha por Marschall Von Bieberstein, que era o Grão-Mestre Provincial da Alemanha, mas não detinha registros e foi incapaz de revelar qualquer coisa, Waite se torna um pouco desconfiado. Ele conclui que parece improvável que Hund tenha recebido seu ritual do Capítulo de Clermont.

Mas que Graus esse Capítulo conferia quando o Cavaleiro de Bonneville o fundou em 1754?

Waite diz que os Graus foram registrados por Claude Antoine Thory, em 1815, e eles eram:

1. Cavaleiro da Águia
2. Ilustre Cavaleiro ou Templário
3. Sublime Ilustre Cavaleiro

Mas, em 1825, um especialista americano em Altos Graus os denominou como:

1. Noviço
2. Escocês
3. Cavaleiro do Templo

Waite diz que ele achou variações adicionais:

4. Mestre Escocês Eleito
5. Cavaleiro da Águia
6. Ilustre Templário

Aos quais foram posteriormente adicionados:

1. Sublime Cavaleiro ou Mestre Escocês
2. Mestre Eleito
3. Ilustre Mestre
4. Sublime Mestre

Waite também observou que os arquivos da Grande Loja de Brunswick dizem que o Capítulo de Clermont também trabalhou os Graus da Maçonaria Simbólica. Mas ele acrescenta que os mesmos arquivos dizem que o Rito foi fundado por Adão, floresceu sob a égide de Moisés, que o trouxe do Egito, e passou para as custódias de Salomão, de quem os Templários eram descendentes. Essa afirmação faz com que o Capítulo herdasse todas as épocas, mas ele só parecia trabalhar os Graus relativos aos períodos de Salomão e dos Cavaleiros Templários.

Waite explica que a disseminação do Rito para Berlim foi feita em 1758, quando o mesmo caiu nas mãos de um pastor destituído chamado Philip Samuel Rosa, que o reduziu a três Graus e o levou nessa forma para Brunswick em 1762. A partir dessa confusão, Waite tentou extrair uma proposta defensável. Ele diz que o Capítulo de Clermont pode ter tido um Grau Templário, mas ele acha que é improvável. No entanto, se esse foi o caso, e Hund foi recebido nele, então ele deve ter existido antes de 1754. Ele está absolutamente certo de que a Estrita Observância tenha utilizado seus próprios rituais, então teria de ter sido dois Graus Templários separados em trabalho concorrentemente. Ele rejeita essa ideia. Isto deixa o Capítulo de Clermont para que trabalhe somente com os Graus Escoceses, a menos que existisse um Grau de Cavalaria sobre o qual Waite diz não saber nada, a não ser que ele não fosse um Grau Templário.

Conselho de Imperadores do Oriente e do Ocidente

Se a Maçonaria Simbólica não tivesse sido levada para o continente europeu no século XVIII, Waite acha que nunca teria havido um movimento maçônico dos Altos Graus. Ele diz que seu impulso deriva da Escócia, na pessoa do Cavaleiro Ramsay. Mas, logo após a introdução da Maçonaria Simbólica na França, a mente maçônica daquele país precisava de algo mais forte do que a história fragmentada da Maçonaria Simbólica. Isso era uma lenda na condução de uma busca por uma emblemática perda, e, para satisfazer os franceses, ela precisava de uma sequência – a lenda mística da Maçonaria Simbólica e seu grande significado por trás dele estavam incompletos. Os franceses eram todos cristãos e acreditavam que a Palavra Perdida era divina em seu caráter. Para eles, havia somente um nome que se poderia coroar o trabalho. Este era o nome de Cristo, e, portanto, os Graus cristãos passaram a existir.

Uma sugestão que Waite faz é que o Capítulo de Clermont foi incorporado pela Estrita Observância. Mas ele acha mais provável que, depois de uma existência de quatro anos, o Capítulo foi assumido em 1758, sob o título dos Imperadores do Oriente e do Ocidente. Se sim, então o Conselho de Imperadores deve ter trabalhado ao longo de todos os Graus do Capítulo, e ainda assim em toda a sequência de seus 25 rituais, que não existia um Grau Templário.

O ritual dos Imperadores do Oriente e do Ocidente parece a Waite ser posterior ao do Arco Real, como conhecido na Inglaterra sob a Grande Loja da Maçonaria Simbólica, mas também contém elementos que sugerem que a Tradição Secreta depende da sabedoria que repousa no Paraíso. Aqueles que possuem seus Graus descobrem o segredo do Delta Sagrado, que contém a soma da busca da Maçonaria. Dessa forma, seus candidatos se tornam verdadeiros Mestres Maçons e compartilham do conhecimento oculto possuído pelo profeta Enoque antes do Dilúvio. Esse conhecimento foi transmitido em uma visão e depois reduzido a palavras escritas e colocado em uma cripta construída por Enoque. No local dessa cripta, Salomão ergueu o Primeiro Templo, bem como a preparação de suas bases levou à descoberta da cripta secreta. Nessa câmara, Loja Sagrada – composta de Salomão, rei de Israel, Hirão, rei de Tiro, e Hiram Abiff –, tinham escondido os mistérios da Maçonaria. Essa história é, principalmente, compatível com a da lenda da Maçonaria Simbólica.

O 23º Grau é o de Cavaleiro do Sol ou Príncipe Adepto, e que tem sido chamado de a chave da Maçonaria. Seu período representa o Éden, o Mestre personifica Adão, e os sete oficiais da categoria são denominados Querubins, os membros não oficiais são Silfos. Waite pensa em seu simbolismo como um todo representando o dia perfeito da criação, regido pelo Sol, representado no centro de um triângulo, ou delta, sobre o qual estão reunidos os anjos dos planetas.

O Grau 24 é chamado de Grau de Kadosh. Em sua forma original, comemora a abolição dos Templários e o assassinato de Jacques de Molay. Waite diz que, naquele período, o candidato era obrigado a pisar em uma coroa e tiara, embora ele não acredite que esse relatório seja verdadeiro. A execução formal de Felipe, Clemente V e o traidor de Noffo Dei é simbolizada no ritual ao se mergulhar um punhal no coração simbólico de um traidor. O candidato sobe uma escada mística, sendo que um dos lados representa as sete virtudes e os outros as artes liberais e ciências. O candidato aprende que a espada Kadosh e o punhal são símbolos de sabedoria e inteligência, usados para atacar a intolerância, a ignorância e o fanatismo. Por esse entendimento, ele pisoteia simbolicamente a coroa de Felipe, o Belo, o que significa tirania, e, posteriormente, sobre a tiara papal, representando superstição e impostura.

O 25º Grau é Sublime e Valente príncipe do Real Segredo. Ele é definido em um acampamento em que barracas são distribuídas para os Cavaleiros Rosa-Cruz, Cavaleiros da Serpente de Bronze, Cavaleiros Kadosh, e outras cavalarias, incluindo os Príncipes do Grau. Seu período simbolicamente representa o das Cruzadas, mas Waite pensa que é um Grau de herança templária com traços de um motivo revolucionário. O candidato é casado com a Ordem e torna-se um Príncipe. A categoria inclui uma descrição elaborada do Acampamento, no qual o Grau é estabelecido, e uma explicação simbólica e histórica dos Graus anteriores.

A Ordem Maçônica do Templo

Waite relata que o renascimento dos Templários na Maçonaria tem três possíveis linhas de transmissão a partir dos Cavaleiros Templários originais. Uma delas é por meio do Rito da Estrita Observância, e outra da chamada Carta de Larmenius. A Estrita Observância ainda sobrevive como o Grau Maçônico da Cavalaria Beneficente da Cidade Santa de Jerusalém, mas sua linha rival não existe mais. Independentemente de ambos, há a Militar e Religiosa Ordem do Templo, na Grã-Bretanha. Dois sucessores maçônicos vivos dos Templários permanecem, mas também não têm qualquer conhecimento um do outro. No entanto, diz Waite, ambos fazem parte do legítimo ritual da Maçonaria.

A Ordem Militar e Religiosa Maçônica do Templo foi introduzida na Inglaterra a partir de um capítulo do Arco Real. Mas Waite mantém que o Grau de Cavaleiro Templário nem sempre foi uma Ordem maçônica; houve um tempo na Inglaterra, quando foi comunicado a não maçons.

Ele diz que os Templários eram o protótipo da Maçonaria, do mesmo jeito que seu Templo foi erguido acima de tudo no coração. Esta é a primeira resposta de Waite para aqueles que dizem que as ligações maçônicas para a Ordem de Cavalaria são artificiais, mas ele acrescenta que isso não justifica a pretensão de um *pedigree* cavalheiresco para a Maçonaria, nem dizer que a Ordem do Templo sobreviveu em tempos modernos. Ele acha que as três linhas de transmissão possíveis que ele lista são exclusivas uma da outra.

De acordo com o Rito da Estrita Observância, o último reconhecido Grão-Mestre dos Templários, Jacques de Molay, criou quatro Lojas Metropolitanas. Estas eram Nápoles para o leste, Edimburgo para o oeste, Estocolmo para o norte e Paris para o sul. Esses centros tradicionais permaneceram escondidos sob o véu da Maçonaria até a revolta que resultou na Revolução Francesa. A Maçonaria e o Grau dos Templários, que surgiu a partir dessa tradição, não têm ligações com a Ordem Maçônica do Templo que é trabalhado na Grã-Bretanha e na América atualmente. Sua transformação final ocorreu na Convenção de Wilhelmsbad, quando se tornou a Ordem de Cavaleiros Beneficentes da Cidade Santa de Jerusalém.

A história passada da Ordem Maçônica Militar e Religiosa permanece obscura. O corpo que descende da Carta Larmenius através da Estrita Observância, Waite afirma, é uma invenção intencional. Ele acredita que as posições dos dois Graus maçônicos são curiosas na sua conexão. Os Cavaleiros Beneficentes abandonaram a reivindicação dos Templários, fazendo de seus rituais templários memoriais ilógicos. Mas a Ordem Militar e Religiosa suprime todos os relatos de sua origem. Waite diz que as Ordens muitas vezes deixam, por forças da natureza ou por atos de violência contra elas, por cair em desuso, mas que, quando são forçosamente suprimidas, é razoável supor que elas não são aniquiladas.

Embora sua supressão signifique que eles desapareceram da vista do público, isso nem sempre significa sua extinção. Ele diz que, se os Templários preservaram algum conhecimento secreto, então suas ideias não pereceram, e se esse conhecimento não está agora conosco, então é porque não estamos procurando no lugar certo.

Há muitos mistérios de Cavalaria, e nenhuma teoria real quanto ao que está por trás dela. Mas, diz Waite, podemos ver que há um projeto escondido. Ele não sabe se é algo mais do que um crescimento estranho da vida secreta que caracterizou a Idade Média, mas ele detecta uma doutrina secreta que a Igreja não aceitou, mas que ele acha que foi um projeto concebido para promover adiante a causa da civilização.

Se existe um ponto de junção entre os Templários e sua Tradição Secreta, Waite diz que ele poderia ignorar a hipótese de transmissão como um subterfúgio, e ainda ele pensa que a conexão da Maçonaria e os Templários deve compartilhar uma raiz comum. É claro para ele que a Ordem Militar e Religiosa do Templo tem um significado simbólico Maçônico que o diferencia de qualquer questão de como possa haver surgido. Ele diz que o ritual do Templarismo Maçônico é sacramental por natureza. Ele transmite mais do que aparece em sua superfície, uma vez que ensina a alma a procurar tesouros escondidos.

O ritual é uma forma de trazer uma experiência abstrata e mística a uma forma concreta. Por que, então, ele pergunta, o verdadeiro significado tão profundamente enraizado pode ser perdido completamente por mentes simples? Ele conclui, em primeiro lugar, que as grandes coisas da alma são sempre obscurecidas por qualquer processo que tenta torná-las visíveis, e quanto mais profundo for o mistério, mais grosso será seu véu. Em segundo lugar, a ciência da alma nunca pode ser totalmente expressa em linguagem. Os ritos da religião oficial mostram isso. O Sacrifício da Missa é o maior ritual no mundo, mas seu verdadeiro significado está tão profundamente abaixo da superfície literal que poucos adoradores percebem o que está envolvido nele.

Waite diz que as iniciações maçônicas, passagens, elevações, exaltações, instalações e entronamentos são passos pelos quais a mente do destinatário é progressivamente iluminada. Desde o primeiro desejo de ser maçom, um candidato assume buscar a luz, e os rituais afirmam que ela será revelada em etapas. Os Graus da Maçonaria Simbólica e do Santo Arco Real oferecem um material para ajudar a entender o reino da lei. Mas a Ordem do Templo e outros Graus maçônicos de Cavalaria oferecem um meio de perceber o lado superior da lei eterna da Graça. O Templo representa a passagem de uma autorização para outra, e uma preparação maçônica do postulante não é uma regra arbitrária. Aqueles que foram os responsáveis pela ordenação em tempos antigos poderiam não ter tido o conhecimento do que eles estavam fazendo, mas Waite acredita que eles eram guiados pelas tradições dos Mistérios Instituídos. Os candidatos para a recepção no Templo estão preparados para uma nova autorização de conhecimento espiritual mais profundo. Ele acredita que, se isso não for comunicado, então o rito não passa de uma tolice, mas ele não sabe como essas ideias vieram ao ritual.

Ele diz que o candidato nas séries da Maçonaria Simbólica entra em um reino de duplo sentido, projetado para mostrar que existia um mistério de sabedoria e santidade que foi perdido por uma revolta interna no campo da própria iniciação. O Mestre Construtor pereceu, e os planos originais para o mundo foram perdidos. Mas ele insiste que isso não aconteceu como um fato. A Lenda da Maçonaria Simbólica não é uma história sob um sugestivo véu. É uma forma simbólica para revelar a existência de uma tradição secreta nos registros dos judeus. O caminho da experiência espiritual é explicado por um caminho de simbolismo. É como se o homem fosse refeito a partir do padrão de um anjo menor; essa é a experiência que Waite acredita estar escondida na Tradição Secreta. Ele acredita que a busca da Maçonaria é a de recuperar essa Tradição Secreta, e que o Ritual Maçônico é a indicação mais sublime do significado interno dessa doutrina que já tenha sido colocada em palavras. Ele diz que a Lenda da Maçonaria Simbólica e seu ritual proclamam que, por trás do mito externo dos judeus, um significado oculto dá vida à doutrina, e isso é simbolizado pela história de uma palavra perdida. O mistério é de morte e tristeza, mas termina com a esperança de restauração. Isso é simbolizado pela experiência pessoal do candidato, cuja parte no ritual mostra que o segredo não morre. Waite está certo de que aqueles que compuseram os Graus da Maçonaria Simbólica, e sua lenda, sabiam que havia uma Doutrina Secreta em Israel.

No Arco Real o candidato encontra um simbolismo mais envolvente, e Waite diz que ouviu os estudiosos pensativos que dizem que essa Ordem Maçônica é uma pretensão espúria, porque eles não entenderam o que seu ritual está dizendo. Eles sabem o que afirma reparar a perda da Lenda da Maçonaria Simbólica, mas eles interpretaram mal a mensagem. A intenção do Ritual é mostrar que o segredo mais íntimo do Templo simbólico não é nem um diagrama nem uma fórmula. É uma instrução de olhar por trás do sentido literal das antigas Escrituras para encontrar um mistério da religião interior. Aqueles que procuram esse mistério passam por experiências na alma e recebem uma verdade viva. Waite pensa que o Arco Real foi tão mexido que todo o conhecimento verdadeiro ficou fora por uma edição excessiva, mas ainda serve a um propósito. Para os maçons na Inglaterra, assume-se uma maior importância quando o candidato procede para a experiência de Cavaleiro Templário Maçônico. O ritual dos Cavaleiros Templários contém uma fórmula mística. O candidato passa do jugo de Israel para o jugo leve e fácil de Cristo. A lei tornou-se transmutada, mas essa mudança não afeta a matéria raiz do simbolismo. A fórmula da Ordem de Cavalaria é como a dos Graus da Maçonaria Simbólica: ela oferece uma visão de um segredo, mais espiritual, ou seja, por trás da superfície de uma doutrina religiosa. Ao candidato para essa Cavalaria espiritual são dados presentes sagrados do conhecimento espiritual, na forma simbólica a que os maçons estão familiarizados.

Waite explica que o Grau Maçônico moderno dos Templários traz a partir dos Graus de Maçonaria uma garantia de que as lendas de Israel estabeleceram os mistérios da Antiga Aliança. Mas as leis antigas são atacadas, como o grande artífice foi assassinado em uma rebelião. Após essa grande catástrofe, uma eleição dos mistérios oficiais, simbolizados como uma Ordem de Cavaleiros escolhida, são ministrados em uma Casa substituta de Doutrina, que é a Maçonaria.

Waite também diz que uma forma zohárica desse ensino propõe que, quando Moisés subiu a Montanha Sagrada, o ônus da Queda foi removido de seu povo, que era para ser reintegrado na lei do Paraíso. Mas, em sua ausência, eles se voltaram para a rebelião e assim reassumiram o fardo. Em seguida, foram condenados à escola sob o que Waite chama de uma lei substituída, representada pela segunda Tábua ou o Templo externo em lenda maçônica. Ele diz que as verdades mais profundas foram preservadas no coração de poucos, como se fosse dentro do próprio *Sanctum Sanctorum*. Essa é a lei interior e superior. A Maçonaria descreve a sucessão dos poucos que são os Grão-Mestres das várias Lojas Simbólicas. Em sua entrada no Preceptório, o candidato repete uma fórmula que ele recebeu em outro Grau Maçônico, e ele carrega um símbolo desmembrado. Essa oferta danificada é aceita no Templo. Mas a ele é oferecido um pão simbólico, que é uma verdadeira Eucaristia. Este é seu Graal natural, como se ele entrasse em um novo conhecimento, que é comunicado apenas por símbolos. Ele é colocado de uma vez na busca de uma missão de pesquisa e preparação. Ele sai vivo e assim prova-se a si mesmo. Mas no centro do templo há um lugar de mistério não declarado que está protegido contra sua abordagem.

Ao postulante é dito que ele está em uma busca do Graal espiritual. A ele são dadas armas terrestres, na forma de uma espada, mas é dito que ele não está se preparando para ser um cavaleiro terreno. Ele está embarcando em uma peregrinação da vida espiritual, que se esforça para a perfeição. Ele é informado de que é uma parte das coisas que são de cima, mas ele pode receber isso como sua herança por seus esforços nesse mundo. Ele é informado de que dois serão como um, e aquilo que está fora irá tornar-se o que estará dentro. A aliança mostra que ele está entrando em seu significado mais profundo. Em seguida, ao postulante são mostrados os símbolos da morte mística, que também são os símbolos da vida. Assim, ele conclui seu mandato como um principiante da Alta Ordem. Mas o mistério completo ainda não foi revelado. Seus movimentos sobre o piso da Loja simbolizam o significado espiritual de três conselhos de perfeição: a pobreza e a desnudação na busca; a retenção e a abnegação na batalha com os inimigos que estão de fora; e humildade e a obediência na vida ascética. Ele está sendo preparado para um cavalheirismo que não é deste mundo.

Em uma fase posterior, a ele é dito para pensar no título de Cavaleiro que lhe é conferido como um Grau de santo sacerdócio. Então, ele recebe um alimento mais cerimonial para completar o símbolo da Eucaristia na Ordem do Templo, indicando uma doutrina mais profunda.

Ele participa dos lembretes sucessivos da natureza continuada da Tradição Secreta e dos canais pelos quais foram transmitidos.

    Waite diz que este é um ritual de uma Ordem Santa, apresentado sob o véu de maior compreensão, usando o lado mais profundo do simbolismo. O candidato está sendo incentivado a entender isso em seu coração. No silêncio de sua mente, diz Waite, soa um chamado de toque de alarme para se tornar parte do sacerdócio santo, para que ele possa tomar seu lugar nos bancos dos Mestres Instalados que realmente passaram pela Cadeira.

Capítulo 22

O Legado de Jacques de Molay

A carta de Larmenius

Waite avança para uma discussão de uma Ordem do Templo, que está baseada em um documento conhecido como a Carta de Larmenius. Em 1805, o mais antigo conhecido Grão-Mestre dessa Ordem, o dr. Bernard Raymond Fabre-Palaprat, era um maçom ativo, Adjunto ao Grande Oriente de França e um dos fundadores da Loja Cavaleiros da Cruz. Desde sua formação, Waite concluiu que os Graus que ele oferecia pareciam razoáveis. Eles eram:

1. Aprendiz
2. Companheiro
3. Mestre
4. Mestre do Oriente
5. Mestre da Águia Negra de São João
6. Mestre Perfeito do Pelicano

Em 30 de abril de 1808, supõe-se que Fabre-Palaprat tenha editado um decreto, alterando os nomes dos Graus para esconder sua origem maçônica. Os novos Graus eram:

1. Iniciado
2. Iniciado Interno
3. Adepto
4. Adepto do Oriente
5. Grande Adepto da Águia Negra de São João

A Ordem era dividida em três Câmaras. A primeira consistia nos primeiros cinco Graus, era uma Câmara de Iniciação, e as últimas duas correspondiam ao Eleito dos Quinze e Eleito dos Nove, mas no reverso da ordem normal maçônica. Então tínhamos a Câmara da Postulância, na qual eram conferidos os Graus de Postulante ou Adepto Perfeito do Pelicano – similar ao Grau Maçônico de Rosa-Cruz. A terceira Câmara se chamava de Convento, e nela se premiava com mais dois Graus adicionais:

1. Noviço
2. Cavaleiro ou Levita do Guarda Interno

Waite diz que esse era realmente um Grau simples que foi dividido em duas partes e era similar ao Grau filosófico de Cavaleiro Kadosh.

Em 1825, o Cavaleiro Guvot, atuando na autoridade da Ordem, editou um Manual dos Cavaleiros da Ordem do Templo, no qual seus Estatutos eram publicados. A lista dos Graus era:

1. Iniciado Simples
2. Iniciado Íntimo
3. Adepto Simples
4. Adepto Oriental
5. Irmão Adepto da Grande Águia Negra de São João, o Apóstolo

Os Estatutos mencionam Postulantes, Noviços Escudeiros e Cavaleiros, mas não está claro se estes são Graus adicionais ou títulos alternativos para os Graus listados. Waite não tem certeza se estes eram Graus maçônicos, pois ele sabe que durante esse período as senhoras foram admitidas na Ordem como Cônegas ou Irmãs.

Waite explica que a Carta da Larmenius fornece uma lenda diferente do Templo. Ela diz que, antes de sua execução, o último Grão-Mestre, Molay, nomeou o maçom Larmenius como seu sucessor. Larmenius escreveu a Carta original e assinou. A partir de então, todos os Grão-Mestres acrescentaram sua assinatura.

Larmenius também excomungou os Templários Escoceses, descrevendo-os como desertores e apóstatas, e acusou os Cavaleiros de São João de serem espoliadores e que deveriam ser colocados fora dos limites do Templo. Waite pensa que esses foram ataques velados sobre as reivindicações das outras Ordens Maçônicas da Estrita Observância e da Ordem de Malta. Ele diz que a associação era militantemente latina em seu início, apesar de um maçom a estar encabeçando, e, se não fosse por sua história posterior, Waite supõe que ele nunca poderia ter escapado da acusação de ser originário da Companhia de Jesus. Ele diz que ambos, os Cavaleiros e o Grão-Mestre, eram obrigados a proferir a religião Católica Apostólica Romana, e, como a Carta testemunhou o suposto fato de perpetuação dos Templários, seria lógico manter-se, tanto quanto possível, a regra original da Cavalaria. A promessa de obediência, pobreza e castidade do postulante era adicional aos juramentos ordinários de Cavaleiros de fraternidade, hospitalidade e serviço militar. Mas a lei de obediência só era aplicada para a Ordem e suas responsabilidades. Ela não reivindicava os bens materiais dos membros, apesar da cláusula de pobreza, e a castidade foi interpretada como a pureza e a alta santidade do sacramento do casamento. Após sua recepção, os Cavaleiros eram incentivados a visitar a Terra Santa e o local da morte de Jacques de Molay; ao que parece, no entanto, não havia insistência sobre isso, que provavelmente não era realizado.

Waite diz que ele pôde encontrar pouco sobre o início da história da Ordem. Alguns escritores dizem que o Templo foi criado dentro da Loja dos Cavaleiros da Cruz, mas ele não está convencido. Ele acha que a Loja foi fundada em 1805. Cinco anos depois, a Ordem tornou-se ativa, e os três continentes do velho mundo foram colocados sob a responsabilidade de um tenente-general, residente em Paris; por 1.812 Casas da Ordem que haviam sido estabelecidas em Paris, Hamburgo, Troia, Nantes, Basel, Roma, Nápoles, Lisboa e até Nova York. Nessa altura, o movimento era conhecido como as Ordens Unidas do Oriente e do Templo. O nome era uma referência à sua lenda de origem, que deveria estar localizada no antigo Egito. Um dos discursos rituais floridos proferidos pelo Grão-Mestre fala dos sábios do Oriente e pontífices da religião. Esse crescimento anunciava uma crise na história da Fraternidade.

Waite diz que o dr. Fabre-Palaprat havia casado a Maçonaria com o Catolicismo e, por transmissão, renascimento ou invenção, tinha trazido uma união semelhante entre a Maçonaria e o Templo. No entanto, um manuscrito do *Levitikon*, uma versão herética do Quarto Evangelho, veio às suas mãos. Ele incluiu um comentário, atribuído a um monge grego do século XIII, Nicephoros, do qual foi dito ter conexões sufistas. O Grão-Mestre decidiu transformar sua Ordem, dessa vez, em uma espécie de Igreja Sectária Joanita. Ele tomou a liderança de uma lenda dos Altos Graus e produziu uma nova lenda, que pode ser resumida como se segue. O Filho de Deus, ou seja, Jesus de Nazaré, foi educado em uma escola em Alexandria. Ele conferiu a iniciação em seus apóstolos e discípulos, dividindo-os em várias ordens e colocando-os sob a autoridade geral de São João, o Divino, que assim se tornou o Sumo Pontífice da Cristandade. São João nunca deixou o Oriente, sua doutrina preservava sua pureza, e seus sucessores mantiveram a iniciação mística e hierárquica do Egito, como ensinado por Cristo, até o ano 1118. Nesse momento, eles comunicaram seus conhecimentos para Hugo de Payens, o primeiro Mestre do Templo. Payens foi investido com o poder apostólico e patriarcal e tornou-se o sucessor legítimo de São João. Dessa forma, o Templo foi unido com o Cristianismo Joanita.

Waite diz que essa foi a reivindicação histórica da Ordem, e em sua base certas doutrinas foram autorizadas. Entre elas estavam:

1. O reconhecimento de um tipo especial de Trindade Divina.
2. Deus é a alma da Natureza, e seus elementos são coeternos com Ele.
3. Deus criou apenas os modos de existência de corpos.
4. O princípio animador de todos os seres retorna, com a morte, para Deus.
5. A alma, sendo imortal e a continuação da consciência pessoal, é recompensada ou punida na próxima vida de acordo com seu merecimento em uma vida presente.
6. O espírito de Jesus Cristo é ritualmente comunicado por meio de uma cerimônia onde se alimenta do pão e do vinho, e isso confere uma forma de sucessão apostólica, que é a raiz de uma Doutrina Secreta dentro da Ordem do Templo.
7. Cristo comunicou somente três Sacramentos: Batismo, Confirmação e a Eucaristia. Quaisquer outros são de instituição apostólica.
8. A ressurreição é uma matéria de tradição.

Essa era a tese do Cristianismo primitivo, o qual era dito ser a antiga religião templária, e ela continha uma reivindicação do sacerdócio. Com a força dessa ideia, o Grão-Mestre Fabre-Palaprat logo descobriu que ao seu cargo pertencia um direito de exercer a função de Sumo Pontífice. Quando seus Estatutos dos Cavaleiros da Ordem do Templo foram publicados em 1825, eles incluíam um ritual de entronização de um Grão-Mestre, que é dotado do poder apostólico para perdoar os pecados.

Waite descreve como a publicação dessas reivindicações causou uma luta fratricida, e uma facção dissidente nomeou um Grão-Mestre para substituir Fabre-Palaprat. Ele, no entanto, recusou-se a renunciar, e acabou por ser restaurado ao poder. Em 1825, acrescentou o *Levitikon* aos arquivos do Templo como monumento histórico do Primeiro Templo.

Em 1839, o Convento Geral emitiu um decreto que pregava a tolerância de opiniões religiosas, embora insistisse que o Grão-Mestre deveria possuir fé católica e romana. No ano seguinte, o dr. Fabre-Palaprat morreu, a Ordem reivindicou a independência de todas as outras associações – que, Waite observa, também deve ter incluído a Maçonaria. Naquela época, um almirante inglês, *sir* Sidney Smith, era Regente da Ordem e Grão-Mestre Designado, o duque de Sussex era membro, e em seu rol continha cerca de 300 nomes de vários países. A Ordem tinha sinais, senhas e baterias [um sistema de batidas rítmicas usado durante os rituais] como todos os ritos da Maçonaria. Waite acha que cresceu a partir da Maçonaria e recrutou os membros da Irmandade. Sua distinção parece ter sido que não exigiam a qualificação dos Graus da Maçonaria Simbólica de seus postulantes. Em 1850 estava moribunda, se já não estivesse morta. A Igreja Joanita que Fabre-Palaprat abriu em Paris também pereceu por falta de dinheiro.

As fontes de informação descritas por Waite estão espalhadas por todos os campos de pesquisa maçônica, mas ele diz que certos rituais da Ordem do Templo chegaram às suas mãos. Deles foi que ele descobriu que as ligações entre o Templo e a Maçonaria foram deliberadamente escondidas por um decreto emitido em 30 de abril de 1808, pelo Grão-Mestre Fabre-Palaprat. Foi um desenvolvimento que não deve nada para a Maçonaria Simbólica. As informações de Waite, então, revelam que o que ele diz é novo para a literatura maçônica, mostrando que as autoridades maçônicas no passado falaram erroneamente e com uma injustificada certeza às questões de fato. Os Graus que ele agora discute estão por trás da seção cavalheiresca da Ordem.

A conversão do dr. Fabre-Palaprat ao *Levitikon*, Waite explica, levou à criação de oito Graus de ordenação levítica. Estes variavam de subdiaconato, diaconato e ordenação sacerdotal até uma classificação episcopal. Os Graus foram chamados de Ordens, e o primeiro grupo era formado por Levita Principiante, Levita da Porta Interior, Levita do Santuário, Levita Cerimonial ou Mestre de Cerimônias e Levita Teológico. Os Graus eram precedidos de perguntas e respostas que conduziam a uma profissão de fé na religião de Cristo, tal como interpretado pelo *Levitikon*.

Uma vez que a profissão e a instrução estavam completas, o Pontífice que está presidindo e constituiu o leigo Cavaleiro em Levita Principiante coloca uma picareta em suas mãos. Em seguida, ele o faz um Levita da Porta Interior, apresentando-lhe com uma chave. Em seguida, ele é feito a um Levita do Santuário, e recebe duas chaves. Uma equipe do Cerimonial o faz um Levita de Cerimônias, dando-lhe o pessoal de seu cargo e, finalmente, torna-se um Levita Teológico quando lhe é entregue o Livro da Lei e é investido com um vestido canônico e as insígnias de suas Ordens.

O candidato ao Grau de Levita-Diácono não fez nenhum juramento, mas é questionado sobre a Igreja de Cristo e sua doutrina. Essa doutrina era um confuso panteísmo que dizia que o Cristo de Nazaré era distinto de Deus, mas, apesar disso, ele era Deus e Filho de Deus, no sentido de dizer, como o rei profeta David, que os eleitos eram deuses e filhos do Altíssimo. A alma de Cristo era uma emanação divina perfeita, ao contrário de um homem comum, mas Ele não era o Filho de Deus no sentido de que Ele foi concebido no corpo de uma virgem. Ele era o Verbo Divino, a manifestação do Eterno, e Deus na forma de uma revelação para o homem. O Espírito da Divindade estava dentro dele, e Ele foi dirigido por esse Espírito, mas Ele não pegou sua carne. Quando o candidato tinha, assim, testemunhado a respeito do ensino imputado de São João, o bispo pedia ao Candidato para se ajoelhar enquanto ele tomava os votos de obediência às leis da Igreja Templo e aos seus superiores. As mãos episcopais eram, então, impostas sobre sua cabeça e lhe era dito para fazer-se digno de receber o dom do Espírito Santo. Ele era apresentado com um turíbulo [um incensário ou queimador de incenso] e era ordenado a agir como um servo-chefe entre os levitas da religião de Cristo. Ele era investido, beijava o anel pontifical e era proclamado um diácono da Igreja.

A oitava série era a de Levita e Sacerdote. O candidato era levado ao Templo por dois Cavaleiros armados e dois estudantes de teologia da Igreja Joanita. Ele fazia uma exigência ritual para a graça do sacerdócio e uma outra profissão de fé, que promovia a doutrina desenvolvida de Jesus de Nazaré. Ele reconhecia o Salvador cristão como um guardião da Tradição Secreta, cujo centro local se dizia ser em Alexandria. Esses guardiões alexandrinos consagravam a Jesus, e proclamavam o profeta-chefe do mundo e teocrata das nações. O Ritual envolvia a imposição de mãos, unção com uma mistura de óleo de oliva e bálsamo e a invocação do Espírito Santo. Nesse ponto, o Pontífice oficiante proclamava o candidato Diácono, um Levita Sacerdote da Igreja de Cristo e um doutor da Lei. Ele era agora autorizado a consagrar o pão e o vinho.

A última série envolvia fazer um Levita Pontífice ou bispo. O candidato era levado para a capela por dois Cavaleiros, dois Mestres de Cerimônias, dois Diáconos e dois Sacerdotes. Ele usava vestes sacerdotais e carregava a prova escrita de sua eleição. Em seguida, ele fazia uma declaração reconhecendo o *Levitikon* e sua sucessão apostólica como a doutrina da verdade e da religião católica. Ele era empossado para a obediência e fidelidade para cumprir suas funções. Em seguida, ele se ajoelhava e o evangelho herético era colocado em sua cabeça. Ele era abençoado e dizia-se para ele levar adiante o jugo sagrado do Evangelho de Deus. Então, ele era ungido e ordenado pela imposição das mãos. Uma vez que suas várias insígnias haviam sido dadas a ele, uma espécie de missa era celebrada. Waite diz que esses Graus foram sobrepostos no único Grau de Cavalaria, pelo qual os candidatos eram iniciados na Ordem. Ele diz que outros documentos falam de duas cerimônias preliminares, ou um único ritual dividido em duas partes, conhecidas como Escudeiro (ou Noviço) e Cavaleiro. Havia outros ritos, como um festival em comemoração ao mártir Jacques de Molay. Outros estavam disponíveis para o casamento de um Cavaleiro ou o nascimento de seu filho, e, finalmente, havia um serviço para seu funeral. Havia também um ritual formal eucarístico após cada reunião do Capítulo. As vestimentas e corpo eclesiástico de Levitas tinham nove divisões, que ele listou como se segue:

1. Príncipe dos Apóstolos
2. Príncipes Apostólicos
3. Conselheiros Apostólicos
4. Primaz
5. Coadjuvantes Gerais
6. Coadjuvantes Especiais
7. Sacerdotes ou Doutores da Lei
8. Diáconos
9. Levitas desde a sexta até a segunda Ordem

Waite diz que essa Ordem se tomou com a maior seriedade, mas ele acha que foram nuvens empilhadas em cima de nuvens, as quais se dissolveram rapidamente após a morte do dr. Fabre-Palaprat.

Capítulo 23

A Ordem Real da Escócia

Uma Ordem de verso burlesco

Waite diz que a Ordem Real da Escócia tem dois rituais, Heredom de Kilwinning e o de Cruz Rósea. Eles são, em parte, em versos burlescos arcaicos. O ritual chamado Heredom de Kilwinning é o mais velho dentre quaisquer outros Altos Graus existentes.

Quando Ramsay morreu, em 1743, Waite diz, não havia disponíveis Altos Graus Continentais. Ele diz que tudo o que se acusa de ser datado anteriormente a 1750 é fantasia cronológica. Mas, no momento da morte de Ramsay, a Ordem Real já era uma fundação com sede em Londres. Isso significa que ela já existia antes da data do célebre discurso. Segue-se que o Grau de Heredom é o primeiro Alto Grau em registro, e é de origem britânica. Isso, Waite acredita, mostra que os Altos Graus são nativos da Grã-Bretanha, como a própria Maçonaria Simbólica. Embora o Grau da Cruz Rósea tenha algumas analogias sombrias com o Grau francês da Rosa-Cruz, não é o mesmo ritual; há diferenças substanciais. Mas ele não sugere que um tenha sido copiado do outro, ou mesmo que tenha sido originado um do outro. Ele acha que ambos surgiram a partir de alguma raiz comum.

Ele concorda que o Grau da Cruz Rósea, embora posterior ao de Heredom, estava sendo trabalhado em Londres, entre 1743 e 1748. Em seguida, ele apresenta a possibilidade de que o momento sugira alguma ligação com o francês Rosa-Cruz, sem que este último tenha realmente sido desenvolvido a partir dele. Sua hipótese dá uma visão sobre a gênese do 18º Grau, que é um dos três altos Graus cristãos de Cavalaria. Mas a única evidência é que, em 1750, alguns membros da Ordem Real, com sede em Haia, solicitaram uma Carta Constitutiva para Londres. Ela foi concedida, mas nenhum Capítulo foi a ela incorporado. Dessa forma, diz ele, a ideia da Cruz Rósea poder ter chegado a Paris a partir de Haia. Essa lenda ele oferece como uma alternativa para o conceito do Rito de Ramsay.

A outra possibilidade é que ele discute que o Grau da Cruz Rósea tenha sido importado da França. Mas Waite sente que essa hipótese apenas segue a linha de menor resistência. Ele prefere ficar com seu pensamento de que eles surgiram a partir de uma raiz comum, mas desconhecida. Ele continua a alertar que não devemos ser enganados pela ideia de que a existência do sistema escocês na França possa explicar o Grau de Heredom. Ele acha que ele foi anterior a qualquer outro Grau no Continente, bem como que a existência, em 1741, de uma Loja de escoceses em Berlim, e de outros em Hamburgo e Leipzig, um pouco mais tarde, não significa que eles tenham trabalhado os Graus Escoceses.

Parte do ritual da Ordem Real está em prosa comum e parte em verso muito ruim. Mas Waite diz que não há nada que sugira que o verso foi feito na Escócia. O ritual é diagramado principalmente como uma série de perguntas e respostas. Waite diz que a falta de um elemento dramático é comum à maioria dos Altos Graus menores.

O Candidato tem seu juramento com uma espada em uma mão e uma espátula na outra. Ele lembra que essa é a forma como os judeus trabalhavam na construção do Templo Sagrado, nos dias de Neemias. A lição do ritual é patriótica: que, ao defender nosso país, devemos armar uma das mãos para o trabalho ou a guerra. O Candidato é então feito e investido como um Cavaleiro da Rosa-Cruz. A Bandeira da Ordem é hasteada acima da cabeça, e isso completa o cerimonial.

Waite revela que os elementos cristãos dessa série podem ser encontrados na palestra que vem a seguir. Abrange três pontos. A Loja da Cavalaria é composta por três pessoas, simbolizando a Santíssima Trindade. O cavalheirismo da Cruz Rósea foi criado em memória da árvore onde crucificaram a Rosa de Sharon e o Lírio dos Vales – isto é, Jesus de Nazaré. A Ordem coloca uma crença implícita e a inteira confiança nos artigos de fé a respeito de Jesus. Trata de que Ele morreu em uma cruz, entre dois ladrões, pelos pecados da humanidade; que Ele desceu ao inferno, e agora está entronizado no Alto até o dia do julgamento; e que a remissão dos pecados depende apenas de fé. A última declaração descarta a sugestão de que a Cruz Rósea veio de uma fonte católica, porque, Waite diz, essa doutrina é o Protestantismo do período.

O segundo Grau da Ordem Real, Heredom de Kilwinning, é uma missão. A Palavra Perdida da Maçonaria Simbólica é casualmente revelada como a senha do Grau, mas não há nenhuma indicação de que o Candidato deva tê-la anteriormente perdido. Como um Irmão de Heredom e Kilwinning, o Candidato conhece agora tudo o que a Ordem Real pode revelar a ele.

Agora, os Cavaleiros se combinam em uma busca, e se juntam ao Candidato que busca como parte de seu ritual de recepção. Ele viaja simbolicamente aos quatro cantos para recuperar a Palavra Perdida, que se encontra perto do Duplo Cubo. Isso é revelado a ele, que é a pedra que os construtores rejeitaram. A ele se conta que essa pedra é Cristo, que ilustra perfeitamente os três grandes princípios maçônicos de Fraternidade, de Socorro e de Verdade.

Waite diz que esse Grau tem um elemento espetacular. Há duas seções chamadas de a Passagem da Ponte e a Admissão ao Conselho de Ministros. Ele diz que não é fácil de resumir a instrução, porque ela é espalhada em um conjunto incomum de seções, mas mesmo assim ele irá tentá-lo.

A busca da Palavra leva o Candidato sobre o vasto mundo, simbolizado pelos quatro pontos cardeais da bússola. É uma busca da Santa Pedra ou Monte de Diamante. Isso é simbolizado como a Pedra da Salvação, e tem uma fonte com fluxo corrente a partir dela. A Pedra e a Palavra são Cristo, e a voz da Palavra, diz a fonte, "Venha e beba". Na pedra existe uma grande igreja cruciforme no meio de uma grande cidade, e ela está rodeada por anjos carregando espadas flamejantes. Isso simboliza a Igreja universal, seu comprimento de leste a oeste, sua largura de norte a sul, sua altura incomensurável e sua profundidade insondável. Mas ela é uma Igreja do Espírito, não é deste mundo. O trabalho de um Irmão de Heredom e Kilwinning é compartilhar em sua construção.

A visão dessa Igreja e a esperança de que ele se inspira para construir a Cidade do Deus vivo e da Jerusalém Celeste ocorrem durante uma visita a certa Torre, a Torre do Repouso, que é um símbolo da Maçonaria. O ritual implica que a arte maçônica é o caminho do céu, e Waite mostra como ela é trabalhada. As três grandes luzes da Maçonaria são as leis maçônicas e cristãs. O Sol nos mostra a luz da revelação, e a Lua reflete o Sol da natureza, enquanto o Mestre da Loja no Oriente representa a luz do conhecimento sagrado. O Mestre da Loja é um vice-regente, que conduz, sob qualquer luz, para a descoberta de Cristo, que é o fim de toda a pesquisa maçônica. A estrela de cinco pontas com a letra G no centro é chamada de Shekinah – seja no Sinai, em Salém, ou o local onde os Magos do Leste viram a Santíssima Face. Os pilares místicos mostram que só Deus é nosso apoio. O pavimento maçônico representa a Lei entregue no Sinai. A Estrela Flamejante significa manifestação da Glória Divina. O limite disposto em quadrados mostra o adorno de uma vida virtuosa, em conformidade com a lei [todos esses símbolos são explicados no ritual e iluminados por tábuas de delinear].

Há apenas uma coisa com a qual o Templo de Salomão sofre em comparação, que é o corpo de Cristo, o Templo místico. O lugar de maçons está na câmara do meio, que é o lugar do coração, em que a cabeça de São João estava. Essa é a Igreja Secreta, chamada nesse Grau a Igreja do Primogênito. Os primogênitos são os primeiros frutos da ressurreição espiritual, depois de terem passado pela morte emblemática. Penetra-se na câmara do meio pela aplicação das virtudes maçônicas de Fé, Esperança e Caridade. O Cavalete que suporta a Tábua de Delinear é o Plano da Salvação. A Pedra com um Furo Passante Perfeitamente Circular é a Graça Divina, que penetra no coração. E os dois Cubos Perfeitos (Duplo Cubo) dispostos de forma a moldar um Pedestal são o Grande Arquiteto da Igreja.

Portanto, o simbolismo da Maçonaria é colocado a serviço de uma nova vida. Waite pensa que o Grau de Heredom de Kilwinning é a verdadeira Cavalaria Maçônica.

O fundamento da Cavalaria

Waite diz que os desejos maçônicos para a criação de Graus de Cavalaria carregam uma implicação que é vital, qualquer que seja sua origem. É que os cruzados se depararam com algo no Oriente que eles trouxeram de volta para a Europa Ocidental. Não é um misterioso material de construção, então só pode ser uma forma de conhecimento secreto. A natureza desse conhecimento varia de acordo com as lendas de seus diversos apoiadores, mas todos eles compartilham uma base comum. O conhecimento secreto, o qual é representado pelos Rituais Maçônicos Templários, e que estão relacionados com as acusações escolhidas para ser feitas contra os Cavaleiros no momento de sua destruição.

Para dar suporte a uma teoria da transmissão por meio da Ordem Real da Escócia, Waite diz que se torna necessário mostrar que algum conhecimento persistiu na Palestina em um passado distante. Teria de ser uma espécie de tradição cabalística que se tornou cristã, e que não poderia ser um Cristianismo latino do tipo praticado nos reinos do Ocidente. Ela tem sido chamada de Joanita, embora essa ideia possa ter chegado posteriormente à lenda, por meio das influências de Fabre-Palaprat e de sua adoção do *Levitikon*. Waite observa que outros escritores têm sugerido que "Cavaleiros da Manhã" era outro nome para a seita dos essênios, e diz que isso também implicava *Filhos do Vale* de Werner. Ele ofereceu uma imaginativa criação, sugerindo santidade e estranhos poderes ocultos no projeto por trás dele. Waite diz que ele estava procurando isso para celebrar um emblemático casamento entre a Maçonaria e os Mistérios instituídos que são integrantes da Tradição Secreta.

Waite acha que a hipótese de Cavalheirismo é um mito. Sua base era um dispositivo convencional de vinculação da matéria raiz da Maçonaria com os Mistérios Antigos. Isso lhe dá seu estranho encanto. Ele diz que, por trás das formas primitivas de expressão na superfície da Rosa-Cruz, existe um sentido místico profundo, e que pertence à Casa do Conhecimento Secreto. Não existe uma lenda histórica ligada a ele. E não é especialmente do Templo, Hospital, Palestina, Rodes e Malta, porque seu Cavalheirismo não é deste mundo. Waite diz que ele foi projetado para insinuar e esconder a relação da Maçonaria Simbólica para os Mistérios por alguns Guardiões Secretos que sabiam diretamente dessa relação.

Waite acredita que os Guardiões Secretos escreveram com seriedade e alegraram um conhecimento especial. Ele diz que eles eram o tipo de pessoas que passaram internamente dos círculos secretos, ou tinham conhecimento de sua existência. Ele não acredita que o Cavaleiro Ramsay estivesse conectado com qualquer escola secreta, apesar de sua tese ter sido útil como uma estaca quando os Guardiões Secretos quiserem fazer uso da Maçonaria. Ele diz que a história do barão Von Hund é tão confusa que é difícil se chegar a uma decisão sobre o assunto. Os Graus escoceses de Santo André são curiosos, mas eles se dissolvem na lenda dos Templários do Rito da Estrita Observância antes de se virarem para a estranha visão que Werner expressa no mistério sugestivo de *Os Filhos do Vale*.

Se as escolas secretas colocaram algumas ideias nas mãos de Von Hund e deixaram que ele planejasse da melhor maneira possível, então Waite diz que ele pode entender a aparente sinceridade pessoal de Von Hund. Talvez ele tenha se deparado com algo que ele não compreendia totalmente, mas de onde tirou inspiração e a esperada orientação. Isso explica por que ele estava completamente perdido quando essa direção não veio, e também a facilidade com a qual ele foi enganado por todos os impostores que tentaram explorar seu Rito. Waite pensa que isso também explica a grandeza de alguns de seus materiais. Ele acrescenta que, se Werner também estava em contato com Guardiões da Tradição

Secreta, ele escolheu o caminho mais sábio do poeta, em vez de se tornar um fabricante de rituais.

Quando ele se aproxima dessa forma de toda a lenda do nascimento maçônico em Cavalheirismo, Waite acredita que ela se torna alegoria e símbolo. Ele acha que, para se debater historicamente seu valor, tem tão pouco valor como objetivo, como também o de se criticar a morte mística do Mestre Construtor ou a busca de *Christian Rosy Cross* (também conhecido como Christian Rosenkreuz), o lendário fundador da Ordem dos Rosa-Cruzes, para a sabedoria da Arábia. Ele diz que a gênese da Carta de Larmenius e as quatro Lojas míticas fundadas por Jacques de Molay estão completamente perdidas em nuvens escuras. Mas, até certo ponto, o fato pseudo-histórico faz parte inquestionavelmente da parábola.

Ele termina dizendo que os grandes Graus da Maçonaria Mística são:
• O Rosa-Cruz
• A Ordem do Templo
• Os Cavaleiros Beneficentes e os de Heredom de Kilwinning

Cada um tem lições de seu próprio movimento. São histórias de busca, histórias de realização, e histórias de aspiração após a Palavra Perdida de toda a redentora santidade, do Evangelho Vivo, a Rosa Mística de Sharon e o Lírio do Vale. A mensagem que eles carregam é profunda, mas, para compreendê-las corretamente, devemos deixar de lado suas reivindicações históricas e percorrer seu belo mundo de imagens. Essas imagens representam a fome do coração para as coisas indemonstráveis. São uma busca para as realidades da Tradição Secreta, que é um poço profundo de experiência para os Irmãos da Maçonaria Simbólica beberem.

Conclusões da PARTE QUATRO

Waite, que estudou mágica e misticismo antes de ingressar na Maçonaria, está convencido de que só podemos observar o delineamento de uma antiga tradição mística nos rituais dos altos Graus da Maçonaria. Ele pensa que ela está ligada às tentativas de resolução do mistério cristão da morte e o que vem posteriormente, e que houve uma tentativa deliberada pela "equipe" da Grande Loja Unida da Inglaterra para tentar suprimir essas ideias. Nós temos de lembrar que Waite não fez segredo do fato de que ele estava interessado nos aspectos místicos e simbólicos da Tradição Secreta nas ideias cristãs, então pode simplesmente ter visto o que ele se propôs a encontrar. Mas ele chegou a conclusões muito semelhantes às alcançadas por Gould e

Ward. E ele não difere muito dos pontos de vista de William Preston. Todos os quatro escritores pensam que a Maçonaria cresceu fora das velhas tradições britânicas, que foi influenciada pela Ordem dos Templários, e que a verdadeira história da Ordem é ignorada, ou até mesmo vilipendiada pelos "Adeptos Oficiais" da Grande Loja Unida da Inglaterra.

Há um último escritor maçônico para quem quero olhar e que também fez observações interessantes sobre as origens da Maçonaria, que é W. L. Wilmshurst. Ele ficou impressionado com a *Tradição Secreta* de Waite e escreveu uma crítica favorável do mesmo. Ao fazer isso, provocou a ira de um tutor da *Quatuor-Coronati*, guardião da tradição origem – Londres:

> Na revisão que ele produziu para *The Occult Review*, Wilmshurst conseguiu a façanha quase impossível de escrever em um estilo ao mesmo tempo mais detalhado e mais incompreensível do que Waite em seu pior.

O principal interesse de Wilmshurst estava no significado espiritual do ritual maçônico, mas, no final de sua vida, ele produziu um documento para a Sociedade de Estudos Maçônicos em que colocou suas reflexões sobre onde ele achava que a Maçonaria começou. E é isso que eu quero ver agora.

PARTE CINCO

W. L. Wilmshurst

em

"As Origens da Maçonaria"

Capítulo 24

O Significado das Origens Maçônicas

Walter Leslie Wilmshurst

Walter Leslie Wilmshurst nasceu em Sussex, em 1867. Ele era um homem cauteloso e reservado, que assumiu como lema "Governe seus lábios. Eles são as portas do palácio, e o rei está dentro". Nesse sentido, ele era maçom de seu tempo, e não falou de sua Maçonaria fora da Loja. No entanto, ele pensou profundamente sobre o assunto e, por vezes, compartilhou seus pensamentos. Ele publicou livros, escreveu palestras para proferir em sua Loja, criou materiais de ensino particulares para ajudar seus Irmãos juniores, manteve discussões em Lojas de instrução e manteve cadernos detalhados de seus pensamentos.

Ele passou toda a sua vida trabalhando como advogado em Huddersfield. Ele foi iniciado na Loja Huddersfield Nº 290, em 1889, e logo se mostrou um grande escritor, produzindo uma história da Loja. Em 1899, ele se mudou para outra Loja em Huddersfield, a Harmonia Nº 275. Durante esse tempo, ele escreveu muitos panfletos e histórias de várias Lojas e Capítulos maçônicos. Ele foi feito Grande Secretário Provincial da Província Maçônica de Yorkshire West Riding em 1913. Em 1922, ele publicou seu primeiro livro, *O Significado da Maçonaria*, e seguiu-o com um segundo, *A Iniciação Maçônica*, em 1924. Sua popularidade o encorajou a fundar uma nova Loja para estudar o significado espiritual do ritual maçônico, que ele chamou de A Loja de Pedras Vivas, Nº 4.957. Em 1929, foi feito Grande Diretor Assistente de Cerimônias na Grande Loja Unida da Inglaterra.

Desde sua morte, em 1939, as visões de Wilmshurst sobre o propósito espiritual da Maçonaria não foram populares com a GLUI. Nos últimos anos, uma bibliotecária de um tempo da GLUI o acusou de "ter os pés firmemente plantados nas nuvens". Essa posição elevada, no entanto, deu à sua escrita uma grande amplitude de visão, que não deve ser perdida pela atual geração de leitores.

A maioria do trabalho de Wilmshurst está focada no significado e na prática do ritual maçônico. No entanto, ele escreveu um curto discurso, que entregou para a Sociedade de Estudos Maçônicos, pouco antes de sua morte. Nesse discurso, ele compartilhou seus pensamentos sobre a Maçonaria, de onde ela veio, mas ele nunca desenvolveu as ideias em um livro. Eu tirei dos pensamentos que ele expressou nesse discurso para a parte final deste livro.

A origem da Maçonaria

Em 1938, Wilmshurst participou de uma reunião da Sociedade de Estudos Maçônicos e ouviu um trabalho feito pelo Irmão F. B. Brook, intitulado "Por que a Inglaterra se tornou a casa da Maçonaria". A questão levantada por Brook foi interessante, mas Wilmshurst não estava satisfeito com a resposta que lhe havia sido dada. Então ele fez a si mesmo a mesma pergunta e veio com suas próprias sugestões a respeito de por que a Maçonaria se originou com o povo inglês.

Brook fez um estudo detalhado dos eventos históricos e as condições sociológicas que antecederam a formação da Moderna Maçonaria e da primeira Grande Loja, em 1717, convencendo-o de que o início da Maçonaria não foi apenas um simples impulso acidental de alguns maçons de Londres. Ele pensou que o conceito de Maçonaria tinha de ser um princípio, e que ela surgiu a partir de uma série de causas convergentes, cada uma das quais de alguma forma contribuindo para a força da moderna Ordem. E ele estava curioso para saber como isso aconteceu.

Ele argumentou que, antes que a Maçonaria pudesse ser iniciada, os povos das Ilhas Britânicas teriam de se estabelecer. Então, uma vez que eles se uniram entre si e se consolidaram viabilizando a expansão e a construção de um grande império mundial no exterior, tornaram-se uma potência mundial. Esse império difundiu a língua e os métodos de comércio inglês, mas também foi infundido com os ideais maçônicos de liberdade universal, fraternidade e boa vontade para com todos os homens. Wilmshurst diz que a evolução da nação britânica para uma potência mundial começou no reinado de Elizabeth I, com suas guerras com a Espanha; depois, a Inglaterra manteve e ampliou seu *status* mundial. Wilmshurst percebeu que a formação da Maçonaria seguiu logo após a Inglaterra ter se tornado um reino estabelecido e poderoso e, a partir dessa base, a Maçonaria se espalhou por todo o mundo. Ele não achava que isso fora um caso que aconteceu como explicado.

Entre 1588, data da Armada, e 1717, a formação de nossa Maçonaria, o idioma inglês foi moldado e aperfeiçoado por Shakespeare; a aprendizagem e o método científico foram formulados por Bacon e Newton, e a capacidade britânica de abrir e governar vastas porções do mundo foi demonstrada pelos grandes exploradores e os capitães da época. A decisão de se readmitir os judeus para a Inglaterra trouxe uma grande infusão de doutrina hebraica, cabalística e esotérica, algumas das quais foram incorporadas em nosso Ritual da Maçonaria. O simbolismo da Maçonaria é marcadamente judaico em sua construção, e o poder desse simbolismo esotérico ajudou na formulação das ideias dentro de nosso sistema.

Quando o rei escocês, James VI, chegou ao trono inglês em 1603, a Inglaterra e a Escócia tornaram-se intimamente unidas. Em 1662, a Sociedade Real foi fundada para promover a investigação científica e incentivar a adaptação do conhecimento científico para o bem-estar público. Seus primeiros membros incluíram homens bem versados em conhecimento esotérico, tais como *sir* Isaac Newton. Agora, o cenário estava pronto para que fosse lançada nossa Maçonaria, e difundidos os princípios maçônicos em todo o mundo.

Quando o Freemason's Hall (Palácio Maçônico da Grande Loja Unida da Inglaterra) foi erguido em Londres, em 1775, a inscrição em sua pedra fundamental afirmava que nossa ciência beneficente era de origem divina e se espalharia por todo o mundo civilizado. Ele desceu do céu (*Descendit e caelo*), lia-se. A evidência é clara e abundante de que a Inglaterra foi o foco e o ponto de uma ciência que se tornou logo de início universal, e a história da Inglaterra preparou e contribuiu para a formação da Maçonaria. Wilmshurst diz que a escolha do lema mostra que a Maçonaria foi levantada pela Providência para ser adotada e confiada com um propósito universal.

Para entender e apreciar esses fatos históricos, ele decidiu pesquisar novamente, de forma mais aprofundada, o crescimento da Grã-Bretanha e verificar os fatos que o fizeram possível. Ele descobriu que o papel da Grã-Bretanha, com sua visão futurista dos fatos, ampliou e civilizou o poder que tinha suas raízes em um passado muito distante e no Oriente. Não sem razão, disse ele, é que em nosso ritual são inclusas as perguntas e respostas:

De onde vindes?
Do Oriente.
Para onde vos dirigis?
Para o Ocidente.
Por que motivo deixais o Oriente para vos dirigir ao Ocidente?
Para procurar o que foi perdido.

Para apreciar essas palavras dos rituais, disse ele, deve-se abrir a imaginação e tratá-las como verdade da nossa história e do desenvolvimento. As origens da Grã-Bretanha podem ser encontradas no Oriente, e um persistente fluxo gradual de Oeste pode ser rastreado nas pessoas que, em última análise, se tornaram o britânico do presente.

Wilmshurst diz que os britânicos se originaram nas montanhas do norte da Índia, na alta região do Himalaia, chamado de teto do mundo. Variadamente chamadas de arianos, caucasianos ou indo-europeus, essas pessoas se espalharam gradualmente para o Oeste. Depois de se subdividirem em várias nações no caminho por toda a Europa, eles finalmente chegaram às Ilhas Britânicas. Quando chegaram ao Atlântico, esses povos antigos foram temporariamente detidos. Mas a parada foi apenas temporária, pois, no século XVI, os ocupantes dessas ilhas consolidaram-se e tornaram-se uma potência mundial acima de tudo. Com a retomada do fluxo para o Oeste, quando as energias de nosso povo, que havia conquistado e atravessado tanta terra, conquistou também a água, e a Grã-Bretanha tornou-se a Senhora dos Mares. O Atlântico foi atravessado. As Américas foram descobertas, e os fluxos para o continente ocidental de imigrantes europeus foram levados adiante com os antigos ideais, os impulsos e as tradições de uma corrida errante. O povo do Oriente, diz ele, ainda estava dirigindo seu curso em direção ao Oeste.

Ao falar desses povos antigos, Wilmshurst diz que ele não está se referindo à criação do homem. No abismo do tempo, olhando-se para trás, muitas outras raças de pessoas existiram antes dos indo-europeus. Ele diz que está considerando o surgimento de uma cultura específica. O nome vem do ariano com uma tradição antiga da Índia. Aryarvarta era tradicionalmente a terra dos árias. Ele acha que seu idioma era, provavelmente, alguma forma primitiva de sânscrito. Antes de sua dispersão e o início das andanças para o Oeste, eles já haviam formado um grande império, bem construído e bem governado. Os poemas épicos indianos, o *Mahabarata* e o *Ramayana*, nos dão vislumbres dessa glória perdida.

Mas esse antigo império foi dividido em tribos desarmônicas, seções e facções. Um grande movimento para o Oeste foi iniciado, e ainda está em andamento. A partir do que são agora o Afeganistão e o norte da Índia, onda após onda de emigrantes foram empurrados para fora em toda a Ásia e Europa. Alguns dos emigrantes pararam, instalaram-se e acabaram ficando localizadas pelo caminho, adquirindo gradualmente nacionalidades e línguas diferentes. Seus descendentes construíram civilizações sucessivas, como as da Grécia e de Roma. Outros se mudaram para as Ilhas Britânicas. Wilmshurst diz que a lenda bíblica da Torre de Babel demonstra o que ocorreu. Da unidade da família e uniformidade de religião e de expressão, houve a dispersão e crescimento de uma confusão de línguas.

Ele diz que uma valiosa peça de evidência mostra o que aconteceu. Em meio a todo o movimento e mudança, a língua primitiva da raça persistiu. Assim como destroços na água mostram a corrente e sua direção, do mesmo modo o movimento para o Oeste é marcado por nomes de lugares indígenas que ainda sobrevivem para indicar o curso do fluxo. Ele dá alguns exemplos:

1. "Bharata" é o nome de um grande épico religioso da raça indo-europeia da Índia. Ele "registra a ascensão e queda dos arianos". A eventual interrupção dos indo-europeus é conhecida como o *Mahabharata*, que significa "Grande Fraternidade", uma alusão ao momento em que a fraternidade universal prevaleceu no meio dessa raça (ele diz que *maha* tornou-se *magnus*, "grande" em latim; *bharata* é equivalente a *fratres* ou *fraternitas*, "fraternidade").

    Para os maçons, a ideia de fraternidade universal é inspiradora e esclarecedora. E isso ajuda a entender quão profundas são as raízes de nossa Ordem quando percebemos que continuamos o ideal de fraternidade universal que nossos Antigos Irmãos perseguiram tantos milhares de anos atrás. Até mesmo o nome que essa fraternidade cunhou para si, "Maha-Bharata", significa o mesmo que o nome de nosso próprio país, a Grã-Bretanha. Ambas implicam a mesma coisa, que os indianos e ingleses são irmãos.

2. Pode ser coincidência, mas é surpreendente que o texto em latim sobre a Pedra Fundamental do *Freemason's Hall – Descendit e caelo*, que se traduz como "desceu do céu" – deve ser histórica e geograficamente a verdade de um povo que também desceu do céu, no sentido de que eles se originaram no Himalaia, cujas alturas grandes são um símbolo do céu. O famoso pico Monte Kailas, que é a fonte do *Indus*, tem sido um local de peregrinação e um

símbolo do Paraíso. Seu nome vem da palavra grega para o céu, *koilon*; o *caelum* latino, e o inglês "teto" ou "telhado". Quando os alemães exclamam "Himmel!", ou um inglês diz "Grandes céus!", Wilmshurst diz que eles estão usando frases que inconscientemente perpetuam a memória do Oriente, de onde vieram seus antepassados.

3. Os nomes das antigas tribos indígenas encontram-se em toda a Europa, especialmente na Grécia e no canto sudeste do continente europeu pelo qual o grande fluxo ocidental passou. Os mares Cáspio e Báltico obtiveram seus nomes a partir dessa fonte. Os saxões foram uma vez "*Saacas*"; outras tribos Cymric ocuparam a Crimeia e empurradas para Wales (Cambria) e Cumberland, enquanto Dons vieram do vale do Danúbio para a Dinamarca e, como os dinamarqueses, à Inglaterra. Roma, um reino fundado por Iniciados, deve seu nome a Rama, o rei de um tempo universal dos indo-europeus, ao passo que seu primeiro rei, Rômulo, é um eco e diminutivo de Rama, e o egípcio Ramsés é outro exemplo de Rama.

O antigo nome da divindade indo-europeia era Brahma, e isso aparece em Abraão e na palavra "hebraico". Quando a religião universal foi dividida em Bramanismo e Budismo, o Cristianismo mais tarde dividido em seções católicas e protestantes, o nome do Buda foi levado para o Oeste e apareceu como Wotan, Woden ou Odin. O "*Kabiri*" dos Antigos Mistérios deve seu nome às tribos que já ocuparam a passagem de Khyber, ao passo que, em outra forma de escrita a palavra é "Gabriel", o grande anjo hebraico.

A base de nosso inglês moderno é o sânscrito. Wilmshurst afirma que o filólogo Max Müller (1823-1900) nos diz que toda palavra que usamos hoje é feita com base em uma das cerca de 70 raízes primitivas do sânscrito, e que o sânscrito era uma língua sagrada, assim como o grego e o hebraico antes de se tornarem degradadas e passarem para a fala coloquial comum. A palavra sânscrito pode ser traduzida em termos modernos pela frase das Escrituras Sagradas, ou *Sanctum Scriptum*. Remonta a uma época de ouro de grande sabedoria e iluminação, e podemos aprender muitas lições úteis ao estudá-la.

Uma das raízes importantes em sânscrito é "Br". "Br" é um som que você faz por um sopro contra os lábios, soltando a respiração. Wilmshurst diz que a palavra "respiração" é construída sobre essa raiz, e você vai encontrar alguma palavra que contém "Br" como sua fundação e está associada à ideia de qualquer um impulsionando a respiração para diante, ou do que é respirado por diante. Ele dá como exemplo o nome primitivo da Divindade, que é Brahm, o Espírito Santo ou Santo Sopro, que criou o Universo. Quando a Divindade respira adiante ou fala a Palavra, algo nasce, ou é trazido para o nascimento. As criaturas nascidas ou que respiraram para fora são necessariamente *brat* (crianças), para usar uma antiga boa palavra, e estão relacionadas uma com a outra como irmãos. As palavras *Bharata* ou *fratres* são baseadas em raiz "Br" e transmitem essa ideia progressiva de uma origem criada a partir de uma respiração, resultando na criação dos irmãos. Por isso, diz Wilmshurst, ele está buscando salientar a *raison d'être* e a preparação da Maçonaria para ser uma Irmandade Universal sob um Pai comum.

Ele mostra mais um ponto sobre a raiz "Br". Os membros da raça indo-europeia não eram apenas irmãos, mas irmãos engajados em uma mensagem de fraternidade para o mundo. Eles não foram feitos para ser estáticos e fixos, mas para viajar de Leste a Oeste, e estavam destinados a ser portadores de uma mensagem. O elemento hebraico forte no sistema maçônico, diz ele, pode ser explicado quando você percebe que a palavra hebraico significa "portador", aquele que é respirado para diante para propagar os princípios da verdade. Ele diz que por "hebreu" estamos acostumados a limitar nossas ideias para os judeus, mas a palavra abrange mais do que essa conotação restrita. É verdade que Abraão, o pai dos fiéis hebreus que fundaram o hebraísmo, e que certas pessoas semitas derivaram dele. Mas "as Escrituras dizem que nem todos de Israel são de Israel", e existem "judeus que se julgam judeus, mas não o são", e Wilmshurst acha que o termo "hebreu" deve ser entendido em um sentido mais amplo, e aplicável a todos os portadores e propagadores de verdades. Do antigo nome da Espanha (Ibéria) e seu rio (Ebro), diz ele, é possível discernir a palavra hebraico; a Espanha foi um dos países ocidentais para o qual os indo-europeus se dirigiram, e é a esses colonizadores iniciais que o país deve o nome Ibéria. Wilmshurst diz que outros colonos hebreus vieram para a Inglaterra e deixaram sua marca na antiga cidade de York, cujo nome latino era Eboracum, e que sempre foi um famoso centro maçônico.

Mais uma vez ele pergunta: não é coincidência, ou é por conta de algo mais profundo e intencional que "Br" são as duas primeiras letras em nossa Bíblia? Olhe para a versão original em hebraico, e você vai encontrar como suas primeiras palavras sendo *B(e)resheth*, que significam "No princípio". Isso significa foneticamente que Deus inicialmente criou os céus e a terra soprando-os para fora. Certamente é mais do que acaso que nós, maçons, usamos essa mesma raiz-som quando nós nos chamamos de *Brethren* (irmãos)? Procuramos promover a fraternidade universal, e o berço do movimento maçônico moderno é a Grã-Bretanha, a terra dos Brythones (Bretões) ou Brothers (Irmãos).

As grandes migrações, ele nos diz, inundaram em ondas sucessivas de Leste a Oeste, ao longo de muitos séculos. Ao chegar à Europa, o fluxo, embora um único, dividiu-se em três grupos, assim como em um rio, onde a água perto de cada banco tende a ficar mais lenta do que a água no meio. As correntes laterais fogem em pequenas baías, enseadas e irregularidades nos bancos, e o fluxo não é sustentado, retardando ou mesmo estagnando, enquanto, no meio do rio, a corrente corre normalmente. Então, foi a corrente de vida das pessoas fluindo para o Oeste. Uma parte viajou ao longo da costa do Mediterrâneo, através da Grécia e Itália, para a Espanha e França, o que acabou se tornando os povos latinos, que desenvolveram suas próprias qualidades distintas. A segunda parte percorreu o norte da Europa e se tornou os povos nórdicos ou escandinavos, que também desenvolveram suas próprias qualidades muito diferentes. A terceira parte viajou a meio caminho entre os outros dois, através da Europa Central, e também desenvolveu qualidades especiais, que em parte se sobrepunham aos povos que vivem ao sul ou ao norte deles.

Estas três partes divididas do fluxo original se reuniram na Grã-Bretanha. As Ilhas Britânicas foram povoadas por todos os tipos, e eles se misturaram com os habitantes do que chamamos de Reino Unido. Este é um lugar especial: ele está isolado do continente principal, e sua posição geográfica, sua formação geológica, sua capacidade de adaptação a um propósito especial e todo o seu futuro destino foram organizados com muita antecedência de quaisquer fatos da história política ou econômica britânica comum.

Wilmshurst diz que, se olharmos para essa ideia com os olhos maçônicos e empregarmos a linguagem maçônica, vamos reconhecer que o "Grande Arquiteto primeiro marcou o terreno para o alicerce da construção planejada nesta nossa querida terra e, então, no devido tempo, usou seus povos com seus tríplices instrumentos de trabalho para executar seus novos projetos. Ele aplicou Seu Esquadro para dar a forma apropriada do material humano rude e sem roupa, Seu Nível de ensinar a igualdade intelectual e fraternidade, e Seu Prumo para proclamar a retidão universal e justiça".

Ele continua a dizer que, como vimos, o grande fluxo de vida de pessoas passa por toda a Europa dividida em Norte, Sul e divisões centrais, cada uma manifestando uma característica espiritual distinta, e estas se encontram e se misturam dentro do povo britânico. Essas características são as três qualidades divinas que a Maçonaria atribui à Divindade: Sabedoria (que inclui a Inteligência), Força (o que implica poder e habilidade executiva), e Beleza (que compreende não só a beleza moral, mas qualquer forma de excelência estética).

Ao dizer isso, Wilmshurst acrescenta que ele não está sugerindo que as Ilhas Britânicas exibam essas qualidades em sua plenitude divina, ele prefere usar o arco-íris como uma analogia. Incolor, a luz branca solar, ao passar por pingos de chuva, torna-se um prisma dividido em três cores primárias. Da mesma forma, o fluxo de vida invisível, incolor, mas contendo todas as cores, quando passa por uma infinidade de indivíduos humanos, torna-se um prisma dividido em uma série de virtudes, das quais podemos chamar de primárias: Sabedoria, Força e Beleza.

Todo ser humano manifesta um minuto de brilho em uma intensidade maior ou menor dessas três qualidades divinas que o próprio Deus soprou para fora. Ele diz que elas estão latentes em todos nós e brilham em cada pessoa, em intensidade tal como seu grau de desenvolvimento espiritual permite, mas apenas nos britânicos elas estão perfeitamente equilibradas.

Ele nos recomenda considerarmos estes exemplos:

1. As nações do Sul se destacam em reflexões de Beleza. O clima genial, o que torna a vida mais fácil e agradável, contribui para isso. Elas evoluíram sob nenhum grande estresse físico e estavam livres para saciar sua natureza sensual e artística. Olhe para a Grécia. A grandiosidade que foi a Grécia veio de sua excelência artística na poesia, linguagem, arquitetura e escultura. A Sabedoria também estava lá. Os gregos foram os primeiros pensadores filosóficos, e seus pensamentos ainda nos influenciam. Mas eles não são famosos por sua força, ao contrário de seus sucessores, os romanos, que se distinguiram por força e poder. Quando uma (ou mesmo duas) dessas linhagens primárias é dominante, a(s) outra(s) são geralmente suprimidas. Os romanos eram fortes, em vez de um povo estético, e só quando seu império havia declinado, e seu poder havia sido gasto, é que a linhagem da beleza vem à tona, como aconteceu na ascensão do Cristianismo latino e durante o Renascimento italiano.

2. Nos povos nórdicos, por outro lado, a Força se manifestou antes da Sabedoria ou da Beleza. Isso novamente é resultado do clima e os rigores de sua luta para a existência nas latitudes de inverno.

A vida dos *vikings*, dinamarqueses e outros escandinavos era áspera e violenta, uma vida de exploração e aproveitamento. Sua religião não era gentil, e seu símbolo era o Martelo de Thor. A reconciliação da veneração de Odin com o Cristianismo levou a uma longa luta, e, mesmo depois de se conseguir a harmonia, posteriormente a luta ressurgiu na Reforma, no conflito entre o Protestantismo e o Catolicismo.

3. Entre esses dois extremos do norte e do sul passou um fluxo de corrente central com uma influência que se sobrepõe aos seus vizinhos e de alguma forma os uniu. Enquanto os nórdicos do norte e os povos greco-latinos do sul tornaram-se relativamente fixos em seus assentamentos, esse grupo central teve maior mobilidade. Eles invadiram em ondas sucessivas, através da Europa Central, estabelecendo-se, eventualmente, na França, na Bélgica e na Holanda, onde foram limitados pelo mar. As Ilhas Britânicas formaram o limite último de seu alcance. A partir dessa história, a natureza altamente composta do povo britânico surge. Eles são uma mistura de muitos sangues, características e qualidades, algumas boas e outras não tão boas. Eles herdam, e são repletos de muitas tradições das raças. Eles devem sua individualidade nacional a essa mistura de sangues e combinação de qualidades. A maneira que a natureza tem de assegurar bons resultados parece ser misturando linhagens raciais, não as isolando; os Estados Unidos são um exemplo ainda mais pronunciado disso do que nosso próprio país. A característica marcante desse fluxo médio de pessoas, Wilmshurst pensa, não tem sido de beleza ou de força, mas sim de sabedoria. Ele explica que por isso ele quer dizer que inteligência prática e *savoir-faire* são uma reflexão e forma elementar da mesma. Ademais, isso é uma qualidade que geralmente faz com que a administração seja prudente e beneficente. Wilmshurst pensa que os britânicos foram admiradores que desempenharam um papel nas artes, mas nunca foram especialistas em beleza. Eles nunca tiveram uma idade de Péricles, nem um Renascimento italiano. Eles têm mostrado grande poder de formas militares. Eles não têm nenhuma pretensão de uma sabedoria superior, e muitas vezes procedem por meio de erro e estupidez, mas ele acredita que os britânicos têm encontrado as formas de civilização em desenvolvimento como ninguém mais tem. Eles têm sido muitas vezes o amortecedor para os problemas financeiros e econômicos da Europa. Não é de se admirar,

diz ele, que tenha sido a Grã-Bretanha que deu a Arte Maçônica para o mundo.

Tudo o que se expôs foi somente uma esboçada e um levantamento de questões necessárias como preparação para algo mais profundo. Se o levantamento das qualidades humanas é verdade, diz Wilmshurst, isso é um assunto que vai à raiz de todo o nosso sistema da Maçonaria. Mas é um assunto que nunca foi ainda explorado por qualquer historiador ou comentarista maçônico.

Nossa doutrina e sistema da Maçonaria, ele pensa, repousam sobre uma curiosa lenda obscura, mas extremamente impressionante, ou História Tradicional [A lenda da morte do Mestre Construtor]. É uma lenda que deve ser considerada verdadeira ou falsa. Mas "verdade", diz ele, não significa historicamente verdadeiro. Pode ser verdade em espírito e intenção, e de uma forma que é propositadamente escondida dos olhos de uma leitura superficial. Ele diz que tem muitas razões para rejeitá-la como uma afirmação historicamente verdadeira. O sistema da Arte, ele nos diz, declara explicitamente que suas doutrinas são para ser pregadas por alegoria e ilustradas por símbolos. Ele, portanto, diz respeito a um mito e se propõe a buscar a verdade coberta por esse mito.

O mito e sua verdade oculta são de extrema importância, ele acredita. Isso fica claro a partir do fato de que ele é o segredo final e supremo dado a um candidato maçônico. Para que sua voz ecoe dentro dele, ele deve não só ter tido passado seus dois primeiros Graus, mas também deve ter tomado sua obrigação de terceiro Grau para ter conhecimento do segredo sobre isso. Somente quando feito isso, essa história maravilhosa é contada a ele. Claramente ele encarna aí algo profundamente oculto e de grande importância.

De onde tiramos essa lenda?, Wilmshurst pergunta. Ninguém parece saber. Nossa Grande Loja só diz que ela aparece pela primeira vez logo após 1717, quando as Constituições e Rituais estavam sendo preparados. Mas quem o introduziu, ou de que fonte, nada se sabe. Não é bíblico, pois está em direto desacordo com o relato bíblico da construção do Templo de Salomão. A Bíblia não faz referência ao assassinato de Hiram Abiff, a quem diz que o Templo foi terminado e dedicado; enquanto a lenda nos diz que, em virtude da morte de Hiram, ele não pôde ser concluído e permanece inacabado até hoje. Isso não pode ter vindo das Guildas Operativas de maçons, pois a lenda não tem relação com edifícios materiais; e, na medida em que suas cartas e escritos contêm referências religiosas ou bíblicas, eles seguem a Bíblia e o ensino religioso ortodoxo. Todo o terceiro Grau Ritual é não operativo e deriva de outra fonte.

Wilmshurst nos diz, e isso é muitas vezes sugerido, que a lenda talvez tenha chegado até nós a partir do continente por meio do doutor Desaguliers, que se tornou Grão-Mestre em 1719. Enquanto ele não exclui essa possibilidade, essa sugestão lhe parece não ter força, porque Desaguliers, que era francês de nascimento e protestante, foi levado para a Inglaterra por seu pai com a idade de 2 anos para escapar da perseguição religiosa, após a revogação do Edito de Nantes, em 1685. Desaguliers cresceu para adquirir grande realização científica e tornou-se membro da Sociedade Real. Ele era amigo de *sir* Isaac Newton e de outros notáveis preocupados com a inauguração da Maçonaria, e ele tornou-se seu Grande Mestre, em 1717. Esses fatos não justificam a suposição de que, por causa de seu nascimento estrangeiro, ele manteve contato com o continente e adquiriu o material maçônico de lá.

No entanto, parece altamente provável que Desaguliers tenha tido algo a ver com a inclusão da lenda em nosso Ritual. Na ausência de novas provas documentais, que não são suscetíveis de se descobrir a verdade sobre o assunto, mas Wilmshurst acha bastante provável que Desaguliers tenha composto a lenda, substancialmente, em sua atual forma, a partir do conhecimento que ele adquiriu como um avançado Iniciado, e que sua origem, rascunho ou cópia tenha sido destruída assim que a lenda foi adotada como parte de nosso Ritual. Ele diz que não devemos deixar de lembrar que Desaguliers, Newton, e algumas outras grandes mentes iluminadas da época, eram membros da Sociedade Invisível, que colaboraram na grande privacidade para lançar o movimento maçônico. Enquanto eles inspiraram e influenciaram outros para ir atrás daquela busca, eles se mantiveram em segredo.

Wilmshurst pensa que a lenda do assassinato do Mestre Construtor é pura alegoria. Ele diz que nós temos de interpretá-la, sem relacioná-la à história comum. Ele fala sobre a construção de um templo, e sua imagem não é a de um edifício material, mas sim a de um templo do corpo humano em seu sentido coletivo. Ele fala do aperfeiçoamento da humanidade à imagem de Deus, para a humanidade que é o último Templo da Divindade. Ele fala de humanidade, imortalidade, do todo e sua relação com a unidade, e não de uma multidão dispersa de transitórios mortais. Ao longo do tempo, toda a vida – todas as vidas – foi caminhando para o aperfeiçoamento de uma humanidade que será a síntese de todos nós, que vai estar em um, assim como Deus é Um, e Um é seu nome. Isso,

Wilmshurst acredita, é a verdade suprema monoteísta atrás da religião hebraica.

Ele diz que nossa fé, apoiada pela tradição e autoridade bíblica de todas as grandes religiões, é aquilo que faz da humanidade semelhante à Imagem Divina; e um processo gradativo e criativo confiado a, e efetuado por miríades de inteligências espirituais, chamados de *Elohim*, ou Deuses. O trabalho maçônico é um processo de construção: é análogo a uma casa que está sendo gradualmente construída, pedra por pedra, tijolo por tijolo, e incorporando madeira e metais para criar a estrutura necessária. Como o Apóstolo diz, "Vós sois edifícios de Deus". Esse trabalho envolve a cooperação dos exércitos de trabalhadores com diferentes Graus de habilidade e capacidade. Trata-se de inteligência, planejamento e controle por parte dos superiores. Envolve também a liberdade de escolha, os métodos de tentativa e erro e desarmonia entre os operários. Para esses construtores isso não é mecânico e automático; eles são inteligências a quem foram dadas a liberdade de escolha e a de condução.

Todos esses fatos estão previstos na lenda. Ela nos diz que o trabalho criativo se aproximava de sua conclusão, quando algo aconteceu para verificá-lo. Diz-nos que essa verificação foi causada por um desacordo entre alguns dos trabalhadores mais elevados. O desenvolvimento humano deve ter atingido um determinado estágio no qual uma decisão importante era necessária quanto ao melhor método para avançar ainda mais. Os oficiais supremos – que aparecem na lenda sob o disfarce de Salomão e dos dois, Hiram e Hirão – sabiam, e aconselharam um determinado método. Mas alguns subordinados, também altos oficiais, tinham uma visão diferente e mantiveram o ponto de divisão. Houve guerra no céu, no sentido de dissensão e esforço dividido.

Wilmshurst resume, salientando que o ritual diz que houve 15 descontentes, mas que 12 se retrataram e voltaram para sua fidelidade, deixando apenas três mais determinados a persistir na rebelião. Estes foram chamados de malfeitores e eles eventualmente mataram seu Grão--Mestre, e estão condenados à morte. Mas, novamente, diz Wilmshurst, temos de olhar por trás dessa alegoria. Não podemos considerar esses três como vilões e assassinos. No mito, são *Elohim*, ou deuses menores. Um deus não pode matar outro no sentido do homicídio comum, nem os deuses morrem. O mito conta a história de uma tragédia, mas não a de um assassinato sórdido. O assassinato não foi cometido por motivos básicos ou para um ganho egoísta. Era uma forma maior de tragédia causada por um conflito entre duas ideias, ambas nobres e honradas, com cada lado lutando por aquilo que achava ser o certo.

Conclusões da PARTE CINCO

Wilmshurst foi amplamente lido em muitas áreas da história, e ele baseia seu argumento para as origens da Maçonaria sobre uma ideia que tinha sido sugerida pela primeira vez em 1786, quando *sir* William Jones anunciou à Sociedade Asiática de Calcutá que o sânscrito tinha de ser relacionado com o grego e o latim, começando o que hoje conhecemos como a ciência da linguística histórica.

Em seu discurso à Sociedade de Estudos Maçônicos, Wilmshurst mostra grande interesse na questão da pátria original dos indo-europeus, mas ele só poderia usar a evidência linguística para deduzir onde ela poderia ter sido. Cerca de 50 anos após sua morte, o arqueólogo professor Marija Gimbutas, da UCLA, desenvolveu uma melhor imagem dos primeiros movimentos dos nômades indo-europeus, utilizando a linguagem de símbolos para rastrear seus movimentos. Então, no final do século XX, outro arqueólogo, Colin Renfrew, apresentou uma teoria em que os indo-europeus eram agricultores na Ásia Menor e que eles migraram para o sudeste da Europa a partir de cerca de 7000 a.C., trazendo sua língua e cultura com eles. O trabalho atual em genética está começando a confirmar muitas das ideias de Gimbutas e de Renfrew. Ele também mostra que muitas das ideias de Wilmshurst sobre a migração de tradições antigas eram boas, embora sem dúvida ele teria ficado surpreso e interessado em saber que sua viagem dos indo-europeus começou nas montanhas da Turquia, e não nos Himalaias.

Conclusões

Wilmshurst é o único de meus livres-pensadores maçônicos que não escreve sobre qualquer influência dos Cavaleiros Templários na Maçonaria. Em vez disso, ele olha para trás sobre uma extensão muito mais ampla da história, buscando a gênese das ideias espirituais que ele encontra no Ritual da Maçonaria Simbólica.

Mas em todos os cinco escritores, cujas ideias revi e resumi, há uma linha em comum. É que a Maçonaria não começou em Londres em 1717. Todos esses famosos escritores maçônicos acham que ela é muito mais antiga. Essa é uma ideia que a Grande Loja Unida da Inglaterra considera como subversiva de qualquer forma. Deixe-me explicar por que e rever o padrão de resposta que todos os cinco escritores experimentaram.

Ao longo dos quase 300 anos de sua existência, a Grande Loja de Londres e sua sucessora, a Grande Loja Unida da Inglaterra, passaram a acreditar em sua própria propaganda de fundação. Desde que começaram a aspirar à respeitabilidade e partiram para atrair príncipes de Hanover para se tornarem seus Grão-Mestres, eles tiveram um problema com as origens da Maçonaria. Ambos, Preston e Gould, fizeram fortes reivindicações para o envolvimento dos reis Stuart na Maçonaria, e disseram que ela já estava muito bem estabelecida no momento em que os Stuart se envolveram com ela. Ambos afirmam que a Maçonaria tem evoluído a partir de fontes antigas dentro das Ilhas Britânicas. Enquanto eles não concordam em detalhes, o impulso de suas separadas mensagens é clara. Não há nenhuma chance de que a Maçonaria tenha sido criada em Londres no século XVIII. Mas é isso que forma a base da Grande Loja Unida da Inglaterra para afirmar ser a *"Première"* Grande Loja da Maçonaria.

Quando Preston estava escrevendo as várias edições de seu livro *Ilustrações da Maçonaria*, uma luta pelo poder estava ocorrendo ao longo de dois pedidos subsidiários para ser a *"Première"* Grande Loja. Entre os competidores estavam a Antiga Grande Loja de Maçons Livres e Aceitos, com sede em Londres, e a Grande Loja de Toda a Inglaterra, que era baseada na cidade de York e, por vezes, conhecida como a Grande Loja de York (naquela época, a maioria dos maçons conhecia a Grande Loja de Londres como os "Modernos"). A batalha para decidir qual seria a *"Première"* Grande Loja foi ganha pelos Modernos, que convenceram o príncipe de Gales a se tornar seu Grão-Mestre e, em seguida, em 1799, usou um ato coercitivo do Parlamento para forçar a criação da Grande Loja Unida da Inglaterra. Isso se tornou realidade em 1813, sob o Grão-Mestrado do duque de Sussex. Este colocou então em prática um sistema corrupto de clientelismo e favoritismo para se certificar de que não mais haveria uma dissidência. Ele estabeleceu camada após camada de fileiras de mesquinhos, cada um deles carregando seu próprio título pomposo e ornamentando um respectivo avental, e fez Irmãos que estivessem dispostos a prestar um juramento de lealdade e obedecer "a cada edital da Grande Loja Unida da Inglaterra" como condição para sua nomeação. Esse método estranho de nomear oficiais superiores da Ordem na Inglaterra ainda existe, embora, em razão de sua falta de transparência e facilidade de manipulação por aqueles que já estão no cargo, seja cada vez mais questionado pelos mais jovens.

Gould foi o primeiro escritor maçônico a romper fileiras com a Nova Ordem de Sussex. Ele era um oficial do Exército, virou advogado, e possuía uma afiada mente inquiridora e uma paixão pelo detalhe. As perguntas que ele fazia sobre as origens da Maçonaria tinham respostas de que a Grande Loja Unida da Inglaterra não gostava. No entanto, como ele já havia sido promovido a Primeiro Grande Diácono na GLUI, o método de controle patrocinado por Sussex não tinha mais utilidade para bloqueá-lo. Assim, uma nova técnica foi usada: Gould foi convidado para se tornar membro fundador de uma nova Loja *"Première"* de Pesquisa, a ser chamada de *Quatuor Coronati*, após a lenda romana dos Quatro Mártires Coroados mortos pelo imperador Diocleciano por se recusarem a trabalhar em construções pagãs. Gould gostava dessa lenda e dedicou todo um capítulo de 20 páginas a ela no primeiro livro de seus três volumes da *História da Maçonaria*. Tornou-se membro fundador da Loja e chegou a ser Mestre dela.

E, no devido tempo, ele deu permissão para que outro membro da *Quatuor Coronati*, Dudley Wright, criasse uma nova edição de cinco volumes da *História de Gould da Maçonaria*, o que minimizou o papel de outras fontes britânicas e ficou muito mais perto da linha da GLUI de que "tudo começou em Londres em 1717". A partir de então, a *Quatuor Coronati* tornou-se um terreno fértil para os pseudoacadêmicos historiadores maçônicos, que iriam atacar os pontos de vista da história que não se encaixassem na visão escolhida pela GLUI – ou seja, aquela que a estabeleceu para o mundo como a "*Première*" Grande Loja.

Ward se formou em licenciatura em História por Cambridge e foi membro da Loja da Universidade. Quanto mais ele lia sobre a Maçonaria e mais olhava para os antigos rituais e costumes, mais ele estava convencido de que muitas das características da Maçonaria eram muito antigas. Quando ele se atreveu a sugerir que a Maçonaria não podia ter começado em Londres em 1717, a ira da *Quatuor Coronati* foi desencadeada contra ele. Não só seu trabalho foi descrito como sem valor, como ele foi pessoalmente difamado como não sendo digno de possuir o diploma de Cambridge. A seguinte citação de uma resenha de um livro escrito por um Mestre da *Quatuor Coronati* ilustra o método:

> Há argumentos muito fortes para certas concepções maçônicas a serem feitas em favor de uma origem ariana, mas tais argumentos não ganham ajuda a partir das fantasias pueris do Irmão Ward. Como um Bacharel em Cambridge, ele deveria saber disso.

E o crime de Ward? O de apresentar a ideia de que a Maçonaria podia anteceder o ano 1717.

Waite sofreu ainda mais nas mãos de membros da *Quatuor Coronati*. Ele estava com seus 40 anos, era um escritor estabelecido no campo do esoterismo e da magia e *designer* de um baralho de Tarô famoso, quando decidiu se juntar à Maçonaria. Ele viu muitas semelhanças interessantes entre o ritual maçônico e outras tradições, e se convenceu de que havia uma tradição muito mais antiga escondida no mito maçônico. Já mencionei algumas das críticas que ele recebeu da *Quatuor Coronati*, mas o nome de um dos maiores críticos de Waite chamou minha atenção enquanto eu estava lendo um artigo do professor Andrew Prescott, que ocupa a cadeira da Maçonaria da Universidade de Sheffield. O documento, *Mitos Druidas e Maçonaria*, pode ser encontrado no *site* da Universidade de Sheffield e refere-se a ligações entre a Maçonaria e a Eisteddfod. Ele também chama a atenção para a pouca cultura de J. E. S. Tuckett, que estava na vanguarda do ataque a Waite... por ter pouca cultura!

Waite pergunta se existe uma tradição secreta de longa data por trás da Maçonaria e, em seguida, tenta responder à sua própria pergunta. Você pode não concordar com suas conclusões, mas ele apresenta um argumento coerente que vale a pena ser considerado. Talvez valha mesmo a pena adotar um novo olhar sobre sua causa, à luz de novos conhecimentos históricos.

Wilmshurst ainda é um dos escritores mais populares do significado espiritual da Maçonaria, mesmo tanto tempo depois de sua morte. Ele está convencido de que a Maçonaria é uma antiga ciência da compreensão da alma humana, e ele rastreia suas ideias desde milhares de anos passados, relacionando-a com a propagação da civilização para o oeste da Ásia Menor. Ele fundou um novo tipo de Loja de Pesquisa. Em seu discurso, durante a consagração da Loja, em 1927, ele disse:

> Esta Loja foi formada para atender a uma demanda de uma melhor compreensão dos ensinamentos latentes de nossa Ordem. A Loja está sendo formada no momento em que a maior parte dos membros está satisfeita com as formalidades de rotina e as amenidades sociais de suas Lojas, mas há uma minoria cada vez maior que sente que a Maçonaria foi destinada a significar mais, e eles estão ansiosos para saber o que há mais, além disso.
> Esta nova Loja é um primeiro passo para uma nova forma de Loja, aquela que se dedica ao trabalho avançado, e que não pode ser convenientemente empreendida sob a forma que as vemos usualmente hoje. O objetivo da nova Loja se enquadra em três grandes princípios da fundação da Ordem Maçônica: Irmandade, Alívio, Verdade. Até agora, as energias da Maçonaria têm sido dirigidas para os dois primeiros, em detrimento do terceiro.
> Chegamos a um momento no desenvolvimento histórico da Ordem Maçônica, quando a pressão da existência e as condições de vida social, intelectual e religiosa estão forçando mentes pensantes para uma mais intensa busca pela Verdade. Por Verdade não me refiro à virtude pessoal de veracidade, nem mesmo às verdades seccionais de ciências, filosofias, igrejas, mas sim à maior verdade que está por trás de tudo. Ela sempre foi a máxima do Iniciado para penetrar a verdade de si mesmo e para resolver o enigma de nossa existência. Nossa Loja vai procurar descobrir o que a Verdade significava para os Iniciados de outrora, que deixaram seus indícios escondidos sob os pesados véus da alegoria e do simbolismo para que seus sucessores na Moderna Maçonaria pudessem desvendar e lucrar por si mesmos.

As palavras de Wilmshurst são tão verdadeiras hoje como eram quando ele lhes falou, mais de 80 anos atrás. Ele fundou sua nova Loja para investigar a verdade no momento em que a Maçonaria foi prosperando. Agora, três gerações depois, a Maçonaria está morrendo porque não questiona sua própria finalidade. Ela não está oferecendo qualquer razão para que os jovens se juntem a ela, e, por isso, desde que ela se esconde de suas próprias verdades espirituais, ela merece morrer.

O fio comum que liga todos os escritores que eu escolhi para revisitar é que eles se atreveram a fazer a pergunta da qual a GLUI proibiu qualquer maçom de pensar a respeito: Quando e onde a Maçonaria começou? E essa pergunta é necessária e preliminar para qualquer tentativa de se entender o propósito e a verdade da Maçonaria. Nenhum desses grandes escritores chegou à conclusão de que a Maçonaria começou em Londres em 1717. Não é de se admirar, então, que a GLUI tenha atacado por sua vez a cada um deles. Mas, desde que a Grande Loja Unida da Inglaterra insiste em seu papel autonomeado de *"Première"* Grande Loja do Mundo, e continua a afirmar que a Maçonaria foi criada como uma forma simples de diversões para homens entediados de Londres, para jogar Bob, o Construtor na sala de estar, por que alguém deve levar a Maçonaria a sério?

Os escritores cujas ideias eu tenho novamente explorado neste livro são os grandes nomes da produção escrita maçônica ao longo dos últimos 250 anos, e todos eles acham que a Maçonaria começou há muito tempo, e que ela tem um propósito civilizatório e que tem evoluído por longa data. Eles discordam sobre exatamente onde e quando tudo começou, mas todos eles perceberam a existência de uma profunda corrente espiritual com o Ritual, que por diversas vezes eles atribuem aos druidas, aos escoceses, aos Cavaleiros Templários ou aos guardas misteriosos do Templo de Sião, que são os guardiões do conhecimento secreto da alma humana.

Eles estão certos em suas reivindicações? Essa não é uma pergunta que eu proponho neste livro, tudo que tentei fazer aqui é modernizar sua prosa, explicitar as reivindicações deles e repetir suas cadeias de raciocínio, de modo que os leitores possam tirar suas próprias conclusões. Seja qual for o resultado desse exercício, a única coisa que tenho certeza é de que eles estavam certos de fazer a pergunta: de onde veio a Maçonaria, e para que ela serve?

Apêndice

As Cartas de St. Clair no Original em Escocês

Primeira carta de St. Clair

  Be it kend till all men be thir present letters ws Deacons Maistres and freemen of the Masons within the realme of Scotland with express consent and assent of Wm Schaw Maister of Wark to our Souane Lord ffor sa meikle as from aige to aige it has been observit amangis that the Lairds of Rosling has ever been Patrons and Protectors of us and our priviledges likeas our predecessors has obey'd and acknowledged them as Patrones and tectoris while that within thir few years throwch negligence and sleuthfulness the samyn has past furth of use whereby not only has the Laird of Rosling lyne out of his just rycht but also our hail craft has been destitute of ane patron and protector and overseer qlk has genderit manyfauld corruptions and imperfections, baith amangis ourselves and in our craft and has given occasion to mony persones to conseve evill opinioun of ws and our craft and to leive off great enterprises of policie be reason of our great misbehaviour wtout correction whereby not only the committers of the faults but also the honest men are disapoyntit of their craft and ffeit. As lyikwayes when divers and sundrie contraversies falls out amangis ourselfs thair follows great and manyfald inconvenientis through want of ane (Patron and Protector) we not being able to await upon the ordinar judges and judgement of this realme through the occasioun of our powertie and langsthe freeumness of process for remeid qrof and for keeping of guid ordour amangis us in all tymes cumyng, and for advancement of our craft and vocatioun within this realme and furthering of policie within the samyn We for ourselves and in name of our haill bretherene and craftismen with consent foresaid agrees and consents that Wm Sinclar now of Rosling for himself & his airis purchase and obtene at ye hands of our Souane Lord libertie fredome and jurisdictioun vpone us and our successors in all tymes cummyng as patrons and judges to us and the hail fessoris of our craft wtin this realme quhom off we have power and

commission sua that hereafter we may acknawlege him and his airis as our patrone and judge under our Souerane Lord without ony kind of appellation or declynyng from his judgement with power to the said Williame and his airis to depute judges ane or mae under him and to use sick ampill and large jurisdictione upon us and our successors als weill as burghe as land as it shall pleise our Souerane Lord to grant to him & his airis.

William Schaw, Maistir of Wark

Segunda carta de St. Clair

Beit kend till all men be thir present letters ws the Deacones Masteris friemen of the Maissones and Hammermen within the kingdome of Scotland. That forsameikill as from aidge to aidge it has been observet amangis us and our predecessors that the Lairdis of Rosling has ever been patrons and protectors of us and our priviledgis. Likeas our predecessors has obeyit reverencet and acknowledget them as patrons and protectors qrof they had letters of protection and vtheris richtis grantit be his Maties most noble progenitors of worthy memorie qlkis with sindrie vtheris of the Lairdis of Rosling his writtis being consumet and brunt in ane flame of fire within the Castle of Rosling. The consumation and burning hr of being clearly knawin to us and our predecessors deacons maisteris and freemen of the saidis vocations, and our protection of the samyn and priviledgis thereof of negligence and slouthfulness being likely to pass furth of us where throw not only wald the Lairdis of Rosling lyne out of their just richt but also our hail craftis wald haif bene destitute of ane patrone protector and oversear quhilk wald engenner monyfald imperfectionis and corruptionis baith amangis ourselves and in our craft and give occasione to many persones to conceive evill opinioun of us and our craft and to leave af many and grit enterpryces of policie whilk wald be undertaken if our grit misbehaviour were suffered to goe on without correctioun For remeid qrof and for keeping of good ordour amangis us in all time coming and for advancement of our craft and vocation within his Hienes kingdom of Scotland and furdering of policie yaireintill the maist pairt of our predecessors for themselves and in name and behalfe of our bretherene and craftsmen with express advice and consent of William Schaw Maister of Wark to his Hienes umqle darrest father of worthy memorie all in ane voce agreit consentit and subseryvet that William Sinclar of Rosling father to sir William Sinclar now of Rosling for himself and his airis should purches and obtain at the hands of his Majestie libertie freedome and jurisdictioun upon us and our predecessors deacons maisteris and freemen of the saidis vocation, as patrones and judges to us and the haill professors thereof within the said kingdom qrof they had power and commission sua that they and we micht yairafter acknowledge him and his airis as patrone and judge under our Soverane Lord without any kind of appellation or declinatour from thair judgement forever, as the said agreement subscryvet be the said Mr of Wark and our predecessors at mare length proportis In the whilk office priviledge and jurisdictioun over us and our said (voca)tioun the said William Sinclar of Rosling ever continuit to his going to Ireland qr he presently reamanes sen the quhilk of his departure furth of this realme there are very many corruptiounes and imperfectiounes risen and ingennerit baith amangis ourselfis and in our saidis vocatiounes in defect of ane patrone and oversear over us and the samyn Sua that our saidis vocatiounes are altogether likely to decay And now for safety thereof we having full experience of the efauld good skill and judgement whilk the said Sr William Sinclar now of Rosling has in our said craft and vocatioun and for reparation of the ruines and manifold corruptiounes and enormities done be unskilfull persones thereintill we all in ane voce have ratified and approven and be thir presentis ratifies and approves the foresaid former letter of jurisdictioun and libertie made and subr be our brethrene and his Hienes umqle Mr of Wark for the time to the said Williame Sinclar of Rosling father to the said Sr William whereby he and his airis are acknowledget as our patrone and judge under our Soverane Lord over us and the hail professors of our said vocatioun within this his Hienes kingdom of Scotlande without any appelation or declinator from their judgements in ony time hereafter. And further we all in ane voce as said is of new have made constitute and ordainit and be thir presentis makis constitutes and ordanes the said sir William Sinclar now of Rosling and his airis maill our only patrones protectors and overseers under our Soverane Lord to us and our successors deacons maisteris and freemen of our saidis vocatiounes of Masons hammermen within the haile kingdome of Scotland and of our haille priviledges and jurisdictiounes belonging thereto wherein he his father and their predecessors Lairdis of Rosling have been in use of possessioun thir many aidges bygain with full power to him and them be themselves thair wardens and deputis to be constitute be them to affix and appoint places of meeting for keeping of good ordour in the said craft als oft and sua oft as need shall require all and sundry persones that may be knawin to be subject to the said vocatioun to be called absentis to amerciat transgressuris to punish unlawes casualities and vtheris duties whatsomever pertaining and belonging or that may fall to be pait be whatsomever persone or persones subject to the said craft to aske crave receive intromet with and uplift and the samyn to their own proper use to apply deputtis under them in the said office with clerkis seruandis assisteris and all other officers and memberis of court needfull to make create substitute and ordain for whom they shall be holden to answer all and sundry plentis actions and causes pertaining to the said craft and vocation and against whatsomever person or persones professors thereof to hear discuss decerne and decyde acts duties and sentences thereupon to pronunce And the samyn to due execution to cause be put and generallie all and sundrie other priviledges liberties and immunities whatsomever concerning the said craft to doe use and exerce and cause to be done and exercet and keipit siklyke and als freely in all respects as any vyeris their predecessors has done or might have done themselves in anytime bygane freely quietly well and in peace but any revocatioun obstacle impediment or again calling quhtsomevir.

Bibliografia

GOULD, R. F. *A History of Freemasonry*. Caxton: London, 1883.
PRESTON, W. *Illustrations of Masonry*. Preston: London, 1795.
WAITE, A. E. *The Secret Tradition of Freemasonry*. Rebman: London, 1911.
WARD, J. S. M. *Freemasonry and the Ancient Gods*. Simpkin: London, 1921.

Outros trabalhos citados

Gimbutas, M. *The Language of the Goddess*. Thames & Hudson: London, 1989.
Levi, E. *The History of Magic*. Trad. de A. E. Waite. William Rider: Londres, 1913.
Renfrew, A. C. *Archaeology and Language: The Puzzle of the Indo-European Origins*. Cambridge University Press: Cambridge, 1987.
Wilmshurst, W. L. *The Meaning of Masonry*. William Rider: London, 1922.
——. *The Masonic Initiation*. William Rider: London, 1924.

Sites Relevantes

http://www.brad.ac.uk/webofhiram/
http://www.freemasonry.dept.shef.ac.uk/
http://www.robertlomas.com/preston/

Nota do Editor

A Madras Editora não participa, endossa ou tem qualquer autoridade ou responsabilidade no que diz respeito a transações particulares de negócio entre o autor e o público. Quaisquer referências de internet contidas neste trabalho são as atuais, no momento de sua publicação, mas o editor não pode garantir que a localização específica será mantida.

Índice Remissivo

A

abadia de Kilwinning 103, 156
abadia de Westminster 33, 35, 42
Aberdeen 97, 99, 107, 115, 116, 120, 122, 135, 137, 138, 139, 140, 141, 142, 143, 144, 145, 146, 147, 148, 150, 151, 152, 153, 154, 155, 158, 163, 197, 199, 201, 248
Abraão 242, 282, 283
Abraxas 180
A Chave de Hiram 15
Acre 62, 171, 172
Adão 242, 254, 255
Adepto da Loja-Mãe 233
Adepto do Oriente 262
Afeganistão 281
África 73, 75, 218, 219, 247
Aga Khan 172
Águia Negra de São João 262, 263
A História da Maçonaria 18, 85
A Iniciação Maçônica 277
Albanus 25, 26
Alderney 79
Alemanha 71, 80, 176, 187, 196, 232, 242, 243, 251, 252, 253
Alexander Alerdis 120
Alexander Deuchar 198
Alexander Drummond 134
Alexander Kempte 150
Alexander Mylne 127
Alexander Nesbet 120
Alexander Nisbet 132
Alexander Scheill 113
Alexander Smely 118
Alexander Whyt 151
Alexandria 188, 264, 267
Alfred, o Grande 29
Alphonse Louis Constant 228
Altenberg 246, 248
Altos Graus 12, 161, 162, 229, 231, 232, 235, 245, 248, 250, 251, 252, 253, 254, 264, 269, 270
Altos Graus Templários 245
A Maçonaria 27, 35, 45, 67, 147, 160, 163, 164, 222, 230, 257, 260
América 70, 72, 73, 75, 79, 80, 168, 211, 223, 257
Amphibalus 26
Andrea Palladio 45
Andrew Michael Ramsay 229, 237
Andrew Millar 21
Andro Norie 124
Ankh 218, 219, 222
Anthony Sayer 58
Antiga Constituição de York 77
Antiga Loja da Escócia 104
Antiga Ordem dos Druidas 81
Antigas Obrigações 31, 36, 40, 60, 66, 109, 123, 124, 147, 158
Antígua 79, 80
Antioquia 251
A Ordem dos Cavaleiros de Notre

Dame de Montesa 176
Aprendiz 25, 45, 60, 87, 88, 91, 109, 112, 114, 115, 117, 118, 120, 127, 128, 134, 135, 139, 143, 145, 146, 147, 149, 150, 154, 164, 233, 236, 239, 262
Aprendiz Escocês 236
Aprendiz Filósofo 233
Aquitânia 179
Aragão 176, 251
Arca da Aliança 166, 236
arcebispo de Sens 177
arcebispo de York 35
Archibald Stewart 120, 121
Arco Real 42, 161, 164, 165, 166, 167, 168, 197, 198, 220, 222, 234, 255, 256, 258, 259
Armada 279
Arnald de Braque 189
Ars Quatuor Coronatorum 84
Arthur Edward Waite 11, 227
Aryarvarta 280
Ascalon 172
Assassinos 172, 181, 185
Athelstane 28, 29, 32, 33, 48, 102
Aubigny 73
Augustine 54
Auldby 30
Aumont 187, 201, 248, 251
Austin 27
Auvergne 201, 251
Avignon 174
Aymeric de Villars le Duc 177
Ayr 97, 105, 106, 122, 231
Ayrshire 89, 103

B

Baldwin II 171
Banff 97, 141
Banqueting House 45
barão de Roslin 103
barão Von Hund 231, 232, 252, 273
Barbados 78, 80

Batalha do Parlamento 38
Bathomet 180
Beaune 177
Bélgica 286
Belize 161
Bendocdar 244
Bengala 70
Berlim 76, 233, 254, 270
Bernard Raymond Fabre Cardoal 190
Bertrand Guesclin 189
Bes 219
Beverley 32
Bharata 281, 283
Biblioteca Britânica 25
Bishopsgate 44
bispo Alexander 139
bispo Burnet 121
bispo de Exeter 35
bispo de Jerusalém 171
bispo de Sarum 41
bispo de Winchester 28, 35, 37, 41, 42
Blackwell Hall 51
Boaz 218
Bolsa 44
Bolsa Real 44
Bordeaux 251
Brahma 282
Brasão Feminino 218
Bretanha 22, 23, 25, 26, 27, 45, 81, 86, 108, 156, 157, 187, 198, 223, 229, 231, 232, 243, 244, 248, 251, 256, 257, 269, 279, 280, 281, 284, 287
Bristol 166, 200
Britânico 84, 191, 227
Brunswick 76, 254
Buda 221, 282
Bury St. Edmunds 39

C

Cabala 214, 229, 232
Caixa do Mestre 145
Caixa dos Pobres 147

Cambridge 28, 35, 41, 42, 161, 192, 224, 225, 292, 293, 300
Canongate and Leith, Leith and Canongate Lodge 10, 129
Canongate Kilwinning Lodge, No 2 10, 123
Canterbury 38
Capítulo de Clermont 12, 231, 232, 233, 252, 253, 254
Capítulo de Windsor 167
Carausius 25
Caridade 67, 68, 70, 72, 74, 79, 181, 272
Carta das Liberdades 34
Carta de Transmissão 187, 193, 197, 247, 248
Cartas de St. Clair 93, 101, 296
Casa do Conhecimento Secreto 273
Castelo de Roslin 95, 97
Castelo Pilgrim 171
Castidade 181
Castor e Pólux 203
Castorius 25
catedral de Glasgow 102
Cavaleiro Argonauta 233
Cavaleiro Beneficente da Cidade Santa de Jerusalém 247, 251
Cavaleiro da Águia 233, 253
Cavaleiro da Águia Negra 233
Cavaleiro da Cruz Vermelha de Constantino 169, 210
Cavaleiro da Fênix 233
Cavaleiro da Rosa-Cruz 270
Cavaleiro da Serpente de Bronze 213, 235
Cavaleiro de Constantinopla 166
Cavaleiro de Harodim 165
Cavaleiro de Heredom 22
Cavaleiro de São João 168, 210
Cavaleiro do Arco-Íris 233
Cavaleiro do Oriente e do Ocidente 234
Cavaleiro do Santo Sepulcro 210
Cavaleiro do Sol 233, 234, 255

Cavaleiro do Tosão de Ouro 233
Cavaleiro Prussiano 181, 204
Cavaleiros da Cruz 156, 195, 197, 262, 264
Cavaleiros da Cruz Rósea 156, 197
Cavaleiros de Constantino 161
Cavaleiros de Constantinopla 165
Cavaleiros do Santo Sepulcro 165, 169, 213
Cavaleiros Hospitalários 175, 194, 208, 209
Cavaleiros Templários 34, 35, 81, 104, 156, 158, 159, 160, 161, 168, 170, 171, 176, 180, 184, 187, 196, 197, 198, 200, 201, 224, 226, 246, 249, 250, 254, 256, 259, 291, 295
Cavaleiros Templários Maçônicos 161, 198
Cavaleiros Teutônicos 173
Ceres 230, 241
Charles Bathurst 64
Charles Fairfax 64
Charles Howard 44
Charles I 46, 121, 122, 126, 127, 222, 248
Charles II 49, 51, 52, 53, 81, 106
Charles Shereff 211
Charles Valasius 189
Chave da Maçonaria 234
Cheapside 47, 55
Chefe do Grande Consistório 234
Chefe do Tabernáculo 235
Chester 26, 80
China 84, 221
Christian Rosenkreuz 274
Christopher Wren 49, 50, 54, 55, 56, 57, 58
Círculo 75, 78
Clare Hall 35
Claudius 25
Clerkenwell 208, 209
Cobridor Externo 119, 206, 220
Comandante da Águia Negra 233

Companheiro 32, 36, 87, 88, 100, 106, 109, 112, 114, 117, 118, 120, 121, 122, 125, 127, 134, 145, 150, 164, 165, 233, 236, 262
Companhia das Índias Orientais 70
Compassos 218
conde de Abercorn 68
conde de Arlington 55, 56
conde de Arundel 46
conde de Balcarres 72
conde de Bedford 43, 46
conde de Buccleuch 121
conde de Buchan 103
conde de Cassilis 106, 199
conde de Chesterfield 66, 71
conde de Crawford 72, 98
conde de Danby 46
conde de Darnley 75
conde de Derwentwater 230
conde de Dundonald 107
conde de Essex. 42
conde de Gloucester 35
conde de Huntingdon 44
conde de Inchiquin 68, 70
conde de Kintore 78
conde de Leicester 70
conde de Loudon 75
conde de Mar 133
conde de March 136
conde de Morton 78
conde de Nottingham 44
conde de Orcadas 96, 97, 98
conde de Pembroke 45, 46
conde de St. Albans 49, 50
conde de Strathmore 71, 72, 79
conde de Surrey 37
conde Rivers 50, 55
Conselheiros Apostólicos 268
Conselho de Imperadores 12, 233, 254, 255
Conselho dos Graus Aliados 165, 169
Constantino, o Grande 210
Constituições 24, 25, 29, 31, 36, 40, 60, 61, 62, 63, 66, 73, 74, 80, 92, 99, 134, 136, 287
Contramestre 122
Cordão Escarlate 163
Cornhill 43, 44, 55
Coventry 33, 122
Cristandade 239, 264
Cristo 26, 161, 171, 176, 177, 178, 179, 183, 184, 189, 203, 204, 211, 212, 215, 216, 218, 221, 222, 229, 236, 237, 245, 247, 250, 254, 259, 265, 266, 267, 271, 272
Cristo Cósmico 212
Cruz 152, 156, 162, 164, 165, 166, 167, 168, 169, 172, 176, 179, 180, 194, 195, 197, 198, 207, 209, 210, 211, 213, 214, 216, 218, 220, 222, 227, 231, 233, 234, 256, 262, 263, 264, 269, 270, 273, 274
Cruzadas 184, 231, 232, 243, 244, 249, 256
Cruz Tau 218
Cruz Templária 180, 218
Cruz Vermelha da Babilônia 164, 166, 168
Cruz Vermelha de Constantino 165, 169, 210, 211, 213

D

Daily Telegraph 15
Danes 54
David Hume 28
David Laing 133
David Ramsay 120, 121
David Thomson 131
David White 136
Decuriones 24
Diácono dos Cirurgiões 132
Diácono dos Glovers 132
Diácono dos Ourives 131
Dia de São João 117, 118, 136, 144, 145, 156, 197, 201
Diana 230, 241

Dinamarca 79, 282
Diocleciano 25, 26, 292
Discurso de Ramsay 238, 245, 249
Doutrina Secreta 259, 265
Drapers' Hall 79
dr. Henry Compton 54
dr. John Moncrief 101
dr. John Wilkins 50
dr. Seth Ward 50
Druidas 81, 293
dr. William Maxwell 122
Dublin 175
Duplo Cubo 271, 272
duque de Antin 197
duque de Bedford 37
duque de Buccleugh 67
duque de Buckingham 55
duque de Chandos 75
duque de Gloucester 37, 38, 39, 40
duque de Lorraine 71
duque de Montagu 63, 66, 67
duque de Newcastle 71
duque de Norfolk 46, 70
duque de Perth 133
duque de Richmond 57, 67, 73, 75
duque de Somerset 42
duque de Sussex 82, 84, 164, 211, 245, 266, 292
duque de Wharton 61, 67
Durham 33, 73

E

Edgar 33
Edimburgo 10, 21, 22, 55, 76, 86, 90, 92, 93, 97, 98, 100, 103, 104, 105, 107, 109, 110, 111, 112, 113, 114, 115, 116, 118, 119, 120, 121, 122, 123, 124, 125, 126, 127, 129, 130, 131, 132, 133, 134, 135, 140, 141, 148, 167, 256
Edito de Nantes 288
Edward Bell 64
Edward I 35
Edward II 35, 174, 175, 197, 206
Edward III 35, 36, 37
Edward IV 40, 41
Edward, o Confessor 33
Edward Seymour 42
Edward Strong 53, 54, 56, 57
Edward Thomson 64
Edward V 41
Edwin 28, 29, 30, 32, 33, 48
Eisteddfod 293
Eleito dos Nove 234, 263
Eleito dos Quinze 234, 263
Eleito Kadosh 234
Elias Ashmole 29, 46
Eliphas Levi 228, 249, 250
Elizabeth I 43, 278
Elohim 289
Enoque 242, 255
Escada de Jacó 159
Escocês 122, 142, 165, 166, 167, 169, 204, 207, 213, 231, 232, 233, 235, 236, 253, 296
Escócia 22, 30, 41, 44, 45, 47, 55, 65, 73, 76, 81, 82, 83, 86, 87, 89, 90, 91, 92, 93, 94, 95, 96, 97, 98, 99, 100, 101, 102, 103, 104, 106, 108, 109, 110, 111, 115, 117, 121, 122, 123, 124, 125, 127, 128, 129, 130, 135, 140, 141, 151, 154, 156, 157, 158, 161, 165, 166, 167, 168, 170, 172, 175, 197, 198, 199, 201, 207, 213, 227, 231, 232, 233, 243, 248, 249, 254, 269, 270, 272, 279
Esculápio 25
Espanha 71, 187, 243, 278, 283, 284
Esquadristas 105
Esquadro 134, 136, 284
Estados Unidos 163, 166, 184, 204, 211, 234, 286
Estatutos de Schaw 10, 86, 87, 89, 103, 107, 111, 112, 116

Estrela Flamejante 236, 272
Estrita Observância 12, 187, 201, 231, 232, 233, 235, 246, 247, 248, 251, 252, 254, 256, 257, 263, 273
Ethelbert 27
Ethelward 28
Ethelwulf 27
Ethred 28
Europa 16, 25, 48, 52, 171, 173, 185, 186, 198, 201, 209, 221, 244, 246, 272, 280, 281, 282, 284, 286, 290
Excelente Mestre 164, 166
Ezequiel 249

F

Fabre-Palaprat 247, 249, 262, 264, 265, 266, 268, 272
Felipe de Marigni 177
Fife 99, 115
Filhos do Vale 248, 273
Fleet Street 34, 54, 172
Fotherly Baker 79
França 27, 29, 37, 73, 171, 172, 173, 174, 176, 178, 191, 193, 201, 229, 232, 233, 235, 243, 244, 245, 247, 249, 250, 251, 254, 262, 270, 284, 286
Francis Russell 43, 46
Fraternidade Maçônica 44, 54, 186
Frederico, o Grande 76, 234

G

Gabriel 56, 282
Gabriel Cibber 56
Galeas Salazar 189
Gales 26, 68, 75, 84, 291
Gaspard Cesinia 189
general Alexander Hamilton 121
Geoffrey Fitz-Peter 35
George Fraser 100
George Gordon 151, 155

George Hastings 44
George I 58, 69
George II 69, 80
George IV 209
George Payne 36, 63
George Pomfret 70
George Villiers 55
Geórgia 72, 73
Geraldus de Pasagio 206
Gerente de Obras Públicas 89, 94, 96, 97, 98, 111, 120, 121, 142
Gibraltar 69, 79, 84
Gilbert Erail 35
Gilbert Sheldon 52
Girvan 108
Glasgow 90, 97, 99, 102, 107, 127, 128, 129
Gloucestershire 80
Godwin 33
Grande Adepto da Águia Negra de São João 262
Grande Arquiteto 234, 236, 272, 284
Grande Arquiteto da Igreja 272
Grande Assembleia 30
Grande Cavaleiro Escocês de Santo André 235
Grande Cobridor do rei Salomão 165, 166
Grande Conselho do Monitor Secreto 163
Grande Conselho Imperial 165, 211, 212
Grande Cruz do Santo Templo de Jerusalém 169
Grande Escocês 233
Grande e Sublime Cavaleiro 234
Grande Loja 16, 17, 19, 21, 22, 28, 29, 30, 41, 43, 57, 58, 59, 60, 61, 62, 63, 64, 65, 66, 67, 68, 69, 70, 72, 73, 74, 75, 76, 77, 78, 79, 80, 81, 82, 84, 85, 86, 98, 99, 100, 101, 102, 103, 104, 105, 108, 109, 110, 111, 115, 117, 123, 124, 127, 128, 129, 130, 135, 140,

141, 151, 156, 157, 158, 163,
165, 167, 187, 193, 198, 199,
225, 227, 228, 230, 235, 254,
255, 274, 275, 277, 278, 279,
287, 291, 292, 295
Grande Loja da Escócia 76, 86, 100,
101, 102, 103, 108, 109, 110,
111, 115, 117, 124, 127, 128,
129, 130, 135, 140, 151, 199
Grande Loja da Inglaterra 28, 65, 72,
98, 101, 110
Grande Loja da Marca 163
Grande Loja de Brunswick 254
Grande Loja de Londres 19, 21, 22,
58, 65, 68, 69, 72, 73, 78, 81, 82,
230, 291
Grande Loja de Toda a Inglaterra 291
Grande Loja de York 43, 64, 65, 73, 76,
78, 81, 157, 291
Grande Loja dos Maçons Antigos 80
Grande Loja Provincial 70, 105, 156,
167, 230
Grande Loja Unida da Inglaterra 16,
17, 19, 22, 65, 81, 82, 84, 85,
158, 165, 193, 199, 225, 227,
228, 274, 275, 277, 279, 291,
292, 295
Grande Patriarca Noaquita, ou Grande
Patriarca 234
Grande Pontífice, ou Mestre ad vitam
234
Grande Priorado 165, 168, 187
Grande Rito Primitivo 227
Grande Secretário 67, 101, 211, 277
Grandes Mestres de Banquete 69
Grandes Oficiais 42, 66, 67, 72, 79, 80,
101
Grande Tesoureiro 76, 101
Grão-Mestre 25, 26, 28, 29, 31, 32, 34,
35, 36, 37, 41, 42, 43, 44, 45, 46,
49, 50, 51, 52, 53, 55, 56, 57, 58,
59, 60, 61, 62, 63, 64, 65, 66, 67,
68, 69, 70, 71, 72, 73, 74, 75, 76,
78, 79, 80, 81, 96, 98, 99, 100,
101, 103, 110, 119, 124, 141,
156, 172, 173, 174, 177, 187,
190, 191, 197, 201, 209, 211,
234, 239, 243, 246, 247, 250,
251, 252, 253, 256, 262, 263,
264, 265, 266, 288, 291
Grão-Mestre da Chave 234
Grão-Mestre da Chave da Maçonaria
234
Grão-Mestre da Escócia 55, 98
Grão-Mestre da Inglaterra 45, 73
Grão-Mestre de Auvergne 11, 201
Grão-Mestre Provincial 68, 69, 75, 76,
78, 79, 246, 252, 253
Grau de Kadosh 255
Graus Aliados 163, 165, 169
Graus Colaterais 162
Graus de Santo André 251
Graus Escoceses 254, 270
Graus Maçônicos da Cruz 165
Great Queen Street 62
Grécia 281, 282, 284, 285
Gregório I 27
Guardiões da Tradição Secreta 229,
250, 273
Guardiões do Templo de Sion 11, 229
Guardiões Secretos 227, 273
Guernsey 79
Guerra Civil 29, 122, 163
Guerra das Rosas 41
Guildas 37, 101, 232, 287
Guildhall 37, 51
Guillaume Nogaret 178
Gundulf 34
Gwynedd 68

H

Hamburgo 72, 78, 264, 270
Hamilton Kilwinning Lodge 10, 130
Hammermen 297
Hampstead 71
Hampton Court 42, 57
Helena 181, 210

Henrie Alexander 121
Henry Beaufort 37
Henry Bennett 55
Henry Danvers 46
Henry Mainwaring 46
Henry Montmorency 189
Henry More 229
Henry V 37
Henry VI 37, 40, 48
Henry VII 41, 42
Henry VIII 42, 208
Henry Yevele 35
Herbert Poole 85
Heredom de Kilwinning 245, 269, 270, 272, 274
Hereford 80
Hewe Forest 120
Himalaia 280, 281
Hiram Abiff 222, 255, 287
Hirão, rei de Tiro 255, 289, 301
Holanda 72, 286
Holyrood House 55
Houghton Hall 71
Huddersfield 277
Hugh Warburton 68
Hugues de Payens 250
Hungria 205, 206

I

Igreja Católica Romana 18
Igreja da Inglaterra 161
Igreja do Templo 172
Igreja Secreta 272
Ilha de Mull 201
Ilhas Britânicas 22, 244, 278, 280, 281, 284, 285, 286, 291
Ilustrações da Maçonaria 22, 291
Ilustre Cavaleiro ou Templário 233, 253
Ilustre Chefe, Grande Comandante da Águia Branca e Negra, Grande 234
Ilustre Eleito, ou Chefe das Doze Tribos 234
Ilustre Ordem da Luz 169
Ilustre Templário 253
Imperadores do Oriente e do Ocidente 233, 254, 255
Incorporação de Mestres 116
Índia 70, 217, 220, 221, 280, 281
Indra 217
Inglaterra 16, 17, 19, 22, 26, 27, 28, 29, 30, 34, 35, 36, 37, 41, 43, 44, 45, 52, 57, 58, 60, 61, 63, 64, 65, 67, 69, 71, 72, 73, 75, 76, 80, 81, 82, 84, 85, 98, 101, 102, 110, 123, 140, 151, 154, 157, 158, 161, 164, 165, 166, 167, 168, 169, 171, 172, 174, 175, 183, 187, 193, 197, 198, 199, 200, 207, 208, 209, 211, 217, 225, 227, 228, 229, 230, 242, 244, 245, 247, 249, 251, 255, 256, 259, 274, 275, 277, 278, 279, 282, 283, 288, 291, 292, 295
Iniciação 25, 36, 49, 61, 76, 125, 262, 277
Iniciação Real 125
Inigo Jones 45, 46, 57, 63
Inverness, No 10, 129
Iona 23
Irlanda 26, 30, 44, 65, 68, 69, 73, 95, 175, 223, 249
Isaac Newton Cambridge 224
Ísis 205, 217, 230, 241
Israel 229, 235, 245, 255, 259, 283
Itália 45, 70, 73, 157, 175, 242, 243, 251, 284

J

Jachin 218
Jacques de Molay 12, 173, 174, 178, 187, 197, 207, 247, 248, 251, 255, 256, 262, 264, 268, 274
Jamaica 79
James Anderson 66, 73, 147, 150

James II, da Escócia 96
James, lorde Steward da Escócia 243
James Marky 153
James Muschet 135
James Neilsone 121
James Ritchie 128
James Ross 105
James Thomson 129
James VI, da Escócia 44
James Watson 131
Jean Marc Larmenius 187
Jersey 70, 79
Jerusalém 34, 169, 171, 172, 188, 189, 208, 209, 212, 230, 234, 237, 243, 247, 248, 251, 256, 257, 271
Jesus 42, 171, 176, 183, 184, 187, 204, 215, 221, 222, 237, 250, 263, 264, 265, 267, 270
Johannis de Turno 206
John Balliol 243
John Boyd 128
John Cameron 133
John Croviacensis 189
John de Clermont 189
John de Durfort 190
John Denham 49
John Douglas 101
John Drummond 133
John Dunbar 132
John Fulton 122
John Gillespie 134
John Islip 42
John Macdougall 101
John Marsden 64
John Montgomery 152
John Morris 38
John Mylne 125, 126
John Pringle 121
John Ratcliffe 230
John Ronald 153
John Sebastian Marlowe Ward 10, 161
John Stewart 128
John Touchet 42
John Ward 74, 77
John Webb 49
John Wood 136, 186
John Young 101
Jonas Moore 51
J. Roch 124
Júlio César 23
Júpiter 214, 215, 217

K

Kenneth Fraser 153
Kilmarnock 105, 106, 109, 231, 247, 252
Kincardine 97

L

Lady Margaret Scott 121
Lago de Como 26
Lancashire 46, 73, 166
Lancaster 41, 79
Landmarks 60, 61, 115, 154
Leis e Estatutos da Lodge of Aberdeen 143
Leofric 33
Levitikon 12, 249, 264, 265, 266, 268, 273
Lincoln 62, 175
Lisboa 73, 176, 264
Livres e Aceitos 15, 47, 80, 291
Livro das Constituições 61, 62, 66, 73, 80
Lochiel 133
Lodge of Aberdeen 10, 122, 135, 137, 139, 140, 141, 142, 143, 146, 148, 151, 152, 155, 199
Lodge of Dunblane, No 9 10, 133
Lodge of Edinburgh 10, 21, 86, 92, 98, 103, 105, 107, 111, 112, 116, 118, 119, 120, 121, 122, 123, 126, 127, 129, 130, 131, 132, 133, 134, 135
Loja de Glasgow 10, 127, 128, 129
Lodge of Glasgow St. John, Nº 3 bis 10, 127

Loja de Kilwinning 89, 90, 91, 104, 106, 108, 123, 124, 135, 230
Lodge of Old Kilwinning St. John, Inverness 10, 129
Loja Hamilton 10, 130
Loja Huddersfield 277
Loja No 111 21
Loja Runymede 227
Lojas Metropolitanas 256
Loja St. Marylebone 227
Londres 16, 17, 19, 21, 22, 27, 34, 35, 37, 39, 43, 44, 46, 47, 51, 52, 54, 56, 57, 58, 59, 65, 66, 68, 69, 72, 73, 74, 77, 78, 79, 80, 81, 82, 84, 136, 151, 156, 157, 158, 167, 169, 172, 175, 193, 194, 200, 208, 209, 220, 225, 227, 228, 230, 242, 269, 275, 278, 279, 291, 292, 293, 295, 300
lorde Aberdour 80
lorde Alexander 120, 121, 127
lorde Audley 42
lorde Baltimore 75
lorde Carysfort 79
lorde Cochrane 107
lorde Coleraine 69, 70
lorde Gray 75
lorde Lovell 70
lorde Montagu 72
lorde Paisley 67
lorde Pitsligo 151
lorde Rancliffe 211
lorde Stanhope 66
lorde Strathallan 133, 134
lorde Ward 78
lorde Weymouth 72, 73
Louis Auguste Bourbon 190
Louisburg 79
Louis Hercules Timoleon 190
Ludgate Street 53, 66

M

maçom especulativo 107, 119
Maçonaria 15, 16, 17, 18, 19, 20, 21, 22, 23, 24, 25, 26, 27, 28, 29, 30, 31, 33, 34, 35, 37, 40, 41, 43, 44, 45, 47, 48, 49, 50, 56, 57, 58, 59, 61, 63, 64, 65, 66, 67, 68, 70, 71, 72, 73, 76, 77, 78, 80, 81, 82, 83, 84, 85, 86, 87, 89, 90, 91, 92, 93, 94, 95, 96, 97, 98, 99, 100, 101, 103, 104, 107, 109, 110, 112, 116, 120, 121, 122, 123, 125, 127, 130, 131, 132, 133, 134, 138, 139, 141, 146, 147, 149, 150, 151, 152, 154, 155, 156, 157, 158, 159, 160, 161, 162, 163, 164, 165, 167, 169, 170, 180, 185, 186, 187, 190, 192, 193, 196, 197, 198, 199, 201, 210, 213, 214, 215, 216, 219, 220, 222, 223, 224, 225, 226, 227, 228, 229, 230, 231, 232, 234, 235, 236, 237, 245, 247, 248, 249, 250, 251, 252, 254, 255, 256, 257, 258, 259, 260, 264, 266, 269, 270, 271, 272, 273, 274, 275, 276, 277, 278, 279, 283, 285, 287, 288, 290, 291, 292, 293, 294, 295
Maçonaria Americana 154, 163
Maçonaria Especulativa 125, 130, 146, 151, 152, 158, 193, 229
maçons 18, 22, 24, 25, 27, 28, 29, 30, 31, 32, 33, 34, 35, 36, 37, 38, 40, 41, 42, 43, 45, 47, 48, 53, 57, 58, 59, 60, 62, 63, 65, 66, 67, 69, 72, 73, 77, 78, 79, 80, 81, 84, 90, 91, 92, 93, 94, 95, 96, 97, 99, 100, 102, 105, 106, 107, 109, 110, 111, 112, 113, 115, 116, 117, 118, 119, 120, 122, 123, 124, 125, 128, 129, 130, 131, 132, 133, 136, 137, 138, 139, 140,

Índice Remissivo 311

141, 142, 144, 146, 151, 152,
153, 155, 156, 159, 161, 163,
164, 167, 180, 184, 186, 187,
192, 193, 197, 198, 199, 201,
202, 209, 211, 220, 221, 229,
243, 244, 248, 250, 256, 259,
272, 278, 281, 284, 287, 291
maçons comacinos 184, 186
maçons da Marca 161
maçons geomáticos 152, 153
Madri 69
Magister 24
Mahabharata 281
Mahomet 180
Malta 41, 165, 168, 194, 195, 207, 208,
209, 210, 211, 213, 218, 263, 273
Manningham 79, 80
Margery Jordan 39
Marija Gimbutas 290
marquês de Beaumont 73
marquês de Carnarvon 75, 80
marquês de Pembroke 34
marquês de Suffolk 40
Marte 213, 214, 215, 216
Mary I 42
Mathou Wricht 138
Matthew Kininmonth 139
Mediterrâneo 165, 168, 169, 208, 213, 284
Mefistófeles 15
Mentor 88, 112, 135, 146, 163, 244
Mercers' Hall 69
Merchant Taylors' Hall 67, 70
Mercúrio 213, 214
Mestre 21, 22, 24, 25, 26, 28, 29, 31,
32, 34, 35, 36, 37, 38, 41, 42, 43,
44, 45, 46, 47, 49, 50, 51, 52, 53,
55, 56, 57, 58, 59, 60, 61, 62, 63,
64, 65, 66, 67, 68, 69, 70, 71, 72,
73, 74, 75, 76, 78, 79, 80, 81, 82,
84, 85, 87, 88, 96, 98, 99, 100,
101, 103, 106, 107, 109, 110,
111, 112, 113, 114, 115, 116,
117, 118, 119, 120, 121, 122,
124, 125, 126, 127, 128, 130,
131, 133, 134, 137, 139, 141,
142, 143, 144, 145, 147, 148,
151, 153, 155, 156, 161, 164,
165, 166, 167, 169, 172, 173,
174, 175, 177, 178, 187, 188,
189, 190, 191, 192, 197, 199,
201, 209, 211, 217, 220, 223,
224, 227, 228, 232, 233, 234,
236, 237, 239, 243, 246, 247,
248, 250, 251, 252, 253, 255,
256, 258, 262, 263, 264, 265,
266, 271, 274, 287, 288, 289,
291, 292, 293
Mestre Construtor 236, 248, 258, 274, 287, 288
Mestre da Águia Negra de São João 262
Mestre da Normandia 178
Mestre Eleito 234, 253
Mestre escocês 251
Mestre maçom da Escócia 10, 98, 124
Mestre Perfeito 233, 234, 262
Mestre Perfeito do Pelicano 262
Mestre Real 28, 164, 166
Mestre Secreto 234
Mestre Seleto 164, 166
Michelness 32
Minerva 230, 241
Minorca 79
Moisés 242, 254, 260
Monitor Secreto 161, 162, 163, 165, 166
Monmouth 80
Monte de Diamante 271
Montserrat 75
Mui Excelente Mestre 164, 166
Mui Sábio Soberano 168

N

Nantes 264, 288
Napoleão 209
Nápoles 256, 264

Nathaniel Blackerby 70
Nautas da Arca Real 163, 166
Nefer-Hetep 219
Neter 217
Netuno 213, 215, 216
Newcastle 71, 122, 123, 127, 134, 169
Nicephoros 264
Nicholas Stone 45, 63
Nicostratus 25
Nível 136, 284
Noé 230, 241, 242, 249
Norfolk 46, 70, 71
Normandia 178, 251
Northumberland 73, 166
Noruega 79
Nova Enciclopédia da Maçonaria 228
Nova York 75, 79, 227, 264

O

Odin 282, 286
Oliver Cromwell 50, 127
Ordem da Jarreteira 35, 41, 42, 48
Ordem de Cristo 247
Ordem de Melquisedeque 164, 237
Ordem do Monitor Secreto 161
Ordem do Templo 188, 202, 246, 247, 248, 249, 252, 256, 258, 260, 262, 263, 265, 266, 274
Ordem Hermética da Golden Dawn 227
Ordem Maçônica dos Cavaleiros de Malta 209
Ordem Militar e Religiosa Maçônica do Templo 256
Ordem Real da Escócia 22, 104, 156, 158, 161, 165, 167, 170, 175, 197, 207, 213, 269, 272
Ordem Real de Heredom 156
Origens da Maçonaria 12, 15, 20, 276
Os Filhos do Vale 248, 273
O Significado da Maçonaria 277
Osíris 205, 217, 250
Oxford 28, 35, 37, 41, 42, 50, 52, 167

P

Paisley 67, 68, 110, 128
palácio de Holyrood 55
Palácio de Kew 75
Palácio de Richmond 42
Palácio de St. James 42
Palácio Maçônico 279
Palavra de Maçom 129, 144, 145, 155
Palavra Perdida 254, 270, 271, 274
Palestina 172, 180, 230, 232, 243, 249, 272, 273
Panteão 53, 217
papa Alexandre III 173
papa Bonifácio VIII 174
papa Clemente V 173, 174
papa Inocêncio III 173
papa João XXII 176
Paris 72, 172, 174, 176, 177, 193, 197, 205, 230, 232, 233, 248, 256, 264, 266, 270
Passagem dos Véus 166
Passe Mediterrâneo 165, 169
Patriarca de Jerusalém 34
Patrick Whyt 151, 153
Peebles Kilwinning Lodge 10, 135
Perth 10, 124, 125, 127, 133, 141, 198, 199
Pesquisa 10, 84, 85, 158, 161, 224, 292, 293
Peter Reid 142
Petrus Picardi 179
Philip of Orleans 190
Philip Samuel Rosa 254
Phillip Stanhope 71
Pitágoras 22
Plymouth 249
Poitou 179, 251
Pompeia 24
Portugal 176, 187, 247, 251
Powys 68
Preboste e Juiz 234
Preceptórios Templários 175
Preston 18, 19, 20, 21, 22, 23, 24, 25,

26, 27, 28, 29, 32, 33, 34, 35, 36, 37, 38, 39, 40, 42, 47, 49, 50, 61, 65, 68, 71, 73, 78, 80, 81, 82, 85, 158, 170, 275, 291, 300
Primaz 268
príncipe Charles Edward Stuart 133, 234, 248
príncipe de Gales 75, 291
Prior de Aumont 251
Profano 128, 223
Provença 233, 251
Prumo 284
Prússia 76, 176
Pudding Lane 51

Q

Quatro Mártires Coroados 25, 292

R

rainha Anne 53
Ralph Gatrix 51
Rama 282
Ramayana 280
Ramsés 282
Ravenna 175
Reginald Bray 42
Regius MS 25
rei da Pérsia 164
rei da Prússia 76
rei James 41, 45, 46, 92, 98, 125, 141, 158
Reino de Northumbria 157
reis Stuart 82, 291
Revolução Francesa 192, 229, 250, 257
Ricardo Coração de Leão 184
Richard Beauchamp 41
Richard I 35
Richard II 37
Richard III 41
Richard Penket 46
Richard Porthwick 47
Rito da Estrita Observância 231, 232, 235, 246, 247, 252, 256, 273

Rito de Heredom 234
Rito de Perfeição 234
Ritual 167, 203, 204, 207, 248, 249, 252, 258, 259, 267, 279, 288, 291, 295
Ritual Maçônico Templário 203, 207
Robert Alison 101, 117
Robert Barnham 35
Robert Benson 64
Robert de Lenoncoud 189
Robert Duthy 134
Robert Fludd 229
Robert Freke Gould 10, 19, 82, 83, 84
Robert Inglis 131
Robert Mylne 127
Robert Pringle 121
Robert Winram 131
Rochester 27, 34
Rodes 173, 207, 208, 273
Roger Bolingbroke 39
Roma 25, 26, 42, 53, 54, 207, 209, 210, 264, 281, 282
Rosa-Cruz 11, 156, 162, 165, 167, 168, 169, 198, 213, 214, 220, 222, 227, 231, 233, 234, 256, 263, 269, 270, 273, 274
Rosa-Cruz de Heredom 156
Rosa de Sharon 270
Roslin 93, 94, 95, 96, 97, 98, 99, 103, 156, 158
Rússia 71, 78

S

Sacerdote de Cavaleiro Templário 169, 173
Sacerdotes Templários 186, 202
Salomão 159, 165, 166, 171, 196, 235, 237, 242, 249, 250, 254, 255, 272, 287, 289
Salsis de Chobaune 189
Samuel Taylour 47
Santa Maria Madalena 183
Sanctum Sanctorum 260

Santos Patronos dos maçons 25
São João, o Divino 201, 249, 264
São João, o Evangelista 63
São Lourenço, o Mártir 162, 164, 166
Sark 79
Saturno 203, 213, 215
Scoon and Perth Lodge, Nº 3 10, 124
Secretos 11, 227, 273
Sefer Zohar 229
Segunda Carta de St. Clair 10, 94
Selo de Salomão 196
Selo Templário 203
Ser Supremo 212
Shakespeare 279
Shekinah 271
Shrewsbury 34
Shropshire 80
Sicília 80, 251
Significado da Maçonaria 277
Simon Langham 35
Simplicius 25
sir Alexander 101, 121, 127
sir Alexander Hope 101
sir Alexander Strachan 121, 127
sir Anthony Alexander 121, 127
sir Cecil Wray 73
sir Charles Warren 84
sir Duncan Campbell 133
sir Edward Mansell 68, 73
sir Francis Drake 71
sir George Tempest 64
sir George Warner 193
sir Isaac Newton 279, 288
sir Patrick Flume 121
sir Patrick Hume 121
sir Robert Clayton 57
sir Robert Lawley 74
sir Robert Mansell 72
sir Robert Moray 127, 134
sir Robert Walpole 71
sir Thomas Gresham 43, 44
sir Thomas Sackville 43
sir Walter Bezant 84
sir Walter Hawkesworth 64

sir William Baillie 101
sir William Bruce 55
sir William Jones 290
sir William Keith 71
Soberano Grão-Mestre da Ordem Real 156
Sociedade de Estudos Maçônicos 275, 278, 290
Sociedade de maçons 38, 47, 202
Sociedade Invisível 288
Sociedade Real 127, 279, 288
Sociedade Rosa-Cruz 165, 169, 214, 227
Somerset House 42, 44, 62
Squin de Florian 174
St. Alban 26, 48
Stationers' Hall 61, 63, 67
St. Clair de Roslin 93, 96, 158
Stephen 34, 35, 55, 172, 234
Stephen Morin 234
St. Paul's 27, 50, 56, 57, 58, 62, 66
St. Peter's 27
Sublime Cavaleiro ou Mestre Escocês 253
Sublime Filósofo 233
Sublime Ilustre Cavaleiro 233, 253
Sul da Inglaterra 167
Superintendente dos maçons 33, 34, 35
Superintendentes Templários 34
Superiores Desconhecidos 12, 246, 251, 253
Swithin 27, 55
Symphorian 25

T

Tarô 227, 293
Templário 35, 165, 168, 169, 173, 178, 179, 183, 186, 193, 196, 198, 199, 201, 203, 204, 205, 206, 207, 210, 213, 232, 233, 246, 247, 249, 253, 254, 255, 256, 259

Templário Maçônico 198, 199, 205, 259
Templários 34, 35, 81, 104, 156, 158, 159, 160, 161, 168, 170, 171, 172, 173, 174, 175, 176, 177, 178, 179, 180, 181, 182, 183, 184, 185, 186, 187, 189, 190, 191, 192, 193, 194, 196, 197, 198, 199, 200, 201, 202, 203, 204, 205, 206, 207, 209, 210, 211, 219, 220, 224, 226, 231, 233, 235, 236, 245, 246, 247, 248, 249, 250, 251, 252, 254, 255, 256, 257, 259, 263, 264, 272, 273, 275, 291, 295
Templários escoceses 175, 190, 192, 197, 201
Temple Bar 69
Templo de Salomão 159, 237, 249, 250, 272, 287
Templo de Sion 229, 249
Templo de Zorobabel 250
Templo do rei Salomão 171
Terra Santa 159, 171, 179, 181, 230, 232, 239, 243, 244, 264
Theophilus Desaguliers 61
Thomas Cromwell 42
Thomas Fitz Allen 37
Thomas Howard 46
Thomas Lushington 151
Thomas Mylne 127
Thomas Paterstone 120
Thomas Pelham 71
Thomas Savage 50
Thomas Shorthose 47
Thomas Stapylton 38
Thomas Strong 53, 57
Thomas Walsingham 206
Thomas Wise 47
Thor 217, 286
Threadneedle Street 54
Torre de Babel 281

Torre de Londres 34, 220
Torre do Repouso 271
Tradição Secreta 18, 226, 227, 228, 229, 250, 251, 255, 257, 258, 261, 267, 273, 274, 275
Tradição Secreta da Maçonaria 18, 227, 228, 251
Três Vezes Ilustre Conselho da Cruz 211
Triângulo 218
Trindade cristã 229
Turcopolier 208
Turquia 290

U

Universidade de Cambridge 28, 192, 225
Universidade de Sheffield 85, 293
Urano 213, 215, 216

V

Valenciennes 71
Velho Homem das Montanhas 172
Vênus 213, 214, 215
Verdade 240, 271, 294
Verulamium 25, 26
Vigilante 38, 41, 46, 49, 52, 54, 56, 57, 63, 78, 86, 87, 88, 89, 90, 91, 92, 93, 97, 98, 101, 105, 107, 111, 114, 115, 116, 117, 118, 119, 120, 121, 124, 126, 127, 128, 129, 134, 136, 141, 142, 144, 145, 147, 148, 152, 153, 155, 158, 220, 228
Virgem Maria 112, 139, 221
Von Hund 231, 232, 233, 246, 248, 252, 253, 273

W

Wadham College 50
Walter Giffard 35
Walter Pringle 121

Walter Stapleton 35
Warrington 46
Westminster 27, 33, 34, 35, 37, 38, 42, 54, 62
W. Harry Rylands 84
Whitehall 42, 45
William Blake 248
William Brodie 131
William Cowper 67, 69
William e Mary 57
William Forbes 153
William Gray 47
William Hawkins 61
William Herbert 45
William Horton 78
William Imbert 174
William James Hughan 84
William Kempte 150
William Livingstone 119
William Marshall 117
William Maxwell 120, 122
William Molart 38
William Morray 121
William Murray 121
William Mylne 127
William, o Conquistador 34
William Rufus 34
William Smellie 131
William St. Clair 97, 99, 100, 124
William Strachan 21
William Thomsone 153, 154
William Vaughan 78
William Waynefleet 41
William Wilson 47
William Wise 47
William Woodman 47
William Wykeham 35, 37
Woden 282
Worcestershire 80
Wotan 282

Y

York 9, 28, 29, 30, 31, 32, 35, 41, 43, 44, 64, 65, 73, 75, 76, 77, 78, 79, 81, 102, 116, 157, 167, 175, 200, 227, 264, 283, 291
York Minster 116
Yorkshire 76, 166, 172, 277
Yorkshire West Riding 76, 277

Z

Zacharias Werner 248
Zelator 169
Zeus 217
Zorobabel 164, 250

Leitura Recomendada

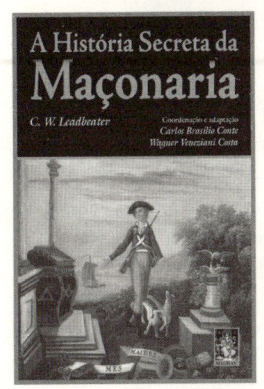

História Secreta da Maçonaria, A
C. W. Leadbeater — Coordenação e adaptação: Carlos Brasílio Conte e Wagner Veneziani Costa

Nessa obra, C. W. Leadbeater faz uma comparação entre as Escolas Autêntica, Antropóloga, Mística e Oculta.
O leitor verá que o conhecimento do ocultismo visa a despertar e educar o ser humano, para o uso científico de poderes que lhe são internamente latentes, fazendo-os perceber o verdadeiro significado da vida, saindo da visão limitada pelos sentidos físicos.

Dicionário Maçônico
Rizzardo da Camino

No *Dicionário Maçônico*, o Irmão encontrará explicações claras, objetivas, nem por isso abreviadas ou simplificadas, de cerca de 1.500 verbetes necessários à satisfação de sua sede de saber. Uma obra referencial, básica e indispensável.

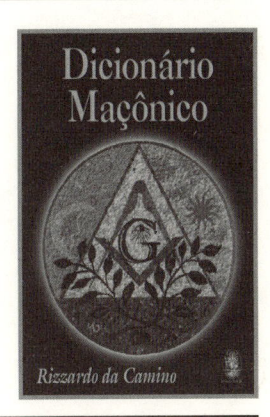

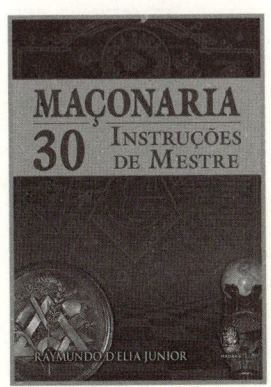

Maçonaria
30 Instruções de Mestre
Raymundo D'Elia Junior

Somando às obras *Maçonaria – 100 Instruções de Aprendiz* e *Maçonaria – 50 Instruções de Companheiro*, com esta o autor conclui sua trilogia, facilitando o estudo sobre os três primeiros Graus da Maçonaria Simbólica. São instruções a respeito do Terceiro Grau, o de Mestre Maçom, mas que podem e devem ser lidas pelos Irmãos dos demais Graus, ou por todos os interessados em melhor conhecer sua etapa de evolução na senda maçônica.

Leitura Recomendada

Maçonaria
50 Instruções de Companheiro

Raymundo D'Elia Junior

Nessa obra são apresentadas 50 instruções aos maçons do Segundo Grau, o de Companheiro, mas que podem e devem ser lidas pelos Irmãos dos demais Graus ou por todos aqueles interessados em conhecer melhor essa etapa tão importante da evolução do homem em sua senda maçônica. Trata-se de um trabalho de intensa pesquisa, com o intuito de auxiliar os maçons e as Lojas pertencentes aos vários Ritos.

Maçonaria
100 Instruções de Aprendiz

Raymundo D'Elia Junior

O autor reuniu nessa obra um total de 100 instruções que nortearão o Aprendiz em sua senda maçônica, facilitando o seu estudo e entendimento a respeito do Primeiro Grau da Maçonaria. Entre as orientações, o Aprendiz aprenderá que ele deve estar desprovido de quaisquer sentimentos contrários aos princípios norteadores da Sublime Ordem para que entenda o exato sentido da Verdadeira Luz, recebida na Iniciação.

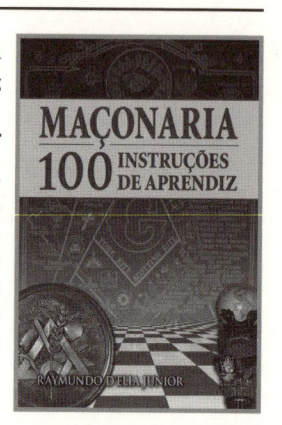

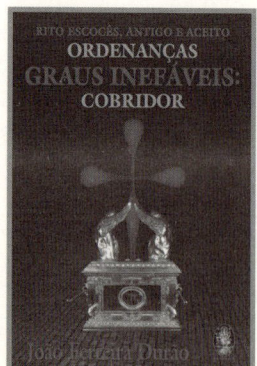

Graus Inefáveis
Rito Escocês, Antigo e Aceito – Ordenanças – Cobridor

João Ferreira Durão

Depois de muitas pesquisas e estudos, João Ferreira Durão organizou dados consistentes para esse trabalho de atualização dos Rituais, com bases fundamentadas em documentos que contêm orientações gerais do Rito e que estavam dispersos ou ficaram perdidos por bastante tempo. Para manter viva a tradição do Rito, o autor apresenta as Ordenanças Gerais, que deverão ser observadas pelos Presidentes de Corpos e demais obreiros escoceses.

MADRAS® Editora

CADASTRO/MALA DIRETA

Envie este cadastro preenchido e passará a receber informações dos nossos lançamentos, nas áreas que determinar.

Nome _____
RG _____ CPF _____
Endereço Residencial _____
Bairro _____ Cidade _____ Estado _____
CEP _____ Fone _____
E-mail _____
Sexo ❏ Fem. ❏ Masc.   Nascimento _____
Profissão _____ Escolaridade (Nível/Curso) _____

Você compra livros:
❏ livrarias   ❏ feiras   ❏ telefone   ❏ Sedex livro (reembolso postal mais rápido)
❏ outros: _____

Quais os tipos de literatura que você lê:
❏ Jurídicos   ❏ Pedagogia   ❏ Business   ❏ Romances/espíritas
❏ Esoterismo   ❏ Psicologia   ❏ Saúde   ❏ Espíritas/doutrinas
❏ Bruxaria   ❏ Autoajuda   ❏ Maçonaria ❏ Outros:

Qual a sua opinião a respeito desta obra? _____
_____

Indique amigos que gostariam de receber MALA DIRETA:
Nome _____
Endereço Residencial _____
Bairro _____ Cidade _____ CEP _____

Nome do livro adquirido: Os Segredos da Maçonaria

Para receber catálogos, lista de preços e outras informações, escreva para:

MADRAS EDITORA LTDA.
Rua Paulo Gonçalves, 88 – Santana – 02403-020 – São Paulo/SP
Caixa Postal 12183 – CEP 02013-970 – SP
Tel.: (11) 2281-5555 – Fax.:(11) 2959-3090
www.madras.com.br

Este livro foi composto em Times New Roman, corpo 11,5/13.
Papel Luxcream 70g
Impressão e Acabamento
Paym Gráfica Editora — Rua Av. Moinho Fabrini, 1101 —
Jardim Vera Cruz — São Bernardo do Campo — CEP 09862-000 —
Tel.: (011) 4392-3344